Claus Kühnel

Programmieren
der AVR RISC Mikrocontroller
mit BASCOM-AVR

Claus Kühnel

Programmieren der AVR RISC Mikrocontroller mit BASCOM-AVR

3. bearbeitete und erweiterte Auflage

Eine Einführung
anhand von Programmbeispielen

Die Deutsche Bibliothek - CIP-Einheitsaufnahme

Ein Titeldatensatz für diese Publikation ist bei
Der Deutschen Bibliothek erhältlich

3. Auflage 2010

© 2010 Skript Verlag Kühnel, CH-8852 Altendorf

ISBN 978-3-907857-14-4

Inhalt

1 Vorwort

Atmel, ursprünglich bekannt als Hersteller nichtflüchtiger Speicher, wie EPROMs, EEPROMs und Flash-Speicher, ergänzte schon vor vielen Jahren seine Flash-Mikrocontroller auf der Basis von Intels 8051-Familie durch die Familie der AVR-Mikrocontroller, die äußerst populär geworden sind.

Die 8-Bit-RISC-Architektur wurde vom norwegischen Designhaus Nordic VLSI in Trondheim in enger Zusammenarbeit mit dem schwedischen Compilerhersteller IAR entwickelt.

Später kaufte Atmel dieses europäische Design, um ergänzt durch selbst entwickelte On-Chip Peripherie eine eigene Mikrocontroller-Familie auf den Markt zu bringen. Die Familie der AVR-Mikrocontroller konkurriert mit einigen gut eingeführten Familien auf dem Markt, wie Intels 8051 mit seinen vielen Derivaten unterschiedlicher Hersteller, Motorolas 6805 und 68HC11 und Microchips PICmicros.

Die Familie der AVR-Mikrocontroller besteht heute aus einer Vielzahl unterschiedlich ausgestatteter Bausteine. Mittlerweile gibt es zehn Produktgruppen – Automotive AVR, AVR Z-Link, CAN AVR, LCD AVR, Lighting AVR megaAVR, Smart Battery AVR, tinyAVR, USB AVR und XMEGA. Nicht alle können hier in die Betrachtungen einbezogen werden.

Die Webseite www.atmel.com/dyn/products/devices.asp?family_id=607 liefert eine Übersicht, über die aktuell von Atmel angebotenen AVR-Mikrocontroller.

Atmel stellt eine Reihe der zur Programmentwicklung für diese Mikrocontroller erforderlichen Tools gratis zur Verfügung. Programmieren in Assembler und Simulieren der Programme sind nach einem Gratis-Download von der Atmel Website sofort möglich. Verschiedene Starterkits werden zu sehr günstigen Preisen angeboten und durch die Möglichkeit der In-System Programmierung kann ein solches Kit auch schon mal als Programmer verwendet werden.

Will man nicht den mitunter steinigen Weg der Programmierung in Assembler gehen, dann sucht man nach einer Möglichkeit, die AVR-Mikrocontroller in einer komfortableren Hochsprache programmieren zu können.

Neben Programmierumgebungen, wie sie beispielsweise durch IAR, oder E-LAB Computers für den eher professionellen Einsatz angeboten werden, können sich auch kostengünstigere und in vielen Belangen völlig ausreichend ausgestattete Entwicklungsumgebungen behaupten.

BASCOM-AVR - eine BASIC Entwicklungsumgebung für die AVR-Mikrocontroller - ist ein solches Beispiel. BASCOM-AVR ist mittlerweile breit eingeführt, vom Hersteller bestens unterstützt und soll in diesem Buch anhand von Anwendungen vorgestellt werden.

Mit BASCOM-AVR ist die Programmierung der AVR-Mikrocontroller nicht mehr den Softwarespezialisten überlassen. Nach kurzer Einarbeitungszeit kann auch der Hardwarespezialist, Messtechniker oder Roboterfreak eigene Programme erstellen.

BASCOM-AVR erzeugt compilierten Code. Der bei Interpretern übliche Overhead fällt weg. Die erzeugten Programme erfüllen damit die meisten Echtzeitanforderungen, ohne Assembler einsetzen zu müssen.

In dieser dritten, im Herbst 2010 fertiggestellten Auflage kommt BASCOM-AVR in der Version 1.12.0.0 zum Einsatz. Das Evaluationsboard STK500 von Atmel bildet zusammen mit dem

AVR Studio Atmels Integrierte Entwicklungsumgebung (Integrated Development Environment - IDE) für die Codeentwicklung und das Debugging. Auch der mit BASOM-AVR erzeugte Code kann auf dem STK500 getestet werden. Erweiterungskarten zum STK500 dienen als Interface zu verschiedenen AVR Sub-Familien oder größeren Bausteinen. Es gibt aber zahlreiche einfache und preiswerte Boards, die nach der Entscheidung für einen bestimmten AVR Mikrocontroller ebenso eingesetzt werden können.

Es ist mir wichtig, einigen Personen an dieser Stelle Dank zu sagen:

- An erster Stelle Mark Alberts von MCS Electronics, der die BASCOM Programmierumgebung mit einem herausragenden Preis-Leistungs-Verhältnis entwickelt hat und ständig weiterentwickelt,

- Atmel für die Entwicklung und ständige Weiterentwicklung der AVR-Mikrocontroller, die neue Leistungsmerkmale in die Familie der Mikrocontroller eingebracht haben und

- Lars Wictorsson von LAWICEL für die Entwicklung der CANDIP Mikrocontrollermodule mit CAN Interface auf der Basis des AT90S8515 bzw. ATmega162 und der Mikrocontrollermodule stAVeR-24 bzw. stAVeR-40.

2 Die AVR-Mikrocontroller von Atmel

Atmels AVR-Mikrocontroller bauen auf einer RISC-Architektur auf, die entwickelt wurde, um die Vorteile der Halbleiter- und Softwaretechnologie der 90er Jahre ausnutzen zu können. Die entwickelten Mikrocontroller offerieren die höchsten MIPS/mW (Millionen Befehle pro Sekunde bezogen auf die Leistungsaufnahme), die heute bei 8-Bit-Mikrocontrollern verfügbar ist.

Die Architektur der AVR-Mikrocontroller wurde gemeinsam mit C-Experten entwickelt, um von vornherein über ein reibungsloses Zusammenarbeiten von Hard- und Software die Entwicklung effektiven Codes zu sichern.

Um Codeumfang, Leistungsfähigkeit und Stromaufnahme zu optimieren, besitzen die AVR-Mikrocontroller ein großes Registerfile und schnelle Ein-Zyklus-Befehle.

Die Familie der AVR-Mikrocontroller umfasst unterschiedlich ausgestattete Controller, vom einfachen ATtiny Controller mit nur acht Anschlüssen bis hin zum ATmega High-End Controller mit großem internem Speicher.

Die Harvard-Architektur adressiert bis zu 8 MByte Datenspeicher direkt. Das Registerfile ist "dual mapped" und kann als Teil des On-Chip SRAM adressiert werden, wodurch schnelle Context-Switches möglich sind.

Alle AVR-Mikrocontroller werden in Atmels (low-power nonvolatile) CMOS-Technologie gefertigt. Der On-Chip In-System programmierbare (ISP) (downloadbare) Flash-Memory erlaubt das Reprogrammieren der Bausteine auf der Anwenderplatine über ein SPI Interface oder mit Hilfe eines konventionellen Programmiergeräts.

Durch die Kombination der leistungsfähigen Architektur mit dem downloadbaren Flash-Memory auf dem gleichen Chip stellen die AVR-Mikrocontroller einen leistungsfähigen Ansatz für Applikationen im "Embedded Controller" Markt dar.

Seit 1997 erweitert Atmel das Spektrum der AVR-Mikrocontroller. Zahlreiche neue Features erweitern den Einsatzbereich der AVR-Mikrocontroller ständig.

Eine komplette Übersicht über die heute verfügbaren Bausteine einschließlich der Ausstattung an internem Speicher und interner Peripherie (Parametric Product Table) kann von der Website www.atmel.com/dyn/products/param_table.asp?family_id=607&OrderBy=part_no&Direction=ASC abgerufen werden. Weitere Informationen sind über Atmels Website www.atmel.com zu finden.

Im Anhang (Abschnitt 8.1) ist eine Liste aktueller AVR-Mikrocontroller, die für die Programmierung mit BASCOM-AVR geeignet sind, zu finden.

Die Reihe der Standard-AVR wurde durch die megaAVR und weitere Familien abgelöst. BASCOM-AVR unterstützt natürlich die Standard-AVR, wie AT90S8515 u.a., nach wie vor.

Die Unterschiede bei den internen Ressourcen der AVR-Mikrocontroller sollen hier anhand von zwei Bausteinen vom unteren bzw. oberen Ende der Angebotspalette betrachtet werden. Die folgenden zwei Abbildungen zeigen die betreffenden Blockschemata der Bausteine ATtiny26 und ATmega128.

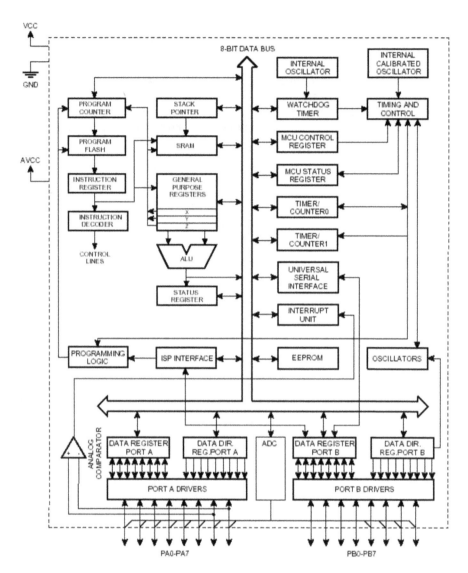

Abbildung 1   Blockschema ATtiny26

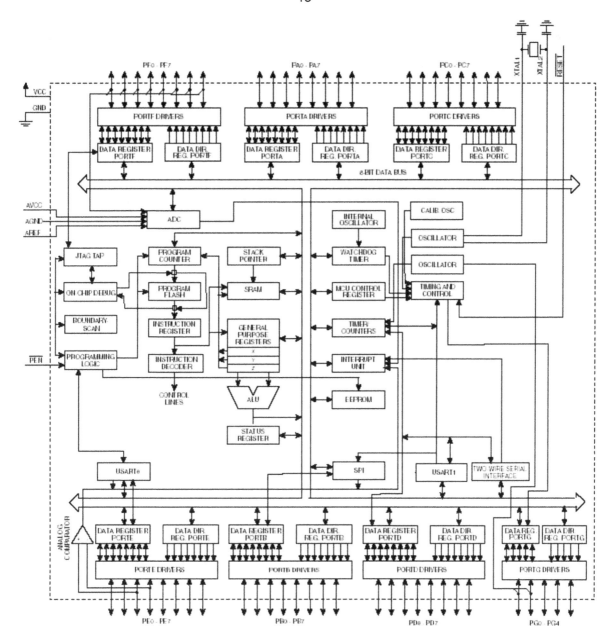

Abbildung 2   Blockschema ATmega128

Das Registerfile (General Purpose Registers) umfasst bei allen AVR-Mikrocontrollern 32 8-Bit-Register. Der Registerzugriff erfolgt innerhalb eines Taktzyklus. Das bedeutet, dass während eines Taktzyklus eine ALU-Operation ausgeführt werden kann.

In einem Taktzyklus werden damit zwei Operanden vom Registerfile geladen, die ALU-Operation ausgeführt und das Resultat ins Registerfile zurück gespeichert.

Sechs der 32 Register können auch als 16-Bit-Register (X-, Y- und Z-Register) für die indirekte Adressierung des Datenspeichers eingesetzt werden. Das Z-Register kann außerdem zur Adressierung von Tabellen im Programmspeicher genutzt werden.

Die ALU unterstützt arithmetische und logische Operationen zwischen zwei Registern oder einer Konstanten und einem Register. Operationen, die sich nur auf ein Register beziehen, werden auch in der ALU ausgeführt.

Der I/O-Speicherbereich umfasst die Adressen für die Peripheriefunktionen der CPU, wie Control Register, Timer/Counter und andere I/O Funktionen. Die Ausstattung an Speicher und Peripheriefunktionen ist bausteinspezifisch. Memory Maps für Programm- und Datenspeicher des ATmega128 sind in Abbildung 3 gezeigt.

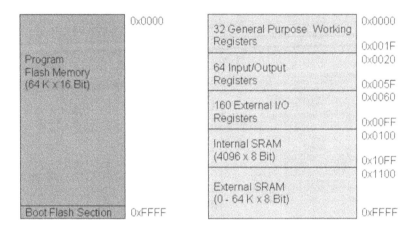

Abbildung 3   Memory Maps für Programm- und Datenspeicher beim ATmega128

In den AVR-Mikrocontrollern wurde eine Harvard-Struktur mit separaten Speichern und Bussen für Programm und Daten umgesetzt.

Ein flexibles Interruptmodul hat seine Control Register ebenfalls im I/O-Speicherbereich. Alle Interrupts haben einen eigenen Interruptvektor in einer Interruptvektortabelle am Anfang des Programmspeichers. Die Priorität des einzelnen Interrupts entspricht seiner Position in der Interruptvektortabelle. Je höher die Priorität des betreffenden Interrupts ist, desto niedriger ist die Adresse des Interruptvektors. Alle Interrupts sind maskierbar und über ein Global Interrupt Enable/Disable zu- bzw. abschaltbar.

Die zur Verfügung stehenden Peripheriefunktionen unterscheiden sich bei den einzelnen AVR-Mikrocontrollern erheblich und werden zusammen mit deren Programmierung mit BASCOM-AVR noch gesondert betrachtet.

Die Programmierung des Bausteins kann durch serielles Download über das SPI in der Anwenderschaltung erfolgen. Bei den ATmega-Bausteinen gibt es noch die Möglichkeit der Selbst-Programmierung mit Hilfe eines im Flash Memory abgelegten Bootloader Programms.

Eine Beschreibung des Instruktionssatzes der AVR-Mikrocontroller kann dem Dokument "8-bit AVR Instruction Set" entnommen werden, welches von der Atmel Website www.atmel.com/atmel/acrobat/doc0856.pdf heruntergeladen werden kann.

Diese einführenden Betrachtungen zu den AVR-Mikrocontrollern können nicht das eingehende Studium der technischen Dokumentation des Herstellers ersetzen. Wie die Betrachtung der ausgesuchten Peripheriefunktionen noch zeigen wird, kann auf das Hinzuziehen des Datenblatts des einzusetzenden AVR-Mikrocontrollers auf keinem Fall verzichtet werden. Die Datenblätter der hier erwähnten AVR-Mikrocontroller umfassen immerhin bis zu 450 Seiten.

Auf den Webseiten von Atmel www.atmel.com sind Dokumentationen zu den einzelnen Mikrocontrollern sowie Applikationsschriften und Programmbeispiele zu finden. Ergänzt wird die umfangreiche Dokumentation des Herstellers durch weitere Veröffentlichungen [1][2][3].

Wichtig ist der Dialog zwischen Hersteller und Anwendern bzw. Anwendern untereinander. Neben dem Hersteller selbst [www.atmel.com] sind hier einige Quellen genannt, die Unterstützung bei Fragen und Applikationshinweise zu den AVR-Mikrocontrollern bzw. deren Programmierung geben können. Ein Anspruch auf Vollständigkeit dieser Quellen besteht nicht.

- AVR Freaks [www.avrfreaks.net/]
- BASCOM Maillist Archive [www.grote.net/bascom/index.html]
- BASCOM Forum [www.onelist.com/group/BASCOM]
- AVR Tutorial [www.mikrocontroller.net/tutorial.htm]
- AVR Tutorial [www.avr-asm-tutorial.net/avr_de/index.html]
- Homepage Roland Walter [www.rowalt.de/mc/index.htm]

3   BASCOM-AVR

BASCOM-AVR ist nicht nur ein einfacher BASIC-Compiler sondern eine integrierte Entwicklungsumgebung (Integrated Development Environment, IDE) lauffähig unter Windows95 und aufwärts.

Eine solche Entwicklungsumgebung unterstützt den gesamten Prozess der Projektbearbeitung beginnend bei Erstellung und Test der zu entwickelnden Software bis hin zur Programmierung des eingesetzten Mikrocontrollers.

Damit die Beschäftigung mit BASCOM-AVR und den in diesem Buch enthaltenen Programmbeispielen nicht als Trockenübung absolviert werden muss, gibt es eine BASCOM-AVR Demo zum Gratis-Download, die begleitend zum Lesen des Buchs zur Verfügung stehen sollte.

Auf der Website vom MCS Electronics kann die Demoversion unter der URL www.mcselec.-com/index.php?option=com_docman&task=doc_download&gid=139&Itemid=54 zum Download erreicht werden.

Bevor man an das Installieren von BASCOM-AVR geht, sollte man sich vergewissern, ob ein Drucker installiert ist. Es spielt keine Rolle, ob man diesen dann auch wirklich benutzt oder gar zur Verfügung hat. BASCOM-AVR verlangt ihn.

Für eine Installation von BASCOM-AVR muss die Lizenzvereinbarung akzeptiert werden.

3.1   BASCOM-AVR Demo

Über den oben angegebenen Verweis zum Downloadbereich vom MCS Electronics erreicht man die Datei bcavrdmo.zip (21,4 MB), die die Datei setupdemo.exe, das Setup-Programm zur üblichen Installation enthält. Durch Aufruf dieses Setup-Programms erfolgt die unter Windows übliche Installationsprozedur.

Wie bei den meisten Demoprogrammen üblich, sind gewisse Einschränkungen zu erwarten. Die BASCOM-AVR Demo ist hinsichtlich der Größe des zu generierenden Codes auf 4 KByte beschränkt.

Das bedeutet aber immerhin, dass mit dieser BASCOM-AVR Demo die Bausteine bis ATtiny45 und ATmega48 bereits ohne Einschränkung unterstützt werden. Vielleicht hat der eine oder andere auch noch einen der älteren AT90S2323 oder AT90S2343 im Kasten - natürlich werden auch diese unterstützt.

Hat man einen Quelltext erzeugt, der nach Compilation dieses Limit von 4 KByte übersteigt, dann erhält man im Ergebnis der Compilation diesbezügliche Fehlerhinweise.

Da in den wenigsten Fällen der Code so reduziert werden kann, dass er in den zulässigen Codebereich der BASCOM-AVR Demo passt, muss dann auf die kostenpflichtige, allerdings sehr preiswerte Standard-Version umgestiegen werden.

3.2   Installation der BASCOM-AVR Vollversion

Wurde BASCOM-AVR bereits käuflich erworben, dann steht für die Installation der Entwicklungsumgebung die Datei Setup.exe der Vollversion zur Verfügung. Die Installation erfolgt vergleichbar zur BASCOM-AVR Demo.

Wichtig für die kommerzielle Version von BASCOM-AVR ist, dass das (kostenpflichtige) Lizenzfile BSCAVRL.DLL in das BASCOM-AVR Verzeichnis kopiert wird.

Ist die Installation abgeschlossen, muss Windows neu gestartet werden.

Das Unterverzeichnis SAMPLES enthält eine Reihe von BASCOM-AVR Programmbeispielen, die gerade beim Neueinstieg oder bei Fragen zur Syntax unbedingt betrachtet werden sollten.

3.3   Projekte mit BASCOM-AVR

3.3.1   *Bearbeitung eines Projekts*

Nach dem Start von BASCOM-AVR ist über *File>New* eine neue Quelltextdatei zu erstellen oder aber über *File>Open* eine bereits bestehende Datei zu öffnen.

Im nächsten Schritt sind solche BASCOM-AVR Options zu überprüfen, die die Auswahl des eingesetzten Mikrocontrollers, Baudrate, Taktfrequenz u.a.m. betreffen. Im folgenden Abschnitt sind diese Options im Detail erläutert.

Nun kann der BASIC-Quelltext editiert und anschließend compiliert werden. Üblicherweise werden hier anfangs Fehler erkannt.

Beim erforderlichen Editieren ist besonders auf die syntaktisch richtige Schreibweise zu achten. Mitunter zeigt der Compiler auch Folgefehler an, die weniger leicht zu beheben sind. In solchen Fällen bewährt sich das Auskommentieren von Programmzeilen, die möglicherweise Ursache für einen Fehler sein können. So kann man sich Schritt für Schritt an die betreffende Stelle heranarbeiten. Die Programmfunktion selbst spielt hier noch keine Rolle – wichtig ist zuerst eine fehlerfreie Compilation.

Es macht wenig Sinn, alle auftretenden Fehler möglichst in einem Schritt zu reparieren. Bei Tippfehlern kann man das tun, handelt es sich aber um gröbere Schnitzer, dann ist das Überprüfen der Änderung durch einen separaten Compilerlauf sinnvoll. Ein lokalisierter Fehler ist immer einfacher zu beheben.

Der BASIC-Quelltext ist also solange zu editieren, bis dass die Compilation fehlerfrei ist. In der Regel wird es bei diesem Prozess zu wiederholtem Editieren und Compilieren kommen. Hinweise zur Fehlersuche folgen in einem späteren Abschnitt.

Im Simulator kann man sich anschließend vergewissern, ob das erstellte Programm auch logisch richtig arbeitet.

BASCOM-AVR beinhaltet einen leistungsfähigen Simulator. Alternativ kann auch mit dem Simulator aus Atmels AVR Studio gearbeitet werden.

Den Abschluss der Bemühungen bildet das Programmieren des in der Zielhardware eingesetzten Mikrocontrollers und der anschließende Test des Programms.

Haben diese Tests die einwandfreie Funktion des Programms in der Zielhardware ergeben, dann ist die Aufgabe erfüllt. Anderenfalls müssen einzelne der angegebenen Schritte wiederholt werden.

Bevor mit einem kleinen Beispiel das Arbeiten mit der BASCOM-AVR Entwicklungsumgebung beschrieben wird, betrachten wir im folgenden Abschnitt die für die BASCOM-AVR Umgebung und die Zielhardware wichtigen BASCOM-AVR Options.

3.3.2 BASCOM-AVR Options

BASCOM-AVR weist eine Vielzahl von Options auf, die über das gleichnamige Menu definiert gesetzt werden müssen. Diese am Anfang eines Projektes zu erbringende Arbeit wird dann abgespeichert und nur noch in Details verändert werden. Der Aufwand selbst ist damit wesentlich geringer als er an dieser Stelle erscheinen mag.

Im ersten Schritt ist der zu programmierende Mikrocontroller über das Menu **Options>Compiler>Chip** festzulegen.

Wir wollen vorerst willkürlich mit dem ATmega8 arbeiten. Abbildung 4 zeigt die Selektion mit dem zur Verfügung stehenden Speichern auf der rechten Seite.

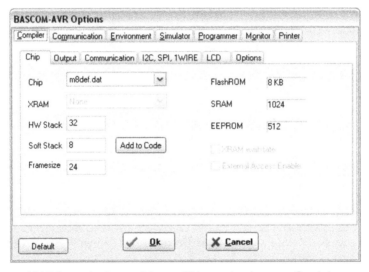

Abbildung 4   Auswahl von Chip und externem Speicher

Die Parameter Hardware und Soft(ware) Stack sowie Framesize belassen wir vorerst auf ihren Defaultwerten.

GOSUB und CALL benötigen je zwei Bytes im HW Stack. Bei geschachtelten GOSUBs steigt der Bedarf an HW Stack schnell. Ein Interrupt benötigt 32 Byte und zahlreiche Instruktionen nutzen den HW Stack als Zwischenspeicher.

Lokale Variable und Variable, die an ein Unterprogramm übergeben werden, benötigen je zwei Byte im Soft Stack.

Gespeichert werden lokale Variable in sogenannten Frames. Ein Integervariable benötigt zwei Byte und ein String seine Länge plus Eins. Interne Konvertierungsroutinen (INPUT num, STR(),

VAL() etc.) verwenden ebenfalls Frames als Zwischenspeicher und belegen dabei maximal 16 Bytes.

Für die Lesbarkeit von Quelltexten und deren Weitergabe ist es von Vorteil, wenn die eben beschriebenen Options dann auch im Quelltext verankert werden. Durch Betätigung des Buttons *Add to Code* werden die Options an den Beginn des Quelltextes übertragen (Abbildung 4).

Über das Menu *Options>Compiler>Output* werden die zu generierenden Dateien ausgewählt. Abbildung 5 zeigt die Auswahlmöglichkeiten.

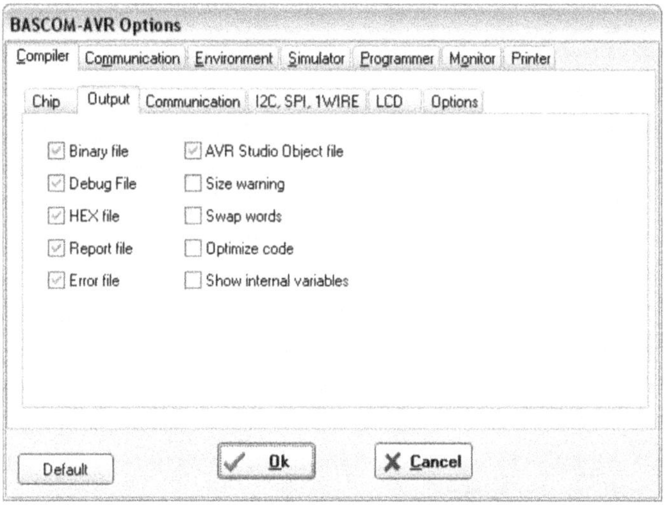

Abbildung 5   Auswahl der zu generierenden Dateien

Je nach eingesetztem Programmer wird man Bin- oder Hex-Dateien (Binary File, HEX File) erzeugen. Das Debugfile wird vom Compiler benötigt. Im Reportfile sind die gesetzten Parameter und vorgenommenen Speicherplatzzuordnungen abzulesen, während im Errorfile die Fehler bei der Compilation abgelegt werden. Die auf der linken Seite angegebenen Dateien sollte man der Einfachheit halber alle selektieren.

Will man die Simulation mit dem AVR Studio vornehmen, dann muss auch das betreffende Objektfile erzeugt werden. Ein aktiviertes Sizewarning zeigt das Überschreiten des zur Verfügung stehenden Programmspeichers an - eine nicht zu unterschätzende Hilfestellung.

Manche Programmer verlangen Bin- bzw. Hex-Dateien mit vertauschtem LSB und MSB. In diesem Fall ist Swap Words zu aktivieren.

Eine Codeoptimierung kann aktiviert werden. Hier ist die Codeoptimierung als Option auswählbar, da diese mehr Zeit benötigt.

Zur Anzeige aller internen Variablen im Reportfile kann die letzte Option angeklickt werden.

Die Baudrate der seriellen Kommunikation (RS-232) ist abhängig von der Taktfrequenz des eingesetzten Prozessors. Über das Menu *Options>Compiler>Communication* werden Taktfrequenz und gewünschte Baudrate eingegeben. Abbildung 6 zeigt die Eingabe der Parameter. Der prozentuale Fehler der erzeugten Baudrate wird im unteren Feld ausgegeben.

Wichtig ist, diesen Fehler in gewissen Grenzen zu halten, um keine Probleme bei der seriellen Datenübertragung zu erhalten. Für eine sichere Datenübertragung sollte dieser Fehler kleiner 1% bleiben.

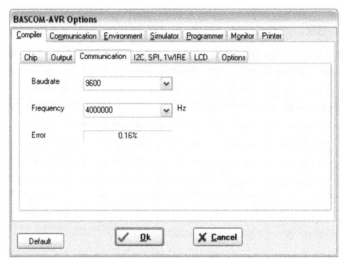

Abbildung 6   Auswahl von Baudrate und Taktfrequenz

Neben der seriellen Kommunikation gemäß RS-232 unterstützt BASCOM-AVR auch noch I²C-, SPI- und 1-Wire-Datenübertragung. Wie Abbildung 7 zeigt, können über das Menu **Options>Compiler>I2C, SPI, 1WIRE** den betreffenden Leitungen Pins zugeordnet werden. Wird das Hardware-SPI ausgewählt, dann sind die Pins fest vorgegeben.

Spätestens zu diesem Zeitpunkt sollte also ein Anschlusskonzept bzw. ein Schaltplan für die Baugruppe bzw. das Gesamtprojekt vorliegen.

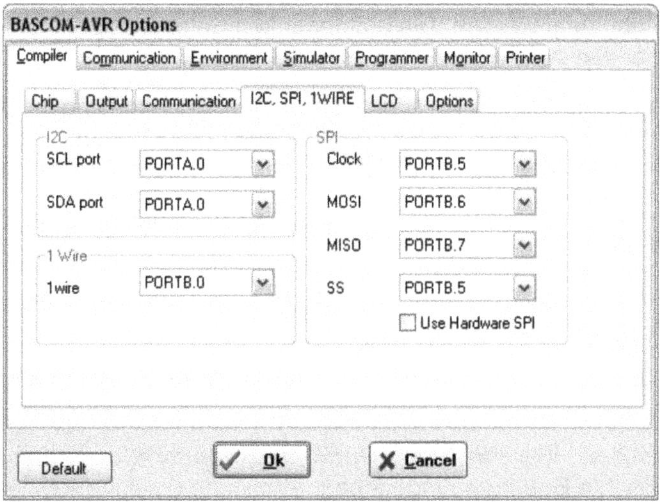

Abbildung 7   Auswahl der Pins für die serielle Kommunikation

Über das Menu *Options>Compiler>LCD* können einem anzuschließenden LCD Pins zugeordnet werden. Abbildung 8 zeigt die Eingabe der erforderlichen Parameter.

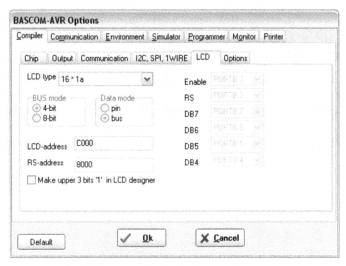

Abbildung 8   LCD SetUp im Busmode

Für die Ansteuerung eines LCDs gibt es verschiedene Möglichkeiten. Arbeitet man mit externem RAM, dann kann das LCD am Datenbus betrieben werden. Über den Adressbus werden dann die Leitungen E und RS gesteuert. Für die in Abbildung 8 eingetragenen Parameter ergäbe sich im Busmode das folgende Anschlussbild.

	A15	A14	D7	D6	D5	D4	D3	D2	D1	D0
8-Bit-Mode	E	RS	db7	db6	db5	db4	db3	db2	db1	db0
4-Bit-Mode	E	RS	db7	db6	db5	db4	-	-	-	-

Es lassen sich aber auch beliebige Pins den Anschlüssen des LCDs zuordnen, wobei man dann im 4-Bit-Mode mit vier Datenleitungen arbeiten wird.

Beim Definieren anwenderspezifischer Zeichen werden Bitmaps einem zu druckenden Zeichen zugeordnet. Vom LCD Designer wird dieser Vorgang sehr einfach unterstützt. Mit der Option "Make upper 3 bits 1 in LCD Designer" lassen sich, wie noch gezeigt wird, die Bitmaps beeinflussen.

Die über das Menu *Options* vorgenommenen Einstellungen können durch Compilerdirektiven teilweise überschrieben werden. So wird man in den Programmbeispielen häufig folgende Direktiven finden:

```
$regfile = "m8def.dat"      ' ATmega8 wird eingesetzt
$crystal = 4000000          ' Taktfrequenz beträgt 4 MHz
$baud = 9600                ' Baudrate beträgt 9600 Baud
```

Ordnet man diese Angaben im Quelltext an, dann sind die wesentlichen Voraussetzungen für das betreffende Programm bei Weitergabe des Quelltextes ersichtlich. Weitere Besonderheiten, wie erweitere Stacks u.a., sollten als Kommentar im Quelltext enthalten sein.

Mit Abbildung 4 war der in aktuellen BASCOM-AVR Versionen eingeführte und für diese Aufgabe vorgesehene Button *Add to Code* bereits erläutert worden. Natürlich können die Eintragungen auch von Hand erfolgen.

Kommuniziert man vom PC aus mit der Zielhardware so muss der Terminal Emulator auf die Schnittstellenparameter der Zielhardware abgestimmt werden. Wie Abbildung 9 zeigt, können diese Parameter über das Menu **Options>Communication** eingegeben werden.

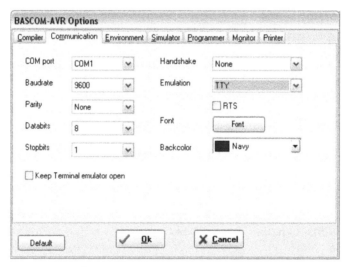

Abbildung 9   Setzen der Parameter des Terminal Emulators

Die Editierumgebung kann man ebenfalls seinen Bedürfnissen anpassen. Abbildung 10 zeigt die über das Menu **Options>Environment** erreichbaren Einstellmöglichkeiten.

Diese Einstellungen kann man erfahrungsgemäß erst mal beibehalten und später seinen Bedürfnissen anpassen.

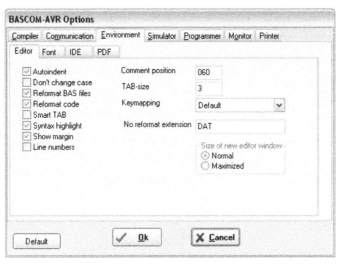

Abbildung 10   Setzen der Editoroptionen

Will man nicht mit dem BASCOM-AVR Simulator arbeiten, dann kann über das Menu **Options>Simulator** das AVR Studio verknüpft werden. Abbildung 11 zeigt auf die Verknüpfung mit der Datei AVRStudio.exe im Pfad E:\Programme\Atmel\AVRTools\AvrStudio4, der jedoch spezifisch für das System des Autors ist.

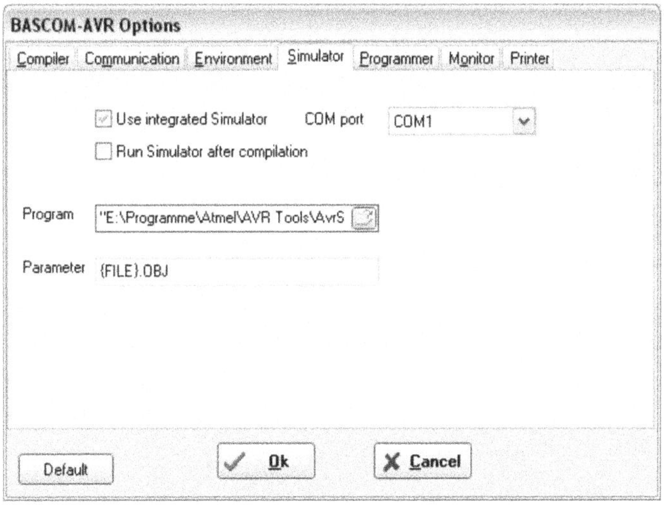

Abbildung 11   Auswahl des Simulators

Der letzte wesentliche Schritt ist die Auswahl des Programmers über das Menu **Options>Programmer**. Abbildung 12 zeigt die Auswahl des Programmers. Da hier bei den meisten Programmbeispielen mit dem Evaluationboard STK500 gearbeitet wurde, ist das STK500 auch selektiert.

Auf diese Weise kann aber grundsätzlich auch mit jedem anderen externen Programmer gearbeitet werden. Hinweise hierzu folgen an anderer Stelle.

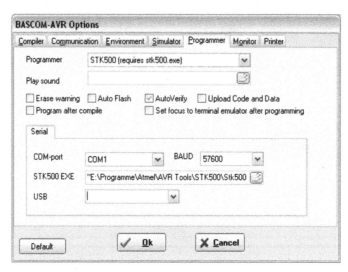

Abbildung 12   Auswahl des STK500 als Programmer

3.4   BASCOM-AVR Tools

In BASCOM-AVR sind auch eine Reihe wichtiger Tools verankert. Bereits erwähnt wurden Simulator und Programmer. Weitere Tools sind:

- ein Terminal Emulator zur Kommunikation mit der seriellen Schnittstelle der Zielhardware,

- ein LCD Designer, der zum Erzeugen von anwenderspezifischen Zeichen für ein angeschlossenes LCD eingesetzt werden kann,

- ein Library Manager zur Arbeit mit Bibliotheken,

- Möglichkeiten zum Export des Quelltexts in RTF- bzw. HTML-Files,

- ein Grafikconverter für die Anzeige von Bilddateien auf Grafik-LCDs,

- ein Stackanalyzer,

- das Easy TCP/IP Tool,

- ein Batch Compiler zum Compilieren mehrerer Quelltexte (hauptsächlich zur internen Verwendung bei MCS Electronics gedacht)

- ein PDF Updater zur Aktualisierung der heruntergeladenen Datenblätter,

- ein Ressourcen Editor für mehrsprachige Displaytexte,

- Zugriff auf den Device Manager von Windows,

- ein Plug-In Manager und

- ein Font Editor, als derzeit erstes Plug-In.

3.4.1 Simulation

BASCOM-AVR weist einen eigenen Simulator auf. Anhand eines einfachen Simulationsbeispiels soll dieser Simulator vorgestellt werden.

Das zu simulierende Programm steuert ein LCD mit zwei Zeilen zu je 16 Zeichen an. Listing 1 zeigt den betreffenden Quelltext. Da dieses Display default ist, erübrigen sich Angaben im Quelltext.

```
Dim A As Byte

Do
    A = Waitkey()              ' auf Zeichen (vom Terminalfenster) warten

    If A = 27 Then Exit Do     ' bei ESC Schleife verlassen
    Cls                        ' LCD löschen
    Upperline                  ' Zeichen auf oberer Zeile ausgeben
    Lcd A
    Lowerline                  ' Hex Wert des Zeichens
    Lcd Hex(a)                 ' Ausgabe seriell (ins Terminalfenster)
Loop

End
```

Listing 1   Queltext LCD Test (LCD.BAS)

Über **Program>Simulate** oder **F2** startet man den Simulator und es öffnet sich das Simulationsfenster.

Abbildung 13 zeigt im unteren Teil ein Fenster mit dem Quelltext des Programmbeispiels. Im mittleren Teil ist das Kommunikationsfenster zu sehen, während links oben ein Fenster zur Beobachtung von Variableninhalten zu sehen ist. Da im vorliegenden Programmbeispiel ein LCD simuliert werden soll, wurde das LCD ebenfalls aktiviert und ist im Fenster Hardware Simulation zu sehen.

Startet man nun die Simulation durch Drücken der Taste **F5**, dann wird das Programm bis zur Instruktion A = Waitkey() laufen und dort warten bis ein Zeichen über die serielle Schnittstelle empfangen wurde. Hierzu ist der Cursor in das Kommunikationsfenster zu platzieren und dort das zu sendende Zeichen einzutippen.

Der ASCII-Code des empfangenen Zeichens wird in der oberen Zeile des LCDs dezimal und in der unteren Zeile hexadezimal ausgegeben. War das eingegebene Zeichen kein ESC, dann wiederholt sich der Vorgang.

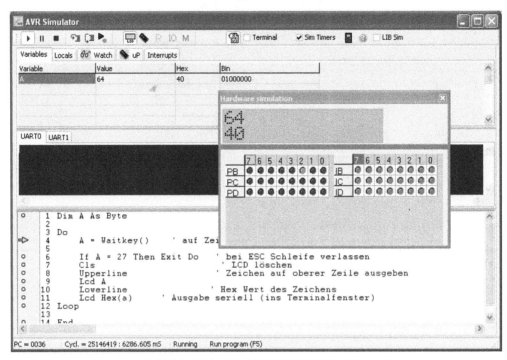

Abbildung 13   BASCOM-AVR Simulator

Wie die Variable A zeigt, war das eingegebene Zeichen ein "@". Das empfangene Zeichen wird auch im LCD angezeigt. In der oberen Zeile steht der Dezimalwert 64 für das Zeichen "@", in der unteren der Hexadezimalwert &H40.

Dass neben diesem Mode auch Einzelschrittbetrieb bei der Simulation möglich ist und Variableninhalte während der Simulation verändert werden können, sei hier nur nebenbei erwähnt.

3.4.2   Terminal Emulator

Ein Terminal Emulator wird zur Kommunikation mit seriellen Schnittstellen auf der Zielhardware eingesetzt.

Listing 2 zeigt ein kleines Testprogramm, welches auf ein Zeichen an der seriellen Schnittstelle wartet und dieses Zeichen nebst einigem Kommentar wieder zur Schnittstelle zurückschickt.

```
Dim A As Byte

Do
    A = Inkey()                       ' Zeichen seriell lesen
    If A > 0 Then                     ' Zeichen vorhanden?
       Print "Received from serial port:"
       Print "ASCII Code " ; A ;      ' ASCII Code und
       Print " = Character " ; Chr(a) ' Zeichen seriell ausgeben
    End If
Loop Until A = 27
```

End

Listing 2   Test serielle Kommunikation (SERIAL.BAS)

Der Terminal Emulator wird über **Tools>Terminal emulator** oder **Ctrl+T** gestartet. Abbildung 14 zeigt das sich öffnende Terminalfenster. Die Schnittstellenparameter, eingestellt über das Menu **Options>Communications**, sind in der Statuszeile angegeben.

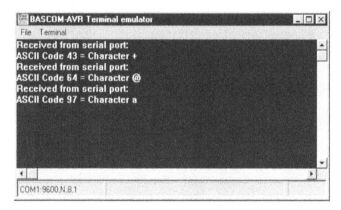

Abbildung 14   BASCOM-AVR Terminal Emulator

Wurde nun über die Tastatur des an die Zielhardware angeschlossenen PCs ein Zeichen eingegeben, dann erfolgt durch unser Programmbeispiel das Lesen (`A = inkey()`) und die Auswertung des empfangenen Zeichens sowie die Ausgabe von Kommentar und Ergebnis (`Print ...`) gemäß Abbildung 14 bis schließlich einmal die ESC-Taste gedrückt und das Programm beendet wird.

Mit dem Terminal Emulator können auf diese Weise alle Kommunikationsaufgaben über die serielle Schnittstelle des eingesetzten AVR-Mikrocontrollers untersucht werden.

Außerhalb von BASCOM-AVR kann diese Aufgabe aber auch durch jedes andere Terminalprogramm wahrgenommen werden.

3.4.3   LCD Designer

Den LCD Designer wird man immer dann einsetzen, wenn anwendungsspezifische Zeichen auf einem alphanumerischen LCD dargestellt werden sollen.

Alle alphanumerischen LCDs, die mit dem sehr verbreiteten LCD-Controller HD 44780 von Hitachi oder einem kompatiblen Controller arbeiten, erlauben das Definieren von acht anwendungsspezifischen Zeichen.

Abbildung 15 zeigt drei Zeichen, die wir im folgenden als anwendungsspezifische Zeichen eines LCD definieren und testen wollen.

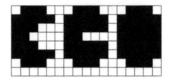

Abbildung 15 Anwendungsspezifische Zeichen

Anhand des ersten in Abbildung 15 gezeigten Zeichens soll das Definieren anwendungsspezifischer Zeichen mit dem LCD Designer verdeutlicht werden.

Über **Tools>LCD Designer** oder **Ctrl+L** wird der LCD Designer gestartet. In einer 8x5-Matrix können nun Pixel gesetzt oder gelöscht werden (Abbildung 16).

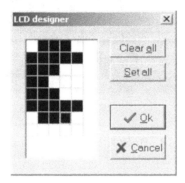

Abbildung 16 Anwendungsspezifisches Zeichen im LCD Designer

Die unterste Pixelzeile ist für die Darstellung des LCD-Cursors reserviert, kann aber grundsätzlich verwendet werden.

Nach Bestätigung mit OK ist das Zeichen definiert und die betreffende Instruktion im Quelltextfenster zu sehen.

Vorerst ist die Bezeichnung des Zeichens noch mit einem Fragezeichen versehen, welches durch ein Zeichen (oder eine Variable) im Bereich von 0 bis 7 ersetzt werden muss.

Abbildung 17 zeigt den Eintrag im Quelltext ergänzt mit der Konstanten 1 als Bezeichnung für dieses erste anwendungsspezifische Zeichen.

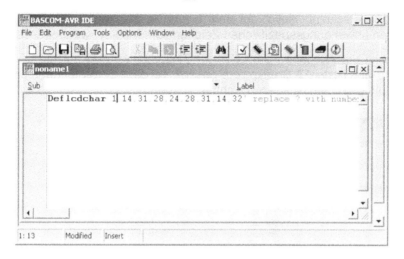

Abbildung 17   Durch den LCD Designer erzeugte Instruktion

Zum Test dieser anwendungsspezifischen Zeichen soll uns das in Listing 3 dargestellte Programm, welches wieder im Simulator getestet wird, dienen.

```
Deflcdchar 1 , 238 , 255 , 252 , 248 , 252 , 255 , 238 , 224
Deflcdchar 2 , 238 , 255 , 255 , 248 , 255 , 255 , 238 , 224
Deflcdchar 3 , 238 , 255 , 255 , 255 , 255 , 255 , 238 , 224

Cls

Config Lcd = 16 * 1
Lcd "Hello "            ' Ausgabe von "Hello"
Home                   ' zurück zum Beginn der Zeile
Lcd Chr(1)             ' Ausgabe des ersten anwenderspez. Zeichens
Home                   ' zurück zum Beginn der Zeile
Lcd " " ; Chr(2)       ' Ausgabe des zweiten anwenderspez. Zeichens
                       ' und Löschen der Zeichen davor
Home                   ' zurück zum Beginn der Zeile u.s.w.
Lcd "  " ; Chr(3)
Home
Lcd "   " ; Chr(1)
Home
Lcd "    " ; Chr(2)
Home
Lcd "     " ; Chr(3)
End
```

Listing 3   Anwendungsspezifische Zeichen (LCD1.BAS)

Am Anfang des Programms stehen drei Characterdefinitionen, die mit dem LCD Designer auf die eben beschriebene Weise erzeugt wurden. Wichtig ist, dass diesen Definitionen unbedingt die Instruktion Cls folgen muss, die den Datenspeicher des LCDs aktiviert.

Als erste Ausgabe erscheint "Hello" auf dem LCD. Die Zeichen des Wortes "Hello" werden dann von unseren anwendungsspezifischen Zeichen vom Display "weggefressen".

Abbildung 18 zeigt die Ausgaben am LCD. Im Simulator wurden auf die LCD Instruktionen durch Betätigung der Taste **F9** Breakpoints gesetzt, so dass durch mehrfaches Betätigen der Taste **F5** (Run) die einzelnen Ausgaben sichtbar werden.

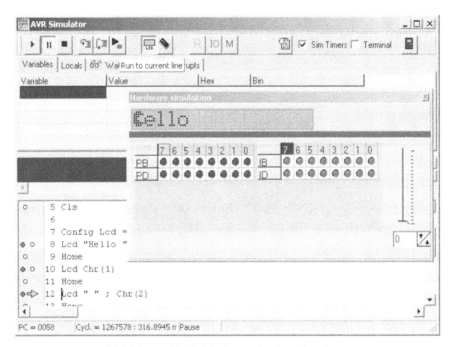

Abbildung 18   LCD Ausgabe im Simulator

3.4.4   Library Manager

In einer Library können Assembler-Routinen zusammengefasst werden, auf die von einem Programm aus Bezug genommen wird. Mit Hilfe des Library Managers kann der Inhalt einer solchen Library verwaltet resp. verändert werden. Abbildung 19 zeigt die Routinen der Library MCS.LIB.

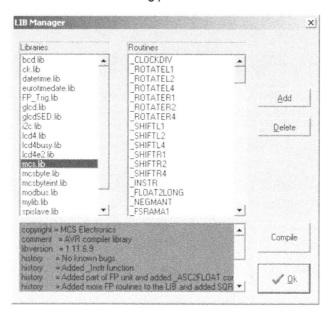

Abbildung 19   Library Manager

Libraries werden durchsucht, wenn die zu verwendenden Routinen mit der Direktive $EXTERNAL im Quelltext ausgewiesen wurden. Die Reihenfolge der Suche entspricht der Reihenfolge der Librarynamen, während die im BASCOM-AVR enthaltene MCS.LIB immer als letzte Library durchsucht wird. MCS.LIB muss nicht über die $LIB Direktive spezifiziert werden.

Weil MCS.LIB stets als letzte Library durchsucht wird, können gleichnamige Routinen mit veränderter Funktion in eigene Libraries aufgenommen werden. Da die veränderten Routinen bei der Suche eher gefunden werden, übernehmen diese dann auch die Funktion der in der Library MCS.LIB vordefinierten.

Will man die in MCS.LIB vordefinierten Routinen verändern, dann muss MCS.LIB nur kopiert, umbenannt und verändert werden. Ebenso lassen sich Libraries mit eigenen Inhalten anlegen. Listing 4 zeigt eine BlockMove Routine in der Library CK.LIB.

```
Copyright = Claus Kühnel
Www = Http : / / Www.ckuehnel.ch
Email = Info@ckuehnel.ch
Comment =
Libversion = 1.00
Date = 2 Februari 2001
Statement = No Source Code From The Library May Be Distributed In Any Form
Statement = Of Course This Does Not Applie For The Compiled Code When You Have A Bas-
com -avr License
History = No Known Bugs.

...
```

```
[_blockmove]
_blockmove:
 ld _temp1,Z+              ;get data from BLOCK1
 st X+,_temp1              ;store data to BLOCK2
 dec _temp2               ;
 brne _blockmove          ;if not done, loop more
 ret                      ;return
[end]
```

Listing 4   Library CK.LIB

Eine Library ist eine einfache Textdatei, die mit jedem Editor bearbeitet werden kann. Am einfachsten arbeitet man wie bei der Bearbeitung von BASIC-Quelltext mit dem BASCOM-AVR Editor.

Der Header beinhaltet eine Reihe nützlicher Informationen.

Jede Routine beginnt mit ihrem Namen in eckigen Klammern, hier zum Beispiel [_blockmove] und endet mit [end].

Wie eine solche Library Funktion in einem Programm eingesetzt wird, kann Listing 5 entnommen werden.

```
$regfile = "8515DEF.DAT"
$crystal = 4000000


Const Bl = 40            ' Blocklänge

Dim Blocklength As Byte
Blocklength = Bl

Dim Block1(bl) As Byte   ' Definieren von zwei Blöcken zu je 40 Byte
Dim Block2(bl) As Byte

Dim I As Byte            ' Indexvariable

$lib "CK.LIB"            ' Verwendung von _blockmove aus CK.LIB
$external _blockmove

Declare Sub Blockmove(source As Byte , Dest As Byte , Byval Length As Byte)

For I = 1 To Bl          ' Block1 initialisieren
  Block1(i) = I * 2
Next

' Kopieren von Block1 nach Block2
Call Blockmove(block1(1) , Block2(1) , Blocklength)

Nop                      ' zum Setzen eines Breakpoints in der Simulation

For I = 1 To Bl          ' Löschen von Block1
```

```
  Block1(i) = 0
Next


Nop                       ' zum Setzen eines Breakpoints in der Simulation


For I = 1 To Bl          ' Kopieren von Block2 zurück nach Block1
  Block1(i) = Block2(i)
Next


End


' Blockmove bereitet den Aufruf der _blockmove Assemblerroutine vor
Sub Blockmove (source As byte , Dest As byte , Length As Byte)
$asm
  Loadadr Length , Z
  ld _temp2, Z
  Loadadr Source , Z
  Loadadr Dest , X
  rcall _blockmove        ' Aufruf der _blockmove Assemblerroutine
$end Asm
End Sub
```

Listing 5   Kopieren eines Speicherbereiches (TEST_LIB.BAS)

Zwei Speicherblöcke mit einer Länge von je 40 Byte werden im Programmbeispiel vereinbart. Block1 wird (willkürlich) initialisiert, um dann durch die Assembler-Routine `_blockmove` nach Block2 kopiert zu werden.

In der BASIC-Subroutine wird nur die Parameterübergabe an die Assembler-Routine organisiert. Der eigentliche Kopiervorgang erfolgt ausschließlich auf Assemblerebene.

Damit die Laufzeit einer solchen Assembler-Routine mit einer üblichen BASIC-Routine verglichen werden kann, wird Block1 anschließend gelöscht und Block2 nach Block1 auf BASIC-Ebene zurück kopiert.

Die Laufzeitmessung kann im Simulator vorgenommen werden. Für den hier eingesetzten AT90S8515 ermitteln wir bei 4 MHz Taktfrequenz für den Aufruf der Assemblerroutine über

```
Call Blockmove(block1(1) , Block2(1) , Blocklength)
```

eine Laufzeit von 88 µs, während die reine BASIC-Schleife

```
For I = 1 To Bl          ' Kopieren von Block2 zurück nach Block1
  Block1(i) = Block2(i)
Next
```

eine Laufzeit von 373 µs benötigt.

Abbildung 20 zeigt, wie die Laufzeitmessung im Simulator vorgenommen wurde. Die Abschnitte des Quelltextes, für die eine Laufzeitmessung vorgenommen werden soll, werden durch Breakpoints markiert.

Bevor die Routine gestartet wird, kann das Feld "Cycl. = ..." in der Statuszeile durch Drücken der rechten Maustaste gelöscht werden. Hält das Programm dann am nächsten Breakpoint an, dann kann die Zahl der durchlaufenen Programmzyklen und die entsprechende Programmlaufzeit in diesem Feld abgelesen werden. Abbildung 20 zeigt das Ergebnis der Laufzeitmessung für die BASIC-Routine von 373 µs.

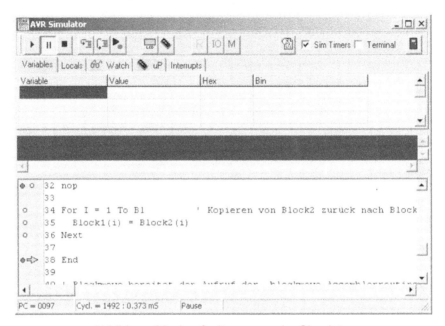

Abbildung 20   Laufzeitmessung im Simulator

3.4.5   Programmierung von Bausteinen

Programmer sind durch die In-System Programmierbarkeit der AVR-Mikrocontroller nicht explizit erforderlich, so dass zum Test erster BASCOM-AVR-Programme eines der im folgenden Abschnitt beschriebenen Evaluationboards bereits ausreicht.

BASCOM-AVR unterstützt zahlreiche Programmer. Ich möchte hier nur die folgenden nennen:

- AVR ICP910 (siehe Applikationsschrift AVR910.ASM in Atmels Website)

- MCS Universal Interface Programmer

- STK200/STK300/STK500 ISP Programmer von Atmel/Kanda

- Lawicel BootLoader

- Externe Programmer

Das Einbinden einer Programmersoftware erfolgt über das Menü *Options>Programmer*, wie schon in Abbildung 14 gezeigt worden war. Es lassen sich verschiedene (selbsterklärende) Optionen setzen. Ist die Option "Upload Code and Data" selektiert, dann werden sowohl Flash als auch EEPROM programmiert.

Mit dem AVRStudio hat man Zugriff auf alle Parameter des betreffenden Mikrocontrollers. In Abschnitt 3.5 wird das AVR Studio im Zusammenhang mit dem Starterkit STK500 detailliert betrachtet.

Hat man kein Evaluationboard bzw. keinen Programmer zur Verfügung, dann kann man leicht einen der im Web verfügbaren Vorschläge aufgreifen.

Eine weit verbreitete Programmersoftware ist PonyProg. Pony-Prog läuft unter Windows95, 98, 2000 & NT sowie Linux und kann von der Website des Entwicklers gratis heruntergeladen werden [www.lancos.com/prog.html]. Passend zu PonyProg ist u.a. der AVR-PG1 von Olimex, der auch über den Elektronikladen (elmicro.com) bezogen werden kann. Da Ponyprog eine LPT- oder COM-Schnittstelle des PCs voraussetzt, diese aber bei modernen PCs kaum noch vorhanden sind, soll der Programmer hier nur wegen seiner Verbreitung noch erwähnt werden.

Abbildung 21   AVR-PG1

Bei seriellem Anschluss können die drei Ausgangsleitungen des Ports COM1 von PonyProg angesteuert werden. Es werden dabei aber keine Daten seriell gesendet, sondern die drei Leitungen werden durch entsprechende Befehle als normale I/O Hi und Lo geschaltet. Da Pony-Prog den seriellen Port nicht wie einen standardmäßigen COM-Port benutzt, funktioniert die Programmierung über die handelsüblichen USB-RS232-Adapter in den seltensten Fällen.

Wichtig bei einer Neuanschaffung ist, dass man als Schnittstelle von vorn herein USB in Betracht zieht.

Von Atmel werden dazu der AVR In-System Programmer mkII (Abbildung 22) und der AVR Dragon (Abbildung 23) angeboten.

Abbildung 22   AVR Programmer mkII

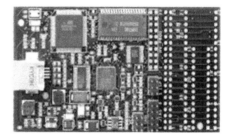

Abbildung 23   AVR Dragon

Von der thailändischen Firma Micro4you International [www.micro4you.com/store/] wird der USBASP AVR USB ISP Programmer Lite angeboten, der im Gegensatz zu den aktuellen Programmern von Atmel noch das 10-pin ISP Programmierinterface unterstützt (Abbildung 24). Der passende USB-Treiber sowie das Handbuch, welches den Einsatz des Programmers mit AVRDUDE ab Version 5.2 und höher beschreibt, kann von der Webseite heruntergeladen.

Mit etwas handwerklichem Geschick kann man sich den Adapter von 6-pin auf 10-pin allerdings auch schnell selbst anfertigen oder auf einen handelsüblichen, wie den der Fa. Embedit (Abbildung 25) zurückgreifen [shop.embedit.de/product__353.php].

(C) embedit.de

Abbildung 24

USBASP AVR USB ISP Programmer Lite

Abbildung 25

Adapter von 6- auf 10-pin ISP

Im Anhang sind, ohne Anspruch auf Vollständigkeit, weitere Links zu Programmern bzw. Evaluationboards angegeben.

3.4.6 Stackanalyzer

Die richtige Voreinstellung der Parameter für die Größe von HW Stack, Soft Stack und Frame Size im Menu **Options>Compiler>Chip** (Abbildung 4) ist mitunter schwierig. Im Zweifelsfall kann der Stackanalyzer hier gute Dienste leisten.

Die Direktive $DBG sorgt für das Füllen des Hardware Stacks mit dem die Zeichen H, des Software-Stack mit dem Zeichen S und des Frame Space mit dem Zeichen F. Die Zahl der Zeichen entspricht dann der vereinbarten Größe dieser Bereiche.

Mit dem Programmbeispiel DEBUG.BAS (Listing 6) wurden hier einige Experimente durchgeführt, die die Stackanalyse verdeutlichen sollen.

```
'-----------------------------------------------------------
' Stackanalyse
'-----------------------------------------------------------
$regfile = "m8def.dat"        ' ATmega8
$crystal = 3686400            ' für STK500
$baud = 9600                  ' Baudrate für UART
$dbg                          ' Setzen der DEBUG Option
$sim                          ' Unterdrücken der Waits im Simulator

Dim X As Byte

Declare Sub   Toggle_pb1()

Config Portd = Input          ' PortD ist Eingang
Config Portb = Output         ' PortB ist Ausgang
Portb = 255        ' PortB = Hi

Do
  Reset Portb.0               ' LED an PB0 ein
  X = Pind And &B00001100     ' Abfage der Eingänge PD2 und PD3
  Select Case X
    Case 8 : Exit Do          ' PD2 = Lo - Programmende
    Case 4 : Call Toggle_pb1  ' PD3 = Lo - Call Sub
```

```
   Case Else
 End Select
 Waitms 20
 Set Portb.0                    ' LED an PB0 aus
 Wait 1
Loop

End

Sub Toggle_pb1()
   Local Y As Single            ' nur um Speicher zu belegen
   Local Z As Word              ' nur um Speicher zu belegen
   Z = 1234                     ' nur um Speicher zu belegen
   Toggle Portb.1               ' eigentliche Aktion
   Dbg                          ' Ausgabe Statusreport
End Sub
```

Listing 6   Stackanalyse mit DEBUG.BAS

Abbildung 26 zeigt die betreffenden Speicherbereiche nach der Initialisierung durch die Direktive $DBG im Simulator.

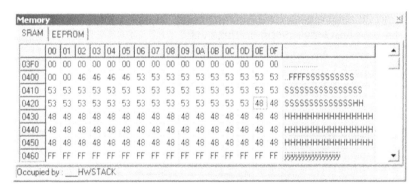

Abbildung 26   Stackbereiche nach der Initialisierung

Nach dem Start des Programms im Simulator werden die drei Speicherbereiche verwendet und so auch die benutzten Zellen zumindest teilweise überschrieben. Abbildung 27 zeigt die durch Überschreiben als benutzt markierten Speicherzellen.

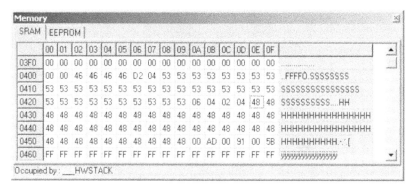

Abbildung 27   Markierung der benutzten Speicherzellen

Zum Beispiel wurden vom Testprogramm die Zellen &H045A bis &H045F des HW Stacks verwendet. Die ursprünglich in diesen Bereich eingetragenen Zeichen H wurde dort überschrieben.

Mit der Instruktion DBG kann ein Statusreport über den Hardware-UART ausgegeben werden. Das heißt, dass für diese Art der Stackanalyse dann entweder dieser UART von der Anwendung nicht belegt ist oder für den Test freigemacht werden muss.

Die Statusreports können mit dem BASCOM-AVR internen Terminalemulator aufgezeichnet werden. Abbildung 28 zeigt eine solche Aufzeichnung. Die einzelnen Reports sind identisch, da im Programm nur eine DBG Instruktion enthalten ist.

In den Reports selbst kann man bereits erkennen, ob die ursprünglich eingetragenen Zeichen überschrieben wurden.

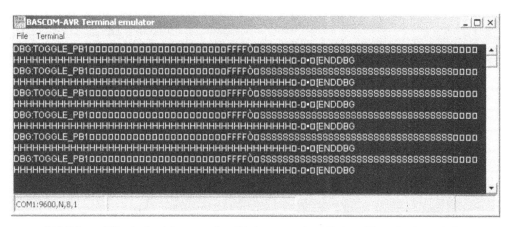

Abbildung 28   Aufzeichnung des Statusreports mit dem Terminalemulator

Besser kann man aber den BASCOM-AVR Stackanalyzer für die Auswertung heranziehen. Abbildung 29 zeigt die betreffende Analyse.

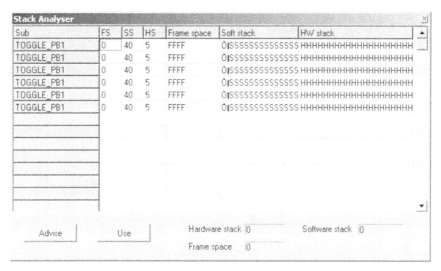

Abbildung 29   Auswertung mit dem Stackanalyzer

Durch Betätigen des Buttons *Advice* können die erforderlichen Parameter bestimmt und durch Betätigung des Buttons *Use* ins Menu **Options>Compiler>Chip** übernommen werden. Vor einer neuen Compilation ist noch die DBG Instruktion aus dem Programm zu entfernen (oder auszukommentieren), da sie selbst ebenfalls Ressourcen benötigt, die dann nicht mehr zur Verfügung stehen.

3.4.7   PDF Updater

Die umfangreichen Datenblätter des Herstellers sind für jede Aktivität mit einem AVR-Mikrocontroller die unabdingbare Grundlage. So umfasst bereits das Datenblatt für einen Atmega8 310 Seiten (4.72 MB).

Mit dem PDF Updater bietet BASCOM-AVR die Möglichkeit, das betreffende Datenblatt über das Internet zu beziehen und aktuell zu halten. Abbildung 30 zeigt die Vorgehensweise zum Download des Atmega8 Datenblatts.

Durch die Selektionsmöglichkeit kann man den Bestand an Datenblättern auf des gewünschte Maß beschränken.

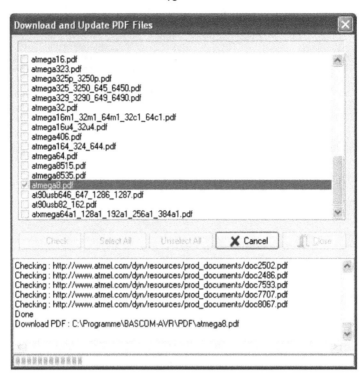

Abbildung 30   Download von Datenblättern

3.5   AVR Studio von Atmel

AVR Studio ist die Entwicklungsumgebung für alle AVR-Mikrocontroller und liegt im Sommer 2010 in der Version 4.18 vor. In dieser Version unterstützt das AVR Studio eine Vielzahl von Emulatoren, die aus Abbildung 33 ersichtlich sind, und dient als Front-End für das Evaluationboard STK500 und eine Reihe weiterer Programmer. Das AVR Studio läuft unter Windows NT/2000/XP/Vista/7.

Im Zusammenhang mit BASCOM-AVR werden wir das AVR Studio zu Simulation, Debugging und Programmierung verwenden.

Um mit dem AVR Studio zu debuggen, öffnet man das betreffenden Objektfile. Abbildung 31 zeigt die Auswahl des Objektfiles MULT.OBJ.

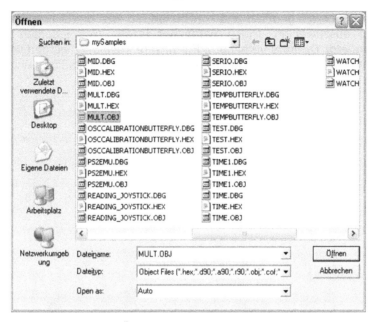

Abbildung 31   Öffnen eines OBJ-Files im AVR Studio

Für das weitere Debugging versucht das AVR Studio ein Projekt anzulegen. Den Vorgaben in Abbildung 32 wird man in der Regel folgen.

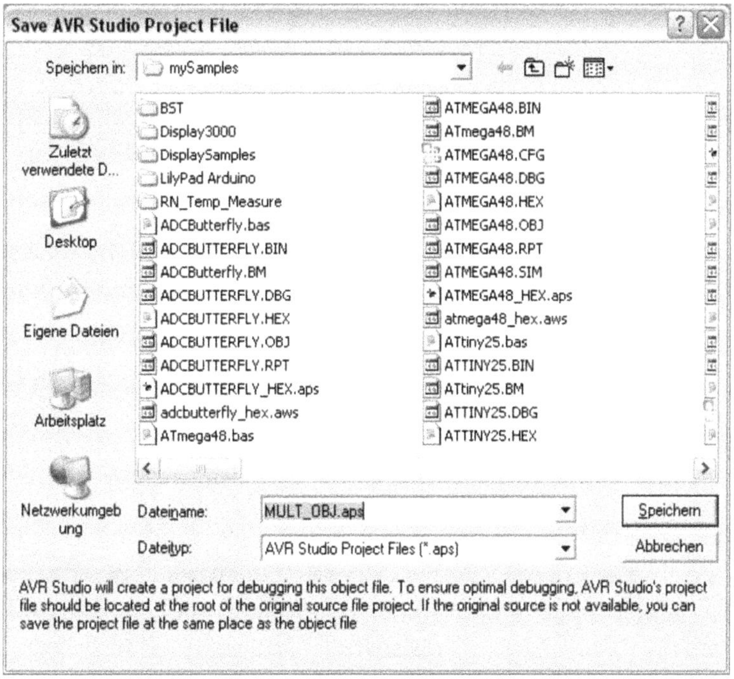

Abbildung 32   Erzeugen eines Projektes zum Debugging im AVR Studio

Wurde das Projekt noch nie geöffnet und konfiguriert, so folgt ein Dialog um Debugplattform, und Controllertyp auszuwählen. Diese Parameter lassen sich jederzeit über das Menu **Debug>AVR Simulator Options** verändern. Für unsere Tests hier werden wir uns auf den Simulator beschränken. Abbildung 33 zeigt die Auswahl von Debugplattform und Controllertyp.

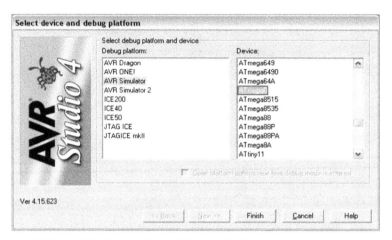

Abbildung 33   Auswahl von Debugplattform und Controllertyp

Nach diesen Vorbereitungen ist das AVR Studio zum Debugging bereit. Hier hatten hier den leistungsfähigen AVR Simulator ausgewählt, in dem wir das Programmbeispiel MULT.BAS anschauen wollen. Abbildung 34 zeigt den BASCOM-AVR Quelltext und das disassemblierte Assemblerlisting. Die gesetzten Breakpoints können in beiden Listings verfolgt werden.

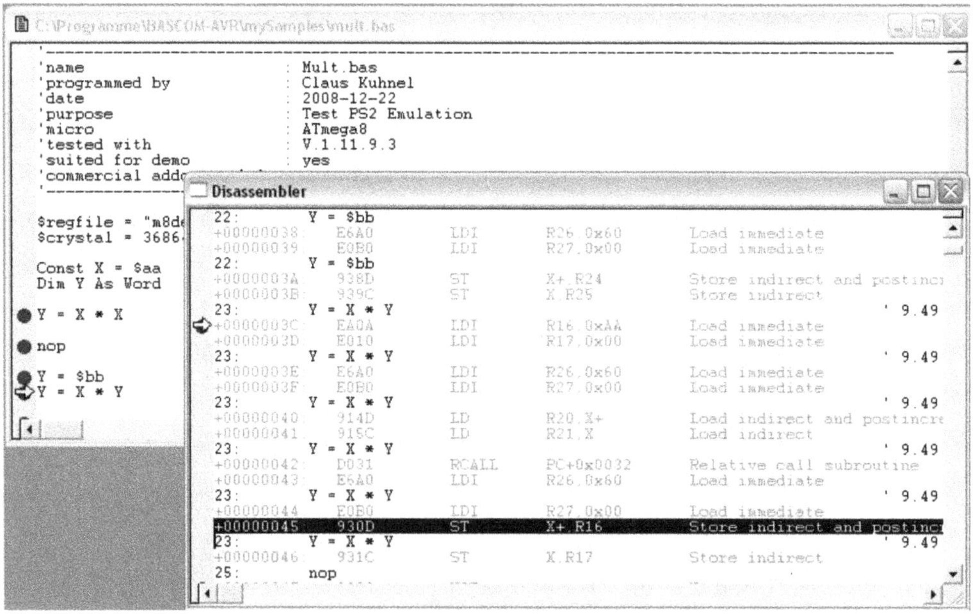

Abbildung 34   Debugging im AVR Studio – BAS- und ASM-Listing

Der Programcounter befindet sich vor dem Start des Programms bei Adresse &H00 (Resetposition). Um die von BASCOM-AVR automatisch erzeugte Initialisierung zu übergehen, kann man an den Beginn des Hauptprogramms einen Breakpoint setzen (F9) und das Programm bis zu dieser Unterbrechung laufen lassen (F5). Dann kann beliebig mit Breakpoints oder im Einzelschrittmode weitergegangen werden.

Das Testprogramm MULT.BAS enthält eine Konstante X und eine Wordvariablen Y. Die Werte werden initialisiert und multipliziert. Damit eine einfache Laufzeitmessung für die einzelnen Operationen durchgeführt werden kann, wurden Breakpoints vor und nach die Multiplikationen gesetzt.

Im Window Processor versteckt sich u.a. auch noch eine Stoppuhr, die für die Zeitmessung verwendet wird.

Bei der Unterbrechung vor der Multiplikation kann durch einen Klick auf die rechte Maustaste die Stoppuhr zu Null gesetzt werden. Bei der nächsten Unterbrechung nach der Multiplikation zeigt uns die Stoppuhr die Laufzeit der Multiplikation an.

Durch Inspektion des Assemblerlisting kann genau verfolgt werden, welchen Code BASCOM-AVR aus dem BASIC-Quelltext generiert hat.

Das AVR Studio kommuniziert mit dem STK500, das (nach Selektion) zur Programmierung der AVR-Mikrocontroller sowie zum Test der Anwendung dienen kann.

Abbildung 35 zeigt die Einstellung, die für die Programmierung im ISP Mode des im STK500 eingesetzten ATmega8 erforderlich sind. Durch das Lesen der Signature kann man sich über den eingesetzten Mikrocontroller informieren.

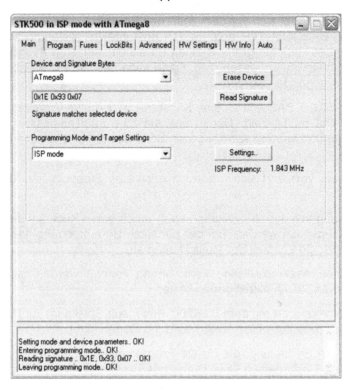

Abbildung 35   STK500 Programmer

Alle AVR-Mikrocontroller haben eine 3-Byte-Signatur, welche das Bauteil identifiziert. Zurück gelesen wurden in unserem Beispiel die Bytes:

Ox1E   –   weist Atmel als Hersteller aus

0x93   –   deutet auf 8 KB Flash Memory

0x07   –   identifiziert einen ATmega8, wenn 2. Byte 0x93 war

Die jeweiligen Signaturen können dem Datenblatt des betreffenden Bausteins entnommen werden.

Dem Programmieren des eingesetzten Bausteins steht nun nichts mehr im Wege. Abbildung 36 zeigt die Auswahl des Hexfiles MULT.HEX für den Programmspeicher (Flash). EEPROM Inhalt gibt es für dieses Beispiel nicht.

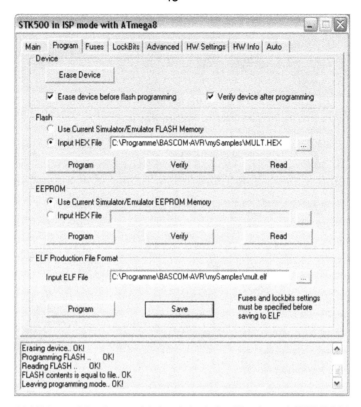

Abbildung 36   Auswahl des Inhalt für Flash und EEPROM

Das ELF Production File Format vereint den Inhalt von Flash und EEPROM sowie die Fuse- und Lock-Bit Konfiguration in einer einzigen Datei.

Bevor das ELF File erzeugt werden kann, müssen der Inhalt von Flash und EEPROM spezifiziert und die Fuse- und Lock-Bits konfiguriert sein. Erst dann kann das erzeugte ELF File abgespeichert werden.

Um AVR-Programme an potentielle Anwender oder Kunden weiterzugeben, bietet sich das ELF Production File Format geradezu an. Auf diese Weise hat man immer alle erforderlichen Bestandteile zusammen.

Abbildung 37 zeigt, wie die Fuse-Bits beeinflusst werden können. Bevor man an diesen Einstellungen etwas ändert, sollte das Datenblatt des betreffenden Bausteins gründlich gelesen worden sein. Fuse- und Lock- Bits werden in Abschnitt 5.8.1 noch betrachtet und hier nur zur Kenntnis genommen.

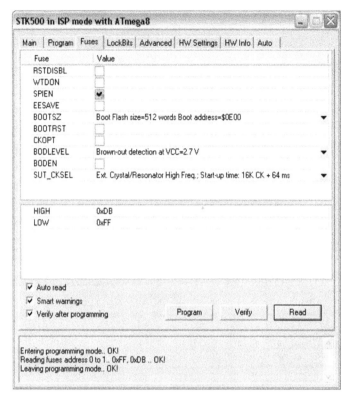

Abbildung 37   Konfiguration der Fuse-Bits

Gerade für Tests mit dem STK500 sind die Möglichkeiten der Veränderung der analogen Referenzspannung und der Oszillatorfrequenz interessant. Abbildung 38 zeigt die vorgesehen Änderungsmöglichkeiten. Wichtig ist noch die Oszillatorfrequenz, die hier mit 3,6864 MHz zurück gelesen wurde und für genaue Laufzeitmesungen im Simulator dann auch berücksichtigt werden sollte.

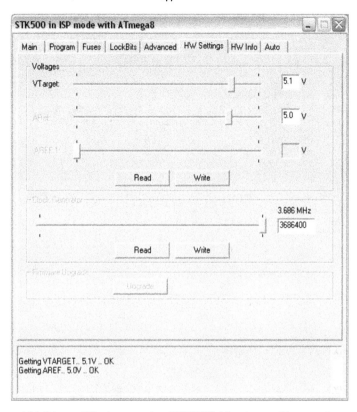

Abbildung 38   Lesen der STK500 Hardware Parameter

Abbildung 39 zeigt zum Schluss noch die Festlegung der Programmieroptionen, die dann beim Drücken des Buttons **Program** im Hintergrund ablaufen.

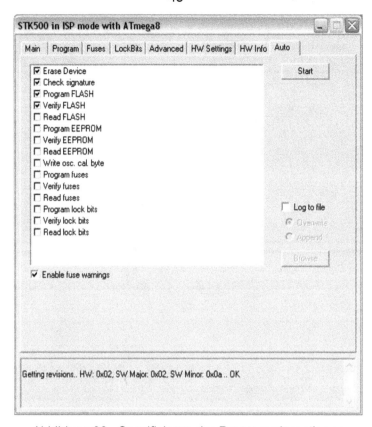

Abbildung 39 Spezifizieren der Programmieroptionen

3.6 Starterkits für AVR-Mikrocontroller

Für den Einstieg in die Welt der AVR-Mikrocontroller stehen eine Reihe unterschiedlich ausgestatteter Starterkits zur Verfügung. Atmel bietet das STK500 an, das alle Bausteine der AVR Familie hardwaremäßig unterstützt und zur Programmierung eingesetzt werden kann.

Die meisten der hier vorgestellten Programmbeispiele und Anwendungen wurden weitgehend mit dem STK500 programmiert und in Betrieb genommen.

Neben den durch Atmel angebotenen Starterkits sollen hier einige weitere Evaluationboards Erwähnung finden, die einen schnellen Einstieg in die Programmierung der AVR-Mikrocontroller unterstützen.

3.6.1 STK500

Das STK500 ist Starterkit und in Verbindung mit dem AVR Studio zugleich Entwicklungssystem für die AVR-Mikrocontroller.

Das STK500 stellt acht Taster und acht LEDs, ein RS-232 Interface zum Entwicklungs-PC sowie 2 MBit DataFlash Memory auf dem Board zur Verfügung. Das das AT45D021 Dataflash mittlerweile nicht mehr verfügbar ist, werden diese Komponenten nicht bei jedem STK500 bestückt sein. Alle I/O-Ports des eingesetzten AVR-Mikrocontrollers sind über Stiftleisten zugänglich. Sockel für die verschiedenen AVR-Mikrocontroller sowie flexible Takt-, Spannungs- und Resetmöglichkeiten sind gegeben.

Abbildung 40 zeigt das Entwicklungsboard aus dem Starterkit STK500. Unterstützt werden alle AVR-Mikrocontroller bis hin zum ATmega644.

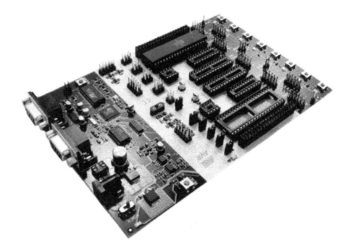

Abbildung 40   Entwicklungsboard aus dem Starterkit STK500

Mit Hilfe von Expansionsmodulen werden spezielle Derivate der AVR-Mikrocontroller und Controller mit größerem Flash unterstützt.

Unter www.atmel.com/dyn/products/tools.asp?family_id=607#808 findet man eine komplette Zusammenstellung der Expansionsboards und der unterstützten AVR-Mikrocontroller. Die folgende Zusammenstellung soll einen ersten Überblick vermitteln.

Abbildung 41   STK501

Durch das Expansionsmodul STK501 werden (zusammen mit dem STK500) alle AVR-Mikrocontroller mit bis zu 64 Pins, auch die mit externem Speicher, unterstützt. Ein separater Quarz mit 32 kHz ermöglicht die einfache Implementierung einer Echtzeit-Uhr.

Abbildung 42   STK502

Das Expansionsmodul STK502 bietet zusammen mit dem STK500 Support für alle Bausteine der 64-Pin LCD-AVR-Familie mit On-Chip-LCD-Controller sowie die Mega-AVR-Familie.

Abbildung 43   STK503

Das Expansionsmodul STK503 bietet zusammen mit dem STK500 Support für alle 100-Pin AVR-Mikrocontroller.

Abbildung 44   STK504

Das Expansionsmodul STK504 bietet zusammen mit dem STK500 Support für alle Bausteine der 100-Pin LCDAVR-Familie mit On-Chip-LCD-Controller sowie die Mega-AVR-Familie.

Abbildung 45   STK505

Das Expansionsmodul STK505 bietet zusammen mit dem STK500 zusätzlichen Support für alle 14-Pin und 20-Pin AVR-Mikrocontroller.

Abbildung 46   STK520

Das Expansionsmodul STK520 unterstützt in Verbindung mit dem STK500 die 24-Pin und 32-Pin   AT90PWMAVR-Familie.

Abbildung 47   STK524

Das STK524 Kit besteht aus dem Expansionsmodul STK524, sowie den AVRCANAdapt und AVRLINAdapt Boards. Unterstützte werden Bausteine ATmega32M1 und ATmega32C1 sowie zukünftige Derivate.

Abbildung 48   STK525

Das STK525 Starter Kit ist zusammen mit dem STK500 für die AT90USB-Mikrocontroller bestimmt. Es unterstützt JTAGICE mkII und AVRISP mkII über das AVR Studio. Die Programmierung kann direkt über den USB-Port mit dem FLIP In-System Programming Tool erfolgen.

Abbildung 49   STK526

Das STK526 Starter Kit ist zusammen mit dem STK500 für die AT90USB82/162-Mikrocontroller bestimmt. Es unterstützt JTAGICE mkII und AVRISP mkII über das AVR Studio. Die Programmierung kann direkt über den USB-Port mit dem FLIP In-System Programming Tool erfolgen.

3.6.2   AVR Butterfly

Mit dem AVR Butterfly bietet Atmel ein kleines Modul auf der Basis eines ATmega169 an, was die komplette Infrastruktur für erste Experimente mit einem AVR-Mikrocontroller enthält. Abbildung 50 zeigt das 67 x 45 mm große Modul.

Der auf dem AVR Butterfly Modul befindliche ATmega169 steuert ein LCD mit 120 Segmenten zur Darstellung von 6 Zeichen sowie einen Piezosummer an. Zur Eingabe dient ein Joystick mit Taster. Zur Temperaturmessung stehen ein NTC und zur Lichtmessung, zumindest bei älteren Boards, ein Fotowiderstand zur Verfügung. Ein 32 kHz Uhren-Quarz kann als Taktsignal oder zum Kalibrieren des internen RC-Oszillators eingesetzt werden. 4 MBit Serial Dataflash stehen als zusätzlicher Speicher zur Verfügung. Zur Spannungsversorgung kann eine 3V Knopfzelle verwendet werden. Die Fassung für diese Knopfzelle ist Bestandteil des Boards. Obwohl das AVR Butterfly Modul ohne zusätzliche Hardware über einen Bootloader und die RS-232 Schnittstelle programmierbar ist, stehen noch ISP- und JTAG-Anschluß für Download und Debugging sowie ein USI-Interface zur Verfügung.

Für das AVR Butterfly Modul wird von der Fa. ECROS Technology ein Carrierboard angeboten [www.ecrostech.com/AtmelAvr/Butterfly/index.htm], mit dem die Handhabung des AVR Butterfly Moduls erheblich vereinfacht wird. Abbildung 51 zeigt das AVR Butterfly Carrierboard mit aufgestecktem AVR Butterfly Modul.

Abbildung 50   AVR Butterfly Modul

Abbildung 51   AVR Butterfly Carrier

Mit einer externen Spannungsversorgung durch Steckernetzteil oder Batterie steht ausreichend Leistung zur Versorgung zusätzlicher Schaltungsteile zur Verfügung. Die Spannungsversorgung wird durch eine LED angezeigt. Auf dem Board stehen ein 6-Pin Stecker für In-System Programmierung (ISP), ein 10-Pin Stecker für JTAG In-Circuit Emulation (ICE) sowie ein DSUB9 für die Kommunikation über ein serielles Interface (RS-232) zur Verfügung. Alle Anschlüsse des AVR Butterfly Moduls sind an den Rand des 40 x 85 mm großen Prototypenbereichs geführt. Ein Reset Taster und ein separates GND-Pin für Oszilloskop oder Multimeter sorgen zusätzlich für komfortables Arbeiten mit dem AVR Butterfly.

In Abschnitt 7.15 werden einige Anwendungsbeispiele mit der auf dem AVR Butterfly Modul enthaltenen Peripherie beschrieben.

3.6.3   stAVeR

Die Eigenschaften des stAVeR-24M32 Mikrocontrollermoduls sind weitgehend durch den verwendeten Mikrocontroller ATmega32 festgelegt.

Abbildung 83 zeigt das kompakte stAVeR-24M32 Mikrocontrollermodul mit dem ISP-Steckverbinder vorn. Drei LEDs sind rechts vom ATmega32 Mikrocontroller angeordnet. Wie leicht zu erkennen ist, kann das 24-polige Board in jeden standardmäßigen EPROM-Sockel gesteckt werden und ist durch die gewählte Pinbelegung kompatibel zur weit verbreiteten BASIC Stamp (BS2) und weiteren Mikrocontrollern.

Abbildung 52

stAVeR-24M32 Modul

Obwohl stAVeR-24M32 nur 24 Anschlüsse nach außen führt, zeigt ein Vergleich mit dem Datenblatt des ATmega32, dass nur wenige Funktionen des eingesetzten Mikrocontrollers nicht nach außen hin verfügbar sind. Im Wesentlichen betrifft dies das JTAG-Interface und den unabhängigen Oszillator für Timer2.

Die schwedische Entwicklungsfirma LAWICEL [www.lawicel.com/stAVeR/] bietet passend zu ihrem stAVeR-24M32 Mikrocontrollermodul auch ein Entwicklungsboard an, welches das stAVeR-24M32 Mikrocontrollermodul um die geeignete Peripherie ergänzt.

Wer die Beschränkung auf die 24 Pins des stAVeR-24M32 nicht tolerieren kann, dem steht mit dem stAVeR-40 auch noch der größere Bruder mit dem gleichen Mikrocontroller zur Verfügung. Neben den Peripheriefunktionen, die der ATmega32 bietet, sind noch ein RTC-Baustein DS1307, eine 8 KByte EEPROM sowie ein zweikanaliger 8-Bit DA-Umsetzer (Option) auf dem stAVeR-40 verfügbar. Ein Entwicklungsboard ist ebenfalls verfügbar.

Abbildung 53

stAVeR-24M32 Entwicklungsboard

3.6.4 Olimex Entwicklungsboards

Die bulgarische Fa. Olimex bietet u.a. eine Reihe einfacher und sehr preiswerter Prototypenboards für die AVR-Mikrocontroller an. Hier soll beispielhaft das AVR-P40-USB-8535 Prototypenboard mit USB, JTAG und STKxx-kompatiblen 10-Pin ISP-Anschluss gezeigt werden (Abbildung 54).

Abbildung 54   AVR-P40-USB-8535 Prototypenboard

Die folgende Hauptmerkmale kennzeichnen die Funktionalität dieses Prototypenboards:

- Unterstützt alle zum AT90S8535 pin-kompatiblem AVR-Mikrocontroller
- 10-Pin ISP-Anschluss zur Programmierung (Atmel Standard)
- JTAG-Port zum In-Circuit Debugging/Programming mit AVR-JTAG und AVR-JTAG-USB (ATJTAGICE)
- USB/RS-232 FT232 Converter
- I²C EEPROM Sockel
- Spannungsversorgung über USB
- Quartz-Oszillator 8 MHz
- Resetbaustein ZM33064, Resettaster
- Taster, Status-LED an PB0 (über Jumper)
- DIL40 Sockel für AVR-Mikrocontroller
- Abmessungen 100x80 mm

Der Elektronikladen bzw. ELMICRO [elmicro.com] ist Olimex Distributor für Deutschland und bietet das komplette Olimex-Sortiment an.

3.6.5 mySmartControl & myAVR

Von der Fa. Laser & Co. Solutions GmbH [www.myavr.de] wird mit mySmartControl ein kompaktes Prozessorboard mit einem ATmega168 oder einem ATmega8 und standardisiertem USB-Interface angeboten.

Abbildung 55 zeigt das Board *mySmartControl M168*. Die Programmierung erfolgt über einen vorinstallierten Bootloader oder per ISP (hier nicht bestückt). Das Modul ist anschlussfertig.

Eine Kommunikation mit dem PC kann völlig transparent über einen virtuellen COM-Port geführt werden.

Abbildung 55   mySmartControl M168

Für Steuerungsaufgaben verfügt das Modul über eine 20-polige Buchsenleiste nach dem myAVR-Standard (Abbildung 56).

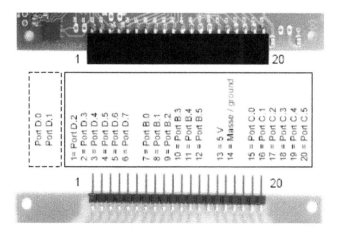

Abbildung 56   Pinbelegung des Erweiterungsports

Über diesen Erweiterungsport kann weitere Peripherie an den Mikrocontroller angeschlossen werden. In Abbildung 57 bis Abbildung 59 sind Baugruppen gezeigt, die als Systemerweiterung eingesetzt werden können.

Abbildung 57

myAVR TWI Add-On Echtzeituhr (vorn) in möglicher Verbindung mit myAVR TWI Add-On Temperatursensor (Mitte) und myAVR TWI Add-On EEPROM (hinten)

Abbildung 58   myAVR LCD Add-On

Abbildung 59   myDigitalOut

Für die Programmierung der myAVR Mikrocontroller bietet der Hersteller das *myAVR ProgTool* an. Es handelt sich dabei um ein freies Werkzeug zum Programmieren des Flash, des EEPROMs und der Fuse-/Lock-Bits der unterstützten AVR-Mikrocontroller. Die vom myAVR ProgTool unterstütze Hardware zeigt Abbildung 60.

Abbildung 60   myAVR ProgTool

Bei Verwendung des (hier vorgesehenen) *myAVR SmartControl M168* kann das mit BASCOM-AVR erzeugte Hex-File über USB direkt zum Bootloader geschickt werden.

Anwendungsbeispiele mit der hier gezeigten Hardware sind unter Abschnitt 7.17 und Abschnitt 7.25.3 zu finden.

3.6.6 Arduino

Arduino ist eine Open-Source Electronic Prototyping Platform auf der Grundlage flexibler und einfach anzuwendender Hard- und Software [www.arduino.cc].

Arduino wurde für Künstler, Designer, Hobbyanwender und alle, die am Aufbau von interaktiven Objekten interessiert sind, entwickelt.

Der AVR-Mikrocontroller auf den verschiedenen Arduino Boards kann mit der eigens für diesen Personenkreis geschaffenen Arduino Programmiersprache (Basis ist Wiring) und der Arduino Entwicklungsumgebung (Basis ist Processing) programmiert werden. Wer sich für diesen Softwareansatz interessiert, sei auf die Arduino Website www.arduino.cc verwiesen.

Wir wollen die Arduino Hardware mit BASCOM-AVR einsetzen. Aus der Palette der Arduino Mikrocontroller sind Arduino Nano (Abbildung 61) und LilyPad Arduino (Abbildung 62) hier von besonderem Interesse.

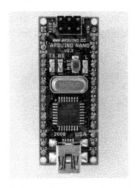
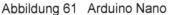

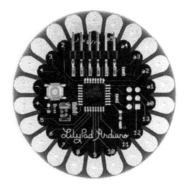

Abbildung 61   Arduino Nano   Abbildung 62   LilyPad Arduino

Arduino Nano ist ein zur BASIC Stamp pin-kompatibles Mikrocontrollermodul mit integriertem USB.

LilyPad Arduino ist ein Mikrocontrollermodul, welches speziell als tragbare (wearable) Elektronik für sogenannte „e-textiles" entwickelt wurde. LilyPad Arduino kann auf Gewebe genäht werden. Weitere Komponenten, wie die Stromversorgung, Sensoren und Aktoren können ebenfalls aufgenäht und mit leitfähigem Garn verbunden werden. Auf dem LilyPad Arduino wird ein ATmega168V, die Low-Power Version des ATmega168 eingesetzt.

Abbildung 63 zeigt das etwas vereinfachte Schema des LilyPad Arduino Main Boards. Das komplette Schaltbild kann von der Arduino Website heruntergeladen werden [www.arduino.cc/en/uploads/Main/LilyPad_schematic_v18.pdf].

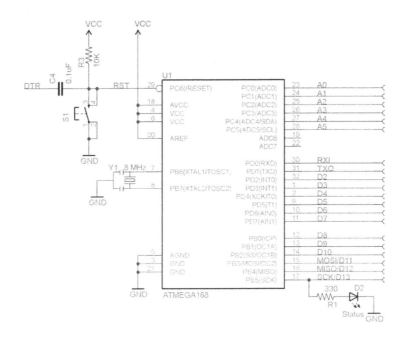

Abbildung 63   LilyPad Arduino (Schaltbild vereinfacht)

Wie ein Arduino Uno aus BASCOM-AVR heraus programmiert werden kann, ist in www.mikro-controller.net/topic/195750 beschrieben.

3.6.7   Orangutan SV-168

Das Mikrocontrollermodul Orangutan SV-168 von Pololu Robotics and Electronics [www.pololu.com/catalog/product/1225] kann als Steuerzentrale für kleine Roboter mit einer Betriebsspannung zwischen 6 – 13.5 V eingesetzt werden. Wegen seiner Merkmale dürfte das kompakte Modul (Abbildung 64) aber nicht nur für den Einsatz im Roboter interessant sein.

Der Orangutan SV-168 weist die folgende Merkmale auf: Atmel ATmega168, zwei Motortreiberstufen mit 1A Dauerstrom (3 A Spitzenstrom) pro Motor, steckbares 8-Zeichen x 2-Zeilen LCD, einen Buzzer, drei Anwender-Taster und zwei Anwender-LEDs.

Abbildung 64   Orangutan SV-168

Der Orangutan SV-168 besitzt einen 5V-Schaltregler, der bis zu 3 A liefert und das Betreiben von leistungsstarken RC-Servos direkt an der 5 V-Betriebsspannung erlaubt. Acht I/Os mit bis zu acht Analogeingängen können zur Abfrage von Sensoren oder zur Systemerweiterung eingesetzt werden.

Auf das Schaltbild zum Orangutan SV-168 soll an dieser Stelle nicht eingegangen werden. Wer sich für den Einsatz dieses interessanten Moduls interessiert, der findet es unter www.pololu.com/picture/view/0J1151.

In Abschnitt 7.25.2 werden wir u.a. noch die Ansteuerung von DC-Motoren mit dem im Orangutan SV-168 eingesetzten Motortreiber TB6612FNG von Toshiba betrachten.

Bereits während der Bearbeitung dieses Manuskripts wurde der Orangutan SV-168 durch den Orangutan SV-328 ersetzt.

Beim Orangutan SV-328 wird der Mikrocontroller Atmega328P eingesetzt, der 32 KByte Flash, 2 KByte RAM und 1 KByte EEPROM bietet. Der ATmega328P kann als kompatibel zum ATmega168 betrachtet werden, so dass beim Umstieg vom Orangutan SV-168 auf einen Orangutan SV-328 allenfalls minimale Anpassungen am Quelltext vorgenommen werden müssen.

4   BASCOM-AVR Intern

Bevor wir zur Programmierung eigener Anwendungen kommen wollen, soll dieser Abschnitt einige Aspekte von BASCOM-AVR näher untersuchen und eine Übersicht über die zur Verfügung stehenden Instruktionen und Direktiven vermitteln.

4.1   BASCOM-AVR Befehlsübersicht

Die folgenden beiden Zusammenstellungen geben eine Übersicht über die Befehle und Direktiven in BASCOM-AVR V.1.12.0.0.

Ausführlichere und leicht lesbare englischsprachige Hinweise und Beispiele für die Syntax sind im integrierten Hilfesystem von BASCOM-AVR enthalten und sollen deshalb hier nicht wiederholt werden.

Des Weiteren sind zu den meisten Befehlen im Unterverzeichnis *Samples* von BASCOM-AVR Programmbeispiele enthalten, die die Verwendung der einzelnen Befehle verdeutlichen.

Instruktion	Erläuterung
1WIRECOUNT()	Übergibt die Anzahl von angeschlossenen 1-Wire Devices
1WRESET	Reset des 1-Wire Busses
1WREAD()	Lesen von Daten vom 1-Wire Bus
1WSEARCHFIRST()	Lesen der ersten Device ID vom 1-Wire Bus
1WSEARCHNEXT()	Lesen der nächsten Device ID vom 1-Wire Bus
1WVERIFY	Verifiziert, ob eine Device ID am 1-Wire Bus gefunden wird
1WWRITE	Schreiben von Daten zum 1-Wire Bus
ABS()	Übergibt den Absolutwerte einer Variablen (Integer oder Long)
ACOS()	Übergibt den arccos einer Singlevariablen in rad zurück
ADR, ADR2	Erzeugt Label Adressen
ALIAS	Alias für Variablennamen
ASC()	Weist einer numerischen Variablen den ASCII Wert des ersten Zeichen eines Strings zu
ASIN()	Übergibt den arcsin einer Singlevariablen in rad zurück
ATN()	Übergibt den arctan einer Singlevariablen in rad zurück

ATN2()	Übergibt den arctan einer Singlevariablen in rad über vier Quadranten zurück.
BASE64DEC()	Konvertiert Base-64 Daten
BASE64ENC()	Konvertiert Base-64 Daten zurück
BAUD, BAUD1	Baudrate für die Hardware UART
BCD()	Konvertiert numerische Variable im BCD Format in String
BIN()	Konvertiert numerische Variable in binären String
BIN2GRAY()	Übergibt den Gray-Code einer numerischen Variablen
BINVAL()	Konvertiert binären String in numerische Variable
BITS	Setzt Bits
BITWAIT	Warten bis ein Bit gesetzt oder zurückgesetzt ist
BLOAD	Schreibt ein File ins SRAM
BOX()	Erzeugt eine gefüllte Box auf einem Grafikdisplay
BOXFILL()	Erzeugt eine gefüllte Box auf einem Grafikdisplay
BSAVE	Schreibt SRAM in ein File
BUFSPACE()	Ermittelt den freien Speicher im seriellen Buffer
BYVAL	Übergabe einer Variablen durch ihren Wert
CALL	Aufruf und Ausführung einer Subroutine
CHECKSUM()	Übergibt die Byte-Checksumme eines Strings
CHR()	Konvertiert eine Bytevariable oder Konstante in ein Zeichen
CIRCLE	Zeichnet einen Kreis im Grafik-LCD
CLEAR	Löschen eines seriellen Buffers
CLS	Löschen eines angeschlossenen LCDs
CLOCKDIVISION	Setzt den Clockteiler bei megaAVRs
CLOSE	Schließt einen Kommunikationskanal
CLOSESOCKET	Schließt eine Socketverbindung
CONFIG	Konfiguriert Hardware

`CONST`	Deklariert eine Konstante
`COS()`	Übergibt den Cosinus einer Singlevariablen
`COSH()`	Übergibt den Cosinus Hyperbolicus einer Singlevariablen
`COUNTER0, COUNTER1`	Zugriff auf interne Counter/Timer-Register
`CPEEK()`	Liest ein Byte aus dem Programmspeicher
`CPEEKH()`	Liest ein Byte aus den oberen 64 KByte des Programmspeichers
`CRC8()`	Übergibt die CRC8 Checksumme einer Bytefolge
`CRC16()`	Übergibt die CRC16 Checksumme einer Bytefolge
`CRC16UNI()`	Übergibt die CRC16 Checksumme einer Bytefolge
`CRC32()`	Übergibt die CRC32 Checksumme einer Bytefolge
`CRYSTAL`	Ändert die Baudrate während der Runtime
`CURSOR`	Setzen der Attribute des LCD Cursors
`DATA`	Speichert Konstanten in SRAM oder EEPROM
`DATE`	Übergibt einen Datumswert
`DATE$`	Variable und Formatierung für das Datum
`DAYOFWEEK()`	Übergibt den Wochentag
`DAYOFYEAR()`	Übergibt den Tag im Jahr
`DBG`	Sendet Debuginformationen zur Hardware-UART
`DCF77TIMEZONE()`	Übergibt den Offset zur Greenwich Zeit
`DEBOUNCE`	Entprellt eine an ein Pin angeschlossene Taste
`DECR`	Dekrementiert (Subtraktion von Eins) eine Variable
`DECLARE`	Deklariert eine Funktion oder eine Subroutine

`DEFBIT`
`DEFBYTE`
`DEFINT`
`DEFLNG`
`DEFWORD`
	Deklariert alle nicht dimensionierten Variablen, die mit dem gleichen Zeichen beginnen, als entsprechenden Typ

`DEG2RAD`	Konvertiert einen Winkel von Grad in Radian
`DEFLCDCHAR`	Definiert ein anwendungsspezifisches LCD Zeichen

DELAY	Unterbricht die Programmabarbeitung für ca. 1 ms
DIM	Deklariert und dimensioniert eine Variable im SRAM (default), XRAM oder EE-PROM (ERAM)
DIR()	Gibt den Filenamen zurück
DISABLE	Sperrt einen Interrupt
DISKFREE()	Gibt den freien Speicherplatz zurück
DISKSIZE()	Gibt die Grösse des Diskspeichers zurück
DISPLAY	Schaltet das Display ein oder aus
DO...LOOP	Wiederholt eine Folge von Instruktionen bis eine Bedingung erfüllt (True) ist. Eine DO-LOOP wird mindestens einmal durchlaufen
DRIVECHECK()	Meldet, ob das CF Drive zur Benutzung fertig ist
DRIVEGETIDENTITY()	Übergibt die Parameter des CF Drives
DRIVEINIT()	Initialisierung des CF Drives und Reset
DRIVERESET()	Reset des CF Drives
DRIVEREADSECTOR()	Lesen eines Sektors (512 Bytes) vom CF Drive
DRIVEWRITESECTOR()	Schreiben eines Sektors (512 Bytes) zum CF Drive
DTMFOUT	Sendet einen DTMF Tone zum Compare1 Ausgang von Timer1
ECHO	Schaltet das Echo bei INPUT ein oder aus
ENABLE	Erlaubt einen spezifischen Interrupt
ENCODER()	Lesen von Impulsen von einem Encoder
END	Beendet das laufende Programm. Alle Interrupts werden gesperrt
EOF()	Übergibt den End-of-File Status
ERR	Interne Errorvariable, im Fehlerfall = 1
EXIT	Austritt aus FOR-NEXT, DO-LOOP, WHILE-WEND, Subroutine oder Funktion
EXP()	Übergibt den Wert exp(x)
FILEDATE()	Übergibt das Filedatum
FILEDATETIME()	Übergibt das Datum & Zeit des Files

`FILELEN()`	Übergibt die Filegrösse
`FILETIME()`	Übergibt die Filezeit
`FIX()`	Übergibt für positive Werte den nächst niedrigeren und für negative den nächst höheren ganzzahligen Wert
`FLUSH`	Schreibt den Bufferinhalt ins File
`FOR...NEXT`	Wiederholt eine Folge von Instruktionen bis zu einem Endwert. Die Indexvariable kann inkrementiert (`TO`) oder dekrementiert (`DOWNTO`) werden. Die Schrittweite kann optional festgelegt werden (`STEP`)
`FORMAT()`	Formatierung eines numerischen Strings
`FOURTHLINE`	Setzt den Cursor an den Beginn der vierten Zeile des LCDs
`FRAC()`	Übergibt die Nachkommastellen einer Siglevariablen
`FREEFILE()`	Übergibt eine freie Filenummer
`FUNCTION` `END FUNCTION`	Definiert eine Funktion
`FUSING()`	Stringformatierung einer Singlevariablen
`GET`	Liest ein Byte vom UART (HW, SW) bzw. Daten von einem geöffneten File in Binary Mode
`GETADC()`	Liest einen Kanal des ADU (wenn ADU vorhanden)
`GETATKBD()`	Abfrage einer PC AT Tastatur
`GETATKBDDRAW()`	Liest eine Taste von einem PC-AT-Keyboard
`GETDSTIP()`	Abfrage der IP Adresse
`GETDSTPORT()`	Abfrage des Ports
`GETKBD()`	Abfrage einer 4x4 Tastaturmatrix
`GETRC()`	Liest eine RC-Zeitkonstante von einem Portpin
`GETRC5()`	Liest eine RC5 codierte Pulsfolge von einem IR Sensor
`GETSOCKET()`	Erzeugt ein Socket für TCP/IP Kommunikation
`GETTCPREGS()`	Liest ein W3100A Register
`GLCDCMD`	Sendet ein Kommandobyte zu einem SED-Grafik-LCD
`GLCDDATA`	Sendet ein Datenbyte zu einem SED-Grafik-LCD
`GOSUB`	Sprung zu einer Subroutine

GOTO	Sprung zu einem Label
GRAY2BIN()	Übergibt den numerischen Wert eines Gray-Codes
HEX()	Konvertiert numerische Variable in Hexadezimal-String
HEXVAL()	Konvertiert einen Hexadezimal-String in eine numerische Variable
HIGH()	Ermittelt das höchstwertige Byte (MSB) einer Variablen
HIGHW()	Ermittelt das höchstwertige Word (MSW) einer Longvariablen
HOME	Setzt den Cursor an den Beginn der ersten Zeile des LCDs
I2CINIT	Initialisiert den I2C Bus
I2CRECEIVE	Empfängt Daten vom I2C Bus
I2CSEND	Sendet Daten zum I2C Bus
I2CSTART	Erzeugt eine I2C Startbedingung
I2CSTOP	Erzeugt eine I2C Stoppbedingung
I2CRBYTE	Empfängt ein Byte vom I2C Bus
I2CWBYTE	Sendet ein Byte vom I2C Bus
IDLE	Versetzt den Prozessor in den IDLE Mode, d.h. der Systemtakt wird von der CPU aber nicht von der Peripherie abgeschaltet. Der IDLE Mode wird durch Interrupt (Timer/Counter, serielle Schnittstelle) oder Reset verlassen
IF THEN ELSE ENDIF	Bedingte Programmverzweigung
INCR	Inkrementiert (Addition von Eins) eine Variable
INITFILESYSTEM()	Initialisiert das CF Filesystem
INITLCD	Initialisiert ein angeschlossenes LCD
INKEY()	Liest ein Zeichen aus dem seriellen Eingangsbuffer
INP()	Liest ein Byte von einem Hardwareport oder aus dem Datenspeicher
INPUT	Liest Zeichen vom COM-Port und speichert in die betreffenden Variablen ab. Vor dem Promptzeichen kann eine Zeichenkonstante prompt als Eingabeaufforderung gesetzt werden. Die Anzahl der Bytes hängt vom Typ der Variablen ab. INPUT wartet auf ein CR.
INPUTBIN	Liest Binärwerte vom COM-Port und speichert diese als Binärzahl ab. Die Anzahl der Bytes hängt vom Typ der Variablen ab. INPUTBIN wartet nicht auf ein CR.

INPUTHEX	Liest Zeichen vom COM-Port und speichert diese als Hexadezimalzahl ab. Die Anzahl der Bytes hängt vom Typ der Variablen ab. INPUTHEX wartet nicht auf ein CR.
INT()	Übergibt den ganzzahligen Teil einer Singlevariablen
INSTR()	Übergibt die Position eines Substrings in einem String
IP2STR()	Konvertiert eine IP in einen String
ISCHARWAITING()	Übergibt 1, wenn Zeichen im Buffer der Hardware UART vorhanden
KILL	Löscht ein File vom CF Drive
LCASE()	Konvertiert einen String in Kleinbuchstaben
LCD	Sendet den Inhalt einer Variablen oder Text an ein LCD
LCDAT	Sendet den Inhalt einer Variablen oder Text an ein SED-Grafik-LCD
LCDCONTRAST	Stellt den Kontrast beim Text-LCD ein (LCD abhängig)
LEFT()	Übergibt eine bestimmte Anzahl von Zeichen eines Strings links beginnend
LEN()	Übergibt die Länge eines Strings
LINE	Zeichnet eine Linie auf ein Grafik-LCD
LINEINPUT	Liest eine Zeile aus einem geöffneten File
LOAD	Lädt einen Reload Wert in einen Timer
LOADADR	Lädt die Adresse einer Variable in eines der Registerpaare X oder Z.
LOADLABEL()	Lädt die Adresse eines Labels in eine Wordvariable.
LOADWORDADR	Lädt das Z-Register und setzt RAMPZ (wenn verfügbar)
LOC()	Übergibt die letzte Lese- oder Schreibposition vom CF Drive
LOCAL	Deklariert eine lokale Variable in einer Funktion oder einer Subroutine. Eine lokale Variable ist eine temporäre Variable, die in einem Frame gespeichert wird.
LOCATE	Positioniert den Cursor im LCD
LOF()	Übergibt die Länge eines Files vom CF Drive
LOG()	Übergibt den natürlichen Logarithmus einer Singlevariablen
LOG10()	Übergibt den dekadischen Logarithmus einer Singlevariablen
LOOKDOWN()	Übergibt den Index einer gesuchten Wertes

LOOKUP()	Übergibt einen Wert aus eines Tabelle
LOOKUPSTR()	Übergibt einen String aus einer Stringtabelle
LTRIM()	Bereinigt die führenden Leerzeichen in einem String
LOW()	Ermittelt das niederwertige Byte (LSB) einer Variablen
LOWERLINE	Positioniert den Cursor in die untere Zeile des LCD
MACRO ENDMACRO	Definition eines Makros
MAKEBCD()	Konvertiert eine Variable vom Dezimal- in das BCD-Format
MAKEDEC()	Konvertiert eine Variable vom BCD- in das Dezimalformat
MAKEINT()	Konvertiert zwei Bytes in eine Integervariable (var = 256 * MSB + LSB)
MAKEMODBUS()	Erzeugt einen MODBUS Master/Client Frame
MAKETCP()	Erzeugt eine TCP/IP Variable
MAX()	Übergibt das Maximum eines Wordarrays
MEMCPY()	Kopiert einen Block von Bytes
MID()	Ersetzt Teile eines Strings durch einen anderen String oder gibt Teile eines Strings zurück
MIN()	Übergibt das Minimum eines Wordarrays
NBITS()	Setzt Bits (Gegenstück zu BITS())
ON	Sprungverteiler für Interruptvektortabelle oder Liste
OPEN	Ordnet einem Software-UART ein I/O-Pin als Eingang oder Ausgang sowie die Kommunikationsparameter zu
OUT	Sendet ein Byte an ein Hardwareport oder in den Datenspeicher
PEEK()	Liest ein Byte aus einem internen Register (R0 - R31)
POKE	Schreibt ein Byte in ein internes Register (R0 - R31)
POWER	Potenzfunktion x^y
POWERDOWN	Versetzt den Prozessor in den POWERDOWN Mode, d.h. der Systemtakt wird komplett abgeschaltet. Der POWERDOWN Mode wird nur durch Reset verlassen. Der Watchdog kann diesen Reset auslösen
POWERSAVE	Versetzt die CPU in den PowerSave Mode (CPU abhängig)

PRINT	Sendet den Inhalt von Variablen oder Text an die serielle Schnittstelle. Mehrere Variable werden durch Semikolon getrennt. Semikolon am Ende unterdrückt die automatisch CR/LF.
PRINTBIN	Sendet den binären Inhalt einer Variablen an die serielle Schnittstelle. Mit PRINTBIN lassen sich aber ganze Arrays ausgeben
PSET	Setzt ein Pixel (im Grafik-LCD)
PS2MOUSEXY	Sendet Informationen über Bewegung und Tastenbetätigung einer Maus an einen PC
PULSEIN	Misst die Länge eines Pulses an einem Portpin
PULSEOUT	Erzeugt einen Puls an einem Portpin
PUSHALL POPALL	Retten und Restaurieren aller internen Register
PUT	Schreibt ein Byte zum UART (HW, SW) bzw. Daten in ein geöffnetes File im Binary Mode
QUOTE()	Konvertiert text zu „text" (für HTML-Anwendungen)
RAD2DEG	Konvertiert einen Winkel von Radian in Grad
RC5SEND	Sendet eine RC5 codierte Pulsfolge zu einem IR Empfänger
RC5SENDTEXT	Sendet eine erweiterte RC5 codierte Pulsfolge zu einem IR Empfänger
RC6SEND	Sendet eine RC6 codierte Pulsfolge zu einem IR Empfänger
READ	Liest einen Wert aus einer DATA Zeile resp. dem Speicher und ordnet diesen einer Variablen zu
READEEPROM	Liest einen Wert aus dem EEPROM und ordnet diesen einer Variablen zu. *Wichtig: Nach einem Reset kann die erste Zelle im EEPROM überschrieben werden*
READHITAG()	Liest die HITAG RFID Transponder Seriennummer
READMAGCARD	Liest Daten von einer Magnetkarte
REM	Leitet einen Kommentar ein
RESET	Setzt ein Bit auf Null
RESTORE	Setzt den Datenzeiger in einer DATA Instruktion zurück auf den Anfang
RETURN	Rücksprung aus einer Subroutine oder einer Interruptserviceroutine
RIGHT()	Übergibt eine bestimmte Anzahl von Zeichen eines Strings rechts beginnend
RND()	Übergibt eine Pseudo-Zufallsszahl

ROTATE	Rotiert alle Bits einer Variablen um eine Position nach links oder rechts
ROUND()	Übergibt den gerundeten Wert einer Singlevariablen
RTRIM()	Bereinigt die abschließenden Leerzeichen in einem String
SECELAPSED	Übergibt die ab einem Zeitstempel vergangenen Sekunden
SECOFDAY()	Übergibt die Sekunden des Tages
SELECT CASE END SELECT	Fallunterscheidung
SENDSCAN	Sendet ein Scankommando zum Mausanschluss eines PCs
SENDSCANKBD	Sendet ein Scankommando zum Tastaturschluss eines PCs
SERIN	Liest Daten von einem dynamischen Software UART
SEROUT	Schreibt Daten zu einem dynamischen Software UART
SET	Setzt ein Bit auf Eins
SETFONT	Setzt den Font für LCDAT für ein SED-Grafik-LCD
SETTCP	Konfiguriert den TCP/IP W3100A Chip
SETTCPREGS	Beschreibt Register des W3100A Chips
SETIPPROTOCOL	Konfiguriert das Socket RAW-Mode Protokoll
SGN()	Übergibt das Vorzeichen einer Singlevariablen
SHIFT	Schiebt alle Bits einer Variablen eine Position nach Links oder rechts
SHIFTLCD	Verschiebt den LCD-Inhalt eine Position nach links oder rechts
SHIFTCURSOR	Verschiebt den LCD Cursor eine Position nach links oder rechts
SHIFTIN	Schiebt einen Bitstrom von einem Portpin in eine Variable
SHIFTOUT	Schiebt einen Bitstrom aus einer Variablen zu einem Portpin
SHOWPIC	Anzeigen eines BGF Files auf einem Grafik-LCD
SHOWPICE	Anzeigen eines BGF Files im EEPROM auf einem Grafik-LCD
SIN()	Übergibt den Sinus einer Singlevariablen
SINH()	Übergibt den Sinus Hyperbolicus einer Singlevariablen
SOCKETCONNECT()	Erzeugt eine Verbindung zu einem TCP/IP Server

SOCKETLISTEN	Eröffnet einen Socket im Servermode
SOCKETSTAT()	Übergibt Socketinformationen
SONYSEND	Sendet eine SONY Pulsfolge zu einem IR Empfänger
SOUND	Tonerzeugung mit einem Beeper
SPACE()	Übergibt einen String aus Leerzeichen.
SPC()	Erzeugt eine String aus einer Anzahl Leerzeichen
SPIINIT	Initialisiert die SPI Pins
SPIIN	Liest eine Anzahl von Bytes vom SPI Bus
SPIMOVE()	Schreibt und liest eine Anzahl von Bytes zum/vom SPI Bus
SPIOUT	Schreibt eine Anzahl von Bytes zum SPI Bus
SPLIT()	Teilt einen String in eine Anzahl von Arrayelementen
START	Starten der betreffenden Hardware
STCHECK	Test auf Stackoverflow
STR()	Konvertiert eine Zahl in einen String
STRING()	Übergibt einen String aus mehreren gleichen Zeichen
STOP	Stopp der betreffenden Hardware
SUB END SUB	Definiert eine Subroutine
SWAP	Vertauscht den Inhalt von zwei Variablen gleichen Typs
SQR()	Übergibt die Quadratwurzel einer Singlevariablen
SYSDAY()	Übergibt den Systemtag
SYSSEC()	Übergibt die Systemsekunden
SYSSECELAPSED()	Übergibt die ab einem Systemzeitstempel vergangenen Systemsekunden
TAN()	Übergibt den Tangens einer Singlevariablen
TANH()	Übergibt den Tangens Hyperbolicus einer Singlevariablen
TCPCHECKSUM()	Übergibt eine TCP/IP Checksum
TCPREAD()	Liest Daten von einer geöffneten Socket Verbindung

TCPWRITE()	Schreibt Daten zu einer geöffneten Socket Verbindung
TCPWRITESTRING()	Sendet einen String zu einer geöffneten Socket Verbindung
TIME$	Variable und Formatierung für die Zeit
THIRDLINE	Setzt den Cursor an den Beginn der dritten Zeile des LCDs
TIME	Übergibt einen Zeitwert
TOGGLE	Umschalten eines Ausgangspins oder einer Bitvariablen
TRIM()	Bereinigt führenden und abschließende Leerzeichen in einem String
UCASE()	Konvertiert einen String in Grossbuchstaben
UDPREAD	Liest Daten über das UDP Protokoll
UDPWRITE	Schreibt Daten über das UDP Protokoll
UDPWRITESTRING	Sendet einen String über das UDP Protokoll
UPPERLINE	Positioniert den Cursor in die obere Zeile des LCDs
VAL()	Konvertiert einen String in eine Zahl
VARPTR()	Ermittelt die Adresse einer Variablen im Datenspeicher
VER()	Rückgabe der AVR-DOS-Version
VERSION()	Rückgabe von Datum und Zeit der Compilation
WAIT WAITMS WAITUS	Unterbrechung der Programmabarbeitung für (nicht sehr präzise) Zeit in s, ms bzw. µs.
WAITKEY()	Wartet auf ein Zeichen von der seriellen Schnittstelle
WRITE	Schreibt Datenj in ein File
WRITEEEPROM	Schreibt den Wert einer Variablen ins EEPROM. **Wichtig:** *Nach einem Reset kann die erste Zelle im EEPROM überschrieben werden.*
WHILE WEND	Wiederholt eine Folge von Instruktionen solange eine Bedingung erfüllt ist.
#IF #ELSE #ENDIF	Bedingte Compilierung

Direktive	Erläuterung
$ASM...$END ASM	Beginn/Ende eines Inline Assembler Codeblocks
$BAUD	Baudrate für Hardware UART
$BAUD1	Baudrate für zweite Hardware UART
$BGF	Einfügen eines BASCOM Grafikfiles
$BOOT	Adresse für den Bootloader
$CRYSTAL	Oszillatorfrequenz
$DATA	Speichert alle folgenden DATA Anweisungen ins ROM
$DBG	Enable für Debuggingausgaben der Hardware UART
$DEFAULT	Gibt den Speicher für DIM Anweisungen an -default ist SRAM
$EEPLEAVE	EEPROM wird nicht verändert
$EEPROM	Speichert alle folgenden DATA Anweisungen binär ins EEPROM
$EEPROMHEX	Speichert alle folgenden DATA Anweisungen im Intel HEX Format ins EEPROM
$EXTERNAL	Selektiert Assembler Routinen aus einer Library
$FRAMESIZE	Definiert die Grösse des Frames
$HWSTACK	Definiert die Grösse des Hardware-Stacks
$INC	Fügt ein Binärfile in den Queltext ein
$INCLUDE	Fügt ein BASCOM-AVR File (ASCII) in den Quelltext ein
$INITMICRO	Aufruf einer Initialisierungsroutine
$LCD	Definiert die Adresse zum Setzen der Leitungen E und RS eines LCDs am Datenbus
$LCDPUTCTRL	Umleitung der LCD Kommandoausgabe
$LCDPUTDATA	Umleitung der LCD Datenausgabe
$LCDRS	Definiert die Adresse zum Setzen der Leitung E eines LCDs am Datenbus
$LCDVFO	Erzeugt sehr kurze Enable Impulse für VFO Displays
$LIB	Meldet dem Compiler eine Library mit Assembler Routinen an
$LOADER	Übergibt die Startadresse für den Bootloader
$LOADERSIZE	Definiert die Grösse des Bootloaderbereichs
$MAP	Erzeugt Adressangabe in Reportfile
$NOCOMPILE	Verhindert das Compilieren eines Files
$NOINIT	Unterdrückt das Erzeugen des Initialisierungscodes
$NORAMCLEAR	Unterdrückt das Löschen des RAMs während der Initialisierung
$PROG	Programmiert Fuse- und Lockbits
$PROGRAMMER	Selektiert den Programmer

`$REGFILE`	Selektiert die CPU - diese Direktive muss die erste Anweisung im Programm sein
`$RESOURCE`	Unterstützung für mehrsprachige Textausgaben
`$ROMSTART`	Beginn des Programmspeichers – default ist &H0000
`$SERIALINPUT`	Umleitung der seriellen Eingabe
`$SERIALINPUT1`	Umleitung der seriellen Eingabe für zweite Hardware UART
`$SERIALINPUT2LCD`	Umleitung der seriellen Eingabe (Echo) zum LCD
`$SERIALOUTPUT`	Umleitung der seriellen Ausgabe
`$SERIALOUTPUT1`	Umleitung der seriellen Ausgabe für zweite Hardware UART
`$SIM`	Unterdrückung von Wait während der Simulation
`$SWSTACK`	Definiert die Grösse des Software-Stacks
`$TIMEOUT`	Aktiviert ein Timeout für Hardware UART0 bzw. UART1
`$TINY`	Unterdrückt das Einrichten des Stacks während der Initialisierung
`$WAITSTATE`	Einfügen von Waitstates beim externen RAM Anfragen
`$XA`	Aktiviert den externen Speicherzugriff
`$XRAMSIZE`	Spezifiziert die Größe des externen RAMs
`$XRAMSTART`	Spezifiziert die Startadresse des externen RAMs

4.2 Konstante

Konstanten, die im Programm auch verwendet werden, werden in einer Konstantentabelle im Programmspeicher abgelegt.

Die im Folgenden definierten Konstanten `Txt` und `Num` wird man dann, wie in Abbildung 65 gezeigt, im Programmspeicher (hier ab Adresse &H0046) wiederfinden. Nicht benutzte Konstanten ignoriert der Compiler und schont so den Programmspeicher.

```
Const Txt = "BASCOM-AVR"
Const Num = 12345
Print Txt              ' beliebige Verwendung ist notwendig, denn
Print Num              ' sonst ignoriert der Compiler die Konstante
```

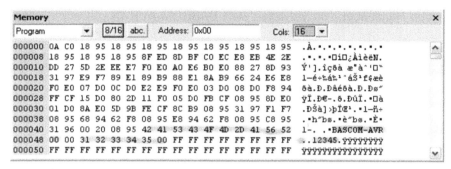

Abbildung 65   Konstanten im Programmspeicher

Das AVR Studio erlaubt (in der hier verwendeten Version 4.15) ein ASCII Darstellung nur beim Dump im Byteformat. Der Programmspeicher unterliegt aber einer 16 Bit Organisation, weshalb unter einer Adresse immer zwei Byte angesprochen werden. Beim Lesen von Abbildung 65 ist das zu beachten.

Ein Memorydump zeigt ab Adresse &H46 den String "BASCOM-AVR" und ab Adresse &H50 ist dann die numerische Konstante in ASCII-Darstellung abgelegt.

4.3   Variable

Variable werden im Datenspeicher abgelegt. Bei den AVR-Mikrocontrollern ist internes statisches RAM (SRAM), EEPROM (ERAM) und ggf. auch externes statisches RAM (XRAM) vorhanden.

Die Register der AVR-Mikrocontroller werden nahezu ausnahmslos von BASCOM-AVR verwendet und stehen so für die Anwendung nicht zur Verfügung. Weiterhin nutzt BASCOM-AVR vom SRAM Speicher für den Soft Stack und Frames.

Von den Variablen wird der Speicherplatz folgendermaßen belegt:

Format	Wertebereich	Speicherbedarf
Bit	0 ... 1	1 Bit
Byte	0 ... 255	1 Byte
Integer	-32768 ... +32767	2 Byte
Word	0 ... 65535	2 Byte
Long/Single	-2147483648 ... 2147483647	4 Byte
String	1 ... 254 Byte	min. 2 Byte

Strings werden durch ASCII-Null abgeschlossen (0-terminated String), weshalb sie ein zusätzliches Byte beanspruchen.

Durch die Deklaration von Variablen als Bit oder Byte kann Speicherbedarf reduziert werden. Bei der Deklaration sollte man deshalb immer den Wertebereich der betreffenden Variablen beachten.

Bits werden immer im internen Speicher deklariert und in Bytes zusammengefasst. Wird nur ein Bit deklariert, wird trotzdem das ganze Byte eingesetzt.

Zum bequemen Handhaben von Variablen stellt BASCOM-AVR Overlays und Alias zur Verfügung.

Die Verwendung von Overlays wird mit den folgenden Programmzeilen, die im Simulator ausprobiert werden können, verdeutlicht.

```
Dim Lvar As Long At &H60
Dim Bvar1 As Byte At &H60 Overlay
Dim Bvar2 As Byte At &H61 Overlay
Dim Bvar3 As Byte At &H62 Overlay
Dim Bvar4 As Byte At &H63 Overlay
Dim Wvar1 As Word At &H60 Overlay
Dim Wvar2 As Word At &H62 Overlay


Lvar = &H12345678

Bvar1 = &HAA
Bvar2 = &HBB
Bvar3 = &HCC
Bvar4 = &HDD

Wvar1 = &H5678
Wvar2 = &H1234

End
```

Beginnend ab Speicherplatz &H60 wird die Longvariable Lvar deklariert. Wie die folgende Tabelle zeigt, greifen aber auf den gleichen Speicherbereich auch die beiden Wordvariablen Wvar1 und Wvar2 bzw. die Bytevariablen Bvar1 bis Bvar4 zu.

&H60	&H61	&H62	&H63
Lvar			
Wvar1		Wvar2	
Bvar1	Bvar2	Bvar3	Bvar4

Mit solchen Overlays kann ein flexibler Zugriff auf Teile einer Variablen organisiert werden.

Wie es der Name sagt, steht ein Alias als Ersatz für einen anderen Variablennamen. Die folgenden Programmzeilen zeigen die Verwendung von Alias sowohl für eine Bytevariable als auch für ein Bit. Im Simulator können die Manipulationen, die alle nur den Speicherplatz &H60 im SRAM betreffen sehr leicht nachvollzogen werden.

```
Dim A As Byte At &H60

B Alias A
Flag Alias A.3

A = &HAA                    ' &H60: 10101010
B = &H55                    ' &H60: 01010101
```

```
Set A.3                          ' &H60: 01011101
Reset Flag                       ' &H60: 01010101

End
```

Der Soft Stack wird für lokale Variable (Local) und Variable, die an Subroutines übergeben werden, benötigt. Jede dieser Variablen verwendet zwei Byte für die Adresse.

Die Größe des erforderlichen Soft Stacks berechnet sich aus der maximalen Anzahl zu übergebender Variablen und der Anzahl lokaler Variablen multipliziert mit Zwei. Um sicher zu gehen, sollte man vier Bytes zusätzlich spendieren.

Lokale Variable werden in sogenannten Frames gespeichert. Die erforderliche Größe berechnet sich aus dem Speicherbedarf der lokalen Variablen.

Im Reportfile sind die Berechnungen für die Stacks und Frame dokumentiert.

Verwendet man im Anwenderprogramm Umrechnungen von numerischen Daten in Strings und umgekehrt, dann wird ein Frame von 16 Byte benötigt.

Die Deklaration von Variablen beinhaltet alle erforderlichen Angaben. SRAM gilt bei der Variablendeklaration als default und muss deshalb nicht explizit angegeben werden. ERAM und XRAM müssen explizit angegeben werden.

Im folgenden Programmbeispiel wird die Stringvariable S mit einer Länge von 10 Bytes im SRAM deklariert. Die Variable E hat die gleiche Länge befindet sich aber im EEPROM.

Um eine Variable in das EEPROM abzuspeichern, gibt es die zwei gezeigten Möglichkeiten. In beiden Fällen handelt es sich praktisch um einen Kopiervorgang von SRAM nach EEPROM. Das einfache Zuweisen einer Konstanten (E = "ABC") ist nicht zulässig!

```
Dim S As String * 10             ' String im SRAM
Dim E As Eram String * 10        ' String im EEPROM

S = "BASCOM-AVR"                 ' Initialisierung des Strings
E = S                            ' Kopieren SRAM nach EEPROM

Writeeeprom S , &H10             ' Schreiben ins EEPROM
End
```

Im Simulator kann man sich vergewissern, wie die Variablen im Speicher abgelegt werden. Abbildung 66 zeigt einen Memorydump von SRAM und EEPROM.

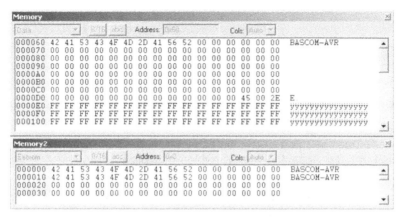

Abbildung 66   Variable in SRAM und EEPROM

Im SRAM befindet sich beginnend ab Adresse &H60 die Variable S. Die Variable E wurde ab Adresse 0 im EPROM deklariert, wo sie dann auch durch die Instruktion E = S hin kopiert wird, während die Instruktion Writeeeprom S, &H10 die Variable S direkt an Adresse &H10 kopiert.

Beide Wege sind im Resultat identisch und es ist eine Frage des persönlichen Geschmacks, wofür man sich entscheidet.

Bei der Verwendung von EEPROM muss beachtet werden, dass dieser Speichertyp maximal 100000-mal beschrieben werden kann. EEPROM sollte deshalb nie innerhalb von Schleifen beschrieben werden. Vorteilhaft dient EEPROM zum Abspeichern von Initialisierungen bzw. Setups.

4.4   Arrays

Ein Array ist eine indizierte Variable. Jedes Element eines Arrays besitzt einen numerischen Index, welcher das betreffende Element identifiziert. Die maximale Anzahl von Elementen eines Arrays ist 65535.

Wichtig:	*Das erste Element eines Arrays in BASCOM-AVR hat immer den Index 1.*

Arrays bzw. indizierte Variable werden wie normale Variable verwendet. Das folgende Beispiel zeigt Deklaration und Verwendung eines Arrays:

```
' Deklaration eines Byte Arrays a mit 10 Elementen (1 bis 10)
Dim a(10) as Byte
Dim c as Byte                    ' Index

For C = 1 To 10
  a(c) = c                               ' Initialisieren eines Elements
  Print "a(" ; C ; ") = " ; A(c)         ' und Ausdrucken
Next
End
```

4.5 Gleitkommaarithmetik

In ältere Versionen von BASCOM-AVR waren numerische Variable auf die Formate Byte, Word oder Integer beschränkt. Nun werden mit dem Format Single auch Gleitkommazahlen im IEEE-Format unterstützt.

Im BASCOM-AVR Hilfesystem sind unter "Language Fundamentals" auch einige Grundlagen zur Gleitkommaerweiterung (Floating Point) von BASCOM-AVR zu finden.

Eine Gleitkommazahl wird gemäß dem IEEE Binary Floating Point Standard in der Form

$$x = \pm m \cdot 2^e$$

dargestellt. m bezeichnet die normalisierte Mantisse und e den Exponenten in binärer Darstellung. Unterschieden werden gemäß Standard die Formate Single, Double und Extended. BASCOM-AVR unterstützt das vier Bytes umfassende Single Format.

B[31]	B[30-23]	B[22-0]
S	Exponent E	Mantisse M

Das Vorzeichenbit S(ign) ist 0 für positive und 1 für negative Zahlen. Der Exponent weist einen Bias von 128 auf, d.h. größere Werte kennzeichnen einen positiven und kleiner einen negativen Exponenten. Die Mantisse wird in normalisierter Form abgespeichert, d.h. die Stellen hinter dem Komma ($1 \leq M < 2$). Damit repräsentiert die folgende Darstellung den Inhalt der Single Variablen.

$$x = (-1)^S \cdot 1.M \cdot 2^{(E-127)}$$

Anhand von drei Gleitkommazahlen soll die Konvertierung in das IEEE Floating Point Format verdeutlicht werden (babbage.cs.qc.edu/IEEE-754/Decimal.html).

Gleitkommazahl	S	E [hex]	M [hex]	1.M [bin]
1.234	0	3F	9D F3 B6	1.1001 1101 1111 0011 1011 0110
12.34	0	41	45 70 A4	1.0100 1001 0111 0000 1010 0100
-12.34	1	41	45 70 A4	1.0100 1001 0111 0000 1010 0100

Mit dem Programm *AVRCALC* von Jack Tidwell, von dem auch das in BASCOM-AVR verwendete Floating Point Package kommt, können diese Zusammenhänge sehr gut nachvollzogen werden. Das Programm *AVRCALC* kann u.a. von der Website des Autors heruntergeladen werden [www.ckuehnel.ch/Download/AvrCalc.zip].

Mit dem grundsätzlichen Verstehen der Darstellung von Gleitkommazahlen in einem für den Mikrocontroller verarbeitbaren Zahlenformat sehen wir, dass nur wenige Zahlen mit ihrem exakten Wert abgespeichert werden können. Alle anderen Zahlen können nur durch einen möglichst nahe beim exakten Wert liegenden approximiert werden.

Beim Einsatz von Gleitkommazahlen sind die folgenden Punkte besonders zu beachten:

1. Rundungsfehler, die entstehen, wenn nicht alle Bits der Gleitkommazahl in die Berechnung einbezogen werden können. Gerade bei Addition oder Multiplikation zweier sehr unterschiedlicher Zahlenwerte treten diese Fehler durch die erforderliche Manipulation der Mantissen auf.

2. Subtraktion zweier nahezu gleicher Zahlenwerte resultiert in einem Ergebnis mit nur wenigen signifikanten Bits.

3. Überschreitung des Zahlenbereichs des Single Formats

4. Quantisierungsfehler, durch die nicht in jedem Fall mögliche Darstellung des exakten Zahlenwertes

Anhand einiger Beispiele soll die Genauigkeit der Gleitkommaarithmetik mit der Genauigkeit der Tabellenkalkulation von Microsoft Excel 2003 verglichen werden.

Im ersten Programmbeispiel FP.BAS (Listing 7) wird eine Singlevariable ausgehend vom Wert −1 solange um 0,01 erhöht wie dieser Wert kleiner 1 ist.

Bei Vergleichsoperationen muss auf den Test auf Gleichheit verzichtet werden, da aufgrund der oben gemachten Ausführungen eine Gleichheit u.U. nie erreicht wird.

Das Ergebnis wird seriell ausgegeben und kann mit einem Terminalprogramm mitgeschnitten werden. Dieser dann als Textdatei vorliegende Mitschnitt lässt sich auf einfache Weise in eine Tabellenkalkulation, hier Microsoft Excel 2003, importieren.

```
'-------------------------------------------------------------
' Gleitkommazahlen
'-------------------------------------------------------------
$regfile = "m8def.dat"          ' ATmega8
$crystal = 8000000
$baud = 19200

Dim I As Integer
Dim Fp As Single

Fp = -1
While Fp < 1
   Print Fp
   Fp = Fp + 0.01
Wend

End
```

Listing 7   Inkrementieren einer Singlevariablen (FP.BAS)

Vergleicht man mit Excel nun die Ausgaben des Programmbeispiels FP.BAS mit den vorgegebenen Werten, dann erhält man den in Abbildung 67 dargestellten Quantisierungsfehler.

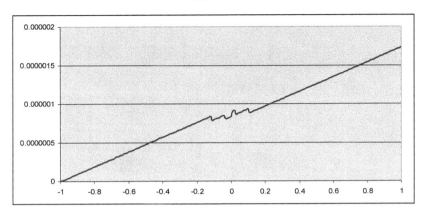

Abbildung 67   Quantisierungsfehler beim Programmbeispiel FP.BAS

Im Programmbeispiel FP1.BAS (Listing 8) wurde am Beispiel der Sinusfunktion der Fehler einer trigonometrischen Funktion untersucht.

Im Bereich von 0° bis 360° wird der Sinus des vorab von Grad in Radian konvertierten Winkels berechnet und ausgegeben. Über einen Terminalmitschnitt werden die Daten wieder nach Microsoft Excel 2003 importiert.

```
'------------------------------------------------------------
' Gleitkommazahlen - Sinus
'------------------------------------------------------------
$regfile = "m8def.dat"        ' ATmega8
$crystal = 8000000
$baud = 19200

Dim I As Integer
Dim Fp As Single

For I = 0 To 360
    Fp = I                      ' Konvertierung Integer -> Single
    Fp = Deg2rad (fp)           ' Konvertierung Grad in Radian
    Print I ; Spc(3) ; Sin(fp)  ' Berechnung Sinus
Next

End
```

Listing 8   Test der Sinusfunktion (FP1.BAS)

Vergleicht man die im Bereich von −1 bis +1 liegenden Funktionswerte mit den durch BASCOM-AVR ermittelten, dann erhält man die in Abbildung 68 dargestellten Ergebnisse.

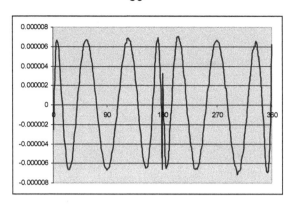

Abbildung 68   Fehler bei der Berechnung der Sinusfunktion

Wie aus den hier durchgeführten Untersuchungen ersichtlich wird, handelt es sich bei der vorliegenden Gleitkommaarithmetik um eine für die Mikrocontrollerbelange vollkommen ausreichende Genauigkeit.

Ein Eindruck zur Laufzeit einiger Gleitkommaoperationen soll durch das Programmbeispiel FP3.BAS vermittelt werden. Der folgende Ausschnitt aus dem Programmbeispiel vermittelt die Vorgehensweise (Listing 9).

```
Dim A As Single
Dim B As Single
Dim C As Single
Dim X As Single

A = 111.1 : B = 1.1 : C = 0.001

'Addition
X = A + B               ' zur Laufzeitmessung Breakpoint setzen
X = B + C               ' zur Laufzeitmessung Breakpoint setzen

Print X                 ' zur Laufzeitmessung Breakpoint setzen

End
```

Listing 9   Laufzeitmessung arithmetischer Operationen (FP3.BAS)

Mit dem BASCOM-AVR Simulator wurden die Laufzeiten für Addition, Subtraktion, Multiplikation und Division für die drei Operanden A, B und C für einen ATmega8 bei einer Taktfrequenz von 3,69 MHz ermittelt. Erwartungsgemäß liefert die Division die längste Laufzeit.

Operation	X = A op B	X = B op C
Addition	48,78 μs	44,44 μs
Subtraktion	51,22 μs	46,88 μs
Multiplikation	130,08 μs	127,10 μs
Division	144,99 μs	159,62 μs

Die Laufzeiten einiger Funktionsaufrufe wurden mit dem Programm FP4.BAS ermittelt und sind in der nächsten Tabelle zusammengestellt. Das Programm FP4.BAS ist identisch zu FP3.BAS aufgebaut und soll deshalb hier nicht gelistet werden. Zum Download steht es zur Verfügung.

Funktion	Laufzeit
Sinus	0,754 ms
Arcussinus	0,032 ms
Cosinus	0,714 ms
Arcuscosinus	0,056 ms
Tangens	1,052 ms
Cotangens	0,961 ms
Cotangens (4 Quadranten)	0,234 ms
Grad -> Radian	0,109 ms
Radian -> Grad	0,109 ms

Wie auch die Laufzeiten der Gleitkommaoperationen zeigen, hält sich der Overhead durchaus in Grenzen. Sicher wird man aber auf Gleitkommaoperationen in Interrupt-Serviceroutinen verzichten.

4.6   BASCOM-AVR Hilfesystem

Sucht man zu einem BASCOM-AVR Befehlswort weitere Informationen, dann reicht das Platzieren des Cursors auf das betreffende Schlüsselwort und ein anschließender Druck auf die Taste F1. Abbildung 69 zeigt das sich öffnende Hilfefenster und beispielhaft den dort erläuternden Text zur Definition einer Variablen.

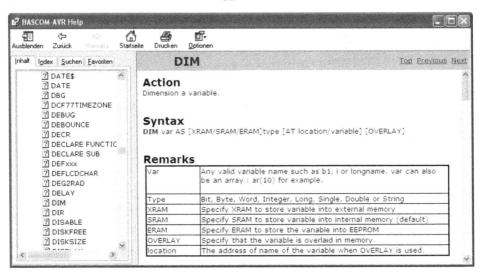

Abbildung 69   Aufruf der Hilfe über **F1**

Mindestens genauso wichtig, wie der erläuternde Text sind die ergänzenden Programmbei-spiele, die die Verwendung der betreffenden Befehle und/oder Funktionen aufzeigen.

Das Hilfesystem weist aber darüber hinaus auch ein komfortables Index- und Suchsystem auf. Abbildung 70 zeigt die Suche nach Informationen zur Thematik Interrupt und die resultierenden Hinweise, die zur Anzeige gebracht werden können.

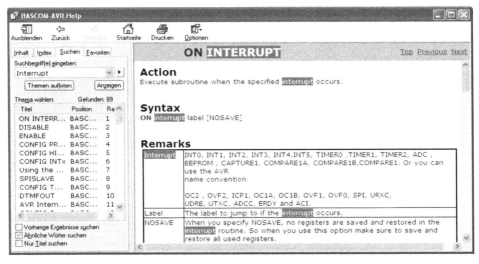

Abbildung 70   Suchfunktion im Hilfesystem

Im Lieferumfang von BASCOM-AVR ist eine Vielzahl von Programmbeispielen enthalten, die die Verwendung der einzelnen Instruktionen verdeutlichen.

4.7 Initialisierung

Bevor ein Programm nach einem Reset durch die CPU abgearbeitet wird, erfolgt im Allgemeinen die Initialisierung des Mikrocontrollers. Anhand eines sehr einfachen Beispiels für den ATmega8 wollen wir die Initialisierung untersuchen.

```
$regfile = "m8def.dat"          ' Atmega8
$crystal = 3686400              ' für STK500

Do
Loop

End
```

Das Programm besteht aus einer leeren Endlosschleife und hat demzufolge keine Funktion.

Disassembliert man das erzeugte Hexfile, dann erhält man das folgende Assemblerlisting. Einige hier weniger wichtige Details wurden weggelassen und die Kommentare sind nachträglich angebracht worden.

Zur Disassemblierung wurde hier der Atmel AVR Disassembler V1.30 (DISAVR) verwendet, welcher beispielsweise von der folgenden Webseite heruntergeladen werden kann [www.mikrocontroller.net/attachment/615/disavr.exe].

```
         rjmp   avr0013        ; Resetadresse
         reti                  ; Interruptvectortabelle
         ...
         reti                  ;
avr0013: ldi    r24, 0x5F      ; Initialisiere
         out    SPL, r24       ; Stackpointer (Lo)
         ldi    YL, 0x40       ; Hardware Stack (Lo)
         ldi    ZL, 0x38       ; Software Stack (Lo)
         mov    r4, ZL         ; Lade Pointer zum Stackframe (Lo)
         ldi    r24, 0x04      ; Initialisiere
         out    SPH, r24       ; Stackpointer (Hi)
         ldi    YH, 0x04       ; Hardware Stack (Hi)
         ldi    ZH, 0x04       ; Software Stack (Hi)
         mov    r5, ZH         ; Lade Pointer zum Stackframe (Hi)
         ldi    ZL, 0xFE       ; Anzahl zu löschender RAM Zellen
         ldi    ZH, 0x03       ;
         ldi    XL, 0x60       ; Zeiger auf erste RAM Zelle
         ldi    XH, 0x00       ;
         wdr                   ; Reset Watchdog
         in     r24, ?0x34?    ; Read MCUCSR
         mov    r0, r24        ;
         andi   r24, 0xF7      ; Maskiere Bit WDFR
         out    ?0x34?, r24    ; Reset Watchdog
         ldi    r24, 0x18      ;
         clr    r25            ;
         out    WDTCR, r24     ; Enable Watchdog
         out    WDTCR, r25     ; Set Watchdog to 16 ms
```

```
        clr    r24              ; Lösche RAM
avr002B: st     X+, r24          ;
        sbiw   ZL, 0x01         ;
        brne   avr002B          ;
        clr    r6               ; Lösche R6
avr0024: rjmp   avr0024          ; Endlosschleife (DO...LOOP)
        cli                     ;
avr0031: rjmp   avr0031          ; Endlosschleife (END)
```

Bei Adresse &H0000 liegt der Resetvektor, d.h. ein Sprungbefehl zum Start des eigentlichen Programmcodes. Zwischen Resetvektor und dem Beginn des Programmcodes liegt die Interruptvektortabelle, die im folgenden Abschnitt noch betrachtet wird.

Die Initialisierung des Mikrocontrollers setzt sich aus der Initialisierung der verschiedenen Stacks (getrennt nach Lo Byte und Hi Byte) und des Watchdogs, gefolgt vom Löschen des verbleibenden SRAMs zusammen

Bevor das Programm in seine Endlosschleife (DO...LOOP) eintritt, wird noch Register R6 gelöscht. Register R6 enthält einige Bitvariablen, die BASCOM-AVR intern verwendet. Bit2 von R6 ist die Bitvariable ERR, die bei einigen Instruktionen Fehler signalisiert. Die Instruktionen GETATKBD, INKEY, PULSEIN und die 1Wire-Funktionen verwenden dieses Bit, um mögliche Fehler mitzuteilen.

Die Direktiven $NOINIT, $NORAMCLEAR und $TINY beeinflussen die Initialisierung. $NOINIT soll die Initialisierung unterdrücken und ist für die Verwendung eines Bootloaders vorgesehen. $NORAMCLEAR unterdrückt das Löschen des RAMs. $TINY unterdrückt das Einrichten des Stacks für die tinyAVR Controller, die kein SRAM aufweisen. Es wird nur ein Subset des BASCOM-AVR Befehlsvorrats unterstützt, die restliche Programmierung muss dann in Assembler erfolgen.

Mitunter ist es vorteilhaft, die Initialisierung vom restlichen Programmtext zu separieren. Hat man auf einer Hardware verschiedene Programme laufen, dann bleibt die Initialisierung weitgehend gleich und könnte beispielsweise in eine Bibliothek ausgelagert werden. Der Vorteil ist, dass dann daran keine unerwünschten Änderungen mehr vorgenommen werden, die im Fehlerfall zu allerhand Debuggingaufwand führen könnten. Listing 10 zeigt ein einfaches Programmbeispiel für das Separieren der Initialisierung vom Rest des Quelltextes.

```
$regfile = "m8def.dat"        ' specify the used micro
$crystal = 8000000            ' used crystal frequency
$baud = 19200                 ' used baud rate

$hwstack = 32                 ' default use 32 for the hardware stack
$swstack = 10                 ' default use 10 for the SW stack
$framesize = 40               ' default use 40 for the frame space

$initmicro                    ' calls _init_micro subroutine

Do
   Toggle Portb.0
   Waitms 200
```

```
Loop

End

_init_micro:
    Config Portb = Output        ' PortB is output
    Portb = &HFF                 ' all pins are Hi
Return
```

Listing 10   Ausgelagerte Initialisierung (INITMICRO.BAS)

4.8   Interrupts

Die AVR-Mikrocontroller zeichnen sich durch ein komplexes Interruptsystem aus.

Jeder Interrupt besitzt einen Speicherplatz in der Interruptvektortabelle. Auf diesem Speicherplatz steht ein Sprungbefehl zur zugeordneten Interrupt-Serviceroutine (ISR). In dieser ISR wird die Interruptanforderung behandelt. Nach Abschluss der ISR setzt das Programm seine Aktivitäten an der Unterbrechungsstelle fort. Listing 11 zeigt den Quelltext eines Interrupt-Programmbeispiels für den ATtiny2313, welches als Modell für andere Interruptprogramme dienen kann.

```
$regfile = "ATtiny2313.dat"    ' ATtiny2313
$crystal = 3686400             ' für STK500

Config Portb = Output          ' Konfiguriert Portb als Ausgang
Led Alias Portb.0              ' LED steht für Portb.0

On Int0 Int0_isr               ' Interruptvektor für INT0

Enable Int0                    ' Enable INT0
Enable Interrupts              ' Enable Global Interrupt

Do
Loop

End

Int0_isr:                      ' ISR
    Toggle Led                 ' Toggle LED
Return
```

Listing 11   Interrupt-Programmbeispiel (INT02313.BAS)

Nach der Konfiguration von PortB wird dem Interrupt INT0 eine ISR mit dem Namen Int0_isr zugeordnet, die dann auch am Programmende definiert ist. Eine ISR wird wie ein Unterprogramm mit Return beendet. BASCOM-AVR compiliert hier allerdings die Assemblerinstruktion reti (Return from Interrupt).

Bevor ein Interrupt aktiv sein kann, muss dieser freigegeben (Enable Int0) werden. Außerdem müssen die Interrupts noch global freigegeben werden (Enable Interrupts).

Unser Programmbeispiel tritt dann in eine leere Endlosschleife ein und tut nichts.

Tritt eine Interuptanforderung an INT0 auf, dann verzweigt das Programm zur ISR, toggelt den Ausgang LED (= Portb.0) und springt anschließend aus der ISR zurück.

Im Assemblerlisting, das in Listing 12 auszugsweise dargestellt ist, können die einzelnen Schritte nachverfolgt werden.

```
        rjmp   avr0013          ; 0000 C012
        rjmp   avr0035          ; 0001 C033
        reti                    ; 0002 9518
...
        reti                    ; 0012 9518
;--------------------------------------------------------------------
avr0013: ldi   r24, 0xDF        ; 0013 ED8F
        out    SPL, r24         ; 0014 BF8D
...
        clr    r6               ; 002B 2466
        ser    r24              ; 002C EF8F
        out    DDRB, r24        ; 002D BB87
        in r24, $3B             ; 002E B78B
        ori    r24, 0x40        ; 002F 6480
        out    $3B, r24         ; 0030 BF8B
        sei                     ; 0031 9478
avr0032: rjmp  avr0032          ; 0032 CFFF
        cli                     ; 0033 94F8
avr0034: rjmp  avr0034          ; 0034 CFFF
avr0035: push  r0               ; 0035 920F
        push   r1               ; 0036 921F
        push   r2               ; 0037 922F
        push   r3               ; 0038 923F
        push   r4               ; 0039 924F
        push   r5               ; 003A 925F
        push   r7               ; 003B 927F
        push   r10              ; 003C 92AF
        push   r11              ; 003D 92BF
        push   r16              ; 003E 930F
        push   r17              ; 003F 931F
        push   r18              ; 0040 932F
        push   r19              ; 0041 933F
        push   r20              ; 0042 934F
        push   r21              ; 0043 935F
        push   r22              ; 0044 936F
        push   r23              ; 0045 937F
        push   r24              ; 0046 938F
        push   r25              ; 0047 939F
        push   XL               ; 0048 93AF
        push   XH               ; 0049 93BF
        push   YL               ; 004A 93CF
        push   YH               ; 004B 93DF
        push   ZL               ; 004C 93EF
```

```
push   ZH                    ; 004D 93FF
in r24, SREG                 ; 004E B78F
push   r24                   ; 004F 938F
in r24, PORTB                ; 0050 B388
ldi    r25, 0x01             ; 0051 E091
eor    r24, r25              ; 0052 2789
out    PORTB, r24            ; 0053 BB88
pop    r24                   ; 0054 918F
out    SREG, r24             ; 0055 BF8F
pop    ZH                    ; 0056 91FF
pop    ZL                    ; 0057 91EF
pop    YH                    ; 0058 91DF
pop    YL                    ; 0059 91CF
pop    XH                    ; 005A 91BF
pop    XL                    ; 005B 91AF
pop    r25                   ; 005C 919F
pop    r24                   ; 005D 918F
pop    r23                   ; 005E 917F
pop    r22                   ; 005F 916F
pop    r21                   ; 0060 915F
pop    r20                   ; 0061 914F
pop    r19                   ; 0062 913F
pop    r18                   ; 0063 912F
pop    r17                   ; 0064 911F
pop    r16                   ; 0065 910F
pop    r11                   ; 0066 90BF
pop    r10                   ; 0067 90AF
pop    r7                    ; 0068 907F
pop    r5                    ; 0069 905F
pop    r4                    ; 006A 904F
pop    r3                    ; 006B 903F
pop    r2                    ; 006C 902F
pop    r1                    ; 006D 901F
pop    r0                    ; 006E 900F
reti                         ; 006F 9518
```

Listing 12   Assemblerlisting INT02313.ASM nach Disassemblierung (Auszug)

Das Programm beginnt beim Resetvektor (Adresse &H0000) mit einem Sprung zu Adresse &H0013, dem Beginn des eigentlichen Programms. Vor diesem Eintrittspunkt befindet sich die Interruptvektortabelle. Diese Interruptvektortabelle ist bausteinspezifisch (in Länge und Inhalt).

In unserem Programm ist nur INT0 definiert, weshalb auch an der betreffenden Stelle in der Interruptvektortabelle ein Sprung zur ISR (&H0035) steht.

Das aus der leeren Endlosschleife bestehende Hauptprogramm beginnt an Adresse &H0032 und ist erwartungsgemäß ein Sprung auf sich selbst.

Interessant ist nun die an Adresse &H0035 beginnende ISR. Damit in einer ISR nicht unter Umständen Register des Hauptprogramms überschrieben und damit für das Hauptprogramm dann unbrauchbar werden, erfolgt zu Beginn der ISR das Retten (PUSH) aller Register einschließlich des Registers SREG.

Schließlich folgen die insgesamt vier Assemblerinstruktionen (fett markiert), die PortB lesen und Pin0 von PortB toggeln. Es folgt das Zurückholen (POP) aller geretteten Registerinhalte.

Für die ATmega CPUs ergeben sich aufgrund der komplexeren internen Peripherie einige Konsequenzen, die hier für einen ATmega128 kurz angeschnitten werden sollen. Listing 13 zeigt das leicht abgeänderte Programmbeispiel.

```
$regfile = "m128def.dat"

Config Int0 = Falling          ' Interrupt bei fallender Flanke an INT0

Config Portb = Output          ' Konfiguriert Portb als Ausgang
Led Alias Portb.0              ' LED steht für Portb.0

On Int0 Int0_isr Nosave        ' ISR für INT0

Enable Int0     ' Enable INT0
Enable Interrupts              ' Enable Global Interrupt

Do
Loop

End

Int0_isr:                      ' ISR
   $asm
   push R24
   push XH
   push XL
   in   R24, SREG
   push R24
   $end Asm
   Toggle Led                  ' Toggle LED
   $asm
   pop  R24
   Out  SREG, R24
   pop  XL
   pop  XH
   pop  R24
   $end Asm
Return
```

Listing 13   Interrupt-Programmbeispiel (INT0M128.BAS)

Eine Besonderheit für den ATmega128 ist hier, dass INT0 für fallende oder steigende Flanke bzw. Lo-Pegel am Eingang INT0 definiert werden kann. Standard für diesen Interrupt ist bei allen AVR-Mikrocontrollern sonst Lo-Pegel.

Eine weitere Besonderheit ist die Option `Nosave` bei der Festlegung des Interruptvektors (`On Int0 Int0_isr Nosave`), die bei allen AVR-Mikrocontrollern möglich ist.

In Listing 12 konnte man sehen, dass beim Eintritt in die ISR alle Register gerettet und vor dem Verlassen der ISR reinstalliert wurden – auch wenn auf diese in der ISR überhaupt nicht zugegriffen wurde. Dieses Vorgehen ist default, in jedem Fall auch bei späteren Programmänderungen sicher, kostet aber Speicher und Programmlaufzeit.

In den meisten Fällen hat man aber gerade in einer ISR keine Zeit zum Vergeuden und sollte dann auch nur die Register retten, deren Inhalte von der ISR verändert werden. In Listing 13 sind das die Register R24, XH, XL und SREG, die deshalb in der ISR separat gerettet und reinstalliert werden.

Bei der Programmentwicklung empfiehlt es sich zuerst mit der Default-Einstellung zu arbeiten und später die ISR auf die verwendeten Register hin zu untersuchen. Im zweiten Schritt kann man dann die Nosave Option einsetzen und die in der ISR veränderten Register separat retten. Listing 13 zeigte die so geänderte ISR.

In Listing 14 ist zum Vergleich noch das Assemblerlisting INT0M128.ASM ausschnittsweise angegeben. Jeder Eintrag der Interruptvektortabelle umfasst hier zwei Worte.

Zu beachten sind weiterhin die auf 34 Interrupts erweiterte Interruptvektortabelle und die auf die eben beschriebene Weise entschlackte ISR beginnend an Adresse &H0072 und endend an Adresse &H0080.

```
          jmp    avr0046              ; 0000 940C 0046
          jmp    avr0072              ; 0002 940C 0072
          reti                        ; 0004 9518
          nop                         ; 0005 0000
          reti                        ; 0006 9518
...
          nop                         ; 0043 0000
          reti                        ; 0044 9518
          nop                         ; 0045 0000
avr0046:  ser    r24                  ; 0046 EF8F
          out    SPL, r24             ; 0047 BF8D
...
          clr    r6                   ; 0061 2466
          lds    r24, 0x006A          ; 0062 9180 006A
          andi   r24, 0xFC            ; 0064 7F8C
          ori    r24, 0x02            ; 0065 6082
          sts    0x006A, r24          ; 0066 9380 006A
          ser    r24                  ; 0068 EF8F
          out    DDRB, r24            ; 0069 BB87
          in r24, $39                 ; 006A B789
          ori    r24, 0x01            ; 006B 6081
          out    $39, r24             ; 006C BF89
          sei                         ; 006D 9478
avr006E:  jmp    avr006E              ; 006E 940C 006E
          cli                         ; 0070 94F8
avr0071:  rjmp   avr0071              ; 0071 CFFF
avr0072:  push   r24                  ; 0072 938F
```

```
push   XH              ; 0073 93BF
push   XL              ; 0074 93AF
in     r24, SREG       ; 0075 B78F
push   r24             ; 0076 938F
in     r24, PORTB      ; 0077 B388
ldi    r25, 0x01       ; 0078 E091
eor    r24, r25        ; 0079 2789
out    PORTB, r24      ; 007A BB88
pop    r24             ; 007B 918F
out    SREG, r24       ; 007C BF8F
pop    XL              ; 007D 91AF
pop    XH              ; 007E 91BF
pop    r24             ; 007F 918F
reti                   ; 0080 9518
```

Listing 14   Assemblerlisting INT0M128.ASM nach Disassemblierung (Auszug)

Mit diesen Informationen sollte der Hintergrund für die Abarbeitung einer ISR deutlich geworden sein. Die Konfiguration der peripheren Komponenten, die ihrerseits einen Interrupt anfordern können, wird in den folgenden Abschnitten zur Peripherie erläutert werden.

4.9   Takterzeugung

Die AVR-Mikrocontroller haben ein verteiltes System zur Taktversorgung der einzelnen Module auf dem Chip. Zum Stromsparen können nicht benutzte Module außer Betrieb gesetzt werden.

Grundlage für die verschiedenen Taktsignale ist ein sogenannter Systemclock, der wiederum aus verschiedenen Quellen abgeleitet werden kann. Tabelle 1 zeigt die in Frage kommenden Taktquellen und die zugehörige Programmierung der Fusebits CKSEL3…0.

Taktquelle	CKSEL3…0
Externer Quarz/Ceramic Resonator	1111 - 1000
Externer low-frequency Quarz	0111 - 0110
Kalibrierter Interner RC Oszillator	0010
Externer Takt	0000

Tabelle 1   Taktquellen beim AVR-Mikrocontroller

Die Selektion von Oszillatortyp, Taktfrequenz und Einschwingzeit erfolgt über die Fuses CKSEL und SUT, die in Abschnitt 4.13 noch separat betrachtet werden.

4.9.1   Externer Quarz

Ein externer Quarz wird über die Anschlüsse XTAL1 und XTAL2 gemäß Abbildung 71 angeschlossen. Die Kapazitäten C1 und C2 sollten immer den gleichen Wert aufweisen. Der optimale Wert ist abhängig vom eingesetzten Quarz bzw. Ceramic Resonator, dem Beitrag der Streukapazität und der HF-Einstrahlung. In der Regel wird er zwischen 12 und 22 pF liegen.

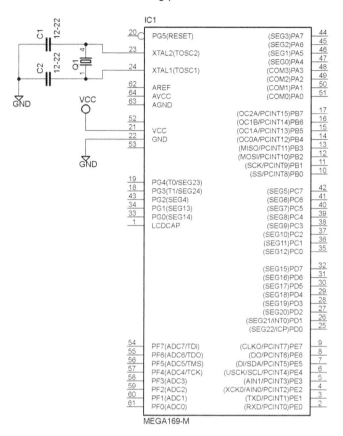

Abbildung 71   ATmega169 mit externem Quarz

Der Taktfrequenzbereich erstreckt sich von 0,4 MHz (Ceramic Resonator) bzw. 0,9 MHz (Quarz) bis in den Bereich einiger MHz. Beim ATmega169 sind das 8 MHz.

Des weiteren gibt es noch die Option, einen Uhrenquarz mit einer Frequenz von 32,768 kHz einzusetzen. Verwendet werden hierzu die Anschlüsse TOSC1 und TOSC2. Beim ATmega169 sind diese mit XTAL1 und XTAL2 identisch.

4.9.2   Interner RC-Oszillator

Beim ATmega169 stellt der kalibrierte interne RC-Oszillator eine Taktfrequenz von 8.0 MHz bereit. Diese Frequenz ist ein Nominalwert bei einer Betriebsspannung von 3 V und einer Temperatur von 25 °C. Die Frequenz des internen RC-Oszillators ist spannungs- und temperaturabhängig, so dass dieser Oszillator im Allgemeinen kalibriert werden muss. Nur so können Flash- und EEPROM-Zugriffe sowie Baudrates für die serielle Kommunikation garantiert werden.

Durch Programmierung der Fuses CKSEL3...0 kann dieses Taktsignal als Systemtakt selektiert werden. Es sind dann keine zusätzlichen Komponenten für die Takterzeugung erforderlich.

Unter bestimmten Bedingungen wird bei einem Reset der von Atmel ermittelte und in der Signature abgespeicherte Kalibrierwert in das Kalibrationsregister OSCCAL eingetragen und so der interne RC-Oszillator auf die o.a. Bedingungen (3 V, 25 °C) mit einer Genauigkeit von ± 10% kalibriert.

Durch dynamische Kalibrierungen, auf die ich im Abschnitt 7.15.2 zum AVR Butterfly noch eingehen werde, ist eine Genauigkeit der Taktfrequenz von ± 2% bei beliebiger Betriebsspannung und Temperatur erreichbar.

Der hier als Beispiel dienende ATmega169 wird von Atmel mit programmierter CKDIV8 Fuse verschickt, so dass per default der Baustein eine Taktfrequenz von 1 MHz aufweist und in dieser Betriebsart auch der Signaturewert bei einem Reset über die Hardware ins Register OSCCAL kopiert wird. Bei anderen Taktfrequenzen muss der Kopiervorgang durch die Software übernommen werden.

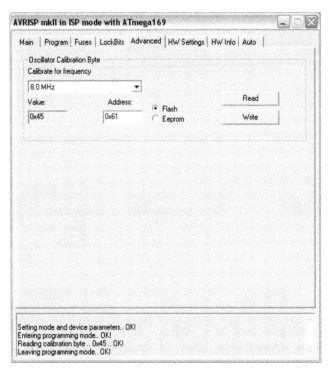

Abbildung 72   Lesen des Oscillator Calibration Byte

4.9.3 Externer Takt

Will man mit einem externen Takt arbeiten, dann reicht es, nach der Programmierung der Fuses diesen über den Anschluss XTAL1 dem AVR-Mikrocontroller zuzuführen. XTAL2 bleibt dann einfach unbeschaltet.

4.10 Sleep Modes

Durch die sogenannten Sleep Modes wird das Ziel verfolgt, die Stromaufnahme des Mikrocontrollers durch Abschalten nicht erforderlicher Funktionsgruppen zu reduzieren.

Um einen AVR-Mikrocontroller in den Schlafzustand zu versetzen, muss das Register MCUCR entsprechend initialisiert werden.

SE	SM2	SM1	SM0	ISC11	ISC10	ISC01	ISC00	
0	0	0	0	0	0	0	0	**MCUCR**

Das Bit SE ist zusetzen, um durch die Assembleranweisung `sleep` den AVR-Mikrocontroller in einen der Sleep Modes zu versetzen. Die Bits SM2:0 spezifizieren den gewünschten Sleep Mode:

SM2	SM1	SM0	Sleep Mode
0	0	0	Idle
0	0	1	ADC Noise Reduction
0	1	0	Power Down
0	1	1	Power Save
1	0	0	Reserved
1	0	1	Reserved
1	1	0	Standby
1	1	1	Extended Standby

Die Unterschiede der verschiedenen Sleep Modes und die WakeUp Möglichkeiten müssen der Dokumentation zum jeweiligen AVR-Mikrocontroller entnommen werden.

In jedem Fall kann ein AVR-Mikrocontroller durch einen externen Interrupt (z.B. INT0) oder über die TWI-Schnittstelle geweckt werden. Hierzu ist der betreffende Interrupt freizugeben.

Die Interrupt-Serviceroutine wird dann abgearbeitet und das Programm wird mit der nächsten Instruktion nach `sleep` fortgesetzt. Der Inhalt der Register und des SRAM bleiben unverändert.

Listing 15 zeigt ein Testprogramm für den Eintritt in den Sleep Mode und das WakeUp über einen INT0 Interrupt.

```
$regfile = "m8def.dat"              ' ATmega8
$crystal = 3686400                  ' für STK500
$baud = 19200

Const Esc = 27

Dim key as Byte

Config Pind.2 = Input               ' PD2 ist Eingang INT0
Set Portd.2                         ' PullUp aktiv

On Int0 Int0_isr
Config Int0 = Low Level
Enable Int0                         ' WakeUp durch INT0 (PD2)
Enable Interrupts

Print "Sleep Demo - in den SLEEP Mode durch ESC"

Entry:
```

```
Do
  Print ".";
  Waitms 200
  Key = Inkey()
Loop Until Key = Esc

Print
Print "SLEEP Mode aktiv"
Print

Mcucr = Mcucr And &B10101111         ' PowerDown Mode
Mcucr = Mcucr Or &B10100000          ' MCUCR = 1010xxxx
sleep

Waitms 20
Print : Print "WakeUp"
Goto Entry

End

Int0_isr:
  nop
Return
```

Listing 15   Sleep Mode Testprogramm SLEEP.BAS

Das Programm ist in einer Schleife mit der Ausgabe von Punkten beschäftigt. Empfängt es über die serielle Schnittstelle das Zeichen ESC, dann wird die Schleife verlassen und der Sleep Mode aktiviert. Die Bits SM2:0 werden zu 010 gesetzt, wodurch der ATmega8 in den Power-Down Mode versetzt wird.

Aus Sicherheitsgründen sollte die Vorbereitung des Registers MCUCR auf den Sleep Mode unmittelbar vor Aufruf der Sleep Anweisung erfolgen.

Über einen Interrupt INT0 wird der ATmega8 geweckt. Die Interrupt-Serviceroutine tut hier nichts und könnte auch weggelassen werden.

Nach einer kurzen Wartezeit und zwei Ausgabeoperationen kehrt das Programm über einen unbedingten Sprung zum Label Entry und arbeitet weiter in der Hauptschleife.

4.11   Parameterübergabe an Subroutines

Die Parameterübergabe BYREF oder BYVAL ist eine häufige Fehlerursache in Anwendungsprogrammen und soll hier an einem einfachen Beispiel verdeutlicht werden.

Im folgenden Beispiel wird eine Maskierungsfunktion vereinbart, die das obere Nibble eines mit Vier multiplizierten Wertes abschneidet. Die übergebenen Parameter A und B werden den beschriebenen Operationen unterzogen und schließlich kann der Wert der Funktion in der Variablen Z abgespeichert werden.

In binärer Darstellung dargestellt geschieht damit folgendes:

```
A                      10101010
Shift A , Left , 2     10101000
B                      00001111
Z                      00001000
```

Das Programm hierzu lautet folgendermaßen:

```
Dim X As Byte , Y As Byte , Z As Byte

X = &B10101010
Y = &B00001111

Declare Function Mask (byval a As Byte , B As Byte) As Byte

Z = Mask(x , Y)

End

Function Mask (byval A As Byte , B As Byte) As Byte
    Shift A , Left , 2
    Mask = A And B
End Function
```

Betrachtet man sich das Programm im Einzelschrittmode im Simulator, dann erkennt man deutlich, dass durch die Parameterübergabe BYVAL die Instruktion Shift A , Left , 2 keinen Einfluss auf die Variable X im Speicher nimmt.

Ganz anders hingegen, wenn durch Streichen des Wortes BYVAL die defaultmäßige Parameterübergabe BYREF eingeschaltet wird. In diesem Fall bewirkt die Instruktion Shift A , Left , 2 eine Änderung der Variablen X von &HAA auf &HA8 im Speicher.

4.12 BASIC & Assembler

In einigen Situationen ist der direkte Einfluss auf den Code erwünscht. Ist eine benötigte Funktion nicht im Befehlsvorrat von BASCOM-AVR enthalten, dann kann diese als BASIC- oder auch als Assembler-Subroutine formuliert werden. Wichtig hierfür ist, dass BASCOM-AVR den Mix von BASIC und Assembler zulässt und unterstützt.

Die meisten Assembler-Mnemonics werden vom Compiler bereits erkannt. Die Ausnahmen sind SUB, SWAP und OUT. Sie gehören zu den reservierten Worten innerhalb von BASIC und haben damit Priorität über die Assembler-Mnemonics. Durch ein vorangestelltes "!" werden diese Mnemonics aber vom Compiler als Assembler-Mnemonics erkannt und können so verwendet werden.

```
Dim A As Byte         ' Bytevariable
A = &H5A              ' Initialisiere Variable
```

```
Loadadr A , X          ' Lade Adresse von A nach X
Ld R1, X               ' Lade R1 mit dem Inhalt von A

!SWAP R1               ' Swap Nibbles

End
```

Wäre im oben angegebenen Programmbeispiel der Assembler-Instruktion SWAP kein "!" vorangestellt worden, hätte der Compiler SWAP als BASIC-Instruktion interpretiert und <u>nicht</u> reklamiert.

Eine weitere Möglichkeit, die in vorangegangenen Programmbeispielen bereits eingesetzt wurde, bieten die Compiler-Direktiven $ASM und $END ASM.

```
Dim A As Byte          ' Bytevariable
A = &H5A               ' Initialisiere Variable

Loadadr A , X          ' Lade Adresse von A nach X

$asm
   Ld R1, X            ' Lade R1 mit dem Inhalt von A
   Swap R1             ' Swap Nibbles
$end Asm

End
```

Von der Gleichwertigkeit beider Arten der Notation kann man sich leicht im Simulator überzeugen. Welcher Vorgehensweise der Vorzug gegeben wird, ist wiederum Geschmackssache.

Nicht alle Register sind für die Programmierung in Assembler frei. R4/R5 werden als Pointer zum Stackframe verwendet. R8/R9 dienen als Datapointer für die READ Instruktion. R6 enthält einige Bitvariablen:

R6.0   Flag für die Integer-Word-Konvertierung
R6.1   Temporäres Bit für Bit-Swap
R6.2   Error Bit (ERR)
R6.3   Show/Noshow-Bit der INPUT Instruktion

Alle anderen Register werden in Abhängigkeit von der jeweils verwendeten BASIC Instruktion eingesetzt.

Ein Beispiel zur Programmierung von Warteschleifen ohne Verwendung eines Timers zeigt die Verknüpfung von BASIC und Assembler.

Die gewünschte Wartezeit wird mit Hilfe der richtigen Anzahl von Assemblerinstruktionen erzeugt. Das Abzählen der Zyklen übernimmt der in Abbildung 73 gezeigte Warteschleifen-Generator von Tjabo Kloppenburg [www.home.unix-ag.org/tjabo/avr/downloads/AVRdelayloop3.zip].

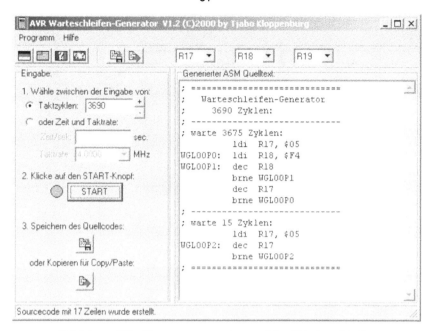

Abbildung 73   Erzeugen von Assembler-Warteschleifen

In unserem Beispiel soll bei einer Taktfrequenz von 3,69 MHz eine Wartezeit von 1 ms erzeugt werden. Dazu sind 3690 Taktzyklen erforderlich. Der Warteschleifengenerator generiert den erforderlichen Assembler-Quelltext nach dem Anklicken der Starttaste. Leider funktionierte bei diesem Programm die Eingabe von Zeit und Taktrate nicht.

Schließlich kann der generierte Quelltext in die Zwischenablage kopiert und in den BASIC-Quelltext übernommen werden. Listing 16 zeigt den gesamten Quelltext des Programmbeispiels WAITLOOP.BAS.

```
'---------------------------------------------------------------
' Warteschleifen
'---------------------------------------------------------------
$regfile = "m8def.dat"              ' ATmega8
$crystal = 3686400                  ' für STK500
$baud = 19200

Print "Start Warteschleife 3690 Zyklen..."

$asm
; ===================================
;    Warteschleifen-Generator
;      3690 Zyklen:
; -------------------------------
; warte 3675 Zyklen:
        ldi  R17, $05
Wgloop0:
        ldi  R18, $F4
Wgloop1:
        dec  R18
        brne WGLOOP1
        dec  R17
        brne WGLOOP0
; -------------------------------
; warte 15 Zyklen:
        ldi  R17, $05
Wgloop2:
        dec  R17
        brne WGLOOP2
; ===================================
$asm End

Print "Warteschleife beendet."

End
```

Listing 16   Assembler-Warteschleife (WAITLOOP.BAS)

Nach den Initialisierungen folgt eine Ausgabeoperation, die den Start der Warteschleife signalisiert.

Eingebettet in die Kommandos $asm und $asm End folgt der Assembler-Quelltext. Einzige Modifikation an diesem Text ist das Alleinstellen der Label Wgloopx (vergleichen Sie mit Abbildung 73). Mit einer weiteren Ausgabe wird das Programm beendet.

Im Simulator kann man die Laufzeit des Assemblerteils, also der Warteschleife(n), bestimmen. Abbildung 74 zeigt die Simulation im BASCOM-AVR Simulator.

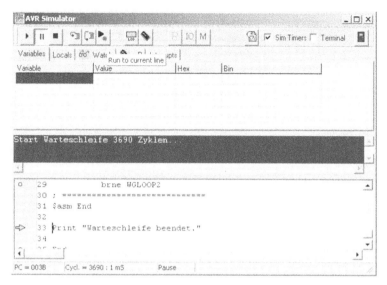

Abbildung 74   Laufzeitmessung im Simulator

Im Einzelschritt geht man bis zur Instruktion ldi   R17, $05 und löscht dann den Zyklenzähler durch einen Klick mit der rechten Maustaste ins Feld "Cycl.=..." an der unteren Bildschirmkante und anschließendes Klicken auf den Button "Clear Cycles". Dann platziert man den Cursor an den Beginn der letzten Printanweisung und startet das Programm mit dem Button "Run to current line".

Genau nach 3690 Taktzyklen ist das Programm auch an der Printanweisung angekommen und bei einer Taktfrequenz von 3,69 MHz ist dann auch 1 ms vergangen.

4.13   Fuse und Lock Bits

Einige der Eigenschaften eines AVR-Mikrocontrollers werden durch sogenannte Fuses (Fuse Bits) voreingestellt. Detaillierte Informationen müssen wieder dem Datenblatt des eingesetzten AVR-Mikrocontrollers entnommen werden.

Beim ATmega8 sichern die Fuses z.B. die folgenden Einstellmöglichkeiten:

- Verwendung der Pins PB6 bzw. PB7 als I/O-Pin oder Oszillatoranschluss

- Verwendung von Pin PC6 als I/O-Pin oder Resetanschluss

- Umleitung des Resetvektors auf den Bootloader

- EEPROM Programmierzeit

- Auswahl des Systemtakts

- Selektion des Brown-Out Detektors und des Brown-Out Pegels (Spannungsüberwachung)

- Watchdog Konfiguration

Die Fuse Bits sind im nicht programmierten Zustand 1 und haben beim ATmega8 die folgende Bedeutung

RSTDISBL	WDTON	SPIEN	CKOPT	EESAVE	BOOTSZ1	BOOTSZ0	BOOTRST	
1	1	0	1	1	0	0	1	**Hi Fuses**

RSTDISBL   PC.6 ist Reset Pin (default), sonst I/O

WDTON   Watchdog eingeschaltet, default wird der Watchdog über WDTCR einge-
            schaltet

SPIEN   Serielle Programmieren (ISP) von Flash Memory und EEPROM enabled
            (default). Fuse Bit ist bei ISP nicht zugänglich.

CKOPT   Oszillator Options (abhängig von CKSEL)

EESAVE   EEPROM ist nicht geschützt bei Chip Erase (default)

BOOTSZ1-0   Boot Size

BOOTRST   Reset Vector auf Adresse 0 (default), sonst auf Bootloader

BODLEVEL	BODEN	SUT1	SUT0	CKSEL3	CKSEL2	CKSEL1	CKSEL0	
1	1	1	0	0	0	0	1	**Lo Fuses**

BODLEVEL   Brown Out Detector Triggerschwelle, default ist 2,7 V sonst 4,0 V

BODON   Brown Out Detector disabled (default)

SUT1-0   Start Up Zeit, Auslieferungzustand ist maximale Start Up Zeit von 65 ms

CKSEL3-0   Quelle für Taktfrequenz,
            Auslieferungszustand ist interner Oszillator mit 1 MHz.

Für jeden AVR-Mikrocontroller gibt es spezielle Fuse Bits, so dass für diese grundlegenden Eigenschaften wieder zuerst das Datenblatt konsultiert werden muss.

Abbildung 75 zeigt, wie die Fuse Bits mit dem STK500 Programmer bei einem ATmega8 sehr komfortabel programmiert werden können.

Abbildung 75 Programmierung der Fuses beim ATmega8

Mit den sogenannten Lock Bits kann der Programmspeicher vor Lese- und Schreibzugriffen durch die Instruktionen SPM und LPM geschützt werden.

Bei den megaAVR ist der Programmspeicher in einen Anwendungsbereich und einen Bereich für den Bootloader geteilt. Beide Bereiche können unabhängig geschützt werden.

Die Lock Bits haben beim ATmega8 im unprogrammierten Zustand die folgende Bedeutung:

-	-	BLB12	BLD11	BLB02	BLB01	LB2	LB1	
1	1	1	1	1	1	1	1	**Lock Bits**

BLB12-1   Keine Restriktionen für die Instruktionen SPM und LPM beim Zugriff auf den Bootloader Bereich

BLB02-1   Keine Restriktionen für die Instruktionen SPM und LPM beim Zugriff auf den Anwendungsbereich

LB2-1   keine Speicherschutz

Abbildung 76 zeigt, wie die Lock Bits mit dem STK500 Programmer bei einem ATmega8 programmiert werden können.

Im External Mode können aber, wie in Abschnitt 3.4.5 beschrieben, auch von BASCOM-AVR aus die Fuse und Lock Bits programmiert werden.

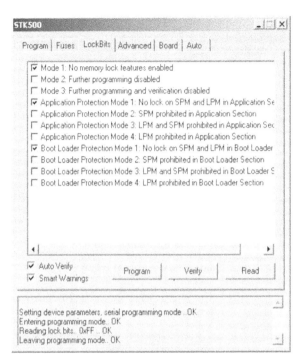

Abbildung 76   Programmierung der Lock Bits beim ATmega8

4.14   Selbstprogrammierung

Bis auf wenige Ausnahmen weisen heute alle AVR-Mikrocontroller die Möglichkeit der Selbstprogrammierung mit Hilfe der Instruktion SPM (Store Program Memory) auf.

Der betreffende AVR-Mikrocontroller kommuniziert über seinen USART mit einem Host-PC. Auf diesem Host-PC läuft die erforderliche Download-Software. Bei Einsatz dieser Art der Programmierung können Flash Memory und EEPROM ohne einen Programmer einfach per Software-Download programmiert werden.

Der Flash-Programmspeicher ist in einen Applikationsbereich und einen Bootloader-Bereich aufgeteilt. Im Applikationsbereich wird der Code der Anwendung abgelegt, während im Bootloader-Bereich der Code zur Selbstprogrammierung (das ist der Bootloader) abgelegt ist.

Die zur Selbstprogrammierung verwendete SPM Instruktion kann nur im Bootloader-Bereich ausgeführt werden. Die Größe des Bootloader-Bereichs kann mit den Fuses BOOTSZx auf unterschiedliche Werte eingestellt werden.

Ist der Bootloader im Bootloader-Bereich abgelegt, dann kann er direkt aus der Anwendung heraus durch CALL oder JMP angesprochen werden.

Ist hingegen die Fuse BOOTRST programmiert, dann führt die CPU nach einem Reset nicht den Resetvektor (an Adresse &H0000) aus, sondern startet den Bootloader.

Zur Programmierung über die serielle Schnittstelle kann das Programm *MegaLoad* verwendet werden. MegaLoad kann von der Website des Entwicklers heruntergeladen werden und unterstützt in der Version V.8.0 AVR-Mikrocontroller mit mehr als 128 Kbyte Flash Memory und arbeitet mit aktivem Watchdog [www.microsyl.com/projects/megaload/megaload.zip].

Der Bootloader für den betreffenden AVR-Mikrocontroller kann auf der Basis des ebenfalls von der Microsyl-Website herunterladbaren Projektes *bootload.prj* mit dem ICCAVR-Compiler gebildet werden [www.microsyl.com/projects/megaload/bootloader.zip].

ImageCraft bietet eine voll funktionsfähige 45-Tage-Testversion an, mit der die Leistungsfähigkeit des Compilers getestet werden kann. Diese Version kann von www.imagecraft.com/dev-tools_AVR.html heruntergeladen werden.

Sogar nach Ablauf der Demoperiode ist der Compiler weiter einsetzbar, und zwar mit einem Codegrößen-Limit von 4 KByte. Diese Eigenschaft ermöglicht allen nichtkommerziellen Anwendern (Lehrer, Studenten, Hobbyanwender) die dauerhafte, kostenlose Nutzung des Compilers. Für das Erstellen von Bootloadern für unterschiedliche AVR-Mikrocontroller bedeutet das keine Einschränkung.

Um beispielsweise einen ATmega8 zur Selbstprogrammierung vorzubereiten, sind der betreffende Bootloader ATmega8.HEX konventionell in den Bootloader-Bereich zu programmieren und anschließend die Fusebits gemäß den oben angegebenen Einstellungen zu setzen.

Zur Programmierung des Bootloaders und der Fusebits wurde das AVR-Studio eingesetzt. Die folgenden Abbildungen dokumentieren die beiden Vorgänge.

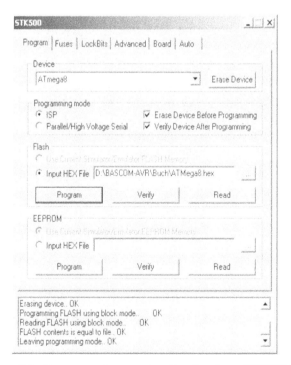

Abbildung 77   Programmierung des Bootloaders ATMEGA8.HEX

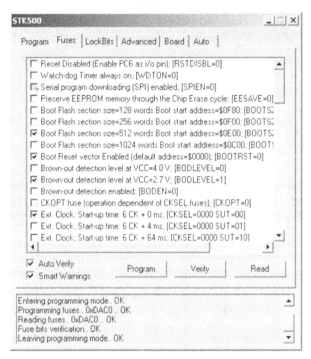

Abbildung 78   Programmierung der Fusebits für die Selbstprogrammierung

Der nun zur Selbstprogrammierung vorbereitete ATmega8 ist über die serielle Schnittstelle mit dem Host-PC zu verbinden. Beim STK500 ist das nicht die üblicherweise zur Programmierung verwendete Schnittstelle RS232 CTRL sondern die Applikationsschnittstelle RS232 SPARE.

Auf dem Host-PC ist das Programm *MegaLoad* zu starten. Nach einem Reset des Mikrocontrollers wird schließlich das selektierte Hexfile über die serielle Verbindung zum ATmega8 geladen und vom Bootloader in den Applikationsbereich des Flash Memories programmiert.

Abbildung 79 zeigt einen abgeschlossenen Programmiervorgang. Die baustein- und initialisierungsspezifischen Daten sind im Feld Target dargestellt. Im Messagefeld kann der Programmiervorgang verfolgt werden.

Abbildung 79   Programmdownload mit MegaLoad

Hat man seinen zu programmierenden megaAVR mit einem Bootloader ausgerüstet, dann kann auf ein Programmiergerät fortan verzichtet werden.

5 On-Chip Peripherie

Die Peripheriefunktionen der einzelnen AVR-Mikrocontroller unterscheiden sich mitunter recht deutlich. Es sei deshalb hier noch mal darauf hingewiesen, dass unbedingt das Datenblatt des betreffenden Bausteins zur Hand genommen werden sollte, bevor ein neues Projekt begonnen wird.

Wie bei den meisten Mikrocontrollern üblich müssen sich auch bei den AVR-Mikrocontrollern die zahlreichen Peripheriefunktionen die vorhandenen I/O-Pins teilen. Abbildung 80 zeigt beispielhaft die Pinbelegung des ATmega32.

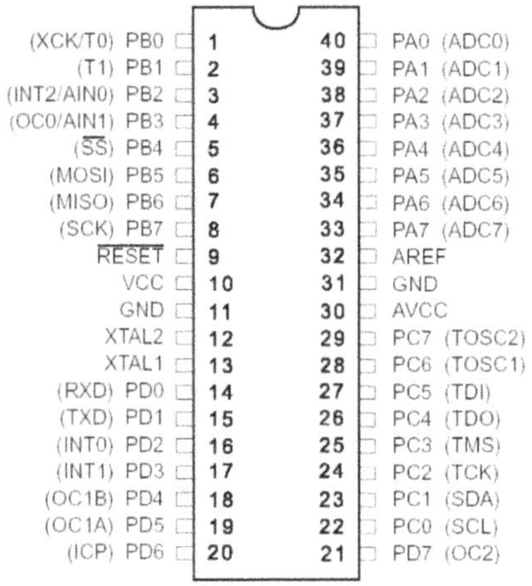

```
    (XCK/T0) PB0 [ 1      40 ] PA0 (ADC0)
        (T1) PB1 [ 2      39 ] PA1 (ADC1)
  (INT2/AIN0) PB2 [ 3      38 ] PA2 (ADC2)
   (OC0/AIN1) PB3 [ 4      37 ] PA3 (ADC3)
        (SS) PB4 [ 5      36 ] PA4 (ADC4)
      (MOSI) PB5 [ 6      35 ] PA5 (ADC5)
      (MISO) PB6 [ 7      34 ] PA6 (ADC6)
       (SCK) PB7 [ 8      33 ] PA7 (ADC7)
           RESET [ 9      32 ] AREF
             VCC [ 10     31 ] GND
             GND [ 11     30 ] AVCC
           XTAL2 [ 12     29 ] PC7 (TOSC2)
           XTAL1 [ 13     28 ] PC6 (TOSC1)
       (RXD) PD0 [ 14     27 ] PC5 (TDI)
       (TXD) PD1 [ 15     26 ] PC4 (TDO)
      (INT0) PD2 [ 16     25 ] PC3 (TMS)
      (INT1) PD3 [ 17     24 ] PC2 (TCK)
     (OC1B) PD4 [ 18     23 ] PC1 (SDA)
     (OC1A) PD5 [ 19     22 ] PC0 (SCL)
       (ICP) PD6 [ 20     21 ] PD7 (OC2)
```

Abbildung 80   Pinbelegung ATmega32 (DIP)

Fast jedes Pin der insgesamt vier I/O-Ports hat eine alternative Funktion aufzuweisen. Es ist eine Frage der Konfiguration, welche Funktion dem jeweiligen I/O-Pin zugeordnet wird.

Die Pins von PortA können beim ATmega32 alternativ auch als Analogeingänge dienen. Beim ATmega8515 ist hingegen über PortA im Multiplex ein Zugriff zum Adress-/Datenbus eines externen SRAMs möglich.

Die Alternativfunktionen der Pins von PortB sind SPI, Analogkomparator und Takteingänge für die Timer/Counter.

Beim ATmega32 kann an PortC alternativ ein unabhängiger Oszillator als Takt für Timer2 angeschaltet werden. Beim ATmega8515 ist alternativ ein Zugriff zum Adressbus eines externen SRAMs möglich.

Die Alternativfunktionen der Pins von PortD sind Output Compare Ausgänge, Eingänge für externe Interrupts sowie Sende- und Empfangsleitungen des UART. Beim ATmega8515 stehen hier zudem Read/Write-Strobe für den externen SRAM-Zugriff zur Verfügung.

Da die On-Chip Peripherie nur mit konkretem Bezug auf einen bestimmten AVR-Mikrocontroller betrachtet werden kann, beziehen sich die meisten der knapp gefassten Aussagen hier auf den ATmega32.

5.1 I/O-Ports

5.1.1 Steuerung von I/O-Ports

Jedes Pin der vorhandenen I/O-Ports kann über das Data Direction Register (DDR) gesteuert als digitaler Ein- bzw. Ausgang arbeiten.

Alle Ports sind bidirektionale I/O-Ports mit individuell selektierbaren PullUp-Widerständen. Die Ausgänge können bis zu 20 mA aufnehmen, wodurch LEDs direkt ansteuerbar sind.

Abbildung 81 zeigt die Grundfunktion der digitalen I/O.

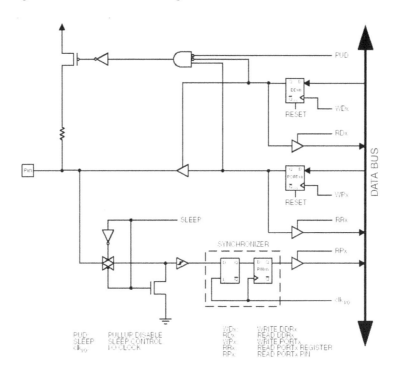

Abbildung 81   Blockschema Digitale I/O

Beschrieben werden können die Register DDRx (Data Direction Register) zur Selektion von Ausgabe bzw. Eingabe und PORTx (Port Latch Register) zur Ausgabe einer digitalen Information.

Gelesen werden können die Register DDRx, PORTx und die Pins selbst PINx (digitale Eingabe).

Die folgende Tabelle zeigt die möglichen Zustände an einem I/O-Pin.

DDRx	PORTx	I/O	Pull-Up	Bemerkung
0	0	Eingang	Nein	Tri-State (hochohmig)
0	1	Eingang	Ja	Liefert Strom, wenn nach Lo gezogen
1	0	Ausgang	Nein	Aktiver Ausgang (Lo)
1	1	Ausgang	Nein	Aktiver Ausgang (Hi)

Der Zustand der Register DDRx und PORTx nach einem Reset ist 0, d.h. alle I/O-Pins sind default als hochohmiger Eingang geschaltet.

Die Konfiguration der I/O-Pins kann, wie im folgenden Programmbeispiel gezeigt, sowohl für das gesamte Port als auch einzelne Pins vorgenommen werden.

```
Config Portd = Input        ' PortD wird Eingang
Config Portb = Output       ' PortB wird Ausgang

Config Pind.0 = Output      ' PinD.0 wird Ausgang
Config Pinb.0 = Input       ' PinB.0 wird Eingang

Config Portd = Input        ' PortD wird Eingang mit PullUp
Portd = &HFF
```

5.1.2 Beschaltung von I/O-Ports

Um die Beschaltung der Pins des Mikrocontrollers richtig dimensionieren zu können, müssen wir uns die elektrischen Eigenschaften an Hand des Datenblatts klar machen. Abbildung 81 hatte das Blockschema für ein komplettes I/O-Pin gezeigt.

Betrachten wir nur den Ausgang, dann können wir einen CMOS-Inverter heranziehen (Abbildung 82). Zwei komplementäre Feldeffekttransistoren bilden die Ausgangsstufe. Je nach Schaltzustand ist eine der beiden Transistoren leitend.

Ist der obere Transistor leitend, dann kann ein Strom vom Ausgang zu einem gegen Vss geschalteten Verbraucher fließen. Aus dem Datenblatt (des ATtiny13) kann man bei einem Strom von 20 mA und einer Betriebsspannung Vdd = 5 V eine minimale Ausgangsspannung von $V_{OH} = 4.2$ V entnehmen. Der Strom von 20 mA erzeugt über dem leitenden p-Kanal-FET einen Spannungsabfall von 0.8 V.

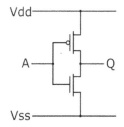

Abbildung 82 CMOS-Inverter

Ist der untere Transistor leitend, dann kann ein Strom vom Ausgang zu einem gegen Vdd geschalteten Verbraucher fließen. Aus dem Datenblatt (des ATtiny13) kann man bei einem Strom von 20 mA und einer Betriebsspannung Vdd = 5 V eine maximale Ausgangsspannung von $V_{OL} = 0,9$ V entnehmen. Der Strom von 20 mA erzeugt über dem leitenden n-Kanal-FET einen Spannungsabfall von 0.9 V.

Diese durch den Stromfluss entstehenden Spannungsabfälle über den Transistoren der Ausgangsstufe und die Strombelastung der Stufe an sich müssen bei der Beschaltung eines Ausgangspins immer berücksichtigt werden. Die Ansteuerung einer LED soll hier als einfaches Beispiel dienen.

Als LED soll der Typ L-13ID von Kingbright eingesetzt werden. Ein Auszug aus dem Datenblatt ist in der folgenden Tabelle zu sehen. Die Daten sind als typisch anzusehen und können deshalb auch auf andere „normale" LEDs übertragen werden. Für Leistungs-LEDs gelten aber andere Werte.

Typ	Farbe	$V_F =$	$I_F =$
L-13HD	Bright Red	2,0 V	
L-13ID	High Efficiency Red	2,0 V	20 mA
L-13GD	Green	2,2 V	
L-13YD	Yellow	2,1 V	

Bei einem Stromfluss durch die LED sind die Flussspannung V_F und die über dem jeweiligen Transistor der Ausgangsstufe abfallende Spannung zu berücksichtigen und man erhält für die Dimensionierung die folgenden Beziehungen:

$$R \geq \frac{V_{CC} - V_F - V_{OL}}{I_F}$$

$$R \geq \frac{V_{OH} - V_F}{I_F}$$

Mit den angegebenen Werten lassen sich Widerstandswerte von 105 Ω bzw. 110 Ω berechnen, die als Minimalwerte gelten können. In den beiden Schaltungsbeispielen (Abbildung 83 und Abbildung 84) wurde deshalb einheitlich 120 Ω als LED-Vorwiderstand eingesetzt.

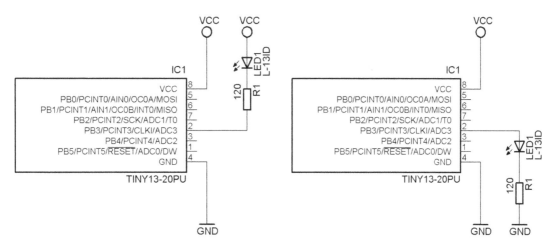

Abbildung 83   LED an I/O-Pin gegen VCC   Abbildung 84   LED an I/O-Pin gegen GND

Will man größere Lasten durch ein I/O-Pin treiben, dann kommt man nicht um einen externen Schalttransistor herum.

Bei der Eingangsbeschaltung ist die Situation etwas einfacher. Der Eingangstrom liegt unter 1 μA, d.h. die Eingangsstufe selbst ist recht hochohmig. Beim Eingang ist es wichtig, die den Logikpegeln zugeordneten Spannungswerte zu kennen.

V_{IH}	$\geq 0{,}6$ Vcc	≥ 3 V @ Vcc = 5V
V_{IL}	$\leq 0{,}2$ Vcc	≤ 1 V @ Vcc = 5V

Die zuschaltbaren PullUp-Widerstände liegen zwischen 20 kΩ und 50 kΩ. Die starke Streuung ist technologiebedingt und muss berücksichtigt werden.

Will man einen Eingang des Mikrocontrollers mit einem Taster beschalten, dann kann dieser gegen VCC oder GND geschaltet werden. Die Gegenrichtung muss mit einem Widerstand versehen werden.

Abbildung 85 zeigt einen gegen GND geschalteten Taster mit PullUp-Widerstand gegen VCC. Nutzt man den internen PullUp-Widerstand, dann kann man auf den externen Widerstand verzichten.

Schaltet man den Taster hingegen, wie in Abbildung 86 gezeigt, gegen VCC, dann muss in jedem Fall ein externer PullDown-Widerstand eingesetzt werden.

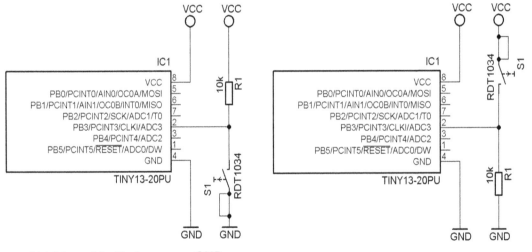

Abbildung 85   Taster gegen GND   Abbildung 86   Taster gegen VCC

Soll ein Eingang mit einem beliebigen Spannungspegel angesteuerte werden, dann kann die in Abbildung 87 gezeigte Eingangsbeschaltung eingesetzt werden.

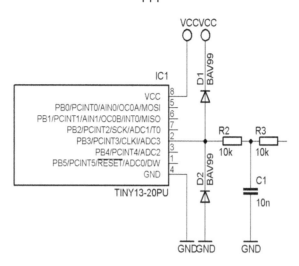

Abbildung 87   Generische Eingangsbeschaltung

Die Dioden begrenzen die am I/O-Pin anliegende Spannung auf die Grenzwerte gemäß Datenblatt. Die beiden Reihenwiderstände dienen der Strombegrenzung durch diese Dioden. Das T-
Filter dient der Unterdrückung hochfrequenter Störsignale, die von extern den Eingang stören
könnten.

Beim konkreten Schaltungsentwurf muss abgeschätzt werden, welche der gezeigten Schutz-
mechanismen berücksichtigt werden sollte oder weggelassen werden kann.

5.2   Timer/Counter

Die verschiedenen AVR-Mikrocontroller weisen 8-Bit- und 16-Bit-Timer/Counter auf, die unabhängig als Timer mit einem internen Takt oder als Counter mit externer Triggerung arbeiten.

Der Prescaler versorgt die Timer mit einem Taktsignal, welches vom internen Takt abgeleitet
wird. Das Vorteilerverhältnis kann über das Register TCCRx selektiert werden. Abbildung 88
zeigt ein Blockschema eines Prescalers für die Timer/Counter0 und 1.

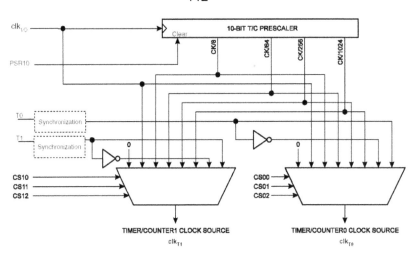

Abbildung 88   Blockschema Prescaler

Für die megaAVR neu ist die Möglichkeit, den Prescaler mit Hilfe von Bit PSR10 zurückzuset-zen.

Der 8-Bit-Timer/Counter0 ist als einfacher UpCounter mit Schreib/Lesezugriff aufgebaut. Beim Overflow (&HFF nach &H00) kann ein Interrupt angefordert werden. Abbildung 89 zeigt das Blockschema von Timer/Counter0.

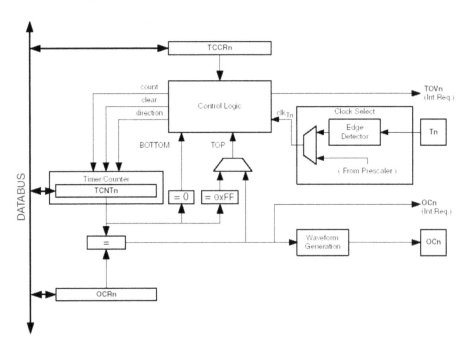

Abbildung 89   Blockschema Timer/Counter0

Das folgende Programmbeispiel zeigt die Konfiguration von Timer/Counter0, der durch das Register TCCR0 gesteuert wird.

Wie in der zweiten Zeile dargestellt kann das Register TCCR0 alternativ auch „von Hand" gesetzt werden. Hierbei ist aber zu beachten, dass beim direkten Beschreiben des Registers TCCR0 der Compiler die Konfiguration nicht kennt und beim folgenden `Start Timer0` den Prescaler 8 setzt.

Im Simulator kann die Konfiguration von Timer/Counter0 über dieses Register im Einzelschritt verfolgt werden.

```
Config Timer0 = Timer , Prescale = 8     ' Timer0 mit Vorteiler 8
Tccr0 = &H04                             ' Timer0 mit Vorteiler 256

Start Timer0                             ' Start Timer0 mit letzter Konfiguration
Stop Timer0                              ' Stop Timer0

' Counter0 zählt bei fallender Flanke
Config Timer0 = Counter , Edge = Falling

Start Counter0                           ' Start Counter0 mit letzter Konfiguration
Stop Counter0                            ' Stop Counter0
```

Ist wie bei den meisten megaAVRs ein weiterer 8-Bit-Timer/Counter vorhanden, dann weist der etwas mehr Komplexität auf (PWM, Output Compare).

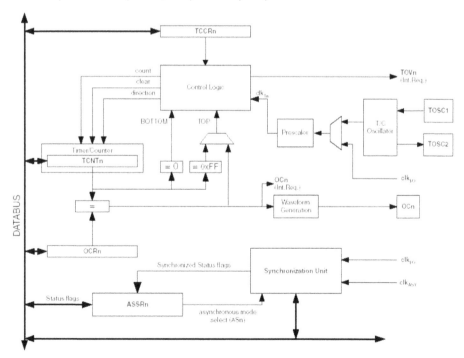

Abbildung 90   Blockschema Timer/Counter2

Der 16-Bit-Timer/Counter1 ist komplexer als Timer/Counter0 und unterstützt Output Compare und Input Capture Funktionen.

Beim Output Compare wird der Inhalt des Timer/Counters mit einem der Output Compare Register verglichen. Das Output Compare Ereignis tritt bei Gleichheit beider Registerinhalte auf.

Die Input Capture Funktion wird durch ein externes Ereignis getriggert, in dessen Folge der Inhalt des Timer/Counter Registers in das Input Capture Register geschrieben wird. Die Input Capture Funktion kann auch vom Analogkomparator getriggert werden.

Des weiteren kann dieser Timer/Counter als PWM genutzt werden. Interrupts werden vom 16-Bit-Timer/Counter beim Overflow, beim Output Compare sowie beim Input Capture angefordert.

Abbildung 91 zeigt zur Verdeutlichung der wesentlich höheren Komplexität das Blockschema von Timer/Counter1.

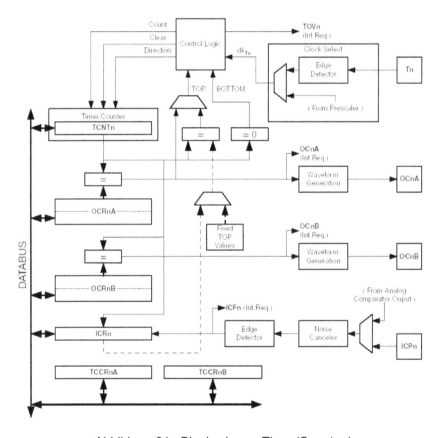

Abbildung 91   Blockschema Timer/Counter1

Die höhere Komplexität lässt auch eine komplexere Konfiguration von Timer/Counter1 erwarten. Die Alternativen bei der Timer/Counter1 Konfiguration lauten folgendermaßen:

```
CONFIG TIMER1 = COUNTER | TIMER | PWM ,
   EDGE=RISING | FALLING ,    PRESCALE= 1|8|64|256|1024 ,
   NOISE CANCEL= 0|1,   CAPTURE EDGE = RISING | FALLING ,
   CLEAR TIMER = 1|0,
   COMPARE A = CLEAR | SET | TOGGLE | DISCONNECT   ,
   COMPARE B = CLEAR | SET | TOGGLE | DISCONNECT   ,
   PWM = 8 | 9 | 10 ,
   COMPARE A PWM = CLEAR UP| CLEAR DOWN | DISCONNECT
   COMPARE B PWM = CLEAR UP| CLEAR DOWN | DISCONNECT
```

Die gesamte Instruktion muss auf eine Zeile geschrieben werden!

Diese Angaben dienen einzig und allein dazu die beiden Register TCCR1A und TCCR1B zu konfigurieren. Beide Register sind für die Steuerung von Timer/Counter1 verantwortlich.

Bei dieser recht komplexen Angelegenheit ist das Hinzuziehen des Datenblattes wiederum unumgänglich.

Abschnitt 7.3 befasst sich noch ausführlich mit Timeranwendungen, weshalb die Ausführungen an dieser Stelle nicht weiter vertieft werden sollen.

Dass sich für die Grundfunktionen nichts ändert, zeigt das auf Timer/Counter1 umgeschriebene Programmbeispiel.

```
Config Timer1 = Timer , Prescale = 8     ' Timer1 mit Vorteiler 8
Tccr1b = &H04                            ' Timer1 mit Vorteiler 256

Start Timer1                             ' Start Timer1 mit letzter Konfiguration
Stop Timer1                              ' Stop Timer1

' Counter1 zählt bei fallender Flanke
Config Timer1 = Counter , Edge = Falling

Start Counter1                           ' Start Counter1 mit letzter Konfiguration
Stop Counter1                            ' Stop Counter1
```

5.3   Watchdog

Der Watchdog Timer wird durch einen separaten On-Chip Oszillator mit nominal 1 MHz getaktet. Es lassen sich Watchdog-Intervalle zwischen 16 ms und 1,9 s (V_{CC} = 5 V) einstellen.

Beim Eintreten des Watchdog-Ereignisses erfolgt ein Reset des Mikrocontrollers. Abbildung 92 zeigt das Blockschema eines Watchdogs.

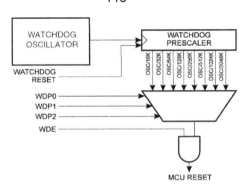

Abbildung 92   Blockschema Watchdog

Die Konfiguration des Watchdogs erfolgt über das Register WDTCR und kann mit BASCOM-AVR folgendermaßen vorgenommen werden:

```
Config Watchdog = 16        ' Watchdog Periode ist 16 ms
Reset Watchdog
Start Watchdog              ' Start Watchdog

Reset Watchdog              ' Reset des Watchdogs
                            ' vor Ablauf der WD Periode
```

Beim Festlegen der Watchdog Periode muss berücksichtigt werden, dass die Frequenz des internen Oszillators stark betriebsspannungs- aber auch temperaturabhängig ist.

5.4   SPI

5.4.1   Hardware-SPI

Das Serial Peripheral Interface (SPI) erlaubt synchrone serielle Kommunikation mit hoher Geschwindigkeit. Beim AT90S8515 waren beispielsweise bereits die folgenden Features implementiert:

- Full-Duplex, Drei-Draht-Interface
- Master oder Slave Mode
- LSB First oder MSB First Übertragung
- sieben programmierbare Bitraten
- End of Transmission Interrupt
- Write Collision Flag Protection
- als Slave WakeUp vom Idle Mode
- Double Speed (CK/2) Master SPI Mode

Zahlreiche AVR-Mikrocontroller haben ein Hardware-SPI mit festgelegten I/O-Pins. Ein SPI kann aber auch vollständig in Software implementiert werden, wobei man dann eine freie Wahl der verwendeten I/O-Pins hat.

Die beiden 8-Bit-Schieberegister im Master und im Slave können als gemeinsames 16-Bit-Schieberegister aufgefasst werden. Wenn Daten vom Master zum Slave geschoben werden, dann werden gleichzeitig Daten vom Slave zum Master transportiert. Abbildung 93 zeigt den Datenfluss beim seriellen Datentransfer.

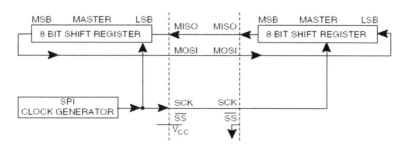

Abbildung 93   Datenfluss beim seriellen Datentransfer

Die Konfiguration des Hardware-SPI erfolgt über das Register SPCR und kann mit BASCOM-AVR folgendermaßen vorgenommen werden:

```
CONFIG SPI = HARD,
    DATA ORDER = LSB|MSB ,
    MASTER = YES|NO ,
    POLARITY = HIGH|LOW ,
    PHASE = 0|1,
    CLOCKRATE = 4|16|64|128 ,
    NOSS=1|0
```

Die Parameter sind ausführlich im betreffenden Datenblatt beschrieben und sollen hier nicht explizit erläutert werden. Auf jeden Fall bietet das Hardware-SPI die nötige Flexibilität für Anpassungen.

5.4.2 Software-SPI

Beim Software-SPI beschränkt sich die Konfiguration auf das Festlegen der I/O-Pins. Wird das Slave Select Signal SS nicht benötigt, dann kann es über SS = None abgeschaltet werden.

```
CONFIG  SPI = SOFT,
    DIN = PIN,
    DOUT = PIN ,
    SS = PIN|NONE,
    CLOCK = PIN
```

Nicht verändern kann man beim Software-SPI das Timing der Datenübertragung.

Bei einem Taktsignal des AVR-Mikrocontrollers von 4 MHz beträgt der Taktimpuls durch die Laufzeit festgelegt 3,5 μs. Eine knappe Mikrosekunde vorher wird der Ausgang Dout aktiv. Eingang Din wird 3,5 μs nach der fallenden Flanke des Taktsignals abgetastet. Auf diese Weise erhält man für die Übertragung eines Bytes mit dem Befehl `SPIMOVE` via Software-SPI eine Übertragungszeit von 87.25 µs.

5.5 U(S)ART

5.5.1 Hardware-U(S)ART

Asynchrone serielle Kommunikation wird durch einen komfortablen Universal Asynchronous Receiver/Transmitter (UART) ermöglicht. In den megaAVR Controllern sind Universal Synchronous and Asynchronous Receiver/Transmitter (USART) implementiert, die zu den UARTs der Standard-Controller kompatibel sind, aber auch weitergehende Funktionen aufweisen.

Die Hauptmerkmale eines solchen USART sind:

- Full-Duplex Betriebsweise
- Synchroner oder asynchroner Betrieb
- Master oder Slave Synchronbetrieb
- interner hochauflösender Baudratengenerator
- hohe Baudraten bei niedrigen Taktfrequenzen
- 5 bis 9 Datenbits, 1 oder 2 Stoppbits
- ungerade oder gerade Parität, Paritätscheck durch Hardware
- Noise Filter
- Overrun und Frame Error Detection
- Interrupts für Ende der Übertragung bzw. Empfangsende und Transmitregister leer
- Multi-Prozessor Mode
- Asynchronmode mit doppelter Geschwindigkeit

Um einen Eindruck von der Komplexität des USART der megaAVR zu bekommen zeigt Abbildung 94 ein vereinfachtes Blockschema eines USART.

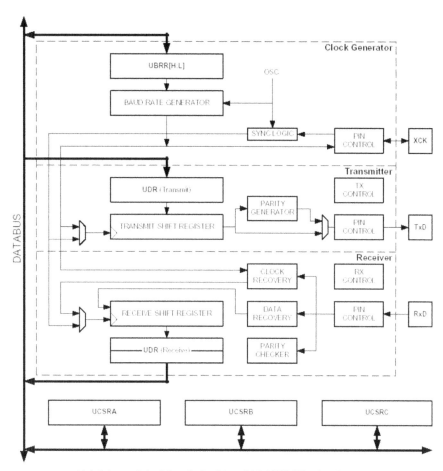

Abbildung 94   Vereinfachtes USART Blockschema

Wichtig für das Verstehen der asynchronen seriellen Kommunikation ist vor allem das Verständnis des Empfangs von Daten. Alle Zeichen des seriellen Datenstroms, die nicht korrekt empfangen werden, gehen verloren und die Kommunikation ist somit gestört. Pin RxD wird mit der sechzehnfachen Baudrate abgetastet. Werden auf der Leitung Daten gesendet, dann geht diese von ihrem Ruhezustand (Hi) nach Lo und übermittelt dann ein Pulspaket entsprechend der Zahl der gesendeten Bits. Abbildung 95 zeigt die Abtastung des seriellen Datenstroms.

Abbildung 95   Abtastung des seriellen Datenstroms

Durch den Hi-Lo-Übergang zu Beginn der Pulsfolge wird der Beginn des Startbits signalisiert, dem dann die Datenbits und ein oder zwei Stopbits folgen. Wie in Abbildung 95 angedeutet, weisen die Samples 8, 9 und 10, die etwa in der Mitte eines jeden Bits liegen, eine Besonderheit auf. Mindestens zwei Samples müssen den gleichen Wert aufweisen, um den Abtastwert des betreffenden Bits festzulegen. Diese Art der Rauschunterdrückung erhöht die Sicherheit der seriellen Kommunikation.

Wurde schließlich das Stoppbit erkannt, dann ist der Empfang des gesendeten Zeichens beendet und es kann in das Register UDR gespeichert werden. Dort steht es dann zum Abholen durch das Anwenderprogramm bereit.

Im Synchronmode (UMSEL = 1) dient das Pin XCK für einen Slave als Takteingang und einen Master als Taktausgang. Abbildung 96 zeigt das betreffende Timing.

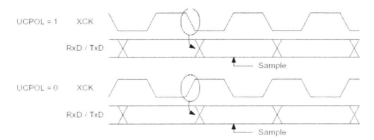

Abbildung 96   Timing bei der synchronen seriellen Kommunikation

Die asynchrone serielle Kommunikation über die Hardware-USART muss nicht speziell konfiguriert werden. Die Abtastrate ergibt sich aus den Vorgaben für die Oszillatorfrequenz und die gewünschte Baudrate. Hierfür zuständig sind die Angaben im Menu **Options>Compiler>Communcation**, wobei dort auch gleich noch der prozentuale Fehler der Baudrate ausgewiesen wird, oder die Compilerdirektiven $crystal und $baud.

Bei einer Oszillatorfrequenz von 4 MHz erreicht man immerhin eine Baudrate von 19200 Baud. Höhere Baudraten sind (für diese Oszillatorfrequenz) wegen des zunehmenden Fehlers nicht mehr zu empfehlen.

Das folgende Programmbeispiel ist mit diesen beiden Vorgaben komplett lauffähig. Die Funktion INKEY() fragt das Register UDR nach einem vorhandenen Zeichen ab. Ist ein Zeichen vom Hardware-UART empfangen worden, dann speichert INKEY() dieses Zeichen in der zugeordneten Variablen ab. War keine Zeichen vorhanden, dann übergibt INKEY() den Wert 0.

```
$regfile = "2313def.dat"
$crystal = 4000000
$baud = 9600

Dim I As Byte

Const Esc = 27

Do
  I = Inkey()                         ' Lesen eines Zeichens an RxD
  If I <> 0 Then Print Chr(i) ; " "; ' Senden eines Zeichens an TxD
  If I = Esc Then Exit Do             ' Ende der Schleife bei ESC
Loop

End
```

Die Funktion INKEY() wertet nicht das OverRun Bit im Register USR aus (siehe Abbildung 94). Überschreibt ein Zeichen des seriellen Datenstroms ein noch nicht vom Register UDR abgeholtes Zeichen, dann geht dieses unentdeckt verloren.

Diese einfache Art der seriellen Kommunikation wird man also immer nur dort mit Erfolg einsetzen können, wo die Zeichenfolge des seriellen Datenstroms entsprechend niedrig ist.

Serielle Datenströme mit einer hohen Zeichenfolge sollten immer durch eine interruptgesteuerte Eingabeprozedur empfangen werden. Nur so kann der Verlust von empfangenen Zeichen verhindert werden.

Das nächste Programmbeispiel zeigt, wie eine interruptgesteuerte serielle Eingabe durch BASCOM-AVR unterstützt wird.

Die serielle Ausgabe kann ebenso interruptgesteuert erfolgen. Die Vorgehensweise ist vergleichbar, weshalb hier auf die BASCOM-AVR Hilfe verwiesen werden soll.

```
$regfile = "2313def.dat"
$crystal = 4000000
$baud = 9600

Config Serialin = Buffered , Size = 20  ' 20 Byte Empfangsbuffer

Const Esc = 27

Dim I As Byte

Enable Interrupts              ' Empfangsinterrupt schreibt
                               ' Zeichen in Empfangsbuffer

Do
  I = Ischarwaiting()          ' Zeichen im Buffer?
  If I <> 0 Then
    Inputbin I                 ' Lesen des Zeichens
    Print Chr(i) ; " ";        ' Ausgabe des Zeichens
```

```
    If I = Esc Then Exit Do      ' Ende der Schleife bei ESC
  End If

  Wait 1                         ' Warte 1 Sekunde
Loop

End
```

Einige der AVR-Mikrocontroller weisen zwei Hardware-UARTs auf und bei den megaAVR stehen sogar Hardware-USARTs (synchrone & asynchrone Kommunikation) zur Verfügung. BASCOM-AVR vereinfacht den Zugriff auf diese Ressourcen deutlich.

```
$regfile = "2313def.dat"
$crystal = 4000000
$baud = 9600

Open "COM1:" For Binary As #1      ' COM2: für zweiten UART

Dim I As Byte

Const Esc = 27

Do
  I = Waitkey(#1)                  ' Warten auf eine Zeichen an RxD
  Print #1 , I                     ' Senden eines Teichens an TxD
  If I = Esc Then Exit Do          ' Ende der Schleife bei ESC
Loop

Close #1

End
```

Die Handhabung eines USART ist im Programmbeispiel M128.BAS der BASCOM-AVR Samples beschrieben.

5.5.2 Software-UART

Auch bei der seriellen Kommunikation gibt es eine komplette Softwareimplementierung. Im folgenden Programmbeispiel wurde anstelle des Hardware-USART ein Software-UART eingesetzt.

Beim Software-UART können RxD und TxD allen I/O-Pins frei zugeordnet werden. Zusätzlich kann durch den Parameter Inverted, die Polarität umgeschaltet werden.

```
$regfile = "2313def.dat"
$crystal = 10000000

Const Esc = 27

Dim I As Byte
```

```
Open "COMB.1:19200,8,n,1" For Output As #1        ' PinB.1 ist TxD
Open "COMB.0:19200,8,n,1" For Input As #2         ' PinB.0 ist RxD

Do
  I = Inkey(#2)                                   ' Lesen des Zeichens
  If I <> 0 Then Print #1 , Chr(i) ; " ";         ' Senden des Zeichens
  If I = Esc Then Exit Do                         ' Ende der Schleife bei ESC
Loop

Close #2
Close #1

End
```

Neben dem eben beschriebenen Software-UART stellt BASCOM-AVR neu auch noch einen dynamischen Software-UART zur Verfügung.

Alle Parameter für die serielle Kommunikation werden den Befehlen SERIN und SEROUT als Parameter übergeben und können so auch während der Laufzeit verändert werden. SERIN und SEROUT können mit dem gleichen I/O-Pin arbeiten.

Im folgenden Programmbeispiel wird an Pin0 von PortB ein Byte seriell erwartet und anschliessend über Pin0 von PortB wieder seriell ausgegeben. Diese Art der seriellen Kommunikation ist nicht auf einzelne Bytes beschränkt, sondern kann auch mit Strings arbeiten.

```
$regfile = "2313def.dat"
$crystal = 4000000

Const Esc = 27
Const Bytes = 1                    ' Anzahl von Bytes für Serin bzw. Serout

Dim I As Byte

Do
  Serin I , Bytes , B , 0 , 9600 , 0 , 8 , 1    ' Lesen des Zeichens
  Serout I , Bytes , B , 1 , 9600 , 0 , 8 , 1   ' Senden des Zeichens
  If I = Esc Then Exit Do                        ' Ende der Schleife bei ESC
Loop

End
```

Mit Hilfe der Befehle SERIN und SEROUT kann praktisch jedes I/O-Pins der betreffenden AVR-Mikrocontrollers zur seriellen Kommunikation eingesetzt werden.

5.6 I²C-Bus (TWI)

Der I²C-Bus wurde von Philips für die Datenübertragung zwischen unterschiedlichen Bausteinen, wie EEPROMs, RAMs, AD- und DA-Umsetzern, RTCs u.a.m. und Mikrocontrollern, in einer vernetzten Umgebung entwickelt. Das Protokoll erlaubt die Verbindung von bis zu 128 unterschiedlichen Bausteinen (Devices) mit Hilfe einer Zwei-Draht-Leitung. Die Adressierung der einzelnen Teilnehmer im Netzwerk erfolgt über das Protokoll. An externen Komponenten werden nur zwei PullUp-Widerstände benötigt.

Die megaAVR unterstützen den I²C-Bus mit einer von Atmel als Two-Wire Serial Interface (TWI) bezeichneten Hardware.

Abbildung 97 zeigt die erforderlichen Verbindungen in einem typischen I²C-Bus Netzwerk. Die Leitungen SDA und SCL, über PullUp-Widerstände an die Betriebsspannung V_{cc} geführt, verbinden alle Mitglieder des Netzwerks. In einem I²C-Bus Netzwerk können verschiedene Master mit verschiedenen Slaves verbunden werden (Multi-Master System).

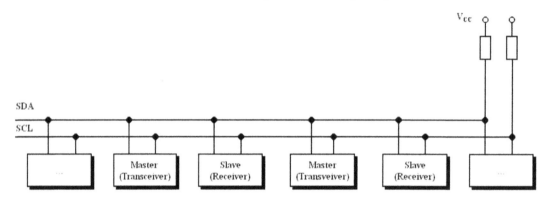

Abbildung 97   I²C-Bus Netzwerk

Die zu realisierenden Peripheriefunktionen sind wiederum bausteinspezifisch. Neben den von zahlreichen Herstellern angebotenen EEPROMs und RAMs gibt es eine Vielfalt von weiteren I²C-Bus Bausteinen. Eine sehr nützliche Übersicht zu I²C-Bus Bausteinen gibt es unter www.rn-wissen.de/index.php/I2C_Chip-%C3%9Cbersicht.

Folgende Anwendungsbereiche werden durch I²C-Bus Bausteine abgedeckt:

- I/O-Expanderbaustein
- LCD- und LED-Treiberbausteine
- Videocontroller
- PAL/NTSC TV Prozessoren
- TV und VTR Stereo/Dual Sound Prozessoren mit integrierten Filtern
- Hi-Fi Stereo Audioprozessorinterface für Farbdecoder
- YUV/RGB Switches
- Programmierbare Modulatoren für Negativ-Videomodulation und FM Sound
- Satelliten Sound Empfänger

- Programmierbare RF-Modulatoren
- BTSC Stereo/SAP Decoder und Audioprozessor
- 1.3 und 2.5 GHz bi-directional Synthesizer
- 1.4 GHz Multimedia Synthesizer

Bevor wir uns mit dem I²C-Bus weiter befassen, sollen noch einige in diesem Zusammenhang häufig vorkommende Begriffe erläutert werden.

Begriff	Bedeutung
WORD	acht Datenbits
PAGE	16 aufeinanderfolgende Speicherplätze
PAGE BLOCK	2048 Bits organisiert in 16 Pages adressierbaren Speichers
MASTER	I²C-Baustein, der den Datenaustausch steuert (z.B. ein Mikrocontroller)
SLAVE	I²C-Baustein, der gesteuert wird
TRANSMITTER	I²C-Baustein, der Daten auf den I²C-Bus sendet (Master oder Slave)
RECEIVER	I²C-Baustein, der Daten vom I²C-Bus empfängt (Master oder Slave)
TRANSCEIVER	I²C-Baustein, der Transmitter und Receiver enthält

5.6.1 Hardware-TWI

Die megaAVR unterstützen den I²C-Bus erstmals durch eine als Two-Wire Interface (TWI) bezeichnete Funktionsgruppe auf dem Chip.

Die Hauptmerkmale dieses Hardware-TWI sind:

- einfaches, leistungsfähiges und flexibles Kommunikationsinterface
- Master oder Slave Betrieb
- Betrieb als Sender oder Empfänger
- 128 verschiedene Slave Adressen sind möglich
- Multi-Master Arbitration wird unterstützt
- Bis zu 400 kHz Transfergeschwindigkeit
- Ausgangstreiber mit limitierter Slew Rate
- Rauschunterdrückung
- Frei programmierbare Slave Adressen
- WakeUp nach Adressdekodierung

Abbildung 98 zeigt ein vereinfachtes Blockschema dieser komplexen Funktionsgruppe mit den zugehörigen Registern.

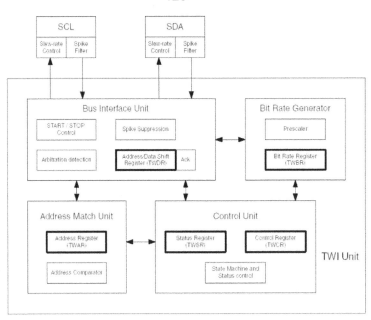

Abbildung 98 Blockschema TWI Unit

Das TWI kann in vier unterschiedlichen Modi arbeiten:

- Master Transmitter Mode (MT)
- Master Receiver Mode (MR)
- Slave Transmitter Mode (ST)
- Slave Receiver Mode (SR)

Einige dieser Modi können in der gleichen Anwendung zum Einsatz kommen. Das in Abschnitt 7.13 beschriebene Beispiel zum Datenaustausch mit einem I²C-Bus EEPROM kann hierfür als Beispiel dienen.

Das TWI schreibt da im Master Transmitter Mode Daten in das EEPROM und im Master Receiver Mode liest es Daten vom EEPROM zurück. Die Programmierung des erwähnten EEPROM-Zugriffs wird im Applikationsteil (Abschnitt 7.13.2) erläutert.

Mit dem TWI lassen sich auch Anwendungen als I²C-Bus Slave programmieren. Eine Slave-Implementierung in Software ist für BASCOM-AVR nur als kostenpflichtige Ergänzung (allerdings zu sehr niedrigem Preis) erhältlich.

5.6.2 I²C in Software

Der Datenaustausch über den I²C-Bus kann auch als serieller Datenstrom bitweise programmiert werden. BASCOM-AVR bietet hierfür geeignete Instruktionen an.

Die beiden folgenden Codesequenzen zeigen wie BASCOM-AVR das Schreiben und Lesen eines Bytes (hier in bzw. von einem EEPROM) unterstützt.

```
I2cstart                      ' I2C Write Sequence I2cwbyte Slave_wa
I2cwbyte Slave_wa
I2cwbyte Word_addr
I2cwbyte Ee_data
I2cstop

I2cstart                      ' I2C Read Sequence
I2cwbyte Slave_wa
I2cwbyte Word_addr
I2cstart
I2cwbyte Slave_ra
I2crbyte Temp , Nack
I2cstop
```

Dieser Ausblick auf die Möglichkeiten von BASCOM-AVR soll hier genügen. Die Programmbeispiele vertiefen die Aussagen zur Kommunikation über den I²C-Bus anhand konkreter Anwendungsbeispiele.

5.7 Analogkomparator

Der Analogkomparator vergleicht Spannungen an zwei I/O-Pins. Der Ausgang des Analogkomparators wird bei positivem Vergleichsergebnis gesetzt. Dieses Ereignis kann zur Anforderung eines Interrupts oder zum Triggern der Input Capture Funktion des 16-Bit-Timer/Counters dienen. Abbildung 99 zeigt das Blockschema des Analogkomparators.

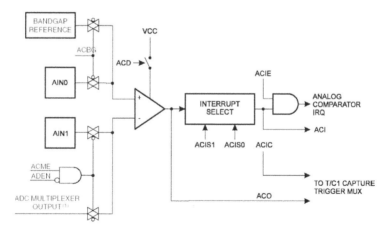

Abbildung 99   Blockschema Analogkomparator

Die Konfiguration des Analogkomparators erfolgt über das Register ACSR und kann mit BASCOM-AVR folgendermaßen vorgenommen werden.

```
CONFIG ACI = ON|OFF, COMPARE = ON|OFF, TRIGGER=TOGGLE|RISING|FALLING
```

Der Analogkomparator kann ausgeschaltet werden, wodurch die Stromaufnahme reduziert wird. Default ist der Analogkomparator aber eingeschaltet.

Der Komparatorausgang kann den Interrupt ANA_COMP auslösen. Über Register ACSR kann das Triggerereignis (fallende Flanke, steigend Flanke, Wechsel an ACI (Toggle)) selektiert werden.

Die Auswertung des Komparatorausgangs kann über einen Interrupt oder Polling des Registers ACSR Bit ACO erfolgen.

5.8 Analog-/Digital-Umsetzer

5.8.1 Funktionsbeschreibung

Viele megaAVR und einige tinyAVR weisen interne AD-Umsetzer auf, deren Merkmale identisch bzw. ähnlich zu denen der hier gelisteten Merkmale des ATmega32 sind:

- Auflösung 10 Bit

- integrale Nichtlinearität 0,5 LSB, absolute Genauigkeit $\pm$ 2 LSB

- Umsetzzeit von 65 bis 260 µs

- Umsetzrate von bis zu 15000 Umsetzungen pro Sekunde

- acht massebezogene Analogeingänge (single ended)

- sieben differentielle Analogeingänge

- Ergebnis der AD-Umsetzung rechts- oder linksbündig

- Eingangsspannungsbereich 0 bis AVCC

- interne Referenzspannung von 2,56 V

- kontinuierliche (free running) oder Einzelumsetzung (single shot)

- interruptgesteuerte Auslösung der AD-Umsetzung durch Auto-Triggerung

- Interrupt am Ende der AD-Umsetzung

- Rausch-Unterdrückung

Abildung 100 zeigt einen Ausschnitt aus dem Blockschaltbild des AD-Umsetzers eines ATmega32, welcher erkennen lässt, dass der AD-Umsetzer nach dem Verfahren der sukzessiven Approximation arbeitet.

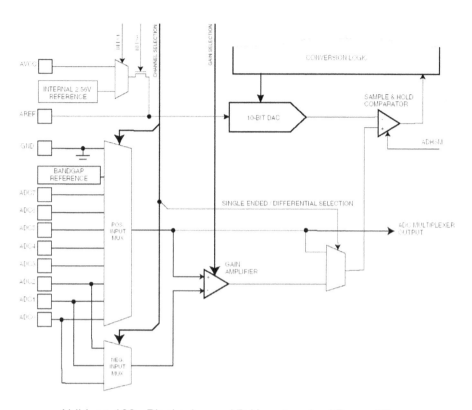

Abildung 100   Blockschema AD-Umsetzer im ATmega32

Beim AD-Umsetzer nach dem Verfahren der sukzessiven Approximation wird die analoge Eingangsspannung mit der Ausgangsspannung eines DA-Umsetzers verglichen. Die Ausgangsspannung des DA-Umsetzers wird durch die Steuerlogik sowie eine der Referenzspannungen festgelegt. Eine Steuerlogik steuert den DA-Umsetzer bitweise an, und das Komparatorausgangssignal bestimmt, ob das jeweilige Bit im Ausgaberegister gesetzt oder nicht gesetzt wird. Auf diese Weise nähert sich die Ausgangsspannung des DA-Umsetzers sukzessive dem zu erfassenden analogen Spannungswert.

Dieser Spannungswert darf sich während des Umsetzvorgangs nicht ändern, da sonst ein falscher Inhalt des Ausgaberegisters die Folge wäre. Eine dem Komparator vorgeschaltete Sample&Hold-Schaltung erfüllt hier diese Forderung.

Die erforderliche Umsetzungszeit ist unabhängig von der anliegenden Eingangsspannung und richtet sich nur nach der Auflösung des AD-Umsetzers. Ein 10-Bit AD-Umsetzer benötigt genau zehn Umsetzschritte, deren Zeit durch die Taktung des DA-Umsetzers und die Schaltzeit des Komparators bestimmt wird.

Die Eingangsspannung wird über zwei Multiplexer an den Komparator geführt. Für Kalibrationszwecke können zusätzlich die interne Bandgap-Referenzspannung und das Massepotential an den Komparator geführt werden. Ein programmierbarer Verstärker wirkt auf jeweils zwei Differenzeingänge mit Verstärkungen von 1, 10 bzw. 200.

Als analoge Referenzspannung kann eine interne Referenzspannung von 2,56 V oder die analoge Betriebsspannung AVCC herangezogen werden. Werden die internen Referenzen verwendet, dann ist der Anschluss AREF mit einem Kondensator abzublocken. Die Beschaltung des Anschlusses AREF mit einer externen Referenzspannung ist ebenfalls möglich, wird aber beispielsweise vom stAVeR-24M32 wegen der beschränkten Anzahl zur Verfügung stehender Anschlüsse nicht unterstützt.

Der Eingangsspannungsbereich liegt zwischen 0 V (GND) und der Referenzspannung (-1 LSB)

Für die Steuerung der AD-Umsetzung sind die Register ADMUX, ADCSRA und SFIOR zuständig. Das Ergebnis der AD-Umsetzung steht in den Registern ADCH und ADCL.

ADMUX	7	6	5	4	3	2	1	0
	REFS1	REFS0	ADLAR	MUX4	MUX3	MUX2	MUX1	MUX0
Resetwert	0	0	0	0	0	0	0	0

Die Bits REFS1 und REFS0 legen die Referenzspannung fest. Nach einem Reset wird eine externe Referenzspannung am Anschluss AVREF erwartet.

REFS1	REFS0	Referenzspannung
0	0	interne Referenzen abgeschaltet
0	1	AVCC mit externem Kondensator an Pin AREF
1	0	reserviert
1	1	interne 2.56V Referenzspannung mit ext. Kondensator an Pin AREF

Das Bit ADLAR legt fest, ob das Ergebnis der AD-Umsetzung linksbündig (ADLAR=1, xxxxxxxxxx000000) oder rechtsbündig (ADLAR=0, 000000xxxxxxxxxx) im 16-Bit Ergebnis abgelegt wird.

Die Bits MUX4:0 programmieren den Analogmultiplexer. Nach Reset ist Eingang ADC0 aktiv. Die beiden folgenden Tabellen zeigen die Auswahlmöglichkeiten bei den massebezogenen Eingängen sowie die Auswahlmöglichkeiten und Verstärkungsfaktoren bei Differenzeingängen.

MUX4:0	Eingang gegen GND
00000	ADC0
00001	ADC1
00010	ADC2
00011	ADC3
00100	ADC4
00101	ADC5
00110	ADC6
00111	ADC7
11110	Bandgap-Referenz 1,22 V
11111	GND 0 V

MUX4:0	+Eingang	-Eingang	Verstärkung
01000	ADC0	ADC0	10
01001	ADC1	ADC0	10
01010	ADC0	ADC0	200
01011	ADC1	ADC0	200
01100	ADC2	ADC2	10
01101	ADC3	ADC2	10
01110	ADC2	ADC2	200
01111	ADC3	ADC2	200
10000	ADC0	ADC1	1
10001	ADC1	ADC1	1
10010	ADC2	ADC1	1
10011	ADC3	ADC1	1
10100	ADC4	ADC1	1
10101	ADC5	ADC1	1
10110	ADC6	ADC1	1
10111	ADC7	ADC1	1
11000	ADC0	ADC2	1
11001	ADC1	ADC2	1
11010	ADC2	ADC2	1
11011	ADC3	ADC2	1
11100	ADC4	ADC2	1
11101	ADC5	ADC2	1

Während das Register ADMUX für die Konfiguration von Referenzspannung, Datenformat und Eingangsmultiplexer zuständig war, steuert das Register ADCSRA die AD-Umsetzung direkt.

ADCSRA	7	6	5	4	3	2	1	0
	ADEN	ADCS	ADATE	ADIF	ADIE	ADPS2	ADPS1	ADPS0
Resetwert	0	0	0	0	0	0	0	0

Das Bit ADEN schaltet den AD-Umsetzer ein. Durch das Setzen von Bit ADCS wird eine AD-Umsetzung gestartet. Das Bit bleibt während der Umsetzung gesetzt und wird nach Ende Umsetzung durch die Hardware gelöscht. Das Bit ADATE gibt die im Register SFIOR einzustellende Autotriggerfunktion frei. ADIF ist das AD-Interruptflag und ADIE das AD-Interrupt-Enable.

Die Taktfrequenz der sukzessiven Approximation wird aus der Oszillatorfrequenz abgeleitet und durch einen Prescaler bestimmt, der über die Bits ADPS2:0 eingestellt wird. Um die maximale Auflösung zu erreichen ist eine Frequenz zwischen 50 kHz und 200 kHz optimal.

ADSP2	ADSP1	ADSP0	Prescaler
0	0	0	1
0	0	1	2
0	1	0	4
0	1	1	8
1	0	0	16
1	0	1	32
1	1	0	64
1	1	1	128

Einige weitere Eigenschaften des AD-Umsetzers können im Registers SFIOR gesetzt werden.

SFIOR	7	6	5	4	3	2	1	0
	ADTS2	ADTS1	ADTS0	ADHSM	ADCME	PUD	PSR2	PSR10
Resetwert	0	0	0	0	0	0	0	0

Die Bits ADTS2:0 legen die Triggerquelle für die AD-Umsetzung fest, wenn das Bit ADATE im Register ADCSR gesetzt ist. Anderenfalls bleiben sie ohne Einfluss.

ADTS2	ADTS1	ADTS0	Trigger
0	0	0	Free running
0	0	1	Analogkomparator
0	1	0	Externer Interrupt INT0
0	1	1	Timer/Counter0 Compare Match
1	0	0	Timer/Counter0 Overflow
1	0	1	Timer/Counter0 Compare Match B
1	1	0	Timer/Counter1 Overflow
1	1	1	Timer/Counter1 Capture Event

Das Setzen von Bit ADHSM versetzt den AD-Umsetzer in einen High-Speed-Mode, wodurch die Umsetzung auf Kosten der Stromaufnahme beschleunigt wird.

Mit diesen Kenntnissen der internen Register kann der AD-Umsetzer programmiert werden.

Anhand einiger Programmbeispiele für den ATmega32 werden in Abschnitt 7.14.4 die unterschiedlichen Betriebsarten des AD-Umsetzers untersucht werden.

5.8.2 Kennwerte des AD-Umsetzers

5.8.2.1 Analoge Eingangsschaltung

Wichtig für eingangsseitige Beschaltung des AD-Umsetzers ist die analoge Eingangsschaltung. Abbildung 101 zeigt ein Ersatzschaltbild für die massebezogene Messung.

Die analoge Spannungsquelle (Eingangsspannung) wird in jedem Fall durch die Eingangsleckströme und eine Eingangkapazität des Anschlusses (nicht dargestellt) belastet. Ist der betreffende Multiplexer-Kanal durchgeschaltet, dann muss die Quelle das RC-Glied aus Serienwiderstand und S&H-Kapazität aufladen.

Die Eingangsschaltung ist für Impedanzen von 10 kΩ und weniger optimiert. Liegen die Impedanzen höher, dann kann eine Entkopplung durch einen Operationsverstärker angezeigt sein.

Für die differentielle Messung ist die Eingangsschaltung komplexer. Hier sind Impedanzen von 100 kΩ und weniger günstig.

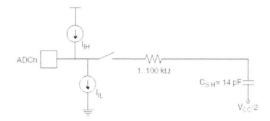

Abbildung 101   Analoge Eingangsschaltung

5.8.2.2 *Kennlinie des AD-Umsetzers*

Das Resultat der AD-Umsetzung folgt idealerweise für die massebezogene Messung (Single Ended) der Beziehung

$$ADC = \frac{V_{IN} \cdot 1024}{V_{REF}}$$

und für den differentielle Messung der Beziehung

$$V_{ADC} = \frac{(V_{IN+} - V_{IN-}) \cdot GAIN \cdot 512}{V_{REF}}$$

Kaum zu erwarten ist eine fehlerfreie AD-Umsetzung, weshalb den Abweichungen vom Idealverhalten Beachtung geschenkt werden sollte.

Auf diese Weise verlangt man von der ausgewählten Baugruppe nur so viel, wie diese auch zu leisten vermag oder kann die Fehler in bestimmtem Masse eliminieren. Abbildung 102 zeigt die grundsätzlichen Fehler bei der AD-Umsetzung.

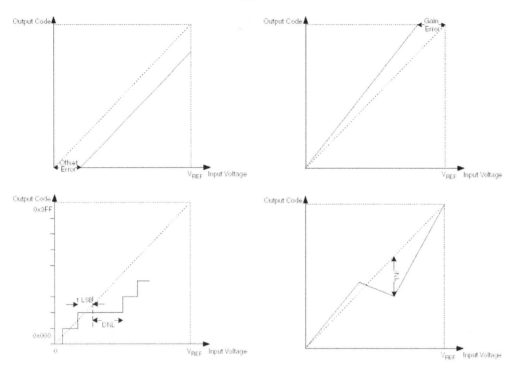

Abbildung 102   Fehler bei der AD-Umsetzung

Die Abbildung links oben zeigt einen Offsetfehler. Ein Offsetfehler liegt dann vor, wenn der Übergang des Resultats der AD-Umsetzung von 0 auf 1 nicht bei einer Eingangsspannung von ½ LSB (hier V_{REF}/2048) erfolgt. Bei einer Referenzspannung VREF = AVCC = 5 V beträgt das LSB 4,88 mV.

Die Abbildung rechts oben zeigt einen Verstärkungsfehler (Gain Error). Ein Verstärkungsfehler liegt dann vor, wenn der Übergang des Resultats der AD-Umsetzung von 3FE$_H$ auf 3FF$_H$ nicht bei einer Eingangsspannung 1½ LSB unterhalb der Referenzspannung erfolgt.

Die Abbildung links unten zeigt die differentielle Nichtlinearität (DNL). Die DNL kennzeichnet den maximalen Spannungshub pro Quantisierungsschritt. Ideal ist der Spannungshub für jede Stufe genau 1 LSB.

Die Abbildung rechts unten zeigt die integrale Nichtlinearität (INL). Die INL ist die maximale Abweichung von der Idealkennlinie des AD-Umsetzers.

Neben der statischen Kennlinie des AD-Umsetzers ist auch das Rauschverhalten von Interesse. Hierbei kann aber der AD-Umsetzer nicht isoliert betrachtet werden, sondern die analoge Eingangsschaltung (Leitungslängen etc.) muss Berücksichtigung finden.

Abbildung 103 zeigt ein Histogramm der Umsetzung einer konstanten Eingangsspannung von 2,5 V. Betrachtet wurde ca. 300 nacheinander erhobene Messwerte. Als Analogeingang wurde ADC7 verwendet. Als Referenzspannung diente VACC.

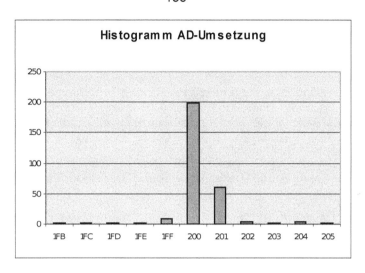

Abbildung 103   Histogramm der AD-Umsetzung (V_{IN} = 2.5 V)

Abbildung 103 zeigt die sporadischen Abweichungen in einem Bereich, den man nur ungern tolerieren möchte. Zur Eliminierung solcher Störungen sind die Einflussgrößen detailliert zu untersuchen.

Eine naheliegende Einflussgröße ist mein Testaufbau, der längere Leitungen zur Eingangsspannungsquelle (Potentiometer zwischen VDD und GND des eingesetzten stAVeR-24M32) aufwies. Des Weiteren wäre ein genauerer Blick auf die Güte der als Referenzspannung dienenden analogen Betriebsspannung AVCC auf dem stAVeR-24M32 Modul erforderlich.

Für einen Test der unterschiedlichen Betriebsarten reicht ein solcher Aufbau – für eine quantitative Analyse der Kennwerte eines solchen AD-Umsetzers eher nicht.

6   Statt "Hello World"

Nachdem nun die grundsätzliche Vorgehensweise bei der Programmerstellung, die BASCOM-AVR Options und Tools sowie einige Interna der AVR-Mikrocontroller vorgestellt sind, soll ein erstes, sehr einfaches Beispiel die Vorgehensweise beim Arbeiten mit BASCOM-AVR erläutern.

Üblicherweise übernehmen Programme der "Hello World" Klasse diese Aufgabe. Hier soll das bereits mit einem für Mikrocontroller eher typischen, durch einen Timerinterrupt gesteuerten Programm erfolgen.

Wie in Abschnitt 5.1.1 erläutert, ist Timer0 ist ein 8-Bit-Timer mit einem vorgeschalteten 10-Bit-Prescaler. Bei einer Taktfrequenz von 3.69 MHz, wie wir sie beim STK500 vorfinden, und einem Prescaler von 1024 erhält man nach der Beziehung

$$T = 256 \cdot \frac{PRE}{f_{OSC}}$$

nach jeweils 0.071 s einen Timer Overflow. Dieser Timer Overflow generiert einen Interrupt.

Die zugeordnete Interrupt-Serviceroutine soll in unserem Beispiel eine Bytevariable inkrementieren und ein I/O-Pin toggeln. Listing 17 zeigt den Quelltext des Programms SIM_TIMER.BAS.

Damit der Timer Interrupt auch im Simulator ohne große Wartezeiten verfolgt werden kann, wurde eine zweite Config Zeile mit einem Prescaler von 8 eingefügt. Die ungewünschte Konfiguration ist durch das vorangestellte Kommentarzeichen unwirksam zu machen (auszukommentieren).

```
$regfile = "m8def.dat"                   ' ATmega8
$crystal = 3686400                       ' für STK500

Dim A As Byte                            ' Temporäre Variable

Config Portb = Output                    ' PortB ist Ausgang
Portb = 255                              ' Alle Ausgänge sind Hi

'Config Timer0 = Timer , Prescale = 1024 ' Timer0 Konfiguration
Config Timer0 = Timer , Prescale = 8 ' Timer0 Konfiguration für Simulation

On Timer0 Timer0_isr                     ' Timer0 ISR

Enable Timer0                            ' Enable Timer0 Overflow Interrupt
Enable Interrupts                        ' Enable Global Interrupt

Do
  nop
Loop
```

```
Timer0_isr:                    ' Interrupt-Serviceroutine
   Incr A                      ' Inkrementiere Variable A
   Toggle Portb.0              ' Toggle Portb.0
   Return
```

Listing 17   Quelltext SIM_TIMER.BAS

Als erstes wird eine Variable A als Byte deklariert. Die Angabe des Formats ist für die Zuord-nung des erforderlichen Speichers wichtig.

Pin0 von PortB soll getoggelt werden. Damit ist mindestens dieses Pin von PortB als Ausgang zu deklarieren. Der Einfachheit halber werden alle Bits von PortB als Ausgang deklariert (Con-fig Portb = Output) und anschließend auf Hi (PORTB = 255) gesetzt.

Timer/Counter0 soll als Timer mit einem Prescaler von 1024 arbeiten, um das weiter oben an-gegebene Timing zu generieren (Config Timer0 = Timer , Prescale = 1024).

Schließlich müssen die Interrupts noch freigegeben werden. Der Timerinterrupt wird durch Enable Timer0 freigegeben und als letztes erfolgt die Freigabe des globalen Interrupts durch Enable Interrupts.

Nach dieser Initialisierung tritt das Programm in seine Hauptschleife (Do..Loop) ein, in der es in diesem Beispiel allerdings nichts zu tun gibt.

Eine Interrupt-Serviceroutine (ISR) wird in BASCOM-AVR als normale Subroutine deklariert. Der Compiler ersetzt das Return durch das erforderliche Reti (Return from Interrupt) und übernimmt auch das Push und Pop aller Register. Innerhalb der ISR Timer0_isr wird die Va-riable A um Eins erhöht (Incr A) und anschließend Pin0 von PortB getoggelt (Toggle Portb.0), d.h. Pin0 von PortB wird gelesen, der gelesene Wert invertiert und zurückgeschrie-ben.

Dieses Programm ist nun als neues Programm einzugeben oder (nach dem Download von un-serer Webseite) in BASCOM-AVR zu öffnen. Abbildung 104 zeigt den Quelltext des Pro-gramms SIM_TIMER.BAS im Editor.

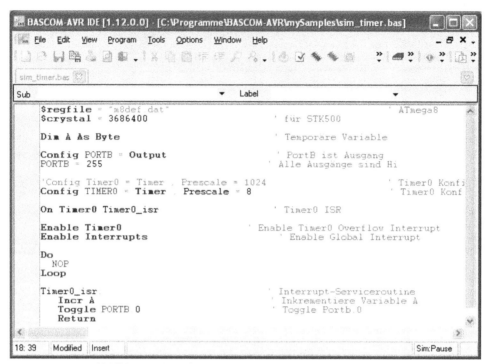

Abbildung 104 SIM_TIMER.BAS Quelltext im Editor

Bevor nun die erste Compilation erfolgt, sind die Options gemäß Abschnitt 3.3.2 zu setzen. Wir arbeiten hier mit dem ATmega8, verwenden den BASCOM-AVR Simulator und wollen schluss-endlich mit dem Evaluationboard STK500 den ATmega8 programmieren und das Programm testen.

Die Angaben in den Options gemäß Abschnitt 3.3.2 können alle sinngemäß übernommen wer-den, wobei die Angaben zu den seriellen Interfaces (I²C, SPI und 1-Wire) sowie zum LCD ohne Bedeutung sind und beliebig gesetzt sein können.

Bevor die Compilation gestartet wird, macht sich bei umfangreicheren Programmen ein einfa-cher Syntaxcheck bezahlt. Über das Menu **Program>Syntax Check** oder **Ctrl+F7** wird der Syntaxcheck gestartet.

Um einen fehlerhaften Syntaxcheck zu provozieren, streichen wir das letzte „e" von der Instruk-tion Enable Timer0 (Enabl Timer0). Abbildung 105 zeigt den fehlerhaften Syntaxcheck. Durch Doppelclick auf die Fehlerausschrift erkennt man, dass der Fehler bei der Instruktion Enable Timer0 liegen muss.

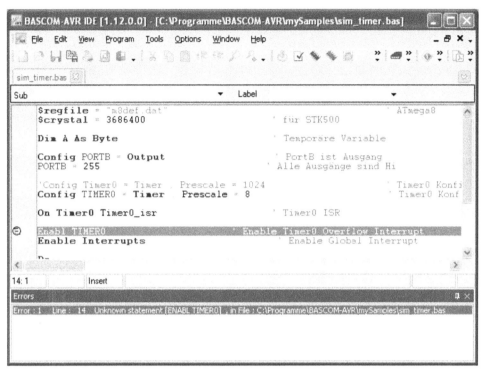

Abbildung 105   Ergebnis des Syntaxchecks

Nach Ergänzung des fehlenden Zeichens läuft der Syntaxcheck fehlerfrei und es kann compiliert werden. Der Compiler wird über das Menu **Program>Compile** oder **F7** gestartet.

Erwartungsgemäß erhalten wir jetzt keinen Fehler bei der Compilation. Das Resultat kann über **Program>Show Result** oder **Ctrl+W** angesehen oder ausgedruckt werden. Listing 18 zeigt ausschnittsweise das generierte Reportfile SIM_TIMER.RPT.

```
Report        : sim_timer
Date          : 10-11-2010
Time          : 19:41:15


Compiler      : BASCOM-AVR LIBRARY V 1.12.0.0
Processor     : M8
SRAM          : 400 hex
EEPROM        : 200 hex
ROMSIZE       : 2000 hex


ROMIMAGE      : 108 hex  -> Will fit into ROM
ROMIMAGE      :  264 dec
FLASH USED    :  3 %
BAUD          : 9600 Baud
XTAL          : 3686400 Hz
BAUD error    : 0.%
```

Variable	Type	Address (hex)	Address (dec)
SP	Word	005D	93
TCNT1	Word	004C	76
OCR1A	Word	004A	74
. . .			
ERR	Bit	0006	6
A	**Byte**	**0060**	**96**

Constant	Value
SREG	&H3F
SPH	&H3E
. . .	

Warnings:

SP	not used
TCNT1	not used
OCR1A	not used
OCR1B	not used
ICR1	not used
EEAR	not used
ADC	not used
ADCD	not used
COMPARE1	not used

Listing 18   Reportfile SIM_TIMER.RPT

Zwei Zeilen sind in diesem Reportfile nachträglich fett markiert worden, weil nur diese hier interessant sind.

Der generierte Code ist genau 264 Byte (&H108) lang und passt damit in den zur Verfügung stehenden Programmspeicher. Für unser kleines Programm ist das sicher kaum anders zu erwarten, aber nicht immer reichen ein paar wenige Zeilen Quelltext aus, um ein Problem zu lösen.

Neben anderen fest vergebenen Speicherplätzen ist auch unsere Variable A in Listing 18 zu finden. Merken wir uns den Speicherplatz mit der Adresse &H60 für später.

Im nächsten Schritt kann nun über *Program>Simulate* oder *F2* der Simulator gestartet werden. Abbildung 106 zeigt das sich öffnende Simulatorfenster der BASCOM-AVR Simulators.

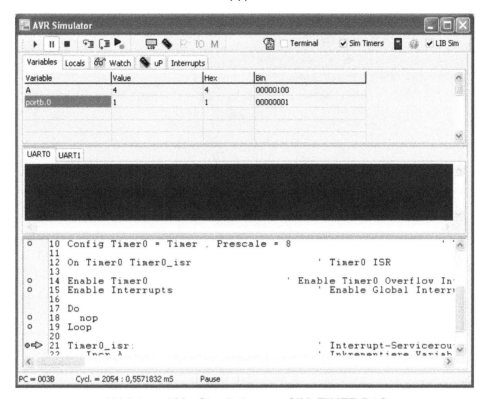

Abbildung 106   Simulation von SIM_TIMER.BAS

Im unteren Teil des Fensters ist der Quelltext zu sehen. Die ISR ist hier durch Drücken der Taste F9 mit einem Breakpoint versehen worden. Im Variablenfenster sind die Bytevariable A sowie PortB eingetragen.

Bedient wird der Simulator durch die Tasten ▶ ‖ ■ wie vom Recorder her gewohnt. Nach Start der Simulation erkennt man das Durchlaufen der Schleife.

Damit die Simulation nicht endlos dauert, hatten wir den Prescaler von 1024 auf 8 verändert. Mit einem Prescaler von 8 wird der Timer Overflow bereits nach 0,55 ms eintreten.

Nach Programmstart wird der erste Interrupt nach 2,2 ms ausgelöst. Das ist durch die Initialisierungsphase bedingt. Drückt man erneut den Startknopf dann folgen die nächsten Interrupts im Raster von 0,55 ms.

Positioniert man den Mauszeiger in das Feld "Cycl. = ..." und drückt die rechte Maustaste, dann kann man durch Betätigung des Buttons "Clear Cycles" den Zyklenzähler löschen. Lässt man nun das Programm bis zum nächsten Breakpoint weiterlaufen, dann zeigt der Zyklenzähler die erwartete Zeit von 0,55 ms an.

Weitere Unterbrechungsmöglichkeiten bei der Simulation sind durch das Eintragen einer Bedingung in das Watchfenster gegeben. Abbildung 107 zeigt die Bedingung A = 5. Ist die Bedingung A = 5 erfüllt, dann unterbricht die Simulation ebenfalls.

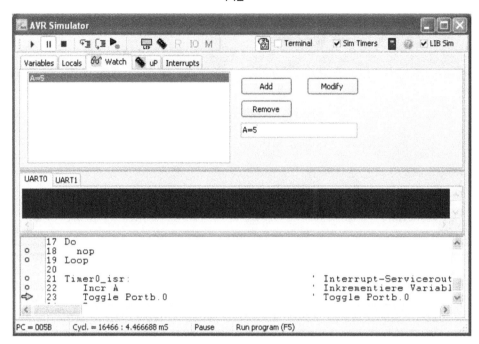

Abbildung 107   Unterbrechung der Simulation durch Watchbedingung

Der BASCOM-AVR Simulator unterstützt die Simulation der Timer, wenn in der oberen Symbolleiste diese Option aktiviert ist.

Interrupts können aber auch "von Hand" ausgelöst werden, in dem das betreffende Tastenfeld im Register Interrupts angeklickt wird. Abbildung 108 zeigt die möglichen Interrupts für den ATmega8, wobei in unserem Programmbeispiel nur der Timer0 Overflow Interrupt (OVF0) freigegeben ist.

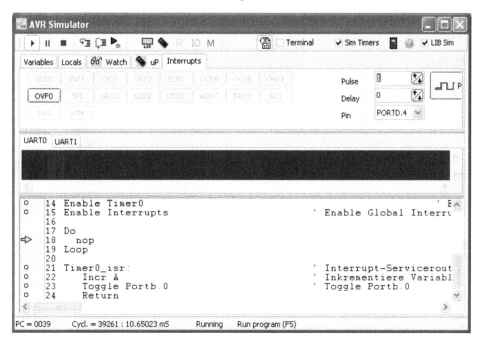

Abbildung 108   Auslösung eines Interrupts im Simulator

Eine Simulation ist aber nicht alles im Leben und so wollen wir das Programm nach der Korrektur des Prescalers auf den ursprünglichen Wert von 1024 und erneuter Compilation noch in den Mikrocontroller "brennen" und anhand der Zielhardware das Resultat beobachten.

Das Evaluationboard STK500 wird mit COM1 des PCs verbunden bevor der Programmer über das Menu **Program>Send to Chip** oder **F4** gestartet wird. Abbildung 109 zeigt das Protokoll des Programmdownloads beim STK500.

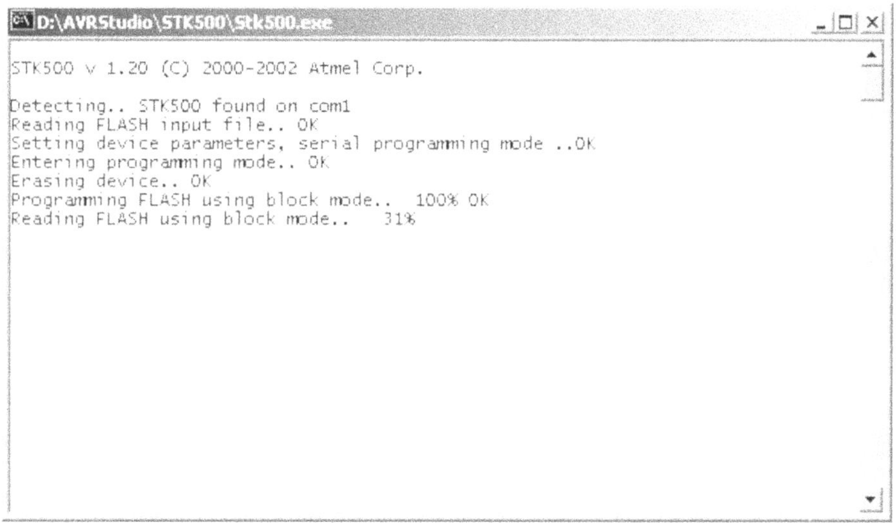

Abbildung 109   STK500 Programmdownload

Unmittelbar nach erfolgten Verify startet das Programm auf dem Evaluationboard und die an Pin0 von PortB angeschlossene LED blinkt im vorgegebenen Takt.

Mit diesem ersten Beispiel sollte versucht werden, das grundsätzliche Vorgehen bei der Bearbeitung eines Projektes mit BASCOM-AVR zu erläutern.

Die Fehlersuche ist nicht immer so einfach, wie mit dem fehlerhaft eingetippten `Enabl(e)` demonstriert. Mitunter reagiert BASCOM-AVR, wie andere Compiler auch, auf Folgefehler oder ähnliches, so dass das Fehlerbild nicht immer so eindeutig ist.

Bewährt hat sich in diesen Fällen das Auskommentieren von Quelltextzeilen bis eine syntaktisch fehlerfreie Compilation des Quelltextes möglich ist. Dass hierdurch die Funktion des Programms gestört sein wird, spielt während der Fehlersuche keine Rolle. Mit diesen Maßnahmen kann man auf jeden Fall den betreffenden Fehler eingrenzen und beheben.

Wird das so reduzierte Programm fehlerfrei compiliert, dann werden schrittweise die auskommentierten Quelltextzeilen wieder aktiviert bis schließlich der ursprüngliche Quelltext wieder hergestellt ist.

Außerdem muss hier nicht besonders erwähnt werden, dass die Planung der Ressourcen, wie Zuordnung der I/O-Pins u.a.m., ein Schritt ist, der unabhängig von der eingesetzten Programmiersprache ganz am Anfang zu erfolgen hat. Zu einem späteren Zeitpunkt lassen sich eventuelle Kollisionen nur mit größerem Änderungsaufwand beheben.

7 Applikationen

7.1 Basisbeschaltung eines AVR-Mikrocontrollers

In den folgenden Abschnitten werden verschiedene Anwendungsbeispiele mit unterschiedlichen AVR-Mikrocontrollern behandelt.

Um die Schaltpläne möglichst übersichtlich halten zu können, wird auf die Darstellung der Beschaltung des Resetanschlusses und der Oszillatoranschlüsse immer dann verzichtet, wenn diese der in Abbildung 110 dargestellten Basisbeschaltung entsprechen.

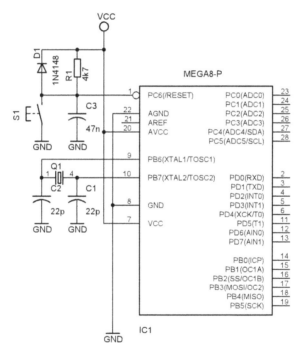

Abbildung 110   Basisbeschaltung AVR-Mikrocontroller

Die Programmierung kann in jedem Fall über die Anschlüsse MISO, MOSI und SCK erfolgen.

Bei den megaAVR wird in einigen Fällen vom Programmdownload über die serielle Schnittstelle Gebrauch gemacht. Hier sind dann die Anschlüsse RxD, TxD und GND über einen Schnittstellenwandler MAX232 o.ä. betroffen.

7.2 Programmierbare Logik

Logische Bausteine ordnen einem Bitmuster an seinen Eingängen (Eingangsbelegung) ein definiertes Bitmuster an seinen Ausgängen (Ausgangsbelegung) zu. Der Zusammenhang kann beispielsweise in einer Tabelle dargestellt werden.

A7	A6	A5	A4	A3	A2	A1	A0	Q7	Q6	Q5	Q4	Q3	Q2	Q1	Q0
x	x	x	x	x	x	0	0	1	1	1	1	1	1	1	1
1	1	1	1	1	1	1	0	1	1	1	1	0	0	0	0
1	1	1	1	1	1	0	1	0	0	0	0	1	1	1	1
x	x	x	x	x	x	1	1	1	1	1	1	1	1	1	1

Unser fiktiver Logikbaustein soll acht Eingänge A7..A0 und acht Ausgänge Q7..Q0 aufweisen. Jeder der möglichen Eingangsbelegungen muss eine Ausgangsbelegung zugeordnet werden. Bei acht Eingängen erhält man immerhin 256 unterschiedliche Eingangsbelegungen und eine entsprechend große Tabelle. Da es in unserem Beispiel aber nur drei zugeordnete Ausgangsbelegungen gibt, hält sich alles in Grenzen.

Aus der aufgestellten Tabelle kann man die folgenden Zusammenhänge herauslesen:

- Wenn A = &H11111110 ist, dann muss Q = &H11110000 gesetzt werden.

- Wenn A = &H11111101 ist, dann muss Q = &H00001111 gesetzt werden.

- In allen anderen Fällen muss Q=&H11111111 gesetzt werden.

Bevor auf die programmtechnische Umsetzung eingegangen werden soll, sei die Hardware vorgestellt.

Obwohl mit der Anzahl benutzter Pins unterfordert, wird wegen der Testmöglichkeit auf dem Evaluationboard ein ATmega8515 eingesetzt. Abbildung 111 zeigt das Schaltbild mit Hinweis zu Takterzeugung und Resetbeschaltung. Da diese Komponenten immer wieder gleich sind, werden sie in den folgenden Schaltbildern weggelassen. Mit der Versorgungsspannung V_{CC} und der Masse GND wird ja ohnehin so verfahren, wenn es keine zu beachtenden Besonderheiten gibt.

Die acht Eingänge A7..A0 sind an PortD geführt, während PortB die acht Ausgänge Q7..Q0 treibt. Beim Evaluationboard sind an PortD Tasten angeschlossen, die bei Betätigung einen Kontakt nach GND geben. PortB ist mit LEDs und Vorwiderständen zur Anzeige der Logikpegel bestückt.

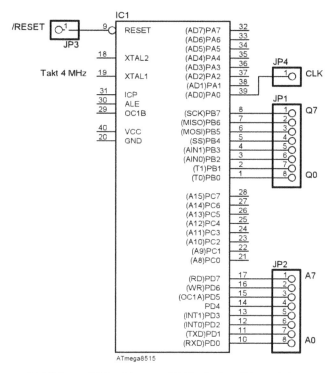

Abbildung 111   Atmega8515 als Logikbaustein

Das Programm LOGIC.BAS fragt auf die Hi/Lo-Flanke am Eingang CLK folgend die Pins von PortD ab und wertet deren Belegung aus, um dann in einer Case Struktur über die zugehörige Ausgangsbelegung an PortB zu entscheiden.

Die beiden BITWAIT Anweisungen fragen Pin0 von PortA ab und blockieren solange das Programm.

Die eingelesene Eingangsbelegung ist in der Variablen A gespeichert, die Ausgangsbelegung in der Variablen Q.

Die Pins sind intern mit einem PullUp-Widerstand versehen, der durch Setzen der betreffenden Portleitung aktiviert wird. PORTD.x = 1 schaltet den PullUp-Widerstand der betreffenden Portleitung x ein. In unserem Programmbeispiel wird jeweils das gesamte Port gesetzt.

```
$regfile = "m8515.dat"          ' ATmega8515
$crystal = 3686400              ' für STK500

Dim A As Byte , Q As Byte

Config Porta = Input
Porta = 255                     ' PullUp aktiv

Config Portb = Output
Portb = 255                     ' alle Ausgänge sind Hi
```

```
Config Portd = Input
Portd = 255                    ' PullUp aktiv

Do
    Bitwait Pina.0 , Set
    Bitwait Pina.0 , Reset
    A = Pind
    Select Case A
        Case &B11111110 : Q = &B11110000
        Case &B11111101 : Q = &B00001111
        Case Else Q = &B11111111
    End Select
    Portb = Q
Loop

End
```

Listing 19   Logikbaustein (LOGIC.BAS)

Im Programmbeispiel gemäß Listing 19 dient der Eingang CLK als Triggereingang. Will man die Übernahme der Eingangsbelegung zeitlich triggern, dann kann ein Timer diese Aufgabe übernehmen. An der Schaltung selbst ändert sich nichts, nur der Eingang CLK verliert seine Funktion. Im übernächsten Abschnitt wird auf die Timer der AVR-Mikrocontroller detailliert eingegangen.

Das Programm kann auch wieder im Simulator getestet werden. Sinnvoll ist dann die Reduktion des Prescalers auf 8, um nicht allzu lange auf die durch den Timer0-Overflow ausgelöste Abfrage der Eingangsbelegung warten zu müssen.

```
$regfile = "m8515.dat"         ' ATmega8515
$crystal = 3686400             ' für STK500

Dim A As Byte , Q As Byte

Config Portb = Output          ' Portb ist Ausgang
Portb = 255                    ' alle Ausgänge sind Hi

Config Portd = Input           ' PortD ist Eingang
Portd = 255                    ' PullUp aktiv

'Config Timer0 = Timer , Prescale = 1024      ' Timer0 Konfiguration
Config Timer0 = Timer , Prescale = 8          ' Timer0 Konfiguration für Simulator

On Timer0 Timer0_isr           ' Timer0 ISR

Enable Timer0                  ' Enable Timer0 Overflow Interrupt
Enable Interrupts              ' Enable Global Interrupt

Do
```

```
    Nop
Loop

End

Timer0_isr:                      ' Timer0 Overflow ISR
    A = Pind                     ' Lesen PinD
    Select Case A                ' Zuordnung entsprechend Eingangsbelegung
        Case &B11111110 : Q = &B11110000
        Case &B11111101 : Q = &B00001111
        Case Else Q = &B11111111
    End Select
    Portb = Q                    ' Ausgabe an PortB
Return
```

Listing 20   Timergesteuerter Logikbaustein (LOGIC1.BAS)

7.3   Splitting von Ports

Soll ein AVR-Mikrocontroller Ein-/Ausgaben im Byteformat vornehmen, dann können diese einem Port zugeordnet werden. Im vorangegangenen Programmbeispiel wurde PortD als Eingangsport und PortB als Ausgangsport konfiguriert.

Will man einen weniger leistungsfähigen AVR-Mikrocontroller für diese einfache Aufgabe einsetzen, dann kann die Zahl der vorhandenen I/O-Pins schon Probleme bereiten.

Verwendet man beispielsweise einen ATmega8, dann steht kein einziges der vorhandenen Ports komplett für eine byteweise Ein- oder Ausgabe zur Verfügung.

Abbildung 112 zeigt einen ATmega8 mit dem Ausgabeport Q und dem Eingabeport A. Über die serielle Schnittstelle erfolgt die Eingabe des an Port Q auszugebenden Bytes, während das über Port A eingelesene Byte über die serielle Schnittstelle ausgegeben wird.

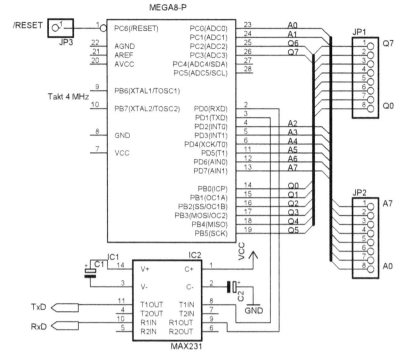

Abbildung 112   Logikbaustein mit ATmega8

Da keine I/O-Ports komplett zu Verfügung stehen, werden diese durch verschiedene I/O-Pins zusammengesetzt:

Ausgabe	Q7	Q6	Q5	Q4	Q3	Q2	Q1	Q0
I/O-Pin	PC3	PC2	PB5	PB4	PB3	PB2	PB1	PB0
Eingabe	A7	A6	A5	A4	A3	A2	A1	A0
I/O-Pin	PD7	PD6	PD5	PD4	PD3	PD2	PC1	PC0

Das in Listing 21 gezeigte Programmbeispiel SPLITTING.BAS zeigt, wie mit Hilfe der Subroutine `Write_port()` und der Funktion `Read_port` die Zuordnung der I/O-Pins variabel vorgenommen werden kann.

Für die Portierung bestehender Quelltexte auf abweichende I/O-Ports kann diese Vorgehensweise ebenso angewendet werden.

```
' Splitting von Variablen auf I/O-Pins
$regfile = "m8def.dat"                    ' ATmega8
$crystal = 3686400                        ' für STK500
$baud = 19200

Dim A As Byte
```

```
' verfügbare I/O-Pins beim ATmega8
' PD2-PD7, PB0-PB5, PC0-PC5

' Ausgabebyte soll durch PC0, PC1, PD2-PD7 gebildet werden
' Eingabebyte soll durch PB0-PB5, PC2, PC3 gebildet werden.

Config Portd = Output

Config Portb = Input
Portb = 255

Ddrc = &B11000000
Portc = &B0011111

Declare Sub  Write_port(x As Byte)
Declare Function Read_port() As Byte

Do
  Input "Eingabe [0-255]: " , A
  Write_port A
  A = Read_port()
  Print A
Loop

Sub Write_port(x As Byte)
  Portc.0 = X.0
  Portc.1 = X.1
  Portd.2 = X.2
  Portd.3 = X.3
  Portd.4 = X.4
  Portd.5 = X.5
  Portd.6 = X.6
  Portd.7 = X.7
End Sub

Function Read_port() As Byte
  Local X As Byte

  X.0 = Pinb.0
  X.1 = Pinb.1
  X.2 = Pinb.2
  X.3 = Pinb.3
  X.4 = Pinb.4
  X.5 = Pinb.5
  X.6 = Pinc.2
  X.7 = Pinb.3
  Read_port = X
End Function
```

Listing 21   Portsplitting SPLITTING.BAS

7.4 Timer und Counter

Die AVR-Mikrocontroller sind mit unterschiedlichen Timer/Countern ausgestattet. In vorangegangenen Beispielen wurde bereits der 8-Bit-Timer/Counter für einfache Timerfunktionen eingesetzt.

Der 16-Bit-Timer/Counter bietet dabei aber wesentlich mehr Flexibilität, weshalb im folgenden Abschnitt dieser Timer/Counter im Vordergrund steht.

Um die Schreibweise etwas einfacher zu halten, wird im folgenden immer von Timer0 bzw. Timer1 gesprochen, unabhängig davon ob diese als Timer oder Counter initialisiert wurden.

Des Weiteren ist zu beachten, dass die Pinbelegung der alternativen Funktionen, z.B. Takteingänge T0 und T1, bei den verschiedenen Typen der AVR-Mikrocontroller unterschiedlichen I/O-Pins zugeordnet sind. Alle Timer/Counter-Programmbeispiele hier beziehen sich auf den ATmega8.

7.4.1 Timer

Timer0 ist ein 8-Bit-Timer und Timer1 ein 16-Bit-Timer. Einige der megaAVR weisen weitere Timer auf, die hier aber nicht weiter betrachtet werden sollen.

Jeder Timer hat einen vorgeschalteten 10-Bit-Prescaler (Vorteiler). Die maximale Periodendauer T_{max} der beiden Timer berechnet sich nach der Beziehung

$$T_{max} = 2^N * (\frac{PRE}{f_{OSC}})$$

Für Timer0 ist der Parameter N = 8 und für Timer1 ist N = 16. Der Prescaler kann die diskreten Werte 1, 8, 64, 256 und 1024 annehmen. Die folgenden Tabellen zeigen Auflösung und maximale Timerperioden für Timer0 und Timer1 bei 4 MHz Taktfrequenz.

Takterzeugung mit Timer0 bei 4 MHz					
Prescaler	1	8	64	256	1024
Max. Timerperiode in ms	0,064	0,512	4,096	16,384	65,536
Auflösung in ms	0,00025	0,002	0,016	0,064	0,256

Takterzeugung mit Timer1 bei 4 MHz					
Prescaler	1	8	64	256	1024
Max. Timerperiode in s	0,016	0,131	1,049	4,194	16,777
Auflösung in ms	0,00025	0,002	0,016	0,064	0,256

Im Folgenden soll ein Taktgeber entworfen werden, der eine LED im Sekundentakt blinken lässt und die vergangene Zeit nach Reset oder einer Tastenbetätigung seriell ausgibt.

Timer1 deckt mit einem Prescaler von 64 die geforderte Zeit ab. Allerdings ist die resultierende Periodendauer 49 ms zu lang. Mit dem Output Compare Mode von Timer1 kann die maximale Periodendauer entsprechend reduziert werden.

Abgeleitet aus der weiter oben angegebenen Formel gilt hier der folgende Zusammenhang

$$Count = \frac{(f_{CLK} * T_{SOLL})}{PRE}$$

und mit den genannten Werten erhält man einen Wert von 62500, der in das Output Compare Register einzutragen ist.. Listing 22 zeigt das als Sekundentimer arbeitende Programmbeispiel TIMER3.BAS.

```
$regfile = "m8def.dat"              ' ATmega8
$crystal = 3686400                  ' für STK500
$baud = 19200

Dim New_time As Bit
Dim Seconds As Byte
Dim Minutes As Byte
Dim Hours As Byte
Dim S As String * 2

Const True = 1
Const False = 0
Const Reload = 57656
'Const Reload = 62500                ' bei 4 Mhz Clock

Config Pind.3 = Input
Portd.3 = 1                         ' PullUp aktiv

Config Pinb.5 = Output

Key Alias Pind.3
Led Alias Portb.5
Led = 1                            ' LED ausgeschaltet

Config Timer1 = Timer , Prescale = 64
Ocr1ah = High(reload)
Ocr1al = Low(reload)               ' Reload Timer1 für Period von 1 sec
Tccr1a = 0                         ' OC1A von T/C1 trennen
Set Tccr1b.3                       ' Reset T/C1 nach Compare

On Compare1a Timer1_isr            ' Sprung zur Timer1_ISR

Enable Compare1a                   ' Enable Timer Interrupt
Enable Interrupts                  ' Enable Global Interrupt
```

```
Do
    If Key = 0 Then
        New_time = False
        Seconds = 0
        Minutes = 0
        Hours = 0
    End If
    While New_time = True
        If Seconds = 60 Then
            Seconds = 0 : Incr Minutes
        End If
        If Minutes = 60 Then
            Minutes = 0 : Incr Hours
        End If
        If Hours = 24 Then Hours = 0
        S = Str(hours) : S = Format(s , "00") : Print S ; ":";
        S = Str(minutes) : S = Format(s , "00") : Print S ; ":";
        S = Str(seconds) : S = Format(s , "00") : Print S
        New_time = False
    Wend
Loop

End

Timer1_isr:
    New_time = True
    Incr Seconds
    Led = 0 : Waitms 10 : Led = 1
Return
```

Listing 22   Exakte Pulsfolge mit Timer1 (TIMER3.BAS)

Timer1 arbeitet als Vorwärtszähler (Up Counter) bis zum Erreichen eines Zählerstandes, der identisch zu dem im Output Compare RegisterA abgespeicherten Wert ist. Damit nach dem Erreichen dieses Wertes eine neue Periode gestartet wird, muss das Bit WGM12 (früher CTC1) des Steuerregisters TCCR1B gesetzt sein und Output Compare RegisterA zum Vergleich benutzt werden.

Die CONFIG Instruktion sollte als erste Instruktion der Timer1-Konfiguration notiert sein, da ansonsten bereits gesetzte Bits in den Registern TCCR1A und TCCR1B überschrieben werden.

Aus der Instruktion Config Timer1 = Timer , Prescale = 64 erzeugt BASCOM-AVR den folgenden Code:

```
LDI    R24,0x00        ; 0x00 = 0b00000000 = 0
OUT    0x2F,R24
LDI    R24,0x03        ; 0x03 = 0b00000011 = 3
OUT    0x2E,R24
```

Das Register TCCR1A wird zu &H00 gesetzt, wodurch die Ausgänge OC1A und OC1B vom Timer1 getrennt sind und PWM deaktiviert ist. Das Register TCC1B wird auf &H03 gesetzt, wodurch ein Prescaler von 64 eingestellt ist.

Das Bit WGM12 im Register TCCR1B muss nun noch separat gesetzt werden, was durch die Instruktion `Set Tccr1b.3` auch ohne Beeinflussung anderer Bits erfolgen kann.

Aus der Instruktion `Set Tccr1b.3` erzeugt BASCOM-AVR den folgenden Code:

```
IN      R24,0x2E
ORI     R24,0x08        ; 0x08 = 0b00001000 = 8
OUT     0x2E,R24
```

Vor dem Setzen des Bits CTC1 wird das Register TCCR1B gelesen, um dann nur dieses Bit gezielt durch die Instruktion ORI zu setzen.

Nach der Freigabe der Compare Interrupts tritt das Programm in eine Endlosschleife ein und gibt die Zeit im Format "HH:MM:SS" über die serielle Schnittstelle mit 19200 Baud aus. Durch Betätigung einer an PinD.3 angeschlossenen Taste kann der Sekundenzähler zurückgesetzt werden.

Durch die Output Compare Funktion von Timer1 wird beim Erreichen des Vergleichswertes ein Compare Interrupt generiert. Die zugehörige Interrupt-Serviceroutine setzt das Flag `New_time` und inkrementiert die Variable `Seconds`. Ein Reload von Timer1 ist nicht erforderlich, da mit dem Compare Ereignis Timer1 auf Null zurückgesetzt wird.

Timer0 ist weniger komfortabel ausgestattet, so dass der Reload-Mechanismus hier per Software erfolgen muss. Am Beispiel eines 50 ms Taktgebers sei das Vorgehen verdeutlicht.

Bei einer Taktfrequenz von 4 MHz und einem Prescaler von 1024 ist nach 195 Takten die Zeit von 50 ms abgelaufen.

Da beim Timer0 nur der Overflow Interrupt zur Verfügung steht, muss Timer0 mit einem Wert von 256 - 195 geladen werden, um nach 195 Takten einen Overflow Interrupt zu erzeugen.

Listing 23 zeigt die Initialisierung von Timer0 und PortB sowie eine leere Endlosschleife als Hauptprogramm. Die Interrupt-Serviceroutine bestimmt mit dem im Hintergrund laufenden Timer0 das Geschehen.

Bei einem Overflow von Timer0 erfolgt das Laden des Reloadwerts mit der Instruktion `Load Timer0 , Reload`. Die Korrektur 256 - Reload erfolgt intern.

```
$regfile = "m8def.dat"              ' ATmega8
$crystal = 3686400                  ' for STK500
$baud = 19200

Const Reload = 180                  ' Reloadwert für Periode von 50 ms
'Const Reload = 195                 ' bei 4 Mhz Clock

Config Pinb.5 = Output
Led Alias Portb.5
Led = 1                             ' LED ausgeschaltet
```

```
Config Timer0 = Timer , Prescale = 1024

On Timer0 Timer0_isr                    ' Sprung zur Timer0_ISR

Enable Timer0                           ' Enable Timer Interrupt
Enable Interrupts                       ' Enable Global Interrupt

Do
  Nop
Loop

End

Timer0_isr:
  Load Timer0 , Reload                  ' Reload Timer0
  Led = 0 : Waitms 5 : Led = 1          ' Blink LED
Return
```

Listing 23 Takterzeugung mit Timer0 (TIMER0.BAS)

Gerade beim direkten Manipulieren der internen Hardware ist es empfehlenswert, dass man sich die Abarbeitung des durch BASCOM-AVR erzeugten Codes im Simulator mal anschaut.

Wie die folgende Assemblerliste zeigt, werden am Anfang der Interrupt-Serviceroutine alle internen Register und das Statusregister auf den Stack gerettet. Erst anschließend wird mit den eigentlichen Aktivitäten der ISR begonnen. Hier ist die erste Aktivität das Laden des Registers TCNT0 mit dem Wert 256-195 = &H3D.

Instruktion		Zyklen	TCNT0 bei Prescaler=1
PUSH	R0	2	&H06
PUSH	R1	2	&H08
PUSH	R2	2	&H0A
PUSH	R3	2	&H0C
PUSH	R4	2	&H0E
PUSH	R5	2	&H10
PUSH	R6	2	&H12
PUSH	R7	2	&H14
PUSH	R8	2	&H16
PUSH	R9	2	&H18
PUSH	R10	2	&H1A
PUSH	R11	2	&H1C
PUSH	R16	2	&H1E
PUSH	R17	2	&H20
PUSH	R18	2	&H22
PUSH	R19	2	&H24
PUSH	R20	2	&H26
PUSH	R21	2	&H28
PUSH	R22	2	&H2A
PUSH	R23	2	&H2C
PUSH	R24	2	&H2E

```
PUSH      R25                 2              &H30
PUSH      R26                 2              &H32
PUSH      R27                 2              &H34
PUSH      R28                 2              &H36
PUSH      R29                 2              &H38
PUSH      R30                 2              &H3A
PUSH      R31                 2              &H3C
IN        R24,0x3F            1              &H3E
PUSH      R24                 2              &H3F
LDI       R24,0x3D            1              &H41
OUT       0x32,R24            1              &H42
IN        R24,0x16            1              &H3D
...
```

Der Interrupt sollte nach 195 Takten erfolgen. Die gewünschte Aktion aus der Interrupt-Service-routine erfolgt aber im Falle eines Prescalers von 1 erst nach 195 + 66 = 261 Takten, was u.U. zu erheblichen Fehlern führen kann.

Arbeitet man mit niedrigen Werten des Prescalers, dann sollten die zusätzlichen Takte für das Retten der Register mit berücksichtigt werden. Listing 24 zeigt eine einfache Möglichkeit (fett hervorgehoben) für die Berücksichtigung der zusätzlichen Zyklen.

```
$regfile = "m8def.dat"              ' ATmega8
$crystal = 3686400                  ' for STK500
$baud = 19200
$sim

Const Reload = 195                  ' Reloadwert für Periode von 50 ms

Dim Count As Byte

Config Pinb.5 = Output
Led Alias Portb.5
Led = 1                             ' LED ausgeschaltet

Config Timer0 = Timer , Prescale = 1024

On Timer0 Timer0_isr               ' Sprung zur Timer0_ISR

Enable Timer0                       ' Enable Timer Interrupt
Enable Interrupts                   ' Enable Global Interrupt

Do
  Nop
Loop

End

Timer0_isr:
  Count = Tcnt0                     ' Lese Timer0
```

```
Tcnt0 = Count - Reload              ' Reload Timer0
Led = 0 : Waitms 5 : Led = 1        ' Blink LED
Return
```

Listing 24 Modifizierte Takterzeugung mit Timer0 (TIMER0_1.BAS)

Vor dem eigentlichen Reload vom Timer0 wird dessen Inhalt ausgelesen und beim Laden der neuen Konstanten mit berücksichtigt. Wieder zeigt die Assemblerliste die Zahl der Zyklen bis zum eigentlichen Reload.

Instruktion		Zyklen	TCNT0 bei Prescaler=1
PUSH	R0	2	&H07
PUSH	R1	2	&H09
PUSH	R2	2	&H0B
PUSH	R3	2	&H0D
PUSH	R4	2	&H0F
PUSH	R5	2	&H11
PUSH	R6	2	&H13
PUSH	R7	2	&H15
PUSH	R8	2	&H17
PUSH	R9	2	&H19
PUSH	R10	2	&H1B
PUSH	R11	2	&H1D
PUSH	R16	2	&H1F
PUSH	R17	2	&H21
PUSH	R18	2	&H23
PUSH	R19	2	&H25
PUSH	R20	2	&H27
PUSH	R21	2	&H29
PUSH	R22	2	&H2B
PUSH	R23	2	&H2D
PUSH	R24	2	&H2F
PUSH	R25	2	&H31
PUSH	R26	2	&H33
PUSH	R27	2	&H35
PUSH	R28	2	&H37
PUSH	R29	2	&H39
PUSH	R30	2	&H3B
PUSH	R31	2	&H3D
IN	R24,0x3F	1	&H3F
PUSH	R24	2	&H40
LDI	R26,0x60	1	&H42
LDI	R27,0x00	1	&H43
IN	R24,0x32	1	&H44
ST	X,R24	2	&H45
LDI	R26,0x60	1	&H47
LDI	R27,0x00	1	&H48
LD	R16,X	2	&H49
LDI	R20,0xC3	1	&H4B

```
SUB      R16,R20          1           &H4C
OUT      0x32,R16         1           &H4D
IN       R24,0x16         1           &H81
...
```

Der Interrupt sollte wiederum nach 195 Takten erfolgen. Nach 77 (&H4D) Takten erfolgt ein Reload mit dem berechneten Wert von 129 (= &H81). Das ergibt bei einem Prescalers von 1 nach 256 - 129 + 77 = 204 Takten einen Overflow Interrupt von Timer0.

Die verbleibende Differenz zum geforderten Wert von 195 liegt darin begründet, dass die Abfrage von Timer0 nicht zum gleichen Zeitpunkt wie das Beschreiben von Timer0 stattfindet. Kennt man die verbleibende Differenz (hier 9 Takte), dann kann diese noch Berücksichtigung finden.

7.4.2 Counter

Die Timer/Counter der AVR-Mikrocontroller können im Counter Mode (externe) Ereignisse zählen. Beim ATmega8 fungiert Pin4 von PortD als Takteingang T0 für Timer0. Es kann die fallende oder die steigende Flanke des Eingangssignal als Trigger dienen. Im Register TCNT0 steht dann die Zahl der empfangenen Impulse.

Ein kleines Beispiel soll den Counter Mode von Timer0 erläutern. Wir wollen mit dem Timer/Counter0 Impulse zählen. Zehn Impulse bilden jeweils ein Paket und die Anzahl der Pulspakete soll in einer Variablen gezählt und angezeigt werden. Listing 25 zeigt den Quelltext des Programmbeispiels COUNTER0.BAS.

```
$regfile = "m8def.dat"              ' ATmega8
$crystal = 3686400                  ' for STK500
$baud = 19200

Const Ticks = 10
Dim Count As Byte

Config Timer0 = Counter , Edge = Falling
Load Timer0 , Ticks
Set Portd.4                         ' PullUp Aktiv

On Timer0 Timer0_isr                ' Sprung zur Timer0 ISR

Config Pind.4 = Input               ' PD4 ist Counterinput T0

Enable Timer0                       ' Enable the timer interrupt
Enable Interrupts                   ' Enable Global Interrupt

Do
   Print "TCNT0 = " ; Tcnt0 ; Spc(3) ; "Count = " ; Count
   Waitms 200
Loop

End
```

```
Timer0_isr:
    Load Timer0 , Ticks
    Incr Count
Return
```

Listing 25   Pulscounter mit Timer0 (COUNTER0.BAS)

Zu Beginn des Programms wird Timer0 als Counter für fallende Pulsflanken initialisiert. Das Register TCNT0 wird so voreingestellt, dass nach 10 gezählten Impulsen ein Timer0-Overflow von &HFF nach &H00 erfolgt.

Die ISR besorgt das Reload, um bis zum nächsten Overflow Interrupt wieder 10 Impulse zählen zu können und inkrementiert die die Pulspakete zählende Variable Count.

In der Endlosschleife werden die Inhalte des Timer0-Registers und der Variablen Count seriell ausgegeben.

Auch im Counter Mode bietet Timer1 wieder wesentlich mehr Möglichkeiten.

Timer1 zählt in diesem Mode die an Pin5 von PortD (T1) anliegenden Impulse. Wird an Pin0 von PortB (ICP) ein Capture Impulse erkannt, dann wird der momentane Inhalt von TCNT1 in das Capture Register geschrieben.

Durch die Instruktion Config Timer1 = Counter ... lassen sich die Impulsflanken und die Störungsunterdrückung setzen. Listing 26 zeigt ein einfaches Programmbeispiel. Aus drucktechnischen Gründen ist die erste Programmzeile umgebrochen worden. Das Eintippen der langen Instruktion Config Timer1 = ... muss in einer Zeile erfolgen.

```
$regfile = "m8def.dat"                  ' ATmega8
$crystal = 3686400                      ' for STK500
$baud = 19200

Dim Tcount1 As Word At &H60
Dim Tcount1h As Byte At &H61 Overlay
Dim Tcount1l As Byte At &H60  Overlay

Dim Capt1 As Word At &H62
Dim Capt1h As Byte At &H63 Overlay
Dim Capt1l As Byte  At &H62 Overlay

Config Timer1 = Counter , Edge = Falling , Noice Cancel = 1 , Capture Edge = Rising
' Count Input T1 ist PD5; Capture Input ICP ist PB0

Set Portd.5
Set Portb.0

Do
    Capt1l = Icr1l : Capt1h = Icr1h       ' Lesen der 16-Bit-Register
    Tcount1l = Tcnt1l : Tcount1h = Tcnt1h
    Print "TCNT1 = " ; Tcount1 ; Spc(3) ; "ICR1 = " ; Capt1
    Waitms 200
```

Loop

End

Listing 26   Timer/Counter1 Input Capture (CAPTURE1.BAS)

In einer Endlosschleife werden die Inhalte der 16-Bit-Register TCNT1 und ICR1 ausgegeben. Der Zugriff auf die 16-Bit-Register muss durch zwei 8-Bit Lesezugriffe in der Reihenfolge Lo-Byte Hi-Byte erfolgen. Um Schiebeoperationen beim Zusammensetzen der Bytes zu vermeiden, wurde hier mit Overlays gearbeitet (siehe hierzu Abschnitt 4.3).

Wichtig bei komplexeren Initialisierungen ist zu wissen, was eine Hochsprachen-Instruktion wie `Config Timer1 = Counter , Edge = Falling , Noice Cancel = 1 , Capture Edge = Rising` in den Registern wirklich bewirkt. Hierzu sollten man wieder den Simulator bemühen, der im Single Step Modus bis zur betreffenden Instruktion getaktet werden kann und dann den Inhalt der betreffenden Register zur Anzeige bringt. Abbildung 113 zeigt die Belegung der Timer1-Register nach der Initialisierung.

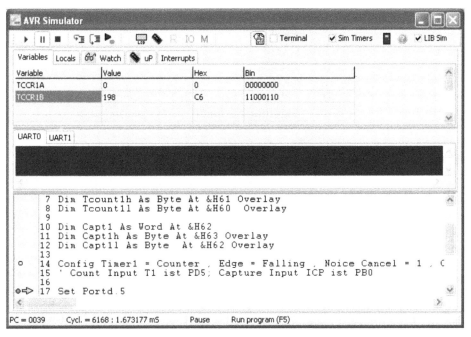

Abbildung 113   Initialzustand der Register TCCR1x

Nach Abarbeitung der Instruktion `Config Timer1 = Counter , Edge = Falling , Noice Cancel = 1 , Capture Edge = Rising` sind die folgenden Bits im Register TCCR1B gesetzt:

ICNC1	ICES1		WGM13	WGM12	CSI2	CSI1	CSI0	
1	1		0	0	1	1	0	**TCCR1B**

Der Input Capture Noise Canceler tastet vier mal hintereinander Pin ICP ab. Alle Abtastwerte müssen Hi oder Lo sein, je nach gewählter Flanke (Noice Cancel = 1). Um diese Störungsunterdrückung einzuschalten, ist das Bit ICNC1 zu setzen (Noice Cancel = 1). Ist das Bit zurückgesetzt (Noice Cancel = 0), dann ist diese Störungsunterdrückung ausgeschaltet und es genügt eine Flanke zum Triggern.

Die Triggerflanke am Pin ICP wird durch das Bit ICES1 festgelegt. Ist IECS1 gesetzt, dann triggert die steigende Flanke (Edge = Rising) Ist ICES1 zurückgesetzt, dann triggert die fallende Flanke (Edge = Falling).

Das Bit WGM12 (früher CTC1) dient beim Output Compare der Festlegung des Inhalt von Timer1 nach dem Output CompareA und war bereits bei der Output Compare Funktion von Timer1 beschrieben worden.

Die Clock Select1 Bits CS12 bis CS10 stellen den Prescaler nach der folgenden Tabelle ein.

CS12	CS11	CS10	Bedeutung
0	0	0	Stopp Timer/Counter1
0	0	1	CK
0	1	0	CK/8
0	1	1	CK/64
1	0	0	CK/256
1	0	1	CK/1024
1	1	0	Externer Takt an Pin T1, fallende Flanke
1	1	1	Externer Takt an Pin T1, steigende Flanke

Die in Abbildung 113 gezeigte Belegung der Clock Select1 Bits CS12 bis CS10 ist durch den Parameter (Edge = Falling) selektiert worden.

7.4.3 Puls-Weiten-Modulation

Mit Hilfe der Puls-Weiten-Modulation kann das Schaltverhalten in einer Pulsfolge beeinflusst werden. Abbildung 114 zeigt zwei Pulsfolgen mit unterschiedlichen Pulsweiten bzw. Tastverhältnissen.

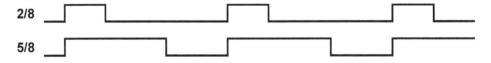

Abbildung 114   Pulsfolgen mit unterschiedlichen Pulsweiten (Duty)

Bei der oberen Pulsfolge ist das Tastverhältnis 2/8. Während zwei Takten der insgesamt acht Takte umfassenden Periode ist das Signal Hi. Bei der unteren Pulsfolge ist das Tastverhältnis 5/8.

Steuert man beispielsweise mit einer solchen Pulsfolge eine LED an, dann kann über die Einschaltdauer der LED deren Helligkeit gesteuert werden.

Das in Listing 27 gezeigte Programmbeispiel verwendet Timer0 als Puls-Weiten-Modulator. Der gesamte Zählumfang von Timer0 wird in eine Hi- und eine Lo-Phase unterteilt. Die ISR besitzt deshalb zwei Zweige die alternativ durchlaufen werden.

```
$regfile = "m8def.dat"               ' ATmega8
$crystal = 3686400                   ' für STK500
$baud = 19200

Const True = 1
Const False = 0

Dim Hi As Byte
Dim Lo As Byte
Dim Phase As Bit

Config Timer0 = Timer , Prescale = 64

On Timer0 Timer0_isr                 ' Sprung zur Timer0_ISR

Config Pinb.0 = Output
Led Alias Portb.0

Enable Timer0                        ' Enable Timer0 Interrupt
Enable Interrupts                    ' Enable Global Interrupt

Lo = 128                             ' Initialwert für PWM
Phase = True

Do
    Input "Duty [0-255]: " , Lo
    Hi = 255 - Lo
Loop

End

Timer0_isr:
    If Phase = True Then
        Led = 1                      ' LED aus
        Timer0 = Lo                  ' Reload Timer0
        Phase = False
    Else
        Led = 0                      ' LED ein
        Timer0 = Hi                  ' Reload Timer0
        Phase = True
    End If
Return
```

Listing 27   Helligkeitssteuerung einer LED durch PWM (PWM0.BAS)

In der Endlosschleife des Hauptprogramms werden der Duty-Wert Lo (zwischen 0 und 255) eingegeben und der zugehörige Hi-Wert als Reloadwerte für Timer0 berechnet.

In der ISR wird dann Timer0 mit dem entsprechenden Reloadwert geladen, sowie die LED ein- bzw. ausgeschaltet.

Das Programm kann sehr einfach auf dem STK500 getestet werden. Nach dem Programmstart ist die Lo-Zeit mit 128 initialisiert und die an Pin0 von PortB angeschlossene LED leuchtet mit einer mittleren Helligkeit.

An der seriellen Schnittstelle wird auf die Eingabe eines neuen Duty-Wertes gewartet. Je niedriger der Wert, desto dunkler wird die angeschlossene LED leuchten.

Auch für die PWM bietet Timer1 wesentlich mehr Möglichkeiten. Wenn eine gewisse Präzision des PWM-Signals erwartet wird, dann sollte hierzu Timer1 eingesetzt werden. Im PWM-Mode fungiert Timer1 als Vorwärts-/Rückwärtszähler, der stets seinen Inhalt TCNT1 mit den Output Compare Registern OCR1A und OCR1B vergleicht. Erreicht der Inhalt von TCNT1 den Wert eines der Compare Register, dann sind die im folgenden beschriebenen Aktionen zugeordnet.

Anhand eines Programmbeispiels zur Digital-Analogumsetzung auf der Basis der Puls-Weiten-Modulation soll die PWM mit Timer1 erläutert werden. Unbedingt notwendig ist aber, dass man sich mit den Möglichkeiten von Timer1 auf Registerebene auseinandersetzt und wie bereits an anderer Stelle hervorgehoben, den generierten Code im Simulator inspiziert. Listing 28 zeigt das betreffende Programmbeispiel.

```
$regfile = "m8def.dat"              ' ATmega8
$crystal = 3686400                  ' für STK500
$baud = 19200

Dim Duty As Word

Config Pinb.1 = Output              ' PB1 ist OC1A Ausgang
Config Pinb.2 = Output              ' PB2 ist OC1B Ausgang

Config Timer1 = Pwm , Prescale = 8 , Pwm = 10 , Compare A Pwm = Clear Down , Compare
B Pwm = Clear Up

Do
    Input "Duty [0-1023]: " , Duty
    Print "Duty = " ; Duty
    pwm1a = Duty                    ' Setzen der PWM Register
    pwm1b = Duty
Loop

End
```

Listing 28   Digital-Analogumsetzung durch PWM (PWM1.BAS)

Mit der Instruktion `Config Timer1 = Pwm , Presacel = 8, Pwm = 10 , Compare A Pwm = Clear Down , Compare B Pwm = Clear Up` sind alle für die Initialisierung der Register TCCR1A und TCCR1B erforderlichen Angaben gegeben. Abbildung 115 zeigt den Inhalt der beiden Register nach Abarbeitung der Instruktion `Config Timer1 = Pwm`....

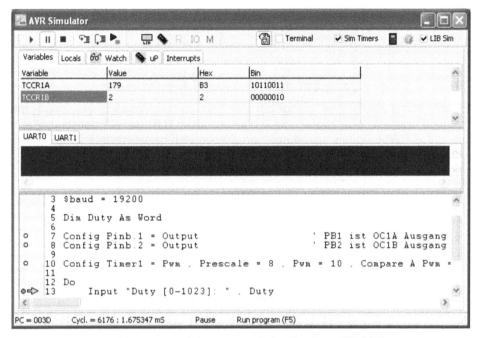

Abbildung 115   Initialzustand der Register TCCR1x

Die Bits in Register TCCR1A haben die folgende Bedeutung:

COM1A1	COM1A0	COM1B1	COM1B0	FOC1A	FOC1B	PWM11	PWM10	
1	0	1	1	0	0	1	1	**TCCR1A**

Mit den Bits COM1A1 und COM1A0 wird das Verhalten des dem ComparatorA zugeordneten Ausgangspins OC1A beschrieben. Mit den Bits COM1B1 und COM1B0 wird das Verhalten des dem ComparatorB, wenn vorhanden, zugeordneten Ausgangspins OC1B beschrieben. Das x in der folgenden Tabelle ist durch A bzw. B zu ersetzen.

COM1x1	COM1x0	Bedeutung
0	0	OC1x nicht mit T/C1 verbunden
0	1	OC1x nicht mit T/C1 verbunden (wenn WGM13=0)
1	0	bei Übereinstimmung OC1x Lo beim Aufwärtszählen und Hi beim Abwärtszählen
1	1	bei Übereinstimmung OC1x Hi beim Aufwärtszählen und Lo beim Abwärtszählen

Die Bits FOC1A und FOC1B sind bei den megaAVR neu und für die PWM ohne Wirkung.

Die Auflösung des Puls-Weiten-Modulators kann über die Bits PWM11 und PWM10 zu 8 Bit, 9 Bit oder 10 Bit eingestellt werden.

PWM11	PWM10	Bedeutung
0	0	PWM nicht aktiv
0	1	8-Bit PWM
1	0	9-Bit PWM
1	1	10-Bit PWM

Mit der Entscheidung zur Auflösung liegt der Zählbereich des Vorwärts-/Rückwärtszähler fest. Der Zählbereich erstreckt sich immer von 0 bis zum Wert TOP gemäß der folgenden Tabelle. Die Frequenz des PWM Signals wird durch den Zählbereich gleichermaßen bestimmt.

Auflösung	TOP	PWM Frequenz
8 Bit	&H00FF	$f_{T/C1}$ / 510
9 Bit	&H01FF	$f_{T/C1}$ / 1022
10 Bit	&H03FF	$f_{T/C1}$ / 2046

Formelmäßig gilt also der folgende Zusammenhang:

$$f_{PWM} = \frac{f_{T/C1}}{(2^{N+1}-2)}$$

Die Taktfrequenz von Timer1 $f_{T/C1}$ wird durch den Prescaler bestimmt und über das Register TCCR1B programmiert. Abbildung 115 zeigte bereits den Inhalt von Register TCCR1B nach der Initialisierung.

Durch den hier eingestellten Prescaler von 8 erhalten wir bei einem STK500 Systemtakt von 3,69 MHz eine PWM Frequenz von ca. 225 Hz. Schaltet man an den betreffenden PWM-Ausgang ein RC-Glied als Tiefpass, hat man bereit einen einfachen DA-Umsetzer realisiert. Der Tiefpass sollte in der Praxis nach der folgenden Formel dimensioniert werden:

$$\tau = R * C = \frac{(10...1000)}{f_{PWM}}$$

Wählt man die Zeitkonstante τ zu hoch, dann steigt die Einschwingzeit. Wählt man sie hingegen zu gering, dann ist die Filterwirkung zu gering. Tabelle 2 zeigt die gemessene Ausgangsspannung an den Pins OC1A und OC1B für das Programmbeispiels PWM1.BAS.

Word	0	128	256	384	512	640	768	896	1008
OC1A	.000	.626	1.24	1.86	2.48	3.10	3.72	4.34	4.88
OC1B	4.95	4.32	3.71	3.09	2.47	1.85	1.23	.622	.076

Tabelle 2   DA-Umsetzung mit PWM

zeigt die Werte aus Tabelle 2 schließlich in einer übersichtlicheren Grafik.

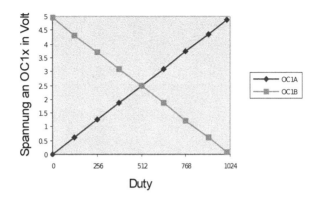

Abbildung 116   DA-Umsetzung mit PWM

Auf das RC-Glied zur Filterung wurde verzichtet, da das verwendete Digitalmultimeter eine ausreichende Filterung durch das integrierende Messverfahren besaß.

7.4.4   Erfassen einer Pulslänge

Das Erfassen einer Pulslänge soll anhand von Abbildung 117 verdeutlicht werden. In der dargestellten Pulsfolge soll jeweils die Länge der Lo-Phase, hier gekennzeichnet durch die Zeiten t_{p1} und t_{p2}, vermessen werden.

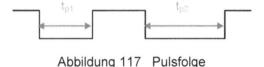

Abbildung 117   Pulsfolge

Im einfachsten Fall wartet man auf eine fallende Pulsflanke und startet dann einen Timer. Mit der steigenden Flanke kann der Timer gestoppt werden und das Ergebnis steht im Timer/Counter Register zur Verfügung. Listing 29 zeigt das Programm PULSIN.BAS.

```
$regfile = "m8def.dat"              ' ATmega8
$crystal = 3686400                  ' für STK500
$baud = 19200

Declare Function Lopulse() As Byte

Dim Value As Byte

Config Pinb.0 = Input
Set Portb.0.0

Inputpin Alias Pinb.0

Config Timer0 = Timer , Prescale = 1
```

```
On Timer0 Overflow_isr Nosave

Enable Timer0
Enable Interrupts

Do
  Print "Waiting for pulse..."
  Value = Lopulse()
  Print "Measured Pulse = " ; Value
Loop

End

Function Lopulse() As Byte
  While Inputpin <> 0 : Wend          ' warte auf Hi-Lo an PB0
  Tcnt0 = 0                           ' Reset Timer0
  Start Timer0
  While Inputpin = 0 : Wend
  Stop Timer0                         ' Stop Timer0 nach minimal 26 Zyklen
  Lopulse = Tcnt0
End Function Lopulse()

' Overflow_ISR stoppt Timer0 und setzt TCNT0 zu Null (Timeout)
Overflow_isr:
  !push R24
  Stop Timer0
  Tcnt0 = 0
  !pop R24
  Return
```

Listing 29   Erfassen einer Pulslänge (PULSIN.BAS)

Schlüssel für das Erfassen der Pulslänge ist die Funktion `Lopulse()`. Nach Aufruf der Funktion wird auf eine Hi-Lo-Flanke am `Inputpin` gewartet. `Inputpin` bezeichnet das über die Alias Anweisung spezifizierte Pin.

Wurde die Hi-Lo-Flanke erkannt, dann erfolgt nach dem Rücksetzen des Registers TCNT0 der Start von Timer0. Dieser zählt die Impulse des internen Taktsignals mit einem Prescaler von 1 bis zu einer Lo-Hi-Flanke des zu vermessenden Impulses.

Wurde die Lo-Hi-Flanke erkannt, dann wird Timer0 angehalten und der Wert steht im aufrufenden Programm für die hier vorgenommene Ausgabe zur Verfügung.

Übersteigt die Pulslänge den Zählbereich von Timer0, dann erfolgt ein Timer0 Overflow Interrupt, der seinerseits Timer0 stoppt und das Register TCNT0 zurücksetzt. In einem solchen Fall wird dem aufrufenden Programm der Wert Null übergeben.

Bei einer Taktfrequenz von 3,69 MHz würde die Auflösung theoretisch 0,23 µs betragen. Die Laufzeit der Funktion benötigt von Erkennen der fallenden Flanke bis zum Erkennen der steigenden Flanken 26 Takte und beträgt damit im Minimum 6 µs.

Die Laufzeit der Funktion kann etwas beschleunigt werden, wenn man die Flankendetektion in Assembler programmiert. Listing 30 zeigt die vorzunehmenden Änderungen.

```
$regfile = "m8def.dat"              ' ATmega8
$crystal = 3686400                  ' für STK500
$baud = 19200

Declare Function Lopulse() As Byte

Dim Value As Byte

Config Pinb.0 = Input               ' PB0 ist Eingang
Set Portb.0.0

Config Timer0 = Timer , Prescale = 1

On Timer0 Overflow_isr Nosave

Enable Timer0
Enable Interrupts

Do
  Print "Waiting for pulse..."
  Value = Lopulse()
  Print "Measured Pulse = " ; Value
Loop

End

Function Lopulse() As Byte
  $asm
Hilo:
  Sbic pinb,0                       ' warte auf Hi-Lo an PB0
  Rjmp Hilo
  $end Asm
  Tcnt0 = 0                         ' Reset Timer0
  Start Timer0
  $asm
Lohi:
  Sbis pinb,0                       ' warte auf Lo-Hi on PB0
  Rjmp Lohi
  $end Asm
  Stop Timer0                       ' Stop Timer0 nach minmal 10 Zyklen
  Lopulse = Tcnt0
End Function

' Overflow_ISR stoppt Timer0 und setzt TCNT0 zu Null (Timeout)
Overflow_isr:
  !push R24
  Stop Timer0
```

```
Tcnt0 = 0
!pop R24
Return
```

Listing 30   Erfassen einer Pulslänge (PULSIN1.BAS)

Die Laufzeit der veränderten Funktion benötigt bis zum Erkennen der steigenden Flanke jetzt noch 10 Takte und beträgt damit im Minimum 2,3 µs.

Wie man ganz ohne einen internen Timer die Pulszeit messen kann, zeigt das in Listing 31 gezeigt Programmbeispiel.

```
$regfile = "m8def.dat"              ' ATmega8
$crystal = 3686400                  ' für STK500
$baud = 19200

Declare Function Lopulse() As Word

Dim Value As Word
Dim Wtime As Word

Config Pinb.0 = Input               ' PB0 ist Eingang
Set Portb.0
Inputpin Alias Pinb.0

Do
  Print "Waiting for pulse..."
  Value = Lopulse()
  Print "Measured Pulse = " ; Value
Loop

End

Function Lopulse() As Word
  While Inputpin <> 0 : Wend
  Wtime = 0                         ' Reset Time
  While Inputpin = 0
    Incr Wtime
  Wend
  Lopulse = Wtime
End Function Lopulse()
```

Listing 31   Erfassen einer Pulslänge (PULSIN2.BAS)

Der Wert der Variablen Wtime ist proportional zur Pulslänge. Für eine genaue Zeitangabe sind im wesentlichen die Zyklen der zweiten While-Wend-Schleife verantwortlich.

Der Abstand der Abfrage der Leitung Inputpin beträgt bei einer Taktfrequenz von 3,69 MHz hier 6,9 µs. Die längere Zeit kommt durch das Word Format (16 Bit) bei der Berechnung und den Verzicht auf Assembler zustande. Auf die Überprüfung des Overflows der Variablen `Time` wurde hier der Einfachheit halber verzichtet.

7.5 Ansteuerung von LEDs

Für einfachere Anzeigefunktionen werden häufig LEDs oder aus LEDs aufgebaute Anzeigeelemente eingesetzt. Der Vorteil liegt eindeutig in der guten Erkennbarkeit, die aber durch eine relativ hohe Stromaufnahme der Gesamtschaltung erkauft wird.

7.5.1 Einzelne LED

Die I/O-Pins der AVR-Mikrocontroller können LEDs direkt treiben. Aufgrund der elektrischen Kennwerte der Treiberstufen der I/O-Pins ist es von Vorteil, LED und Vorwiderstand gemäß Abbildung 118 an den AVR-Mikrocontroller zu schalten.

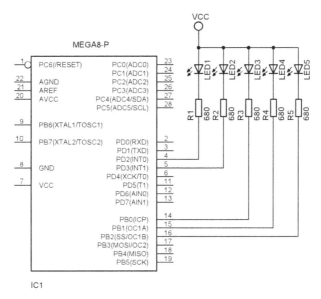

Abbildung 118   Anschluss von LEDs

Die Dimensionierung des LED Vorwiderstandes erfolgt nach der Beziehung

$$R = \frac{(V_{CC} - V_{LED} - V_{OL})}{I_{LED}}$$

Dem Datenblatt des ATmega kann man eine Ausgangsspannung V_{OL} von maximal 0,7 V bei einem Strom von 20 mA entnehmen.

Will man beispielsweise eine LED mit einem Strom von 10 mA betreiben, dann kann mit den Werten V_{CC} = 5V, V_{LED} = 1,5 V und V_{OL} = 0,3 V ein Vorwiderstand von R = 320 Ω errechnet werden.

Mit der in Abbildung 118 vorgenommenen Dimensionierung der Vorwiderstände wird demzufolge ein noch geringerer LED Strom eingestellt.

7.5.2 Sieben-Segment-Anzeigen

Sieben-Segment-Anzeigen können nicht nur die Ziffern des dezimalen Zahlensystems sondern auch eine Reihe von Sonderzeichen darstellen.

Sieben-Segment-Anzeigen gibt es in einer großen Typenvielfalt von den unterschiedlichsten Herstellern. Grundsätzlich bestehen diese Anzeigen aus mehreren LEDs, die entweder an den Anoden oder den Kathoden miteinander verbunden sind.

Im hier vorzustellenden Programmbeispiel wird mit dem Typ SA03-11 von Kingbright (Abbildung 119) gearbeitet.

Wichtig für den Anschluss an ein Port eines AVR-Mikrocontrollers ist es, Segmentzuordnung und Anschlussbelegung der betreffenden Sieben-Segment-Anzeige zu kennen. Abbildung 120 zeigt Segmentzuordnung und Anschlussbelegung der eingesetzten Anzeige SA03-11.

Abbildung 119
Sieben-Segment-
Anzeige SA03-11

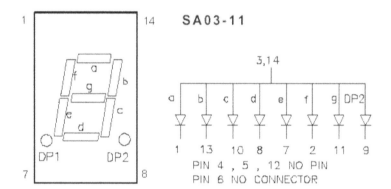

Abbildung 120   Segmentzuordnung und Anschlussbelegung SA03-11

Will man mit der Sieben-Segment-Anzeige alphanumerische Daten anzeigen, dann muss im ersten Schritt die Ansteuerung der Segmente in einer Tabelle zusammengestellt werden. Tabelle 3 zeigt die Segmentansteuerung für die Zeichen 0 bis 9 und A bis F.

	g	f	e	d	c	b	a	
0	1	0	0	0	0	0	0	&H40
1	1	1	1	1	0	0	1	&H79
2	0	1	0	0	1	0	0	&H24
3	0	1	1	0	0	0	0	&H30
4	0	0	1	1	0	0	1	&H19
5	0	0	1	0	0	1	0	&H12
6	0	0	0	0	0	1	0	&H02
7	1	1	1	1	0	0	0	&H78
8	0	0	0	0	0	0	0	&H00
9	0	0	1	0	0	0	0	&H10
A	0	0	0	1	0	0	0	&H08
B	0	0	0	0	0	1	1	&H03
C	1	0	0	0	1	1	0	&H46
D	0	1	0	0	0	0	1	&H21
E	0	0	0	0	1	1	0	&H06
F	0	0	0	1	1	1	0	&H0E

Tabelle 3   Ansteuerung der Segmente

In Abschnitt 7.6 ist der mögliche Zeichenvorrat einer Sieben-Segment-Anzeige dargestellt, so dass mit Hilfe dieser Tabelle weitere alphanumerische Zeichen definiert werden können. Für den Dezimalpunkt kann das MSB des Steuerbytes verwendet werden.

Die Ansteuerung einer Sieben-Segment-Anzeige über PortB kann mit dem folgenden Programm vorgenommen werden (Listing 32).

```
$regfile = "m8def.dat"          ' ATmega8
$crystal = 3686400              ' für STK500
$baud = 19200

Config Portb = Output
Portb = 255

Dim I As Byte

Dim X(16) As Byte

Restore Value_table

For I = 1 To 16                 ' Lade Tabelle in Bytearray
   Read X(i)
Next

Do                              ' Ausgabe von 0 bis F über PortB
   For I = 1 To 16
      Portb = X(i)
      Waitms 500
   Next
Loop
```

```
End

Value_table:
'     0        1        2        3        4        5        6        7
Data &H40 , &H79 , &H24 , &H30 , &H19 , &H12 , &H02 , &H78
'     8        9        A        B        C        D        E        F
Data &H00 , &H10 , &H08 , &H03 , &H46 , &H21 , &H06 , &H0E
```

Listing 32   Ansteuerung einer Sieben-Segment-Anzeige (7SEGMENT.BAS)

Die Bitmuster zur Ansteuerung werden in der Tabelle `Value_table` im ROM abgelegt. Zu Beginn des Programms wird diese Tabelle in die indizierte Variable `X` kopiert. Auf diese Weise gestaltet sich der Zugriff dann sehr einfach.

In einer Endlosschleife werden die Zeichen 0 bis F angezeigt. Die Instruktion `waitms 500` erzeugt eine Wartezeit von einer halben Sekunde bis zur Ausgabe des nächsten Zeichens.

7.5.3   Dot-Matrix-Anzeigen

Mit einer Dot-Matrix-Anzeige ist man nicht mehr auf die Darstellung alphanumerischer Zeichen beschränkt, sondern kann wie von LCDs her gewohnt Zeichen in einer 5x7-Punktmatrix definieren. Abbildung 121 zeigt die Dot-Matrix-Anzeige TA07-11 der Fa. Kingbright als Beispiel.

Um eine Dot-Matrix-Anzeige ansteuern zu können, muss die Zuordnung der 35 LEDs zu den Anschlüssen bekannt sein. Die Innenschaltung der Dot-Matrix-Anzeige TA07-11 zeigt Abbildung 122.

Abbildung 121
Dot-Matrix-Anzeige
TA07-11

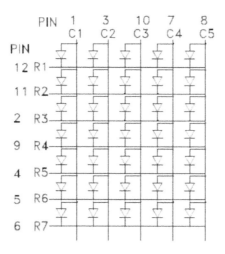

Abbildung 122   Innenschaltung der Dot-Matrix-Anzeige TA07-11

Die Spaltenleitungen C1 bis C5 fassen die Anoden der LEDs einer Spalte zusammen, während die Zeilenleitungen R1 bis R7 die Kathoden der LEDs einer Zeile zusammenfassen.

Will man beispielsweise in der ersten Spalte die dritte LED von oben einschalten, dann muss die Spaltenleitung C1 mit V_{CC} verbunden und die Zeilenleitung R3 über einen Vorwiderstand gegen GND geschaltet werden.

Zur Ansteuerung dieser 5x7 Dot-Matrix-Anzeige sind sieben Zeilenleitungen und fünf Spaltenleitungen erforderlich. Ohne zusätzliche Hardware benötigt jede weitere Anzeige fünf Spaltenleitungen.

Um mit einer solchen Dot-Matrix-Anzeige Zeichen ausgeben zu können, ist ein Zeichensatz zu definieren. Für ein grafisches Zeichen soll das im folgenden geschehen. Abbildung 123 zeigt das zu definierende Zeichen.

Bei einer 5x7 Dot-Matrix-Anzeige kann uns der LCD Designer gute Dienste leisten. Abbildung 124 zeigt das Setzen der Pixel im LCD Designer.

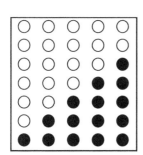

Abbildung 123   Zu definierendes Zeichen

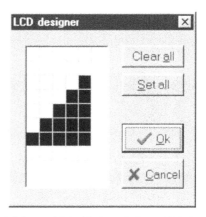

Abbildung 124   Entwurf eines Zeichens

Überträgt man die Pixel gemäß Abbildung 124, dann erhält man als Ergebnis die folgende Instruktion:

```
Deflcdchar
?, 224, 224, 225, 227, 231, 239, 255, 224
' replace ? with number (0-7)
```

Da wir mit einer 5x7 Dot-Matrix arbeiten, kann ein Bitmuster in der untersten Zeile nicht dargestellt werden. Es ist damit gleichgültig, welches Muster in dieser Zeile steht.

Von der Instruktion `Deflcdchar...` ist hier nur das erzeugte Bitmuster von Interesse. Dieses Bitmuster wird im Speicher mit Hilfe einer `DATA` Anweisung folgendermaßen abgelegt:

```
Dotmatrix:
Data 224 , 224 , 225 , 227 , 231 , 239 , 255 , 224
```

Die acht Bytes beschreiben das Bitmuster der Pixelzeilen von oben nach unten, wobei jeweils nur die fünf niederwertigen Bits signifikant sind.

Erfolgt die Ansteuerung der Dot-Matrix-Anzeige zeilenweise, dann können die erzeugten Codes direkt ausgegeben werden.

Die Ansteuerung der Dot-Matrix-Anzeige erfolgt gemäß Abbildung 125. Aus Gründen der Übersichtlichkeit wurde nur die Beschaltung von PortA und PortC dargestellt.

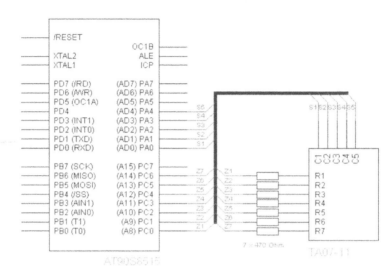

Abbildung 125   Ansteuerung der Dot-Matrix-Anzeige TA07-11

Listing 33 zeigt ein Programmbeispiel, bei dem ein mit dem LCD Designer entworfenes Zeichen mit einer Dot-Matrix-Anzeige dargestellt wird.

```
$regfile = "m8515.dat"              ' ATmega8515
$crystal = 3686400                  ' für STK500
$baud = 19200

Dim A(7) As Byte
Dim Leds As Byte
Dim I As Byte
Dim J As Byte

Config Porta = Output               ' alle Anoden Lo
Porta = 0

Config Portc = Output               ' alle Kathoden Hi
Portc = &HFF

Restore Dotmatrix

For I = 1 To 8
  Read A(i)
Next
```

```
Do
  For I = 0 To 6
    Portc = &HFF
    Reset Portc.i                        ' aktiviere Zeile (Kathode Lo)
    J = I + 1
    Porta = A(j)                         ' Ausgabe Bitmuster (Anode)
  Next
Loop

End

Dotmatrix:
'  darzustellendes Zeichen
Data 224 , 224 , 225 , 227 , 231 , 239 , 255 , 224
```

Listing 33   Ansteuerung einer Dot-Matrix-Anzeige (DOTMATRIX.BAS)

PortA dient als Spaltentreiber, während PortC die Ansteuerung der Zeilenleitungen der Dot-Matrix-Anzeige übernimmt. Nach der Initialisierung der Ports sind alle LEDs der Dot-Matrix-Anzeige ausgeschaltet.

Nach dem Rücksetzen des Data Pointers auf das erste Datenbyte werden die Pixelzeilen des darzustellenden Zeichens im Array A() zwischengespeichert.

Die Ausgabe des definierten Zeichen erfolgt nun in einer Endlosschleife durch zeilenweise Ausgabe der betreffenden Bitmuster.

Will man die Anzeige auf mehrere Dot-Matrix-Anzeigen erweitern, dann sind weitere Zeilentreiber (sieben pro Anzeige) erforderlich, wenn auf zusätzliche Hardware verzichtet werden soll.

7.6   Ansteuerung von Text-LCDs

Größere Möglichkeiten für die Anzeige von Informationen erhält man durch den Einsatz von LCDs. Das Angebot an preiswerten LCDs ist nahezu unübersehbar. Dennoch zeigt sich, dass gerade bei alphanumerischen LCD in den meisten Fällen LCD-Controller vom Typ HD44780 von Hitachi oder zu diesem kompatible Controller eingesetzt werden.

Bei grafischen LCDs sind Aktiv-Matrix-LCDs (TFT), wie sie heute in Mobiltelefonen, PDAs und Digitalkameras zu finden, von besonderem Interesse. Auf Grund der Massenproduktion ist ein drastischer Preisverfall festzustellen und diese Displays sind daher auch für Einzelanwendungen und Kleinserien interessant geworden.

Grundsätzlich sind zwei Formen der Ansteuerung eines LCDs zu unterscheiden. Bei der direkten Ansteuerung treiben die I/O-Pins des angeschlossenen Mikrocontrollers direkt die Leitungen des LCDs. Verschiedene LCDs sind mit einem standardisierten RS232- oder I^{2}C- Interface ausgerüstet, so dass die Zahl der erforderlichen Leitungen reduziert werden kann.

7.6.1 Direkte Ansteuerung HD44780-kompatibler Text-LCD

Der LCD-Controller HD44780 stellt einem steuernden Mikrocontroller einen acht Bit breiten Bus und einige Steuerleitungen zur Verfügung. Die Anschlüsse eines solchen LCD-Moduls haben dabei die folgende Bedeutung:

Pin	Bezeichnung	Pegel	Funktion
1	V_{SS}	GND	GND
2	V_{DD}	+5 V	Betriebsspannung
3	Vo	0 . . . +5 V	Kontraststeuerung
4	RS	H/L	L: Instruktionsregister H: Datenregister
5	R/W	H/L	L: Lesezugriff H: Schreibzugriff
6	E	H/L	Enable
01.07.14	DB0 - DB7	H/L	Datenleitungen

Für den Anschluss eines Mikrocontrollers gibt es zwei Möglichkeiten, die bei der Initialisierung gemäß Abschnitt 3.3.2 berücksichtigt werden müssen.

Arbeitet man mit externem Speicher oder memory-mapped I/O, dann existiert im Schaltungsentwurf bereits ein Datenbus und das LCD kann im Busmode über diesen angesteuert werden. In Abbildung 8 war das SetUp für das STK500 Evaluationboard vorgenommen worden. Abbildung 126 zeigt den Anschluss eines HD44780 basierenden LCD-Moduls an den Datenbus und die Steuerleitungen des ATmega8515.

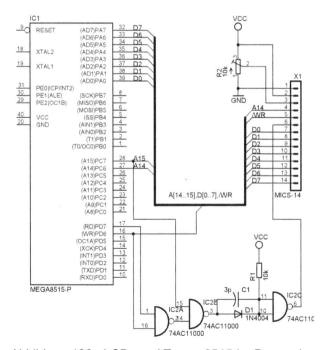

Abbildung 126   LCD am ATmega8515 im Busmode

Der LCD-Controller HD44780 hat zwei interne 8-Bit-Register, auf die der steuernde Mikrocontroller zugreift. Das Instruktionsregister (IR) speichert übergebene Kommandos (RS = 0), während das Datenregister (DR) für das Data Display RAM (DD RAM) oder das Character Generator RAM (CG RAM) übergebene Daten zwischenspeichert (RS = 1). Die Adressleitung A14 steuert die Umschaltung zwischen Instruktions- und Daten

Die Enable Leitung wird über die Adressleitung A15 in Verbindung mit den Read/Write-Signalen des Mikrocontrollers gesteuert. Eine fallende Flanke am Eingang E des LCD-Controllers übergibt die Daten (Latch).

Hat man keinen externen Bus zur Verfügung, dann wird man das LCD im sogenannten Pinmode betrieben. Das heißt jedem Pin am Anschluss des LCDs kann ein beliebiges Pin des Mikrocontrollers im SetUp zugeordnet werden. Eine Möglichkeit der Verbindung zeigt die folgende Tabelle.

LCD	Pin	Port
DB7	14	PORTB.7
DB6	13	PORTB.6
DB5	12	PORTB.5
DB4	11	PORTB.4
E	6	PORTB.3
RS	4	PORTB.2
RW	5	GND
V_{ss}	1	GND
V_{dd}	2	+5 Volt
Vo	3	0-5 Volt

Bei dieser so vorgenommenen Konfiguration bleiben PORTB.1 und PORTB.0 (sowie die anderen hier nicht benutzten Ports) frei für andere Zwecke.

Hat man sich für eine der Ansteuerungsarten entschieden und die entsprechende Initialisierung im SetUp vorgenommen, dann kann die Ansteuerung des LCDs mit den komfortablen BASCOM-AVR LCD-Instruktionen erfolgen. Listing 34 zeigt ein einfaches Testprogramm zur Ansteuerung eines LCDs mit zwei Zeilen zu je 16 Zeichen.

Ein dem AVR-Mikrocontroller seriell übergebenes Zeichen wird in der oberen Zeile als Dezimalwert und in der unteren Zeile eines LCDs als Hexadezimalwert angezeigt.

Die Konfiguration des LCDs wurde hier explizit im Quelltext vorgenommen, d.h. die im Menu **Options>Compiler>LCD** vorgenommenen Einstellungen werden überschrieben. Die Instruktion `Config Lcdpin...` muss wieder in einer Zeile eingegeben werden. Hier ist sie wegen Überlänge umgebrochen worden.

```
'------------------------------------------------------------------
'name                  : lcd.bas
'programmed by         : Claus Kuhnel
'date                  : 2008-12-28
'purpose               : Test Text-LCD
'micro                 : ATmega8515
'tested with           : V.1.11.9.3
'suited for demo       : yes
'commercial addon needed : no
'------------------------------------------------------------------
$regfile = "m8515.dat"          ' ATmega8515
$crystal = 3686400              ' für STK500
$baud = 19200

Config Lcd = 16 * 2
Config Lcdpin = Pin , Db4 = Portb.4 , Db5 = Portb.5 , Db6 = Portb.6 , Db7 = Portb.7 ,
E = Portb.3 , Rs = Portb.2

Dim A As Byte

Do
    A = Waitkey()               ' auf Zeichen (vom Terminalfenster) warten

    If A = 27 Then Exit Do      ' bei ESC Schleife verlassen
    Cls                         ' LCD löschen
    Upperline                   ' Zeichen auf oberer Zeile ausgeben
    Lcd "Character " ; Chr(a)
    Lowerline                   ' Hex Wert des Zeichens auf unterer Zeile ausgeben
    Lcd "has HexCode " ; Hex(a)
    Print Chr(a);               ' Ausgabe seriell (ins Terminalfenster)
Loop

End
```

Listing 34   LCD Ansteuerung (LCD.BAS)

Abbildung 127 zeigt das Programmbeispiel LCD.BAS während der Simulation.

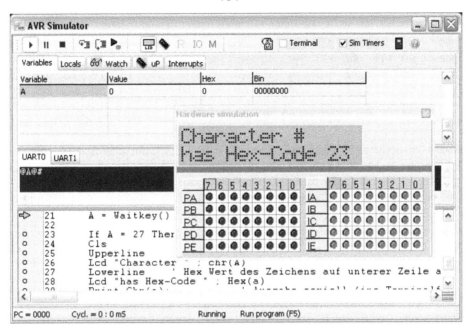

Abbildung 127   LCD Ausgabe im Simulator

Nach dem Programmstart wartet das Programm auf ein Zeichen von der seriellen Schnittstelle. Im Terminalfenster wurden hier nacheinander die Zeichen @, A, @ und # eingegeben. Das Ergebnis der letzten Eingabe steht im LCD. Dem Zeichen # entspricht der Hexadezimalwert 23.

Will man eine Ebene tiefer in die Programmierung einsteigen, dann können auch interne Routinen aufgerufen werden.

```
$ASM
Ldi _temp1, 5              ' Lade Register R24 mit einem Wert (hier 5)
Rcall _Lcd_control         ' und übergib diesen zur LCD Steuerung

Ldi _temp1, 65             ' Lade Register R24 mit einem Wert (hier 65)
Rcall _Write_lcd           ' und schreibe ihn ins Display-RAM
$END ASM
```

Die Routinen _lcd_control und _write_lcd sind Assemblerroutinen, die von BASIC aus aufgerufen werden.

Das Display-RAM (DD RAM) des LCD-Controllers umfasst 80 Bytes, so dass ein LCD mit maximal vier Zeilen zu je 20 Zeichen angesteuert werden kann. Tabelle 4 zeigt den Zusammenhang von LCD Anzeigeposition und DD RAM Adresse für ein 4 x 16-LCD (LM041L, EA7164-N, EA8164-ANLED, EAVK-2416, u.a.).

DD RAM	1	2	3	4	5	6	7	8	9	10	11	12	13	14	15	16
1. Zeile	00	01	02	03	04	05	06	07	08	09	0A	0B	0C	0D	0E	0F
2. Zeile	40	41	42	43	44	45	46	47	48	49	4A	4B	4C	4D	4E	4F
3. Zeile	10	11	12	13	14	15	16	17	18	19	1A	1B	1C	1D	1E	1F
4. Zeile	50	51	52	53	54	55	56	57	58	59	5A	5B	5C	5D	5E	5F

Tabelle 4   Anzeigeposition und Display-RAM Adresse für LCD 4 x 16

Aus Tabelle 4 ist ersichtlich, dass bei einem 4 x 16 LCD nicht alle Speicherplätze des DD RAMs für die Anzeige benötigt werden. Die nichtbenutzten Speicherplätze können als externes RAM eingesetzt werden. Tabelle 5 zeigt einen Auszug aus den Instruktionen für den LCD-Controller HD44780. Tabelle 6 erläutert einige Bezeichnungen in Tabelle 5.

Instruktion	RS	DB7	DB6	DB5	DB4	DB3	DB2	DB1	DB0	Beschreibung
Clear Display	0	0	0	0	0	0	0	0	1	Löscht das Display und setzt den Cursor in Home Position
Cursor At Home	0	0	0	0	0	0	0	1	X	Setzt den Cursor in Home Position
Set Entry Mode	0	0	0	0	0	0	1	I/D	S	Bestimmt die Richtung für Cursor- und Shiftbewegungen
Display On/Off	0	0	0	0	0	1	D	C	B	Siehe Erläuterung zu D, C, und B
Cursor/Display Shift	0	0	0	0	1	S/C	R/L	X	X	Siehe Erläuterung zu S/C und R/L
Function Set	0	0	0	1	DL	N	F	X	X	Siehe Erläuterung zu DL, N, und F
Set CG RAM Addr	0	0	1	ACG						Setzt CG RAM Adresse
Set DD RAM Addr	0	1	ADD							Setzt DD RAM Adresse
Data Write	1	Data								Schreibt Byte in DD RAM oder CG RAM

Tabelle 5   Codierung der Instruktionen des LCD-Controllers HD44780

Bez.	Bedeutung/Verhalten
I/D	DD RAM oder CG RAM Adresse wird nach dem Schreiben eines Zeichens ins RAM inkrementiert (I/D = 1) oder dekrementiert (I/D = 0).
S	Schiebt den ganzen Displayinhalt nach rechts (S = 1) oder links (S = 0). Es scheint, dass der Cursor an seiner alten Position stehen bleibt (Calculator).
D	Display an (D = 1) oder aus (D = 0). Daten im DD RAM bleiben unverändert.
C	Cursor wird angezeigt (C = 1) oder nicht angezeigt (D = 0).
B	Cursor blinkt (B = 1) oder blinkt nicht (B = 0).
S/C	Verschiebt den Displayinhalt (S/C = 1) oder den Cursor (S/C = 0) um eine Position gemäß R/L.
R/L	Verschieben nach rechts (R/L = 1) oder links (R/L = 0) ohne Änderungen im DD RAM.
DL	Datenbreite 8 Bit (DL = 1) oder 4 Bit (DL = 0).
N	Zahl der Zeilen im Display - eine (N = 0) - mehrere (N = 1).
F	Font - 5 x 7 Dots (F = 0) - 5 x 10 Dots (F = 1).
X	Don't care.

Tabelle 6   Erläuterung zum Instruktionssatz des LCD-Controllers HD44780

Diese knappe Beschreibung des LCD-Controllers HD44780 soll an dieser Stelle genügen. Im Internet sind zahlreiche Informationen zum Umgang mit dem LCD-Controller HD44780 zu finden, die im Bedarfsfall hinzugezogen werden sollten.

7.6.2   Text-LCD mit seriellem Interface

LCDs mit seriellem Interface bieten eine weiter vereinfachte Anschlussmöglichkeit. Hier reicht im einfachsten Fall eine Zwei-Draht-Verbindung (TxD & GND) vom steuernden Mikrocontroller zum LCD. Bei dieser Art der Datenübertragung stehen die komfortablen BASCOM-AVR LCD-Instruktionen nicht zur Verfügung, weshalb einige Kenntnisse über die betreffende LCD-Controllerbaugruppe erforderlich sind.

Der Elektronikladen (elmicro.com) vertreibt die intelligenten LCD- und VFD-Anzeigemodule der kanadische Firma Matrix-Orbital Corp. Diese Module zeichnen sich durch Robustheit, sehr einfache Handhabung und Preiswürdigkeit aus.

Folgende Merkmale kennzeichnen das hier verwendete LCD 2041 mit 4 Zeilen zu je 20 Zeichen:

- alphanumerische LC-Display mit Hintergrundbeleuchtung

- einfacher RS232-Anschluß mit Baudraten bis zu 19,2 kBaud

- alternativ auch I^2C-Ansteuerung möglich, Transferrate bis 400 kbps, bis zu 16 LCDs an Zweidrahtleitung betreibbar

- unkompliziertes Protokoll, einfache Befehle

- niedriger Stromverbrauch typ. 10mA bei 5V (mit Hintergrundbeleuchtung bis 100mA)

- Scrolling und Zeilenumbruch

- Hintergrundbeleuchtung in Gelbgrün, Helligkeit regelbar

- Kontrast per Softwarekommando einstellbar

- zusätzlicher Ausgangspin für allgemeine Steuerungszweck

- extragroße Ziffern darstellbar

In den folgenden Tabellen sind die Kommandos für das LCD 2041 zusammengestellt und knapp erläutert. Das folgende Programmbeispiel kann mit diesen Angaben sicher nachvollzogen werden.

Kommando	Syntax	Default	Erläuterung
Auto line wrap on	254 67	off	Zeilenumbruch ein
Auto line wrap off	254 68	off	Zeilenumbruch aus
Auto scroll on	254 81	off	Scroll Mode ein
Auto scroll off	254 82	off	Scroll Mode aus
Set cursor position	254 71 [col] [row]	n/a	Platziert den Cursor an gewünschte Position
Send cursor home	254 72	n/a	Platziert den Cursor in die linke, obere Ecke (1,1)
Underline cursor on	254 74	off	Unterstrich-Cursor ein
Underline cursor off	254 75		Unterstrich-Cursor aus
Block cursor on	254 83	off	Blinkender Blockcursor ein
Block cursor off	254 84		Blinkender Blockcursor aus
Cursor left	254 76	n/a	Bewegt den Cursor eine Position nach links
Cursor right	254 77	n/a	Bewegt den Cursor eine Position nach rechts

Tabelle 7   Textmode Kommandos

Kommando	Syntax	Erläuterung
Initialize wide vertical bar graph	254 118	Initialisiert die anwendungsspezifischen Zeichen für die Bargraphdarstellung.
Initialize narrow vertical bar graph	254 115	Initialisiert die anwendungsspezifischen Zeichen für die Bargraphdarstellung.
Initialize horizontal bar graph	254 104	Initialisiert die anwendungsspezifischen Zeichen für die Bargraphdarstellung.
Draw vertical bar graph	254 61 [col] [length]	Zeichnet vertikalen Bargraph an Spalte [col] mit Länge [length]. Länge in Pixel (0...20). Initialisierung muss erfolgt sein.
Draw horizontal bar graph	254 124 [c][r][dir] [length]	Zeichnet horizontalen Bargraph beginnend an Spalte [c], Zeile [r] mit Richtung [dir] (0 = rechts, 1 = links) der Länge [length]. Länge in Pixel (0...100) bei Beginn in Spalte 1. Initialisierung muss erfolgt sein.
Initialize large digits	254 110	Initialisiert die anwendungsspezifischen Zeichen für die Darstellung großer Ziffern.
Place large digits	254 35 [col] [digit]	Platziert große Ziffer [digit] (0...9) in Spalte [col] (1...18).
Define custom character	254 78 [c][8 bytes]	Definiert ein anwendungsspezifisches Zeichen. Das Zeichen [c] reicht von 0 bis 7 (acht Zeichen möglich)

Tabelle 8   Bargraph Kommandos

Command	Syntax	Default	Notes
Clear display	254 88	n/a	Löscht LCD und platziert Cursor nach links oben.
Set contrast	254 80 [contrast]	128	Kontrasteinstellung (0...255)
Backlight on	254 66 [minutes]	0	Einschaltzeit Hintergrundbeleuchtung in Minuten [minutes]. [minutes] = 0 bedeutet keine Abschaltung.
Backlight off	254 70		Hintergrundbeleuchtung
General purpose output off	254 86 [gpo #]	off	Schaltausgang aus
General purpose output on	254 87 [gpo #]	off	Schaltausgang ein

Tabelle 9   Allgemeine Kommandos

Bevor das erste Programm getestet werden kann, ist das LCD noch elektrisch mit dem Mikrocontroller zu verbinden. Abbildung 128 zeigt die serielle Verbindung zwischen Mikrocontroller und LCD. Optional kann auch die Betriebsspannung über den DSUB-Stecker zum LCD geführt werden. Es steht allerdings auch eine Pfostenleiste für die Betriebsspannung (und den I²C-Anschluss) auf der Platine zur Verfügung.

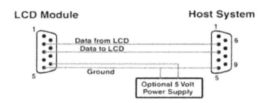

Abbildung 128   Serielles Interface zum LCD

Sollen keine Daten vom LCD zurückgelesen werden, dann kann auch auf die Leitung "Data from LCD" verzichtet werden. zeigt nun ein Programm zur Ansteuerung des hier betrachteten LCD 2041 über ein RS-232 Interface. Bei dieser Art von Ansteuerung müssen alle Displayanweisungen mit print Anweisungen vom Mikrocontroller an das LCD geschickt werden.

```
'-----------------------------------------------------------
' Ansteuerung eines seriellen LCDs 2041 von Matrix Orbital
'-----------------------------------------------------------
$regfile = "m8def.dat"                   ' ATmega8
$crystal = 3686400                       ' für STK500

Const Inst = 254

Const Autoscrollon = 81
Const Autoscrolloff = 82
Const Setcursor = 71                     ' [x] [y]
Const Cursorhome = 72
Const Cleardisplay = 88
```

```
Const Initbigdigit = 110
Const Placebigdigit = 35                    ' [x] [digit]

Const Initwidevbargraph = 118
Const Drawvbargraph = 61                    ' [x] [height]

Const Inithbargraph = 104
Const Drawhbargraph = 124                   ' [x] [y] [dir] [length]

Dim I As Byte
Dim J As Word

Config Portd = Input
Portd = 255

Open "COMD.6:19200,8,N,1,inverted" For Output As #1

Wait 1

Print #1 , Chr(inst) ; Chr(cleardisplay);
Print #1 , "AVR-Mikrocontroller";

Print #1 , Chr(inst) ; Chr(setcursor) ; Chr(1) ; Chr(2);
Print #1 , "sendet Text seriell";

Print #1 , Chr(inst) ; Chr(setcursor) ; Chr(1) ; Chr(3);
Print #1 , "an ein LCD 2041 von";

Print #1 , Chr(inst) ; Chr(setcursor) ; Chr(1) ; Chr(4);
Print #1 , "Matrix Orbital.";

Bitwait Pind.2 , Reset                ' weiterschalten mit PD2 = Lo
Bitwait Pind.2 , Set

Print #1 , Chr(inst) ; Chr(cleardisplay);
Print #1 , Chr(inst) ; Chr(initbigdigit);
Print #1 , Chr(inst) ; Chr(placebigdigit) ; Chr(3) ; Chr(1);
Print #1 , Chr(inst) ; Chr(placebigdigit) ; Chr(6) ; Chr(2);
Print #1 , Chr(inst) ; Chr(placebigdigit) ; Chr(12) ; Chr(3);
Print #1 , Chr(inst) ; Chr(placebigdigit) ; Chr(15) ; Chr(4);
Print #1 , Chr(inst) ; Chr(setcursor) ; Chr(10) ; Chr(4);

Bitwait Pind.2 , Reset                ' weiterschalten mit PD2 = Lo
Bitwait Pind.2 , Set

Print #1 , Chr(inst) ; Chr(cleardisplay);
Print #1 , Chr(inst) ; Chr(initbigdigit);
Print #1 , Chr(inst) ; Chr(placebigdigit) ; Chr(5) ; chr(1);
Print #1 , Chr(inst) ; Chr(placebigdigit) ; Chr(8) ; Chr(2);
Print #1 , Chr(inst) ; Chr(placebigdigit) ; Chr(11) ; Chr(3);
```

```
Print #1 , Chr(inst) ; Chr(setcursor) ; Chr(16) ; Chr(3) ; "km/h"
Print #1 , Chr(inst) ; Chr(setcursor) ; Chr(20) ; Chr(4);


Bitwait Pind.2 , Reset                ' weiterschalten mit PD2 = Lo
Bitwait Pind.2 , Set


Print #1 , Chr(inst) ; Chr(cleardisplay);
Print #1 , Chr(inst) ; Chr(initwidevbargraph);
For I = 1 To 20
   J = I * 32
   J = J / 20
   Print #1 , Chr(inst) ; Chr(drawvbargraph) ; Chr(i) ; Chr(j);
Next
Print #1 , Chr(inst) ; Chr(cursorhome);
Print #1 , "Bargraph";


Bitwait Pind.2 , Reset                ' weiterschalten mit PD2 = Lo
Bitwait Pind.2 , Set


Print #1 , Chr(inst) ; Chr(cleardisplay);
Print #1 , Chr(inst) ; Chr(inithbargraph);
Print #1 , Chr(inst) ; Chr(drawhbargraph) ; Chr(1) ; Chr(1) ; Chr(0) ; Chr(100);
Print #1 , Chr(inst) ; Chr(drawhbargraph) ; Chr(1) ; Chr(2) ; Chr(0) ; Chr(50);
Print #1 , Chr(inst) ; Chr(drawhbargraph) ; Chr(1) ; Chr(3) ; Chr(0) ; Chr(25);
Print #1 , Chr(inst) ; Chr(drawhbargraph) ; Chr(1) ; Chr(4) ; Chr(0) ; Chr(10);
Print #1 , Chr(inst) ; Chr(setcursor) ; Chr(13) ; Chr(4);
Print #1 , "Bargraph";


Bitwait Pind.2 , Reset                ' weiterschalten mit PD2 = Lo
Bitwait Pind.2 , Set


Print #1 , Chr(inst) ; Chr(cleardisplay);
Print #1 , "Programmende."


Close #1

End
```

Listing 35   Serielle Ansteuerung eines LCDs (SERIAL_LCD.BAS)

Im Initialisierungsteil des Programms werden einige Konstanten vereinbart, die Werte entsprechend Tabelle 7 bis Tabelle 9 annehmen.

PortD wird als Eingang initialisiert, da der Programmablauf durch Betätigung einer an Pin2 (von PortD) angeschlossenen Taste weitergeschaltet werden soll.

Bevor an das LCD Daten zur Anzeige geschickt werden können, muss auch noch die serielle Schnittstelle initialisiert werden. Da die serielle Schnittstelle zum LCD nur senden soll, wird hier ein Software-UART eingesetzt. In Abschnitt 7.10 wird die asynchrone serielle Kommunikation behandelt, weshalb hier die Initialisierung durch Open "COMD.6:19200,8,N,1,inverted" For Output As #1 und die Datenausgabe durch Print #1 , ... erst mal als gegeben hingenommen werden soll. Die Datenausgabe zum LCD erfolgt gemäß Initialisierung über Pin6 von PortD mit 19200 Baud und invertierter Polarität.

Bei der Datenausgabe müssen zwei unterschiedliche Typen unterschieden werden:

```
Print #1 , Chr(inst) ; Chr(cleardisplay);
Print #1 , "AVR-Mikrocontroller";
```

Bei der ersten Instruktion wird durch das Voranstellen des Datenbytes `inst` ein Kommando (RS=0) angekündigt.

In früheren Programmbeispielen (mit älteren Versionen von BASCOM-AVR) wurde bei diesem Programmbeispiel diese Konstante als `instr` benannt. Da `instr` aber nun ein reserviertes Wort ist, führt das natürlich zu einem Compilierfehler.

Das eigentliche Kommando wird dann durch das Datenbyte `cleardisplay` ausgedrückt. Durch die zweite Instruktion werden nur anzuzeigende Daten übermittelt, die auch unverändert ins Display-RAM geschrieben werden.

Die folgenden Abbildungen zeigen die durch das Programmbeispiel SERIAL_LCD.BAS erzeugten Displayinhalte.

Abbildung 129 zeigt die Ausgabe von Text. Die Positionierung erfolgt durch die Instruktion `setcursor` und die anschließende Positionsangabe (Spalte, Zeile) gefolgt vom auszugebenden Text.

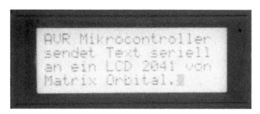

Abbildung 129   Textanzeige

Im nächsten Programmsegment werden große Ziffern zur Anzeige gebracht. Abbildung 130 zeigt die betreffende Ausgabe, wie sie beispielsweise für die Anzeige von Zeit oder Temperatur verwendet werden kann.

Abbildung 130   Anzeige großer Ziffern

Die großen Ziffern können auch mit kleinem Text kombiniert werden. Abbildung 131 zeigt eine solche Möglichkeit für eine Geschwindigkeitsanzeige.

Abbildung 131   Anzeige großer Ziffern mit kleinem Text

Für pseudographische Anzeigen stehen vertikaler und horizontaler Bargraph zur Verfügung. Abbildung 132 zeigt die Darstellung eines vertikalen Bargraphs und Abbildung 133 den horizontalen Bargraph. Auch hier kann wieder Text kombiniert werden.

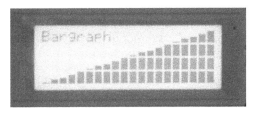

Abbildung 132   Vertikaler Bargraph

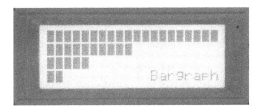

Abbildung 133   Horizontaler Bargraph

7.7   Ansteuerung grafischer LCDs (TFT)

Beim Aufbau von Geräten der Mess-, Steuerungs- und Automatisierungstechnik können grafische Displays neue Akzente hinsichtlich Bedienung und Visualisierung setzen. Die oft recht unansehnlichen grünen oder blauen 2x16 oder 4x20 LCDs können nun durch eine farbenfrohe Alternative ergänzt werden. Kostengünstige und einfach ansteuerbare Displays sind dafür eine wesentliche Voraussetzung.

Die Fa. Speed IT up – Peter Küsters [www.display3000.com] bietet verschiedene Farbdisplay-Module auf TFT-Basis an, mit welchen schnell und kostengünstig jede Mikrocontroller-Lösung mit einem farbigen Grafik-LCD mit hoher Auflösung erweitert werden kann.

7.7.1   2.1" Farbdisplay-Modul mit Eingabeeinheit

Die 2.1" Farbdisplay-Module bieten eine Auflösung von 176 x 132 Pixel mit 65536 Farben.

Mit dem integrierten AVR-Mikrocontroller steht somit ein vollkommen autonomes Modul zur Verfügung, welches über eine RS232-, I²C- und/oder SPI-Schnittstelle mit der Außenwelt kommunizieren kann. Zum Betreiben des Farbdisplay-Moduls ist keine zusätzliche Verdrahtung mehr erforderlich. Auf dem Farbdisplay-Modul vorhandene Taster lassen sich als Eingabeeinheit verwenden.

Als Betriebsspannung kann eine Gleichspannung zwischen 4,5 und 18 V dienen. Alle vom Farbdisplay-Modul benötigten Spannungen werden intern erzeugt.

Das TFT-Display wird auf die Mikrocontrollerplatine aufgesteckt und könnte auch unabhängig von der hier vorgestellten modularen Lösung eingesetzt werden.

Tabelle 10 zeigt die verfügbaren 2.1" Farbdisplay-Module und deren Ausstattung. Die folgenden Ausführungen beziehen sich auf das Modul D072, was aber grundsätzlich keine Einschränkung gegenüber den anderen Modulen bedeutet.

2.1" Farbdisplay-Module (Komplettlösungen mit AVR-Mikrocontroller)			
Artikel Nr.	**D071**	**D073**	**D072**
Mikrocontroller	ATmega128, ATmega2561, AT90CAN128		
Gesamtgröße in mm (inkl. montiertem Display)	103 x 5	max: 68 x 63 min: 60 x 41	max: 73 x 54 min: 59 x 41
Displaygröße	2,1" (53mm), 1310 mm²		
Betriebsspannung im Auslieferungszustand	4,5V-18V	4,5V-18V	4,5V-18V
Taster auf Modul	6 +Reset	6 +Reset	5 +Reset
Interface on Board	ISP, 2xRS232, JTAG, RS485	ISP, RS232	ISP, RS232
freie Ports an Steckern	51	50	38

Tabelle 10   2.1" Farbdisplay-Module

Abbildung 134 zeigt das Farbdisplay-Modul D072 in Komplettausstattung. Die seitlichen Montagerahmen und das Tastenfeld können entfernt werden, so dass ein sehr kompaktes Modul erzeugt werden kann.

Abbildung 134   Farbdisplay-Modul D072

7.7.2   Initialisierung und Ausgabe

Bei der Ansteuerung des Farbdisplay-Moduls unterscheiden wir zwischen der Initialisierung und der eigentlichen Ausgabe.

Durch die Initialisierung des Farbdisplay-Moduls wird die wunschgemäße Betriebsart einge-stellt bevor die eigentlichen Ausgaben erfolgen können.

7.7.2.1 Initialisierung des Farbdisplay-Moduls

Durch die Initialisierung des Farbdisplay-Moduls werden die Orientierung des Bildinhaltes und der Darstellungsmode für Bitmaps festgelegt. Tabelle 11 zeigt die Initialisierungskommandos und deren Parameter.

Initialisierung 2.1" Farbdisplay		

`Orientation =`	`Portrait |`
	`Portrait180 |`
	`Landscape |`
	`Landscape180`
		Orientierung des Bildinhaltes

`Graphics_mode =`	`65k_uncompressed |`
	`65k_compressed |`
	`256low_uncompressed |`
	`256low_compressed |`
	`256high_uncompressed |`
	`256high_compressed`
		Legt den Darstellungsmodus eines Bitmaps fest

Tabelle 11   Initialisierungskommandos

Orientierung des Displayinhalts und Fensterdefinition werden an Hand von Abbildung 135 er-läutert. Beim D072 Farbdisplay-Modul besitzt die rechte, untere Ecke im Portraitmode die Koor-dinate (0,0). Um von dem in der linken Abbildung gezeigten Koordinatensystem ausgehen zu können, muss bei einem D072 *Orientation = Portrait180* initialisiert werden.

Für die Positionierung von grafischen Objekten gelten bei dieser Initialisierung dann die folgenden Beziehungen:

$$0 \le x \le 131$$
$$0 \le y \le 175$$

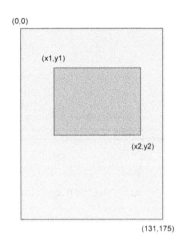

Abbildung 135   Koordinatensystem (Portrait180 bei D072)

7.7.2.2 Ausgabebefehle für grafische Objekte

Für die Ausgabe der grafischen Objekte steht eine Reihe von Befehlen zur Verfügung, die in Tabelle 12 in einer Übersicht zusammengestellt sind.

Neben den Befehlen `LCD_Init` und `LCD_CLS` sind die Grundbefehle zur Ausgabe eines Textes (`LCD_Print()`), Setzen eines Pixels (`LCD_Plot()`), Zeichnen einer Linie (`LCD_Draw()`), Zeichnen eines Rechtecks (`LCD_Rect()`) und eines ausgefüllten Rechtecks (`LCD_Box()`) sowie der Ausgabe eines Bitmaps (`LCD_Bitmap()`) vorhanden.

Wie mit den einzelnen Befehlen gearbeitet werden kann, zeigen die im Abschnitt 7.7.4 vorgestellten Programmbeispiele.

Befehlsübersicht 2.1" Farbdisplay	
`LCD_Init`	Initialisierung des LCDs
`LCD_CLS`	Löscht den Bildschirminhalt
`LCD_Print(String, x, y, Font, ScaleX, ScaleY, FColor, BColor)`	Druckt einen Textstring an eine beliebige Position auf den Bildschirm. Erlaubt eine Skalierung der Größe (Breite und Höhe) sowie die Festlegung der Schriftfarbe und der Hintergrundfarbe
`LCD_Plot(x, y, Pixel, Color)`	Setzt Pixel (1, 2x2) an einer gewünschte Position in der gewünschten Farbe
`LCD_Draw (x1, y1, x2, y2, Pixel, Color)`	Zeichnet eine Linie mit 1 oder 2 Pixel Breite von der Koordinate x1, y1 zur Koordinate x2, y2. Die Richtung ist egal. Dieser Algorithmus arbeitet nur mit Integerzahlen und ist sehr schnell.
`LCD_Rect (x1, y1, x2, y2, Pixel, Color)`	Zeichnet ein Rechteck (nicht gefüllt) mit 1 oder 2 Pixel Breite von der Koordinate x1, y1 zur Koordinate x2, y2.
`LCD_Box(x1, y1, x2, y2, Color)`	Zeichnet eine farbig gefüllte Box (x1, y1 ist links oben; x2, y2 ist rechts unten)
`LCD_Bitmap(x1, y1, x2, y2)`	Stellt eine Bitmapgrafik (z.B. Icons, Logos etc.) mit beliebiger Größe an eine gegebene Position dar. Für das 2.1" Display erlauben erweiterte Funktionen die Dekomprimierung komprimierter Bitmapdaten sowie die Nutzung von Daten mit indizierten Farbtabellen.

Tabelle 12   *Befehlsübersicht*

7.7.3   Aufbereitung von Bitmap-Grafiken

Aus Tabelle 12 kennen wird nun den Befehl `LCD_Bitmap()` zur Ausgabe einer Bitmap-Grafik.

Dieser Befehl öffnet ein durch die Koordinaten (x1, y1) und (x2, y2) definiertes Ausgabefenster und füllt dieses mit der betreffenden Anzahl von Bitmap-Daten.

Für BASCOM-AVR müssen die Bitmap-Daten in Form von `DATA`-Anweisungen vorliegen. Diese `DATA`-Anweisungen können mit dem im Lieferumfang enthaltenen *Image Converter* erzeugt und als Binärdatei abgespeichert werden. Über das Kommando `$inc...` wird die Binärdatei (und damit die `DATA`-Anweisung(en)) in den Quelltext des Programms eingefügt. Mit dem Befehl `Restore` ist zuerst ein Pointer auf den Anfang des betreffenden Datenfeldes zu setzen.

Die folgenden Programmzeilen zeigen beispielhaft die wenigen erforderlichen Schritte.

```
Restore T2a                          'adjust pointer to pixel data for Image2
Call Lcd_bitmap(0 , 0 , 131 , 175)   'output Image2
...
$inc T1a , Nosize , "C:\...\Image1.bin"       'pixel data for Image1
$inc T2a , Nosize , "C:\...\Image2.bin"       'pixel data for Image2
```

Das Umsetzen eines Bildes in die Binärdatei wird nun vom bereits erwähnten *Image Converter* vorgenommen. Abbildung 136 zeigt die Oberfläche des Image Converters mit den Einstellmöglichkeiten, die mit den Angaben im Quelltext des zu erstellenden Programms abgeglichen sein müssen.

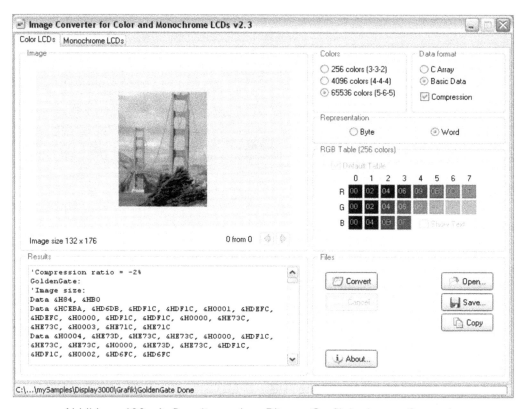

Abbildung 136   Aufbereitung einer Bitmap-Grafik im Image Converter

Das hier verwendete Bild der „Golden Gate Bridge" deckt das gesamte Display (132 x 176 Pixel) ab. Arbeitet man mit größeren Vorlagen sind diese in ihrer Größe entsprechend zu reduzieren. Ein beliebiges Bildverarbeitungsprogramm kann dazu verwendet werden.

Gemäß den gesetzten Optionen wird hier mit größter Farbtiefe (65536 Farben) und Kompression gearbeitet. Nach Anklicken des Buttons *Convert* und kurzer Rechenzeit präsentiert sich das Ergebnis im Feld *Result*.

Die DATA-Anweisungen kann man gelassen zur Kenntnis nehmen und schließlich als Binärdatei abspeichern. Wie mit diesen dann im Quelltext des Programms zu verfahren ist, war bereits erläutert worden.

7.7.4   D072 Programmbeispiele

Der folgende Abschnitt zeigt einige Programmbeispiele, die die Anwendung der Grafikbefehle und die erzielten Ergebnisse aufzeigen.

7.7.4.1 Lizenzbestimmungen

Die Ansteuerung des Grafikdisplays wurde von Peter Küsters durch Reverse Engineering ermittelt. Das Display wurde hierzu in seiner ursprünglichen Anwendung betrieben und der Datenverkehr zwischen ansteuerndem Mikrocontroller und dem Display protokolliert. Nach Auswertung der umfangreichen Protokolldateien (mehrere Hundert MByte) war die Ansteuerung offen gelegt.

Mit dem Kauf eines solchen Grafikdisplay erwirbt der Käufer eine Source-Code-Lizenz, die den folgenden Bedingungen unterliegt.

Display-Software-Grundlagen wurden von Peter Küsters, www.display3000.com ermittelt.

Dieser Display-Code ist urheberrechtlich geschützt. Sie erhalten eine Source-Code-Lizenz, d.h. Sie dürfen den Code in eigenen Programmen verwenden, diese aber nur in kompilierter Form weitergeben. Die Weitergabe dieses Codes in lesbarer Form oder die Publizierung im Internet etc. ist nicht gestattet und stellen einen Verstoß gegen das Urheberrecht dar.

Um die Lizenzbedingungen zu erfüllen und dennoch die Möglichkeiten des Grafikdisplays an Hand von Programmbeispielen vorzustellen, werden die der Lizenz unterliegenden Programmteile in das im folgenden Abschnitt vorgestellte Template über Includes eingefügt. Die Includedateien erhält man beim Kauf eines Grafikdisplays automatisch.

7.7.4.2 Template für Programmbeispiele

Listing 36 zeigt den Quelltext der Datei TEMPLATE.BAS, die Grundlage für alle weiteren Programmbeispiele ist.

Fett markiert und nummeriert wurden alle Stellen, die einer anwendungsspezifischen Anpassung bedürfen. Tabelle 13 beschreibt die anzupassenden Stellen im Quelltext.

```
'##############################################################################
' Program sample template          (1)
' Display D072
' Claus Kühnel 2007-03-29
'##############################################################################

$hwstack = 64
$swstack = 128
$framesize = 16           'you might need to raise these numbers if your code grows (2)

$regfile = "m128def.dat"
$crystal = 14745600           'enter the used clock of your actual microcontroller (3)

'##############################################################################
'Application variables
'... your application data          (4)

'##############################################################################
'Definition of used ports and pull up resistors (5)

'At our boards we are using Port B for the SPI-communication to the LCD.
```

```
'Now we need to select Port B as to an output port (data output to the display)
'DDR = Data direction register; Port B1, B2, B4, B5, B6 switched to output (1) as
needed by the display
Ddrb = &B01110110
Portb = &B10001001         '... the other ports of Port B are inputs with switched on
pull up resistors

Ddra = &B00000000          'switch all 8 Ports of Port A to input (0), Pin (PA.0 - PA.7)
Porta = &B11111111         'All port pins have individually selectable pull-ups.
                           'Here we enable these pull-up-resistors, so these Pins
                           'are always at logical 1
                           'You need to pull these Pins against ground (GND)
Ddrc = &B00000000          'switch all Ports of Port C to input
Portc = &B11111111         'all pull-up-Resistors turned on

Ddrd = &B00000000          'switch all Ports of Port D to input
Portd = &B11111111         'all pull-up-Resistors turned on

Ddre = &B00000000          'switch all Ports of Port E to input
Porte = &B11111111         'all pull-up-Resistors turned on

Ddrf = &B00000000          'switch all Ports of Port F to input
Portf = &B11111111         'all pull-up-Resistors turned on

Ddrg = &B00000000          'switch all Ports of Port G to input
Portg = &B11111111         'all pull-up-Resistors turned on
```

$include C:\Programme\BASCOM-AVR\mySamples\DisplaySamples\Includes\Init21_display3000.bas ' (6)

```
'##############################################################################
'Initialisation of the display (needs to be done only for changes from default) (7)
Orientation = Portrait180        'select neeeded orientation, here: Portrait180 mode
Graphics_mode = 65k_compressed   'select the needed color mode, here 65.536 colors
Gosub Lcd_init                   'Initialisation routine of the display,
                                 'needs to be done only once at the beginning
Gosub Lcd_cls

'##############################################################################
'Main program
Do
'... your application code                (8)
Loop

End
'##############################################################################
```

$include C:\Programme\BASCOM-AVR\mySamples\DisplaySamples\Includes\Glcd21_display3000.bas ' (9)

```
'---------------------------------------------------------------------
' Includes a graphics file shown at start up - you need to change the directory.
'---------------------------------------------------------------------
```

$inc T2a , Nosize , "C:\Programme\BASCOM-AVR\mySamples\Display3000\Grafik\Goldengate.bin" ' **(10)**

```
'#####################################################################
```
$include C:\Programme\BASCOM-AVR\mySamples\DisplaySamples\Includes\Glcd21_fonts.bas '
(11)
```
'Dummy Data um Fehlermeldungen bei der Kompilierung der Standardroutinen zu vermeiden
'Die Tabelle wird dann bei Nutzung eines indizierten Grafikdatei mit "echten" Daten
ausgetauscht
Colortable:
Data 0
```

Listing 36   Quelltext TEMPLATE.BAS

Position	Anpassung
(1)	Programmkopf: Programmtitel, Beschreibung, Autor und Version
(2)	Stackangaben für BASCOM-AVR, müssen je nach Anwendungsprogramm ggf. erweitert werden
(3)	Taktfrequenz des verwendeten AVR-Mikrocontrollers
(4)	Deklaration der Konstanten und Variablen des Anwendungsprogramms
(5)	Definition der verwendeten Ports und PullUp-Widerstände
(6)	Include für Datei *Init21_display3000.bas* (Pfad anpassen)
(7)	Initialisierung des Grafikdisplay
(8)	Anwendungsprogramm
(9)	*Include für Datei Glcd21_display3000.bas* (Pfad anpassen)
(10)	Include(s) für Bitmap-Grafik(en) incl. Pfadangabe
(11)	Include für Datei *Glcd21_fonts.bas* (Pfad anpassen)

Tabelle 13   Anwendungsspezifische Anpassungen am Template

7.7.5   *GoldenGate*

Im Programmbeispiel „GoldenGate" sollen die Verwendung einer Bitmap-Grafik und die Textausgabe vorgestellt werden.

Listing 37 zeigt den gesamten Quelltext zum Vergleich mit dem Template. Wieder sind die angepassten Stellen im Quelltext fett markiert. Es ist deutlich ersichtlich, dass die erforderlichen Anpassungen wenig dramatisch sind. Hat man im Template die Pfadangaben (6), (9) und (11) auf sein jeweiliges Entwicklungsumfeld eingestellt, dann fallen an diesen Stellen die Anpassungen auch noch weg.

```
'#####################################################################
' Program sample for demonstration of opening screen and text message
' Goldengate.bas
' Display D072
```

```
' Claus Kühnel 2007-04-06
'##############################################################################

$hwstack = 64
$swstack = 128
$framesize = 16              'you might need to raise these numbers if your code grows

$regfile = "m128def.dat"
$crystal = 14745600                'enter the used clock of your actual microcontroller


'##############################################################################
'Application variables
Dim Txt$ As String * 20


'##############################################################################
'Definition of used ports and pull up resistors
'At our boards we are using Port B for the SPI-communication to the LCD.
'Now we need to select Port B as to an output port (data output to the display)
Ddrb = &B01110110
'DDR = Data direction register; Port B1, B2, B4, B5, B6 switched to output (1) as
needed by the display
Portb = &B10001001      '... the other ports of Port B are inputs with switched on
pull up resistors

Ddra = &B00000000       'switch all 8 Ports of Port A to input (0), Pin (PA.0 - PA.7)
Porta = &B11111111      'All port pins have individually selectable pull-ups.
                        'Here we enable these pull-up-resistors, so these Pins are
always at logical 1
                        'You need to pull these Pins against ground (GND)
Ddrc = &B00000000       'switch all Ports of Port C to input
Portc = &B11111111      'all pull-up-Resistors turned on

Ddrd = &B00000000       'switch all Ports of Port D to input
Portd = &B11111111      'all pull-up-Resistors turned on

Ddre = &B00000000       'switch all Ports of Port E to input
Porte = &B11111111      'all pull-up-Resistors turned on

Ddrf = &B00000000       'switch all Ports of Port F to input
Portf = &B11111111      'all pull-up-Resistors turned on

Ddrg = &B00000000       'switch all Ports of Port G to input
Portg = &B11111111      'all pull-up-Resistors turned on


$include C:\Programme\BASCOM-AVR\mySamples\DisplaySamples\Includes\Init21_dis-
play3000.bas


'##############################################################################
'Initialisation of the display (needs to be done only for changes from default)
Orientation = Portrait180      'select neeeded orientation, here: Portrait180 mode
```

```
Graphics_mode = 65k_compressed  'select the needed color mode, here 65.536 colors
Gosub Lcd_init    'Initialisation routine of the display, Needs to be done only once
at the beginning
Gosub Lcd_cls

'##############################################################################
'Main program
Do
   Restore T2a
   Call Lcd_bitmap(0 , 0 , 131 , 175)
   Wait 2

   Call Lcd_box(0 , 0 , 131 , 175 , Bright_yellow)
   Txt$ = "Visit"
   Call Lcd_print(txt$ , 10 , 70 , 2 , 1 , 2 , Blue , Bright_yellow)
   Txt$ = "Golden Gate"
   Call Lcd_print(txt$ , 10 , 100 , 2 , 1 , 2 , Blue , Bright_yellow)
   Wait 1
   Txt$ = "Visit"
   Call Lcd_print(txt$ , 10 , 70 , 2 , 1 , 2 , Bright_yellow , Bright_yellow)
   Txt$ = "Golden Gate"
   Call Lcd_print(txt$ , 10 , 100 , 2 , 1 , 2 , Bright_yellow , Bright_yellow)
Loop

End
'##############################################################################

$include C:\Programme\BASCOM-AVR\mySamples\DisplaySamples\Includes\Glcd21_dis-
play3000.bas

   '----------------------------------------------------------------------------
   ' Includes agraphics file shown at start up - you need to change the directory.
   '----------------------------------------------------------------------------
$inc T2a , Nosize , "C:\Programme\BASCOM-AVR\mySamples\Display3000\Grafik\Goldenga-
te.bin"

'##############################################################################
$include C:\Programme\BASCOM-AVR\mySamples\DisplaySamples\Includes\Glcd21_fonts.bas
'Dummy Data um Fehlermeldungen bei der Kompilierung der Standardroutinen zu vermeiden
'Die Tabelle wird dann bei Nutzung eines indizierten Grafikdatei mit "echten" Daten
ausgetauscht
Colortable:
Data 0
```

Listing 37   Quelltext GOLDENGATE.BAS

In einer Endlosschleife wird das gemäß Abschnitt 7.7.3 vorbereitete Bild der „Golden Gate Bridge" für zwei Sekunden angezeigt. Nach dem Löschen des Bildschirminhalts durch Ausgabe einer gelben Box mit den Massen des ganzen Bildschirms erfolgen zwei Textausgaben in blauer Schrift vor gelbem Hintergrund. Nach einer Sekunde werden die beiden Texte durch das

Schreiben der gleichen Texte mit der Hintergrundfarbe an identischer Position gelöscht. Abbildung 137 zeigt die beiden Bildschirmausgaben des Programmbeispiels.

Das Fotografieren der Inhalte des Grafikdisplay ist nicht ganz trivial, wenn man Ergebnisse präsentieren will, die der Anzeige entsprechen. Durch die hier vorgenommene Darstellung in Grauwerten wird der Aufwand deshalb in Grenzen gehalten und die jeweilige Darstellung nicht unbedingt optimal sein. Wichtig ist an dieser Stelle, den Zusammenhang zum jeweiligen Programmbeispiel deutlich machen zu können.

Abbildung 137   Bildschirmausgaben des Programmbeispiels GOLDENGATE.BAS

7.7.6 Anzeige von Werten in einem Liniendiagramm

Im Programmbeispiel „Plot" wird die grafische Darstellung von Zahlenwerten in einem Liniendiagramm vorgestellt. Hierzu werden mit einem Pseudo-Zufallsgenerator die darzustellenden Werte erzeugt und als Originaldaten und gefilterte Daten zur Anzeige gebracht. Listing 38 zeigt einen Quelltextauszug aus dem Programmbeispiel PLOT.BAS.

```
'###########################################################################
' Program sample demonstrating plotting measuring data
' simulated by pseudo-random numbers)
' Display D072
' Claus Kühnel 2007-04-03
'###########################################################################

...

'###########################################################################
'Application variables
Dim Idx As Byte
Dim Tmpx As Byte , Tmpy As Byte , Tmpxold As Byte , Tmpyold As Byte
Dim Value(128) As Byte
Dim Filtered_value(128) As Byte
```

```
Dim Mean As Word
Dim Txt$ As String * 20
Const Filter = 5

...

'##############################################################################
'Initialisation of the display (needs to be done only for changes from default)
Orientation = Portrait180        'portrait180 mode
Graphics_mode = 65k_compressed   'select the needed color mode, here 65.536 colors
Gosub Lcd_init
Gosub Lcd_cls                     'clear screen (White)

'##############################################################################
'Main program
' Print text
Txt$ = "Load array..."
Call Lcd_print(txt$ , 2 , 2 , 1 , 1 , 1 , White , Dark_blue)
Wait 2
Call Lcd_print(txt$ , 2 , 2 , 1 , 1 , 1 , White , White)

For Idx = 1 To 128
   Value(idx) = Rnd(128)          ' random value is limited to byte by argument 128
   Filtered_value(idx) = 0
Next

For Idx = 1 To 123
   Mean = Value(idx)
   Mean = Mean + Value(idx + 1)
   Mean = Mean + Value(idx + 2)
   Mean = Mean + Value(idx + 3)
   Mean = Mean + Value(idx + 4)
   Mean = Mean \ 5
   Filtered_value(idx) = Low(mean)
Next

Do
   Gosub Lcd_cls                         'clear screen (White)

   ' Draw frame
   Call Lcd_rect(2 , 12 , 129 , 139 , 0 , Black)

   ' Print text
   Txt$ = "Show original data"
   Call Lcd_print(txt$ , 2 , 2 , 1 , 1 , 1 , White , Dark_blue)

   ' Draw line in frame
   Tmpxold = 2 : Tmpyold = 129
   For Idx = 1 To 128
      Tmpx = Idx + 1
```

```
        Tmpy = 139 - Value(idx)
        Call Lcd_draw(tmpxold , Tmpyold , Tmpx , Tmpy , 0 , Red)
        Tmpxold = Tmpx
        Tmpyold = Tmpy
'        Waitms 100
    Next
    Wait 2
    ' Clear text
    Call Lcd_print(txt$ , 2 , 2 , 1 , 1 , 1 , White , White)

    ' Print text
    Txt$ = "Add filtered data"
    Call Lcd_print(txt$ , 2 , 2 , 1 , 1 , 1 , White , Dark_blue)

    ' Draw line in frame
    Tmpxold = 2 : Tmpyold = 129
    For Idx = 1 To 128
        Tmpx = Idx + 1
        Tmpy = 139 - Filtered_value(idx)
        Call Lcd_draw(tmpxold , Tmpyold , Tmpx , Tmpy , 0 , Blue)
        Tmpxold = Tmpx
        Tmpyold = Tmpy
'        Waitms 100
    Next
    Wait 2

    ' Clear text
    Call Lcd_print(txt$ , 2 , 2 , 1 , 1 , 1 , White , White)
Loop

End
...
```

Listing 38   Quelltextauszug PLOT.BAS

Das Programmbeispiel PLOT.BAS besteht neben dem Initialisierungsteil im Wesentlichen aus drei separaten Programmteilen:

1. Load array
2. Display original data
3. Add filtered data

Abbildung 138 zeigt diese drei Programmteile an Hand der zugehörigen Bildschirmausgaben.

 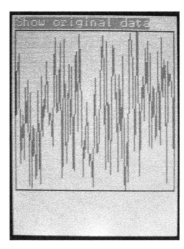 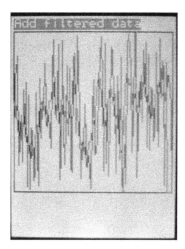

Abbildung 138   Bildschirmausgaben des Programmbeispiels PLOT.BAS

Im ersten Teil (Load array) werden die beiden Bytearrays `Value(128)` und `Filtered_value(128)` mit Pseudozufallszahlen bzw. Null initialisiert. Anschließend werden die im Array `Value()` abgelegte Werte einer Mittelwertbildung unterzogen. Die so gefilterten Werte werden im Array `Filtered_value()` abgespeichert. Dieser Vorgang erfolgt einmalig nach dem Programmstart.

Die beiden nächsten Programmteile befinden sich in der Endlosschleife und werden deshalb ständig wiederholt.

Auf dem gelöschten Bildschirm wird ein Rechteck ausgegeben, welches den Ausgabebereich für die darzustellenden Messwerte markiert. Bevor die 128 darzustellenden Messwerte in einer Liniengrafik in Rot ausgegeben werden, folgt noch die Textausgabe „Show original data" oberhalb der Grafik.

Nach einer Wartezeit von zwei Sekunden wird der ausgegebene Text gelöscht und das Programm tritt in die dritte Phase.

Die dritte Phase beginnt mit der Textausgabe „Add filtered data". Es folgt die Ausgabe der gefilterten Daten als Liniengrafik in Blau. Nach zwei Sekunden Anzeigezeit wird der Text gelöscht und der Zyklus beginnt von neuem.

7.8   Anschluss von Tasten und Tastaturen

Tastaturen an Mikrocontrollern müssen nicht zwangsläufig den Funktionsumfang von PC-Tastaturen aufweisen. Oft reicht eine einfache Folientastatur zur Eingabe bereits aus.

Abbildung 139 zeigt eine solche Folientastatur, die in einer Ausführung 1x12 (zwölf Einzeltasten) oder in einer Ausführung 3x4 (Tastaturmatrix) erhältlich ist.

Muss man mit der Anzahl von I/O-Leitungen nicht gerade geizen, dann kann die Ausführung 1x12 eingesetzt werden. Mit der Tastaturmatrix hingegen können immerhin drei I/O-Pins gespart werden.

7.8.1 Einzelne Tasten

Die in Abbildung 139 gezeigte Folientastatur hat in ihrer Ausführung 1x12 die folgende interne Verdrahtung (Abbildung 140).

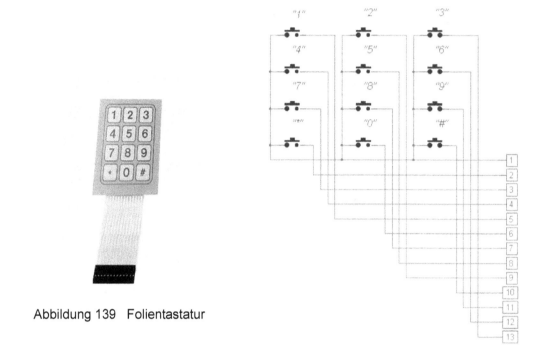

Abbildung 139 Folientastatur

Abbildung 140

Interne Verdrahtung der Tastatur 1x12

Alle in der Tastatur befindlichen Tasten werden einseitig an den Anschluss 1 zusammengeführt. Die andere Seite einer jeden Taste wird an die weiteren Anschlüsse 2 bis 13 geführt.

Für den Anschluss an den Mikrocontroller erhält man die in Abbildung 141 in vereinfachter Form dargestellten Verhältnisse, wie sie auch für den Anschluss von Einzeltasten gelten. Unsere Folientastatur wurde der Einfachheit halber hier auf vier Tasten reduziert.

Der gemeinsame Anschluss aller Tasten führt gegen GND, während die anderen Anschlüsse über PullUp-Widerstände mit der Betriebsspannung verbunden sind. Als PullUp-Widerstände können auch die internen PullUp-Widerstände der AVR-Mikrocontroller dienen.

Drückt man nun eine Taste, dann kann am betreffenden I/O-Pin eine Hi-Lo-Flanke detektiert werden. Beachtet werden muss darüber hinaus, dass alle mechanischen Tasten prellen. Um die Entprellung muss man sich aber nicht weiter kümmern, denn BASCOM-AVR bietet hier mit der Instrukti-

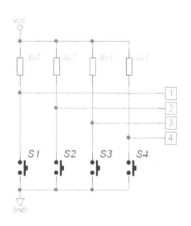

Abbildung 141

Reduziertes Tastenfeld

on debounce hilfreiche Unterstützung. Listing 39 zeigt die Abfrage des limitierten Tastenfeldes unter Verwendung der Instruktion debounce.

```
$regfile = "m8def.dat"                ' ATmega8
$crystal = 3686400                    ' für STK500
$baud = 19200

Const Keys = 4                        ' Test für 4 Taster

Config Portb = Input                  ' PB ist Eingang
Portb = 255                           ' PullUp aktiv

Dim I As Byte
Dim Key As Byte                       ' Variable mit Tastennummer

Do
 For I = 1 To Keys                    ' Abfrage aller Tasten
  Key = I
  Select Case Key
  Case 1 : Debounce Pinb.0 , 0 , Display_key , Sub
  Case 2 : Debounce Pinb.1 , 0 , Display_key , Sub
  Case 3 : Debounce Pinb.2 , 0 , Display_key , Sub
  Case 4 : Debounce Pinb.3 , 0 , Display_key , Sub
  ' Case 5 : Debounce Pinb.4 , 0 , Display_key , Sub
  ' u.s.w.
  End Select
 Next
Loop

End

Display_key:
    Print Key ; ". Taste"
Return
```

Listing 39   Tastaturabfrage (KEY1.BAS)

7.8.2   Matrix-Tastatur

Muss man I/O Leitungen sparen, dann wird sicher einer Ausführung 3x4 bzw. jeder anderen Variante einer Matrix-Tastatur der Vorzug gegeben.

Wie Abbildung 142 zeigt, sind die Tasten spalten- und zeilenweise zusammengefasst. Die Anschlüsse 1 bis 3 kontaktieren die Spalten und die Anschlüsse 4 bis 7 die betreffenden Zeilen.

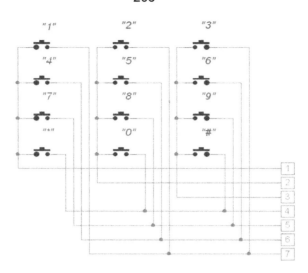

Abbildung 142   Interne Verdrahtung der Tastatur 3x4

Durch Drücken der Taste "1" werden beispielsweise Anschluss 1 und 7 miteinander verbunden.

Unter Verwendung der internen PullUp-Widerstände erhält man das folgende Anschlussschema einer 3x4 Tastaturmatrix (Abbildung 143).

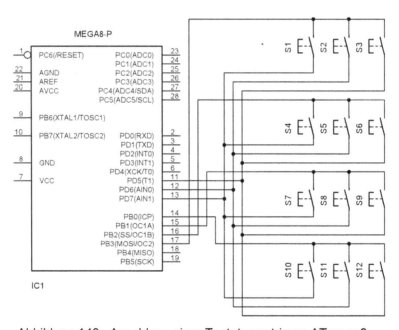

Abbildung 143   Anschluss einer Tastaturmatrix an ATmega8

Die Pins PB0 bis PB3 fungieren als Eingänge mit PullUp-Widerstand, während die Pins PD5 bis PD7 jeweils die abgefragte Spaltenleitung auf Lo legen.

Die Abfrage einer solchen Tastaturmatrix teilt sich damit in mehrere Abfragen von Spalten auf.

Listing 40 zeigt in der Funktion `query_matrix()` zwei verschachtelte Schleifen zur Abfrage der Tastaturmatrix.

```
$regfile = "m8def.dat"              ' ATmega8
$crystal = 3686400                  ' für STK500
$baud = 19200


Ddrb = &HFF                         ' PB3-PB0 Eingang
Portb = &HFF                        ' PullUp aktiv

Ddrd = &HE0                         ' PBD7-PB5 Ausgang

Dim S As String * 12
S = "123456789*0#"
Dim Ss As String * 1

Dim Column As Byte
Dim Row As Byte
Dim Key As Byte                     ' Variable enthält Tastennummer

Declare Function Query_matrix() As Byte

Do
  Key = Query_matrix()              ' Abfrage der Tastaturmatrix
  If Key <> 0 Then
    Ss = Mid(s , Key , 1)
    Print "Taste " ; Key ; " = " ; Ss    ' Anzeige der gelesenen Taste
  End If
  Waitms 500
Loop

End

Function Query_matrix() As Byte
  Key = 0
  For Column = 0 To 2
    Portd = &HE0
    If Column = 0 Then Reset Portd.5
    If Column = 1 Then Reset Portd.6
    If Column = 2 Then Reset Portd.7
    For Row = 4 To 7
      Select Case Row
        Case 4 : Debounce Pinb.3 , 0 , Calc_key , Sub
        Case 5 : Debounce Pinb.2 , 0 , Calc_key , Sub
        Case 6 : Debounce Pinb.1 , 0 , Calc_key , Sub
        Case 7 : Debounce Pinb.0 , 0 , Calc_key , Sub
      End Select
    Next
```

```
  Next
  Query_matrix = Key
End Function Query_matrix()

Calc_key:
  Select Case Row
    Case 4 : Key = Column + 1
    Case 5 : Key = Column + 4
    Case 6 : Key = Column + 7
    Case 7 : Key = Column + 10
  End Select
Return
```

Listing 40   Abfrage Tastaturmatrix (KEY2.BAS)

In der inneren Schleife For Row = 4 to 7 ... Next werden die Tasten innerhalb einer Spalte abgefragt. Die abzufragende Spalte wird in der äußeren Schleife For Column = 0 To 2 ... Next durch Rücksetzen des zugehörigen Pins aktiviert.

Will man eine 4x4-Matrix (z.B. Hexadezimal-Tastatur) abfragen, dann ist die Spaltenabfrage auf For Column = 0 To 3 ... Next zu erhöhen.

Neben dieser Methode bietet BASCOM-AVR auch eine eigene Funktion GETKBD() zur Abfrage einer 4x4 Tastaturmatrix. Die Art des Anschlusses ist in der BASCOM-AVR Hilfe explizit beschrieben.

Mit der Instruktion Config Kbd = Porta weist man der Tastaturmatrix ein beliebiges Port zum Anschluss zu und die Abfrage der Tastatur erfolgt dann nur noch über den Funktionsaufruf. Die folgenden Zeilen zeigen den einfachen Programmaufbau.

```
Config Kbd = Porta
Config Portb = Output

Dim Value As Byte

Value = Getkbd()
Portb = not Value
```

7.8.3   PC-AT-Tastatur

Die PC-AT-Tastatur ist heute sehr preiswert zu haben und kommt damit auch für Mikrocontroller, die nicht den vollen Funktionsumfang ausnutzen, als Eingabemedium in Betracht.

Alte XT-Tastaturen werden an dieser Stelle nicht betrachtet, da sie ein abweichendes Verhalten aufweisen und heute nicht mehr so verbreitet sind.

Die Tastatur sendet beim Betätigen und Loslassen einer Taste jeweils sogenannte Scancodes, die beim PC vom BIOS ausgewertet werden. Wurde beispielsweise die Taste A gedrückt, dann sendet die Tastatur den Scancode &H1C (Make Code). Wird die Taste gedrückt gehalten, dann wird nach einer bestimmten Zeit erneut dieser Scancode gesendet. Das wiederholt sich solange, bis die Taste losgelassen oder eine andere gedrückt wird.

Wird nun die Taste A losgelassen, dann sendet die Tastatur die Scancodes &HF0 und anschließend &H1C (Break Code). Ein Break Code unterscheidet sich von einem Make Code durch das vorangestellte Byte &HF0.

Wie Abbildung 144 zeigt, besitzt jede Taste einen Scancode. Ob die Shift-Taste gedrückt wurde, wird beim PC vom BIOS ermittelt. Genauso übernimmt das BIOS durch Senden eines Codes zur Tastatur das Einschalten der LEDs auf der Tastatur, wenn eine der Tasten Num Lock, Caps Lock oder Scroll Lock gedrückt wurde.

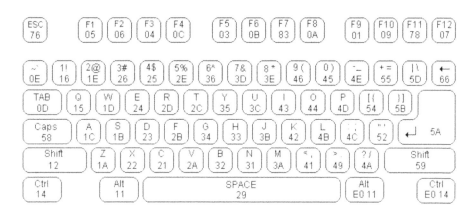

Abbildung 144   Scancodes der PC-AT-Tastatur

Wenn man nun aber denkt, dass die 101 Tasten der PC-AT-Tastatur durch 101 unterschiedliche Scancodes im Byteformat repräsentiert werden, dann hat man sich grundlegend getäuscht.

Einige der Tasten sind sogenannte Extended Keys, denen ein &HE0 vorangestellt wird. Beim Drücken der Pause Taste erhält man gar die Bytefolge &HE1,&H14, &H77, &HE1, &HF0, &H14, &HF0, &H77!

Da in unserem Mikrocontroller kein BIOS hilfreich zur Seite steht, muss die erforderliche Decodierung der Scancodes durch den Mikrocontroller selbst vorgenommen werden. BASCOMAVR stellt hierfür die Funktion Getatkbd() bereit, die den Anwender von dieser Arbeit entlastet.

Bevor die Softwareseite des Tastaturinterfaces betrachtet wird, soll erst das Augenmerk auf die hardwareseitige Anbindung gelenkt werden.

Abbildung 145 zeigt die zur Verfügung stehenden Anschlüsse der PC-Tastatur in Form von DIN- und PS/2-Stecker. Wie der Steckerbelegung zu entnehmen ist, erfolgt der gesamte Datenaustausch über eine synchrones, serielles Interface. Die Datenleitung ist bidirektional, während der Takt (Clock) immer von der Tastatur bereitgestellt wird.

Abbildung 146 zeigt den einfachen Anschluss einer PC-AT-Tastatur an (zwei beliebige I/O-Pins) eines Mikrocontrollers AT90S8515.

1 - Clock
2 - Data
3 - nicht belegt
4 - GND
5 - + 5 V

1 - Data
2 - nicht belegt
3 - GND
4 - + 5 V
5 - Clock
6 - nicht belegt

Abbildung 145   DIN- und PS/2-Stecker der PC-AT-Tastatur

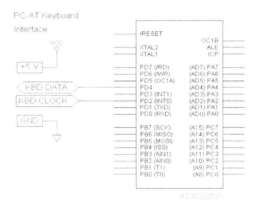

Abbildung 146   Anschluss einer PC-AT-Tastatur

Listing 41 zeigt das einfache Programmbeispiel ATKBD.BAS zum Test einer Tastaturabfrage.

```
$regfile = "m8def.dat"              ' ATmega8
$crystal = 3686400                  ' für STK500
$baud = 19200


Config Keyboard = Pind.2 , Data = Pind.4 , Keydata = Keydata

Dim Key As Byte

Print "Test der Eingabe von einer AT-Tastatur"

Do
  Key = Getatkbd()                  ' Abfrage der AT-Tastatur
  If Key <> 0 Then
     Print "Taste " ; Chr(key)
  End If
Loop
End
```

```
'  Scan Code Übersetzungstabelle

Keydata:
'normal keys lower case
Data 0 , 0 , 0 , 0 , 0 , 0 , 0 , 0 , 0 , 0 , 0 , 0 , 0 , 0 , &H5E , 0
Data 0 , 0 , 0 , 0 , 0 , 113 , 49 , 0 , 0 , 0 , 122 , 115 , 97 , 119 , 50 , 0
Data 0 , 99 , 120 , 100 , 101 , 52 , 51 , 0 , 0 , 32 , 118 , 102 , 116 , 114 , 53 , 0
Data 0 , 110 , 98 , 104 , 103 , 121 , 54 , 7 , 8 , 44 , 109 , 106 , 117 , 55 , 56 , 0
Data 0 , 44 , 107 , 105 , 111 , 48 , 57 , 0 , 0 , 46 , 45 , 108 , 48 , 112 , 43 , 0
Data 0 , 0 , 0 , 0 , 0 , 92 , 0 , 0 , 0 , 0 , 13 , 0 , 0 , 92 , 0 , 0
Data 0 , 60 , 0 , 0 , 0 , 0 , 8 , 0 , 0 , 49 , 0 , 52 , 55 , 0 , 0 , 0
Data 48 , 44 , 50 , 53 , 54 , 56 , 0 , 0 , 0 , 43 , 51 , 45 , 42 , 57 , 0 , 0


'shifted keys UPPER case
Data 0 , 0 , 0 , 0 , 0 , 0 , 0 , 0 , 0 , 0 , 0 , 0 , 0 , 0 , 0 , 0
Data 0 , 0 , 0 , 0 , 0 , 81 , 33 , 0 , 0 , 0 , 90 , 83 , 65 , 87 , 34 , 0
Data 0 , 67 , 88 , 68 , 69 , 0 , 35 , 0 , 0 , 32 , 86 , 70 , 84 , 82 , 37 , 0
Data 0 , 78 , 66 , 72 , 71 , 89 , 38 , 0 , 0 , 76 , 77 , 74 , 85 , 47 , 40 , 0
Data 0 , 59 , 75 , 73 , 79 , 61 , 41 , 0 , 0 , 58 , 95 , 76 , 48 , 80 , 63 , 0
Data 0 , 0 , 0 , 0 , 0 , 96 , 0 , 0 , 0 , 0 , 13 , 94 , 0 , 42 , 0 , 0
Data 0 , 62 , 0 , 0 , 0 , 8 , 0 , 0 , 49 , 0 , 52 , 55 , 0 , 0 , 0 , 0
Data 48 , 44 , 50 , 53 , 54 , 56 , 0 , 0 , 0 , 43 , 51 , 45 , 42 , 57 , 0 , 0
```

Listing 41   Abfrage einer PC-AT-Tastatur (ATKBD.BAS)

Bevor eine Tastaturabfrage erfolgen kann, müssen die verwendeten I/O-Pins sowie die Tabelle mit den Scancodes konfiguriert werden. Pin2 von PortD empfängt den Takt von der Tastatur, während Pin4 als Datenleitung dient.

Die Funktion Getkbd() fragt die Tastatur nach Daten ab, in dem der den Scancode enthaltende Bitstrom von der Tastatur gemäß Abbildung 147 analysiert wird.

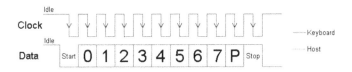

Abbildung 147   Bitstrom vom Tastaturcontroller

Der Wert der Funktion Getkbd() entspricht der gedrückten Taste nicht dem komplizierten Scancode. Das Drücken der Taste "a" hat also einen Rückgabewert von 97 zur Folge.

Die Spannungsversorgung der Tastatur wird durch die Mikrocontrollerschaltung geliefert. Hier ist auf die Stromaufnahme der verwendeten Tastatur zu achten. Im Zweifelsfall sollte die Stromaufnahme gemessen werden, damit man das Netzteil nicht unzulässig belastet.

7.9 Dateneingabe mit IR-Fernbedienung

Die meisten Audio- oder Videosysteme sind heute mit einer Infrarot-Fernbedienung ausgestattet. Verbreitet sind Fernbedienungen von SONY bzw. Philips, die ein Übertragungsprotokoll nach dem RC5-Standard aufweisen.

Das RC5-Protokoll besteht aus einem 14 Bit Wort, welches nach dem Manchester-Verfahren (bi-phasisch) codiert ist. Abbildung 148 zeigt ein RC5 codiertes IR Kommando.

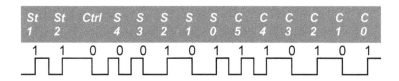

Abbildung 148   RC5 codiertes IR Kommando

Das Kommando wird mit zwei Startbits (St1, St2), die immer den Wert 1 haben, eingeleitet. Das nächste Bit (Ctrl) toggelt bei jedem Kommando, wodurch Wiederholungen eines Kommandos detektiert werden können. Dem Ctrl-Bit folgen fünf Systembits (S4-S0), die das anzusprechende Gerät adressieren. Gewöhnlich haben TV-Geräte die Adresse 0, Videogeräte die Adresse 5 u.s.w. Die sechs Kommandobits (C5-C0), durch die 64 unterschiedlichen Kommandos pro Gerät kodiert werden können, schliessen die Kommandosequenz ab.

Tabelle 14 zeigt einen Ausschnitt aus der Liste von Geräten, die über eine IR-Fernbedienung angesprochen werden können.

RC5-Adresse	System	Gerät
0	Video	TV1
1		TV2
5		VCR1
6		VCR2
17	Audio	Tuner
20		CD
21		Phono
18		Recoder1

Tabelle 14   Geräteadressen

0	Ziffer 0	16	Lautstärke +	32	nicht vergeben	48	Pause
1	Ziffer 1	17	Lautstärke -	33	nicht vergeben	49	Löschen
2	Ziffer 2	18	Helligkeit +	34	langsamer Bildrücklauf	50	schneller Rücklauf
3	Ziffer 3	19	Helligkeit -	35	nicht vergeben	51	gehe zu
4	Ziffer 4	20	Farbsättigung +	36	nicht vergeben	52	schneller Vorlauf
5	Ziffer 5	21	Farbsättigung -	37	Einzelbild zurück	53	Start
6	Ziffer 6	22	Tiefen +	38	langsamer Bildvorlauf	54	Stopp
7	Ziffer 7	23	Tiefen -	39	langsamer Rücklauf	55	Aufnahme
8	Ziffer 8	24	Höhen +	40	langsamer Vorlauf	56	Verbinde
9	Ziffer 9	25	Höhen -	41	Einzelbild vorwärts	57	nicht vergeben
10	nicht vergeben	26	Balance rechts	42	schneller Bildvorlauf	58	nicht vergeben
11	Kanal / Progr. Wahl	27	Balance links	43	nicht vergeben	59	Arm hoch
12	Bereitschaft	28	nicht vergeben	44	Bildsuchlauf zurück	60	Arm senken
13	Stummschaltung	29	nicht vergeben	45	Eject	61	Bereitschaft
14	Normal - Taste	30	Suchlauf vorwärts zur nächsten Marke	46	Bildsuchlauf vorwärts	62	Systemwahl
15	Anzeige	31	Suchlauf rückwärts zur nächsten Marke	47	Bildrücklauf	63	Systemwahl

Tabelle 15   Funktionscodes der Tasten der IR-Fernbedienung

Das Kommando in Abbildung 148 wird nach diesen Erläuterungen also dem VCR1 (RC5-Adresse = 5) den Wert &H35 (= 53$_D$) übergeben.

7.9.1   Abfrage der IR-Fernbedienung

Mit dem Programm TEST_RC5.BAS kann eine Fernbedienung auf das RC5-Protokoll hin untersucht werden.

```
'---------------------------------------------------------------
' RC5 Receiver Test
' Test des Empfangs von Kommandos einer RC5 Fernbedienung
' getested mit einer Tihao-E10in1 Universal-Fernbedienung
' CK 2004-01-30
'---------------------------------------------------------------
$regfile = "m8def.dat"              ' ATmega8
$crystal = 3686400                  ' für STK500
$baud = 19200
```

```
Config Rc5 = Pind.3              ' PD3 ist Eingang für SFH506-36
Portd.3 = 1                      ' PullUp aktiv

Enable Interrupts               ' Timer0 arbeitet im Hintergrund

Dim Address As Byte , Command As Byte
Dim Flag As Bit

Flag = 1

Do
   Getrc5 (address , Command)
   If Flag = 1 Then
     Print "Wait for command"
     Flag = 0
   End If
   If Address <> 255 Then
     Reset Command.7                 ' Togglebit zurücksetzen
     Cls
     Print "Address: " ; Address ; " Command: " ; Command
     Flag = 1
   End If
Loop

End
```

Listing 42   Abfrage einer IR-Fernbedienung (TEST_RC5.BAS)

Wie in Listing 42 vermerkt, wurde eine Universal-Fernbedienung vom Typ Tihao-E10in1 eingesetzt. Dieser oder ein ähnlicher Typ liegt heute in fast jedem Supermarkt herum oder ist im Elektronikhandel sehr günstig zu haben.

Die IR-Fernbedienung ist lernfähig und kann so auf die unterschiedlichen Geräte angepasst werden. Wichtig ist, bei der Programmierung der Fernbedienung die betreffende Anleitung zur Hand zu haben. Hat man die Fernbedienung z.B. auf SONY Geräte programmiert, dann sendet diese auch RC5-Protokolle zum zu steuernden Gerät.

Abbildung 149 zeigt die besagte Universal-Fernbedienung. Markiert sind die Tasten für TV1 (Adresse 0) und VCR (Adresse 5) sowie die Tasten zur Programmwahl (Kommandos 32 und 33) und zur Lautstärkeeinstellung (Kommandos16 und 17).

Wie das Programm TEST_RC5.BAS die Betätigung der markierten Tasten behandelt, zeigt Abbildung 150.

In einer Endlosschleife wird nach einem RC5-Kommando gesucht. Wurde kein Kommando gesendet, dann gibt der Aufruf der Funktion GETRC5 den Wert 255 für Adresse und Kommando zurück. Die betreffenden Ausgaben werden unterdrückt.

Sobald aber eine von 255 verschiedene Adresse gemeldet wird, handelt es sich um ein empfangenes RC5-Kommando. Dann werden Adresse und Kommando ausgegeben und im Terminalfenster auch sichtbar.

Wie Abbildung 150 zeigt, wurde zum Test zuerst das Fernsehgerät (TV1) selektiert und dann die vier markierten Tasten betätigt. Anschließend erfolgte die Selektion des Videorecorders (VCR) und die erneute Betätigung der vier markierten Tasten.

Wen die vielen ungenutzten Tasten einer solchen Fernbedienung nicht weiter stören, der hat auf diese Weise eine einfache Eingabemöglichkeit zur Verfügung.

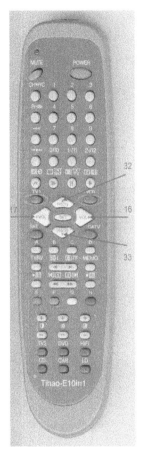

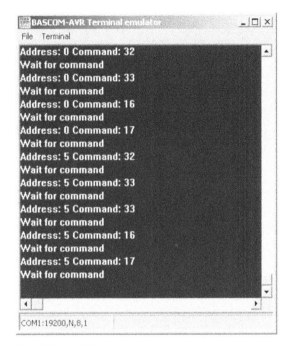

Abbildung 150
Ausgabe von Adresse und Kommandobyte

Abbildung 149
Universal-Fernbedienung

Nachdem die softwareseitige Auswertung eines RC5-Kommandos geklärt ist, bleibt noch die Hardware.

Der SFH 506 von Siemens war einer der ersten Vertreter dieser Klasse von Bauteilen. Mittlerweile wird der SFH 506 nicht mehr hergestellt. Es werden aber technisch kompatible Sensoren verschiedener Hersteller angeboten, die oftmals deutlich preisgünstiger sind. Benötigt wird in jedem Fall die 36 kHz-Version. Abbildung 151 zeigt IR-Empfänger verschiedener Hersteller einschließlich ihrer Anschlussbelegung.

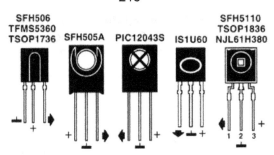

Abbildung 151   Einsetzbare IR-Empfänger

Abbildung 152 zeigt den Anschluss des IR-Empfängers SFH506-36 an einen Mikrocontroller ATmega8. Wichtig für diese Art des Anschlusses ist das Aktivieren des internen PullUp-Widerstands. Als Eingang kann ein beliebiges I/O-Pin dienen. Der INT1 Interrupt wird nicht verwendet.

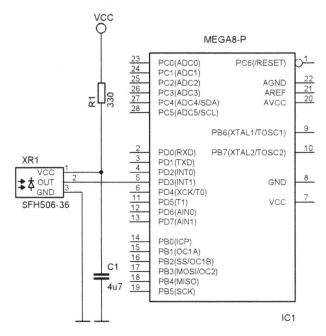

Abbildung 152   SFH506 am ATmega8

7.9.2   Gerätesteuerung mit IR-Fernbedienung

Im folgenden Anwendungsbeispiel wird eine IR-Empfängerschaltung beschrieben, die vier Relais ansteuert und erstmals in einem älteren CD-Player ohne IR-Fernbedienung eingesetzt wurde. Grundsätzlich ist es aber ohne Belang, welche Lasten von den Relais geschaltet werden. Abbildung 153 zeigt das Schaltbild der Gerätesteuerung. Der dargestellte Mikrocontroller AT90S2313 ist seit längerem abgekündigt und kann durch einen ATtiny2313 ersetzt werden.

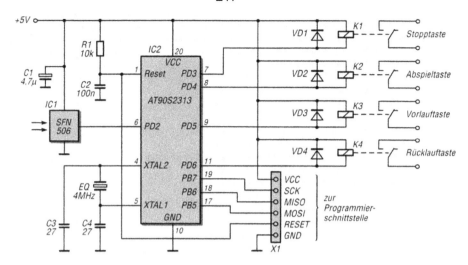

Abbildung 153   Gerätesteuerung mit IR-Fernbedienung

Das in Listing 43 dargestellte Programm DN_RC5.BAS beginnt mit der Initialisierung des IR-Empfängereingangs und der vier Schaltausgänge. Beim Empfang des IR-Signals wird der Timer0 Interrupt verwendet. Deshalb müssen die Interrupts auch explizit freigegeben werden, bevor in die Hauptschleife des Programms eingetreten wird.

In der Hauptschleife erfolgt zuerst die Abfrage auf eine empfangene Sequenz von der IR-Fernbedienung. Das Toggle-Bit wird prophylaktisch zu Null gesetzt.

War die empfangene Sequenz für einen CD-Player bestimmt (Adresse = 20), dann kann das Kommando noch decodiert werden. Jedem Kommando ist ein Funktionscode gemäß Tabelle 15 zugeordnet.

Dem decodierten Kommando entsprechend erscheint an der seriellen Schnittstelle eine Ausgabe und das zugehörige Relais wird über die Subroutine pulse(io, repeat) angesteuert. Der Parameter io kann einen Wert zwischen 3 und 6 (PD3 bis PD6) annehmen. Der Parameter repeat legt die Anzahl der Schaltzustände fest, die vom Relais im Halb-Sekunden-Takt ausgeführt werden.

Durch Anpassung der Subroutine pulse(io, repeat) können den Kommandos der IR-Fernbedienung auch ganz anderen Funktionen zugeordnet werden.

```
'############################################################
' DN_RC5.BAS
'
' Empfang und Decodierung eines RC5-Signal einer Universal-IR-
' Fernbedienung und Ansteuerung von vier Relais schalten.
' Die Relais werden zum Steuern eines CD-Player ohne IR-Fern-
' bedienung verwendet.
' Mit der Baugruppe lassen sich aber beliebige Verbraucher, wie
' im Modellbau, Modelleisenbahn, Niedervoltlampen u.a. schalten.
'
' !!! In jedem Fall ist die Schaltleistung der Relais und der
```

```
' Strombedarf zu beachten.
' Der Strombedarf darf 15 mA nicht übersteigen !!!
'
' Chip: AT90S2313
' Xtal: 4 MHz
' IR-Sensor: SFH 506-36 oder TSOP 1736
' Relais: DR-5V-H14 oder DIP 7212-D 5V (wichtig RI min 500 Ohm)
'
' Autor: Dirk Neyen
'##############################################################

'$regfile = "2313def.dat"        ' AT90S2313
$regfile = "attiny2313.dat"      ' ATtiny2313
$crystal = 4000000               ' Quarzfrequenz für SP12-(T)WinAvr
$baud = 19200                    ' Baudrate


Config Rc5 = Pind.2              ' PD2 ist Eingang für TSOP 1736
Portd.2 = 1        ' Pullup aktiv

Config Pind.3 = Output           ' PD3 ist Ausgang für Relais 1
Portd.3 = 1                      ' PD3 = 5 V, Relais 1 nicht angezogen
Config Pind.4 = Output           ' PD4 ist Ausgang für Relais 2
Portd.4 = 1                      ' PD4 = 5 V, Relais 2 nicht angezogen
Config Pind.5 = Output           ' PD5 ist Ausgang für Relais 3
Portd.5 = 1                      ' PD5 = 5 V, Relais 3 nicht angezogen
Config Pind.6 = Output           ' PD6 ist Ausgang für Relais 4
Portd.6 = 1                      ' PD6 = 5 V, Relais 4 nicht angezogen

Declare Sub Pulse(byval Io As Byte , Byval Repeat As Byte)

Dim Address As Byte , Command As Byte
Dim X As Byte , A As Byte

Enable Interrupts                ' Timer0 arbeitet im Hintergrund

Print "Warte auf RC5 signal..."

Do
  Getrc5(address , Command)       ' Einlesen des RC5-Signals
  Reset Command.6                 ' Reset Toggle-Bit

  If Address = 20 Then            ' Prüfen, ob Addresse 20 ist
   Print Address ; "  " ; Command ' Ausgabe von Adr. u. Command
                                  ' wird nur zum Testen gebraucht.

      If Command = 54 Then        ' "Stop" Taste gedrückt?
         Print "STOP"
         Pulse 3 , 1
      End If
```

```basic
       If Command = 48 Then                  ' "Pause" Taste gedrückt?
          Print "PAUSE"
          Pulse 4 , 1
       End If

       If Command = 53 Then                  ' "Play" Taste gedrückt?
          Print "PLAY"
          Pulse 4 , 1
       End If

       If Command = 52 Then                  ' ">>" Taste gedrückt?
          Print ">>"
          Pulse 5 , 1
       End If

       If Command = 50 Then                  ' "<<" Taste gedrückt?
          Print "<<"
          Pulse 6 , 1
       End If

       If Command = 0 Then                   ' "0" Taste gedrückt?
          Print "0 => STEP x 10"             ' Relais 3 10x ein- und ausschalten
          Pulse 5 , 10
       End If

       If Command = 5 Then                   ' "5" Taste gedrückt?
          Print "5 => STEP x 5"              ' Relais 3 5x ein- und ausschalten
          Pulse 5 , 5
       End If
    End If
Loop
End

Sub Pulse(io , Repeat )                      ' Relaisansteuerung
   Local I As Byte
   For I = 1 To Repeat
      Portd.io = 0
      Waitms 250
      Portd.io = 1
   Waitms 250
Next
End Sub
```

Listing 43   Quelltext DN_RC5.BAS

7.10 Asynchrone serielle Kommunikation

Zur asynchronen seriellen Kommunikation dient im AVR-Mikrocontroller der interne UART (Universal Asynchronous Receiver Transmitter) oder eine Softwareemulation. Bei den megaAVR wurde die Funktionalität des UART noch erweitert und wir sprechen jetzt von einem USART (Universal Synchronous Asynchronous Receiver Transmitter).

Die in BASIC üblichen Ein-/Ausgabe-Instruktionen sind hier auf die serielle Schnittstelle umgeleitet. Das bedeutet, dass die Instruktion `Input` Zeichen von der seriellen Schnittstelle erwartet und demzufolge die Instruktion `Print` Zeichen zur seriellen Schnittstelle sendet.

Um einen AVR-Mikrocontroller mit einem COM-Port eines PCs zu verbinden, bedarf es noch einer Pegelwandlung. Zur Pegelwandlung wird im allgemeinen ein MAX232 oder ein hierzu äquivalenter Baustein eingesetzt. Abbildung 154 zeigt die Beschaltung der USART-Pins eines ATmega8 mit einem MAX231. Der MAX231 unterscheidet sich nur durch die Beschaltung vom bekannten MAX232.

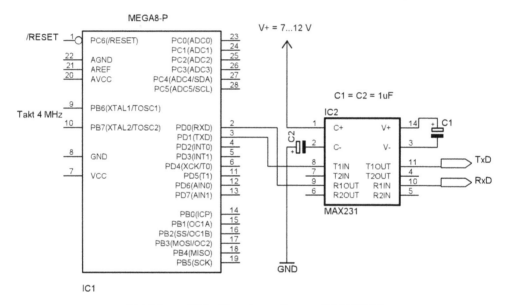

Abbildung 154   Pegelwandlung mit MAX231

Die Kommunikation kann vom PC aus mit dem Terminal Emulator von BASCOM-AVR oder jedem anderen Terminalprogramm aufgenommen werden. Listing 44 zeigt ein kleines Testprogramm.

```
$regfile = "m8def.dat"              ' ATmega8
$crystal = 3686400                  ' für STK500
$baud = 19200

Dim A As Integer

Do
  Input "Bitte Zahl eingeben: " , A
```

```
  Print "Die eingegebene Zahl war " ; A
Loop

End
```

Listing 44   Serielle Ein-/Ausgabe (SERIAL1.BAS)

Die Variable A ist als Integerzahl vereinbart worden. Wie Abbildung 155 zeigt, wird die einge-gebene Zahl in den Integerbereich -32768 ... 32767 umgewandelt.

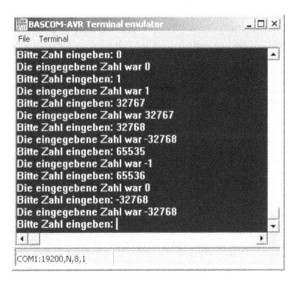

Abbildung 155   Eingabe einer Integerzahl

Wichtig für die byteweise Eingabe ohne abschließendes Carriage Return (CR) ist die Instrukti-on Inputbin. Listing 45 zeigt hierzu ein Programmbeispiel.

```
$regfile = "m8def.dat"              ' ATmega8
$crystal = 3686400                  ' für STK500
$baud = 19200

Dim A As Byte
Dim B As Word

Do
  Inputbin A , B                    ' Eingabe von Byte und Word
  Printbin A ; B
  Print
Loop

End
```

Listing 45   Byteweise Ein/Ausgabe (SERIAL2.BAS)

Variable A ist als Byte und Variable B als Word deklariert. Die Instruktion `Inputbin` wartet nun auf den Empfang von insgesamt drei Bytes ohne ein abschließendes Carriage Return (CR).

Wurden die drei Bytes empfangen, dann sendet `Printbin` diese drei Bytes zurück. Die Ausgabe durch `Printbin` wird ergänzt durch die Ausgabe von Carriage Return/Line Feed (CR/LF) durch die Instruktion `Print`.

Verwandt mit dieser Form der Eingabe sind die Funktionen `Inkey()` und `Waitkey()`. `Waitkey()` wartet auf den Empfang eines Zeichen und übergibt dieses einer Variablen, während `Inkey()` ein Zeichen aus dem Eingabebuffer liest und dieses einer Variablen übergibt.

Ist der Buffer leer, dann übergibt `Inkey()` den Wert 0. `Inkey()` kann „keine Eingabe" nicht vom (binären) Zahlenwert 0 unterscheiden und ist damit nur für druckbare Zeichen geeignet.

Einen Ausweg bietet die Funktion `Ischarwaiting()`, die den Buffer nach einem vorhandenen Zeichen abfragt. Ist ein Zeichen vorhanden, dann kann mit `Inkey()` das Zeichen auch fehlerfrei gelesen werden. Listing 46 zeigt hierzu das Programmbeispiel SERIAL3.BAS.

```
$regfile = "m8def.dat"              ' ATmega8
$crystal = 3686400                  ' für STK500
$baud = 19200
'$sim                               ' für Simulation nicht auskommentieren


Dim A As Byte

Print "Waitkey - Abbruch mit ESC"
Do
  A = Waitkey()                     ' wartet auf die Eingabe eines Zeichens
  Print Chr(a) ; " ist ASCII " ; A
Loop Until A = 27

Print "Inkey - Abbruch mit ESC"
Do
  A = Inkey()                       ' lese ein Zeichen
  Print Chr(a) ; " ist ASCII " ; A
  Waitms 100
Loop Until A = 27

Print "Ischarwaiting & Inkey - Abbruch mit ESC"
Do
  A = Ischarwaiting()               ' Zeichen im Buffer?
  If A = 1 Then
    A = Inkey()                     ' lese das Zeichen
    Print Chr(a) ; " ist ASCII " ; A
  End If
Loop Until A = 27

End
```

Listing 46   Zeicheneingabe mit `Waitkey()` und `Inkey()` (SERIAL3.BAS)

Nach dem Start des Testprogramms befindet sich dieses in der ersten, die Funktion `Waitkey()` enthaltenden Schleife.

Durch Drücken einer Taste auf der Tastatur des PCs sendet der Terminal Emulator das betreffende Zeichen und `Waitkey()` empfängt dieses erwartungsgemäß. Durch Drücken der ESC-Taste wird die erste Schleife verlassen und in die zweite, die Funktion `Inkey()` enthaltenden Schleife eingetreten.

In dieser Schleife übergibt die Funktion `Inkey()` solange 0 bis über die serielle Schnittstelle ein Zeichen in den Eingangsbuffer geschrieben wurde. Um den Schleifendurchlauf etwas zu verlangsamen, wurde eine Wartezeit von 100 ms bei jedem Schleifendurchlauf eingefügt. Durch Drücken der ESC-Taste wird die zweite Schleife verlassen und in die dritte Schleife eingetreten.

In der dritten Schleife fragt die Funktion `Ischarwaiting()` den Buffer des Hardware-UART nach einem vorhandenen Zeichen ab. Nur wenn ein Zeichen vorhanden ist, dann liest die Funktion `Inkey()` dieses.

Neben der Kommunikation über den internen UART der AVR-Mikrocontroller gibt es die Möglichkeit einer softwareseitigen UART-Implementierung. Die Instruktionen `OPEN` und `CLOSE` dienen der Konfiguration des betreffenden Kommunikationskanals.

Die Instruktion `OPEN` teilt BASCOM-AVR mit, welche Pins für die Ein- oder Ausgabe genutzt werden und mit welcher Baudrate die Kommunikation erfolgen soll.

Die Instruktion

```
Open "COMD.6:2400,8,N,1,inverted" For Output As #1
```

verwendet Pin6 von PortD als seriellen Ausgang (Transmitter) mit einer Baudrate von 2400 Baud, acht Datenbits, keiner Parität, einem Stoppbit und invertierter RS232-Polarität. Jeder einmal geöffnete Kommunikationskanal muss durch `CLOSE` auch wieder geschlossen werden.

Im folgenden Programmbeispiel wird eine Kopplung von zwei Mikrocontrollern über ein serielles Interface beschrieben. Abbildung 156 zeigt die Kopplung von zwei ATmega8.

Der linke ATmega8 (IC1) verwendet seinen Hardware-UART wie üblich zur Kommunikation mit einem Terminal. Diese Verbindung erfolgt über die Pins PD0 und PD1 und einen MAX231 in üblicher Weise.

Wichtig ist die zum rechten ATmega8 (IC3) führende, zweite serielle Schnittstelle, die mit einem Software-UART an den Pins PD6 und PD7 gebildet wird. An Pin PB0 ist eine LED zur Signalisation angeschlossen.

Bei der Verbindung von zwei Mikrocontrollern über die Leitungen TxD und RxD einer seriellen Schnittstelle darf nicht die Verbindung der Anschlüsse GND beider Mikrocontroller vergessen werden. Besitzen beide Mikrocontroller nicht das gleiche Bezugspotenzial (GND), dann sind oft nur sporadisch auftretende Fehler bei der Datenübertragung die Folge.

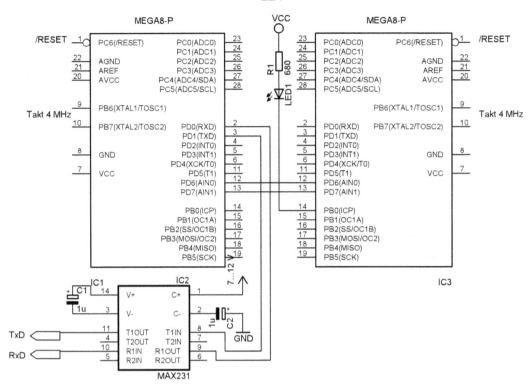

Abbildung 156   Kopplung von zwei ATmega8

Listing 47 zeigt das Programm SERIAL4.BAS für den linken ATmega8 in Abbildung 156.

```
$regfile = "m8def.dat"              ' ATmega8
$crystal = 3686400                  ' für STK500
$baud = 19200

Dim A As Byte
Dim B As Byte

Open "COMD.6:2400,8,N,1,inverted" For Output As #1     ' PD6 ist TxD
Open "COMD.7:2400,8,N,1,inverted" For Input As #2      ' PD7 ist RxD

Do
  Print "Bitte ein Zeichen eingeben - Abbruch mit ESC: "
  A = Waitkey()
  Print "Eingegebenes Zeichen war " ; Chr(a)
  Print "  Gesendetes Zeichen war " ; Chr(a)
  Printbin #1 , A
  Inputbin #2 , B
  Print " Empfangenes Zeichen ist " ; Chr(b)
  Print
Loop Until A = 27
```

```
Close #1
Close #2

End
```

Listing 47   Rechnerkopplung über SW-UART beim ATmega8 (SERIAL4.BAS)

Nach der Konfiguration von Sender und Empfänger des Software-UART läuft das Programm in einer Schleife bis es durch Eingabe von ESC vom Terminal abgebrochen wird.

Die Funktion `Waitkey()` erwartet ein Zeichen vom Terminal und sendet dieses nach einigen Terminalausgaben mit der Instruktion `Printbin #1 , A` an den zweiten ATmega8. Anschließend wartet das Programm auf ein vom zweiten ATmega8 zurückgesendetes Zeichen und zeigt es auf dem Terminal an. Abbildung 157 zeigt den Dialog am Terminal Emulator.

Abbildung 157   Dialog am Terminal Emulator

Das am Terminal eingegebene Zeichen wird zum zweiten ATmega8 geschickt und von da inkrementiert zurückgesendet. Listing 48 zeigt das Programm für den zweiten ATmega8.

```
$regfile = "m8def.dat"              ' ATmega8
$crystal = 3686400                  ' für STK500
$baud = 19200

Led Alias Portb.0                   ' LED

Config Pinb.0 = Output
```

```
Dim A As Byte

Open "COMD.7:2400,8,N,1,inverted" For Output As #1     ' PD7 ist TxD
Open "COMD.6:2400,8,N,1,inverted" For Input As #2      ' PD6 ist RxD

Do
  Inputbin #2 , A
  Reset Led                              ' Blinken LED
  Waitms 500
  Set Led
  Incr A
  Printbin #1 , A
Loop

End
```

Listing 48   Rechnerkopplung über SW-UART beim ATmega8 (SERIAL5.BAS)

In einer Endlosschleife wird mit der Instruktion `Inputbin #2 , A` ein Zeichen von PD6 empfangen, die an PB0 angeschlossene LED für 500 ms eingeschaltet und anschließend das inkrementierten Zeichen mit der Instruktion `Printbin #1 , A` an PD7 ausgegeben.

Mit einem Software-UART können die AVR-Mikrocontroller mit mehreren seriellen Schnittstellen ausgerüstet werden.

7.11   1-WIRE Interface

7.11.1 Einige Grundlagen

Das 1-Wire Interface verbindet sogenannte 1-Wire Devices zu einem einfachen Netzwerk (MicroLAN)

Das eigentliche Interface besteht aus einer verdrillten Zwei-Drahtleitung (eine Datenleitung und GND). Der unbedingt erforderliche PullUp-Widerstand sichert den Hi-Pegel. Ein Busmaster ist für die Steuerung des seriellen Bitstroms verantwortlich.

Abbildung 158 zeigt die Treiberstufen von Busmaster und Slave in einem 1-Wire Netz.

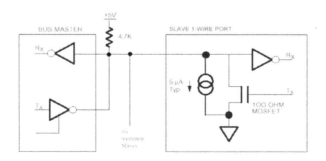

Abbildung 158   Busmaster und Slave im 1-Wire Netzwerk

Bei einem hardwareseitig so einfachen Interface liegt es in der Natur der Sache, dass ein Teil des Aufwands für eine sichere Kommunikation in das Protokoll verlagert sein muss.

Durch Einsatz von CMOS–Technologie wurde es möglich, die 1-Wire Devices auch in kurzen Datenpausen über das Hi-Potential wieder mit ausreichend Energie zu versorgen. Diese im 1-Wire Device gespeicherte Energie reicht während des Datenverkehrs zum Betrieb bis zur nächsten Nachladung.

Die serielle Kommunikation erfolgt halb-duplex zu festgelegten Zeiten (discrete time slots).

In jedem Fall beginnt der Busmaster, in unserem Fall ist das der eingesetzte AVR-Mikrocontroller, die Kommunikation durch das Senden eines Kommandos an den (die) angeschlossenen 1-Wire Baustein(e). Kommandos und Daten werden bitweise, beginnend mit dem LSB gesendet.

Die Synchronisation von Master und Slave(s) wird durch eine steile Hi-Lo-Flanke durch den Master erzwungen. Eine definierte Zeit nach dieser Flanke (Standard sind 30 µs) wird die Datenleitung je nach Datenrichtung vom Master oder Slave abgefragt, um eine Bitinformation zu lesen (sample time).

Diese Betriebsart wird Datenübertragung in Zeitscheiben (data transmission in time slots) genannt. Jede Zeitscheibe wird durch eine steile Hi-Lo-Flanke des Masters einzeln synchronisiert, so dass Pausen im Bitstrom keine Fehler hervorrufen oder andere Probleme erzeugen.

Die Datenübertragung kann erst dann erfolgen, wenn der 1-Wire Baustein auch kontaktiert worden ist. Bei den 1-Wire Devices handelt es sich nämlich nicht nur um fest eingelötete Bausteine. Wir kommen gleich darauf zurück.

Einige wenige Mikrosekunden nach der Kontaktierung zieht das 1-Wire Device die Datenleitung gegen GND, um den Busmaster die Kontaktierung und das Warten auf ein Kommando anzuzeigen. Dieses als Presence-Puls bezeichnete Signalspiel kann auch vom Master durch das Senden eines Reset-Pulses angefordert werden.

Das Timing der Datenübertragung soll anhand von Abbildung 159 kurz erläutert, aber nicht weiter vertieft werden. Die BASCOM-AVR versteckt diese Anforderungen vor dem Programmierer. Durch die 1-Wire Instruktionen ist das erforderliche Timing sichergestellt.

Abbildung 159   Timing Read/Write-Operation

Abbildung 159 zeigt die Aktivitäten des Masters mit einer durchgezogenen, fetten Linie. Eingeleitet wird jede Schreib- oder Leseoperation durch die Hi-Lo-Flanke des Masters und den ca. 15 µs andauernden Lo-Puls.

Soll eine „0" geschrieben werden, dann hält der Master die Datenleitung weiter auf GND. Soll hingegen eine „1" geschrieben werden, dann wird der Master passiv und der PullUp-Widerstand zieht die Datenleitung auf Hi.

Beim Lesen verläuft das Signalspiel sehr ähnlich. Sendet der Slave eine „0" zum Master, dann hält der Slave die Datenleitung auf GND. Diese Phase ist durch die punktierte, fette Linie dargestellt. Soll der Master hingegen eine „1" lesen, dann macht der Slave nichts und der PullUp-Widerstand erzeugt wieder das Hi.

7.11.2 1-Wire Devices

Nachdem nun klar ist, wie der prinzipielle Datenaustausch zwischen dem Busmaster und seinen Slaves vonstatten geht, steht die Frage nach den 1-Wire Devices selbst.

Von Dallas Semiconductor werden die sogenannten iButtons™ und 1-Wire® Chips, alle mit dem 1-Wire Interface ausgestattet, angeboten.

Die sogenannten iButtons sind Bauelemente, die in einem als MicroCan bezeichneten Gehäuse aus rostfreien Stahl untergebracht sind und eher einer größeren Tablette ähneln, als einem IC. Abbildung 160 zeigt einen solchen iButton.

Das MicroCan schützt den iButton als typisches Bauelement der Automatisierungstechnik vor äußeren Einflüssen und dient gleichzeitig der Kontaktierung. Neben zahlreichen anderen Kontaktierungsmöglichkeiten gibt es für die Leiterplattenmontage das in Abbildung 161 gezeigte iButton Mounting Clip.

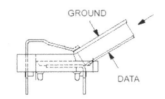

Abbildung 160   iButton   Abbildung 161
iButton Mounting Clip

Abbildung 162   DS1820

Die meisten Chips, die in iButtons eingesetzt werden, sind auch als konventionelles IC mit einem Plastikgehäuse verfügbar (Abbildung 162).

Wenn im folgenden also von iButtons gesprochen wird, dann gelten diese Aussagen sinngemäß für die 1-Wire Devices insgesamt.

Jedes iButton und jedes 1-Wire Device besitzt eine eindeutige 6-Byte umfassende Identifikationsnummer (Serial Number) im laser-programmierten ROM-Bereich. Der Family Code gibt den Bausteintyp an. Mit Family Code und Serial Number ist jedes 1-Wire Device eindeutig beschrieben und identifizierbar.

Der ROM-Bereich ist bei allen 1-Wire Devices identisch aufgebaut. Das Byte 0 beinhaltet den sogenannten Family Code. Die Bytes 1 bis 6 weisen die für jeden Baustein des betreffenden Typs unikate Seriennummer auf. Byte 7 beinhaltet eine CRC-8 Checksumme, die für den Test der ordnungsgemäßen Datenübertragung herangezogen werden kann.

B7	B6	B5	B4	B3	B2	B1	B0
CRC-8	Serial Number						Family Code

Eine Übersicht über die iButtons ist in der folgenden Tabelle gegeben. Die Palette der 1-Wire Devices (im Plastikgehäuse) ist noch umfangreicher.

Die fett gedruckten Zeilen deuten auf diejenigen iButtons hin, die hier noch in den Anwendungen näher betrachtet werden.

iButton	Family Code	Memory	Spezielle Merkmale
DS1990A	**01H**	-	
DS1991	02H	512 Bit NVRAM	3 x 384 Bit protected NVRAM
DS1992	08H	1 KBit NVRAM	
DS1993	06H	4 KBit NVRAM	
DS1994	**04H**	**4 KBit NVRAM**	**RTC, Intervalltimer, Cyclecounter**
DS1995	0AH	16 KBit NVRAM	
DS1996	0CH	64 KBit NVRAM	
DS1982	09H	1 KBit EPROM	
DS1985	0FH	16 KBit EPROM	
DS1986	0BH	64 KBit EPROM	
DS1920	**10H**	**16 Byte EEPROM**	**Temperatursensor**

Um die folgenden Anwendungsbeispiele besagter iButtons verstehen zu können, werden die wesentlichen Elemente der eingesetzten iButtons im folgenden noch kurz erläutert. Das Datenblatt des jeweiligen Bausteins kann durch diese Kurzcharakteristika aber nicht ersetzt werden.

Unter www.ibutton.com bzw. dbserv.maxim-ic.com/1-Wire.cfm sind alle erforderlichen Angaben zu finden.

7.11.2.1   DS1990A

Der DS1990A ist ein für Identifikationszwecke vorgesehener Serial Number iButton, der nur die 64 Bit ROM beinhaltet.

7.11.2.2   DS1994

Der DS1994 ist ein komplexer Baustein, der neben dem bei allen iButtons vorhandenen ROM noch 4 KBit nichtflüchtigen Speicher (NVRAM) und drei Counter/Timer (RTC, Intervalltimer, Cyclecounter) aufweist.

Die 4 KBit NVRAM sind in 16 Seiten zu je 256 Bit organisiert. Über ein Scratchpad RAM von 256 Bit erfolgt der sichere Datenaustausch. In Page 16 finden sich die Counter/Timer Register wieder.

Abbildung 163 zeigt die Organisation der Speicher im DS1994.

Scratchpad RAM	
Page 0	0000_H
Page 1	0020_H
Page 2	0040_H
Page 3	0060_H
Page 4	0080_H
Page 5	$00A0_H$
Page 6	$00C0_H$
Page 7	$00E0_H$
Page 8	0100_H
Page 9	0120_H
Page 10	0140_H
Page 11	0160_H
Page 12	0180_H
Page 13	$01A0_H$
Page 14	$01C0_H$
Page 15	$01E0_H$
Page 16	0200_H

Register	Adresse
Status Register	0200_H
Control Register	0201_H
Real-Time Counter Registers	0202_H
Interval Time Counter Registers	0207_H
Cycle Counter Registers	$020C_H$
Real-Time Alarm Registers	0210_H
Interval Time Alarm Registers	0215_H
Cycle Alarm Registers	$021A_H$

Abbildung 163   Organisation der Speicher im DS1994

Die Bezeichnung der Bits von Status- und Controlregister lautet dabei folgendermaßen:

	B7	B6	B5	B4	B3	B2	B1	B0
Status Register	-	-	/CCE	/ITE	/RTE	CCF	ITF	RTF
Control Register	DSEL	STOP /START	AUTO /MAN	OSC	RO	WPC	WPI	WR

Im Statusregister befinden sich die Interrupt Enable Bits und die Alarmflags der drei Counter/Timer, während die Bits im Control Register die Arbeitsweise des Bausteins steuern.

Der RTC ist ein 5-Byte Binärzähler, der 256mal pro Sekunde inkrementiert wird. Das niederwertige Byte zählt die Sekundenbruchteile, die restliche vier Bytes die Sekunden. Der Zähler enthält die Anzahl der seit einem durch den Anwender festzulegenden Referenzpunkt vergangenen Sekunden. Nach 136 Jahren erfolgt ein Overflow.

Der Intervalltimer ist identisch aufgebaut, kann aber gesteuert durch Bit 5 des Control Registers in zwei unterschiedlichen Modi arbeiten.

Im AUTO Mode startet der Intervalltimer, wenn die Datenleitung für eine durch Bit 7 des Control Registers definierte Zeit auf Hi gezogen wurde. Der Intervalltimer stoppt, wenn für eben diese Zeit die Datenleitung auf Lo gezogen wurde.

Ist DSEL = 1, dann beträgt die Zeit 123 +/- 2 ms. Ist DSEL = 0, dann wird diese Zeit auf 3,5 +/- 0,5 ms reduziert.

Im MAN Mode wird die Zeitmessung durch Bit 6 des Control Registers gestartet und gestoppt.

Der Cyclecounter umfasst nur 4 Byte. Er wird beim Übergang von Hi nach Lo an der Datenleitung inkrementiert, wenn das durch DSEL bestimmte Timing eingehalten wurde.

Die restlichen Bits des Control Registers bestimmen den Schreibschutz (Write Protect) für die drei Counter/Timer (WPR, WPI, WPC), versetzten des DS1994 in den Read-Only Mode (RO) und aktivieren/deaktivieren den Oszillator (OSC)

7.11.2.3   DS1920

Der DS1920 ist eine iButton zur Temperaturmessung im Bereich vom –55 °C bis 100 °C mit einer Auflösung von 0,5 °C. Der DS1820 ist ein bis auf die Spannungsversorgung kompatibles 1-Wire Device im TO92-Gehäuse. Auf die zu beachtenden Unterschiede gehe ich gleich ein.

Der gemessene Temperaturwert wird intern mit einer Auflösung von 9 Bit gemäß folgender Tabelle zur Verfügung gestellt.

Temperatur	Binärwert	Hex Wert
+ 100°C	&B0000000011001000	&H00C8
+ 25°C	&B0000000000110010	&H0032
+ 1/2°C	&B0000000000000001	&H0001
+ 0°C	&B0000000000000000	&H0000
– 1/2°C	&B1111111111111111	&HFFFF
– 25°C	&B1111111111001110	&HFFCE
– 55°C	&B1111111110010010	&HFF92

Der Datenaustausch erfolgt wiederum über das Scratchpad RAM und die Temperaturschwellen werden zudem nichtflüchtig in einem EEPROM abgelegt. Abbildung 164 zeigt das Blockschema des DS1820, der gegenüber dem DS1920 ein zusätzliches Pin zum Anschluss der Betriebsspannung VDD aufweist.

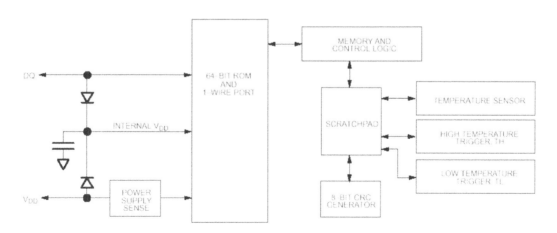

Abbildung 164   Blockschema DS1820 (beim DS1920 fehlt VDD)

Der Unterschied zwischen dem iButton DS1920 und dem 1-Wire Device DS1820 besteht nun darin, dass der DS1920 sich seine Betriebsspannung über die Busleitung DQ intern selbst erzeugt. Diese Art der Spannungsversorgung wird vom Hersteller Dallas Semiconductor als "Parasite Power" bezeichnet.

Durch Verbinden des Anschlusses VDD mit GND kann auch der DS1820 im Parasite Power Mode betrieben werden.

Bei der Temperaturmessung und dem Kopieren ins EEPROM liegt der Strombedarf im Parasite Power Mode bei etwa 1 mA. Der Spannungsabfall über dem geforderten PullUp-Widerstand erlaubt keine vernünftige Funktion des Bausteins mehr.

Abhilfe kann hier ein sogenannter Strong PullUp, eine niederohmige Verbindung zur Betriebsspannung, für die Zeit der Temperaturmessung schaffen. Dieser Strong PullUp ist spätestens 10 μs nach dem Kommando zur Temperaturmessung für die Zeit der Umsetzung von maximal 750 ms zu aktivieren. Abbildung 165 zeigt die Empfehlung des Herstellers.

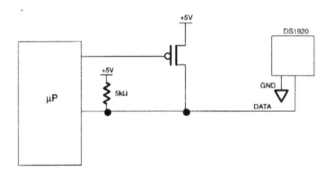

Abbildung 165   Strong PullUp

Um nicht ein I/O-Pin für die Steuerung des Strong PullUp verwenden zu müssen, kann auch ein niederohmig ausgelegter PullUp-Widerstand verwendet werden, der eine minimale PullUp-Spannung von 4,3 V während der Temperaturmessung sichert.

In Tabelle 16 sind die Inhalte von RAM und EEPROM erläutert:

RAM	Byte	EEPROM
Temperature LSB	0	
Temperature MSB	1	
TH/User Byte 1	2	TH/User Byte 1
TH/User Byte 2	3	TH/User Byte 2
Reserved	4	
Reserved	5	
Count Remain	6	
Count per °C	7	
CRC	8	

Tabelle 16   DS1920 Memory Map

Überschreitet der gemessene Temperaturwert die Schwelle TH bzw. unterschreitet er die Schwelle TL, dann wird intern ein Alarmflag gesetzt.

Will man die Genauigkeit des DS1920 vollständig ausnutzen, dann kann nach der folgenden Prozedur verfahren werden:

- Auslesen des Temperaturwertes und Löschen des LSB (TEMP_READ)
- Auslesen des internen Counters (COUNT_REMAIN)
- Auslesen des Counts/°C (COUNTS_PER_C)
- Berechnung des Temperaturwertes nach der folgenden Formel:

$$TEMPERATURE = TEMP\_READ - 0.25 + \frac{COUNT\_PER\_C - COUNT\_REMAIN}{COUNT\_PER\_C}$$

7.11.3 Zugriff auf iButtons

Der Zugriff auf alle iButtons erfolgt angelehnt an das ISO/OSI-Modell, wobei nicht alle Schichten dieses Modells auch implementiert sind. Tabelle 17 zeigt die bei den iButtons vorhandenen Schichten:

ISO/OSI-Modell	iButton
Application Layer	Nein
Presentation Layer	Ja
Session Layer	Nein
Transportation Layer	Ja
Network Layer	Ja
Link Layer	Ja
Physical Layer	Ja

Tabelle 17   ISO/OSI Modell beim iButton

Im Physical Layer werden die elektrischen Bedingungen, logischen Pegel und das Timing aller 1-Wire Devices definiert.

Die Basisfunktionen der 1-Wire Kommunikation, wie Reset, Presence-Detektierung und Bittransfer, werden im Link Layer festgeschrieben.

Im Network Layer erfolgt die Identifikation der 1-Wire Devices über deren Serial Number. Die Kommandos dieser Schicht beziehen sich ausschließlich auf das ROM und werden deshalb ROM Commands genannt.

ROM COMMANDS	
Read ROM	Liest den kompletten ROM Inhalt (nur bei einem angeschlossenen iButton möglich)
Match ROM	Adressiert ein iButton anhand des 64-Bit ROM Inhalts
Skip ROM	Überspringen der Adressierung (nur bei einem angeschlossenen iButton möglich)
Search ROM	Suche nach iButton im Netzwerk.
Alarm Search	Suche nach iButtons (DS1920) im Netzwerk, die einen Alarm melden.

Im Transport Layer liegt die Verantwortung für den Datenaustausch außerhalb des ROM Bereichs. In der folgenden Tabelle ist eine Auswahl der verfügbaren Memory Commands angegeben:

MEMORY COMMANDS	
Convert Temperature	Startet die Temperaturmessung
Read Scratchpad	Liest alle Bytes des Scratchpad Memory
Write Scratchpad	Speichert die Temperaturschwelle ins Scratchpad Memory
Copy Scratchpad	Kopiert die Temperaturschwellen ins EEPROM
Recall EE	Kopiert die Temperaturschwellen zurück ins Scratchpad Memory

Nur der Vollständigkeit halber soll das Dateiinterface im Presentation Layer erwähnt werden. Dieses wird vom iButton Betriebssystem genutzt und ist für die Arbeit mit BASCOM-AVR ohne Bedeutung.

Wie nun dieses Zugriffe auf die iButtons im einzelnen organisiert werden, soll anhand von einigen Anwendungsbeispielen verdeutlicht werden.

7.11.4 Identifikation von iButtons

Jeder iButton lässt sich anhand seiner ROM Daten identifizieren. Bevor der ROM Inhalt eines iButtons gelesen werden kann, muss dieser aber sicher kontaktiert sein.

Das erste Programmbeispiel fragt periodisch das 1-Wire Interface nach einem an PB0 kontaktierten iButton ab. Listing 49 zeigt den Quelltext des Programms 1WIRE_ID.BAS.

```
'----------------------------------------------------------------
' iButton Identifikation
'----------------------------------------------------------------

$regfile = "m8def.dat"                  ' ATmega8
$crystal = 3686400                      ' für STK500
$baud = 9600

Config 1wire = Portb.0                  ' PB0 ist 1-Wire Busleitung

Dim Rom_data(8) As Byte
```

```
Dim I As Byte , W As Word

Declare Sub  Crc8_check()

Do
    Print
    Print "Suche nach iButtons..."
    Print
    Rom_data(1) = 1wsearchfirst()          ' Suche nach erstem iButton
    If Err = 1 Then Goto Cnt               ' kein iButton vorhanden

    For I = 1 To 8
        Print Hex(rom_data(i));            ' Ausgabe der ROM Daten
    Next
    Crc8_check                             ' Überprüfung CRC-8
    Print

    Do
        Rom_data(1) = 1wsearchnext()       ' Suche nach weiteren iButtons
        If Err = 1 Then Exit Do            ' kein weiterer iButton vorhanden
        For I = 1 To 8
            Print Hex(rom_data(i));        ' Ausgabe der ROM Daten
        Next
        Crc8_check                         ' Überprüfung CRC-8
        Print
    Loop

Cnt:
    W = 1wirecount()
    Print
    Print "Anzahl der iButtons am 1-Wire Bus ist " ; W
    Print "--------------------------------------";
    Wait 2
Loop

End

Sub Crc8_check()
    $external _crc8
    Local Result As Byte

    Loadadr Rom_data(1) , Z
    ldi R24, 8
    !Call _crc8
    Loadadr Result , X
    st X, R16
    If Result = 0 Then
        Print " CRC-8 OK";
    Else
        Print " CRC-8 ERROR";
```

```
    End If
End Sub
```

Listing 49   1-Wire Identifikation (1WIRE_ID.BAS)

Im vorliegenden Programmbeispiel ist die 1-Wire Busleitung an PB0 angeschlossen. Von diesem Pin muss ein PullUp-Widerstand von 4,7 kΩ an die Betriebsspannung geführt werden. Die internen PullUp-Widerstände sind für diesen Zweck zu hochohmig.

Mit den Funktionen `1wsearchfirst()` und `1wsearchnext()` wird nach angeschlossenen iButtons gesucht. Die Variable `Err` gibt Auskunft, ob ein iButton gefunden wurde oder nicht.

Die ausgelesenen ROM-Daten jedes iButtons sind im Array `ROM_data()` zwischengespeichert und werden zur seriellen Schnittstelle gesendet.

Das erste Byte ist der Family Code, aus dem der Typ des detektierten iButtons abgeleitet werden kann. Die nächsten sechs Byte stellen die Seriennummer dar und das letzte Byte ist die CRC-8 Prüfsumme. Zum Test auf korrekte Übertragung des ROM-Inhalts wird die CRC-8 Prüfsumme im Programm mit Hilfe einer Bibliotheksfunktion erneut berechnet. Der Vergleich mit dem mitgelieferten CRC-8 Wert (Byte 7 des ROM Inhalts) entscheidet dann über die Gültigkeit des ausgelesenen ROM Inhalts.

Abbildung 166 zeigt die ausgelesenen ROM Inhalte. Abschließend wird mit Hilfe der Funktion `1wirecount()` noch die Anzahl der angeschlossenen iButtons ermittelt.

Abbildung 166   Suche nach kontaktierten iButtons

Die Programmschleife wird periodisch durchlaufen, so dass Änderungen bei den angeschlossenen iButtons sofort erfasst werden.

7.11.5 Zutrittskontrolle mit iButtons

In diesem Programmbeispiel soll nun ein System zur Zutrittskontrolle vorgestellt werden. Die eben besprochenen Details gelten hier gleichermaßen.

Die verwendeten iButtons können durch entsprechendes Montagematerial so präpariert werden, dass sich eine sehr einfache Handhabung ergibt. Abbildung 167 zeigt einen iButton im

Schlüsselringhalter, während Abbildung 168 einen iButton fixiert in einer bedruckbaren Identifikationskarte (Batch) zeigt.

Abbildung 167 Schlüsselringhalter   Abbildung 168 Identifikationskarte

Zur Kontaktierung der iButtons bietet sich in diesem Fall das in Abbildung 169 gezeigte Handgriffstück an.

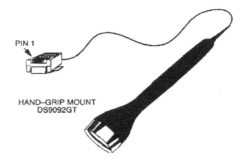

Abbildung 169 Handgriffstück

Das Programm ID_CHECK.BAS (Listing 50) selbst ist dem vorangegangenen Programmbeispiel sehr ähnlich. Der Datenaustausch mit dem iButton ist praktisch identisch. Der iButton wird wie beim vorangegangenen Programmbeispiel über PB0 kontaktiert.

```
'-------------------------------------------------------------------
' iButton Zutrittskontrolle
'-------------------------------------------------------------------

$regfile = "m8def.dat"                  ' ATmega8
$crystal = 3686400                      ' für STK500
$baud = 9600

Config 1wire = Portb.0                  ' PB0 ist 1-Wire Busleitung

Declare Sub  Crc8_check()               ' Berechne CRC-8 für ROM Inhalt
Declare Function Searchid() As Byte     ' Suche ID in der Datenbank

Const Debug = 1
Const Ids = 5                           ' Anzahl von IDs in der Datenbank
```

```
Dim I As Byte                              ' Index Variable
Dim Rom_data(8) As Byte                    ' ROM Daten vom iButton
Dim Compare(8) As Byte                     ' Vergleichsergebnisse
Dim Id As Byte                             ' Laufende ID (1 bis IDs)
Dim Value As Byte

Do
   Print "Bitte Batch kontaktieren."
   Do
      Rom_data(1) = 1wsearchfirst()        ' Suche nach iButton
   Loop Until Err = 0
   Print "Batch detektiert."
   #if Debug
      Print "Dallas 1-Wire ID : "
      For I = 1 To 8
         Print Hex(rom_data(i));           ' Ausgabe der ROM Daten
      Next
      Crc8_check                           ' Überprüfung CRC-8
      Print
   #endif
   Print "Suche in Datenbank... "
   If Searchid() = 0 Then
      Print "ID gefunden."
   Else
      Print "ID nicht gefunden."
   End If
   Do
      Rom_data(1) = 1wsearchfirst()        ' Warten bis iButton entfernt ist
   Loop Until Err = 1
Loop

End

Function Searchid()
Local Result As Byte
   Restore Id_tab
   Id = 1                                  ' beginne mit erster ID
   While Id <= Ids
      Print "*";
      For I = 1 To 8
         Read Value                        ' Lesen IDByte aus Datenbank
         If Value = Rom_data(i) Then        ' Byteweiser Vergleich
            Compare(i) = 0
         Else
            Compare(i) = 1
         End If
      Next
      Result = 0
      For I = 1 To 8
         Result = Result + Compare(i)
```

```
      Next
      If Result = 0 Then Exit While          ' wenn ID gefunden dann Ende
      Incr Id
   Wend
   Print
   Searchid = Result
End Function

Sub Crc8_check()
   $external _crc8
   Local Result As Byte

   Loadadr Rom_data(1) , Z
   ldi R24, 8
   !Call _crc8
   Loadadr Result , X
   st X, R16
   If Result = 0 Then
      Print " CRC-8 OK";
   Else
      Print " CRC-8 ERROR";
   End If
End Sub


' -----[ Data ]------------------------------------------
'
Id_tab:
Data &H04 , &H4B , &H7F , &H49 , &H00 , &H00 , &H00 , &H08
Data &H10 , &HA7 , &HB2 , &H54 , &H00 , &H00 , &H00 , &H38
Data &H10 , &H37 , &H84 , &H11 , &H00 , &H00 , &H00 , &HF2
Data &H10 , &H37 , &H84 , &H11 , &H00 , &H00 , &H00 , &HF0
Data &H10 , &H37 , &H84 , &H11 , &H00 , &H00 , &H00 , &HF0
```

Listing 50   Zutrittskontrolle (ID_CHECK.BAS)

Das Programm wartet nach der Aufforderung einen Batch zu kontaktieren, bis ein iButton detektiert wurde. Die Variable Err gibt darüber Auskunft.

Solange die Konstante Debug = 1 gesetzt ist, werden auch die ausgelesenen ROM-Daten und das Ergebnis des CRC-8 Checks zur Anzeige gebracht. In einer realen Anwendung wird man diese Daten nicht anzeigen, sondern nur eine Ja/Nein-Aussage als Ergebnis zulassen.

Im nächsten Schritt wird die Datenbank, das sind hier die fünf DATA Zeilen mit den ROM-Daten der zugelassenen iButtons, durchsucht. Die ROM-Daten des kontaktierten iButtons werden byteweise mit den Datensätzen der Datenbank verglichen. Wird ein identischer Datensatz gefunden, dann kann der Vergleich abgebrochen werden und eine gültige ID ist festgestellt.

Die Zahl der Identifikationsnummern kann (im Rahmen des vorhandenen Speichers) beliebig erweitert werden. Die Konstante IDs muss dann an die Zahl der Datensätze angepasst werden.

Abbildung 170 zeigt den Dialog zum Kontaktieren des Batches und das Suchergebnis für eine nicht in der Datenbank enthaltene ID. In diesem Fall wäre der Batch abzuweisen.

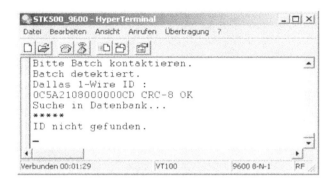

Abbildung 170   ID nicht in der Datenbank enthalten

Abbildung 171 zeigt schließlich das Ergebnis für eine in der Datenbank aufgefundene ID. Der Suchvorgang wird hier mit der ersten Identifikation abgebrochen.

In beiden Abbildungen markieren die Zahl der "*" die durchsuchten Datensätze.

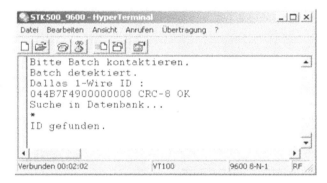

Abbildung 171   ID in der Datenbank enthalten

7.11.6 Temperaturmessung mit DS1920

Mit dem DS1920 iButton kann sehr einfach eine Temperaturmessung aufgebaut werden, die auch auf mehrere Messstellen erweitert werden kann. Hier wollen wir uns auf einen ange-schlossenen Temperatursensor beschränken.

Das folgende Programmbeispiel zeigt eine periodische Temperaturmessung für DS1920 oder DS1820. Die Unterschiede durch die Spannungsversorgung zwischen DS1920 und DS1820 waren in Abschnitt 7.11.2.3 erläutert worden. Im Programmbeispiel DS1920.BAS sorgt der Schalter `Parasitpower` für die erforderlichen Anpassungen während der Compilation.

Das Programm selbst besteht aus einer einzigen Schleife, in der die Temperaturmessung initi-iert, das Ergebnis nach Abschluss der Messung aus dem Scratchpad RAM gelesen und zur Anzeige gebracht wird. Listing 51 zeigt den Quelltext des Programms DS1920.BAS

```
'----------------------------------------------------------------
' iButton DS1920 Temperaturmessung
'----------------------------------------------------------------


$regfile = "m8def.dat"                  ' ATmega8
$crystal = 3686400                      ' für STK500
$baud = 9600


Config 1wire = Portb.0                  ' PB0 ist 1-Wire Busleitung


Const Parasitpower = 1                  ' Spannungsversorgung über 1-Wire Bus


Const Ds1920 = &H10


Const Skiprom = &HCC                    ' Überspringe ROM Kommandos
Const Read_rom = &H33                   ' Lese ROM
Const Convertt = &H44                   ' Start Temperaturmessung
Const Read_ram = &HBE                   ' Lese Scratchpad RAM
Const Write_ram = &H4E                  ' Schreibe Scratchpad RAM
Const Copy_ram = &H48                   ' Kopiere Scratchpad RAM
Const Recall_ee = &HB8                  ' Kopiere EEPROM nach RAM
Const Read_power = &HB4                 ' Abfrage Spannung (nur DS1820)


Dim Family_code As Byte                 ' Family Code = &H10 für DS1820 und DS1920
Dim Serial_number(6) As Byte            ' iButton Seriennummer
Dim Crc As Byte                         ' DS1920 CRC
Dim Scratch(9) As Byte                  ' Scratchpad RAM Kopie


Dim I As Byte                           ' Index
Dim Temp As Word                        ' Temperaturwert
Dim Temp1 As Integer
Dim Stemp As Single


Do
   1wreset                              ' Reset iButton
   If Err = 1 Then Print "iButton ERROR"

   1wwrite Read_rom                     ' Lese ROM Kommando

   Family_code = 1wread()               ' Auslesen ROM Inhalt
   For I = 1 To 6
      Serial_number(i) = 1wread()
   Next
   Crc = 1wread()

   If Family_code <> Ds1920 Then Exit Do

   1wwrite Convertt                     ' starte Temperaturmessung

   #if Parasitpower
```

```
   Wait 2                            ' warte Temperaturmessung ab
 #else
   Do                               ' DS1820 mit VDD
      Temp = 1wread()
   Loop Until Temp = &HFF ' warte bis Temperaturmessung beendet ist
 #endif

 1wreset                            ' Reset iButton
 If Err = 1 Then Print "iButton ERROR"

 1wwrite Skiprom                    ' überspringe Adressierung
 1wwrite Read_ram                   ' lese Scratch Pad

 For I = 1 To 9
    Scratch(i) = 1wread()
 Next

 Temp = Scratch(2)
 Shift Temp , Left , 8

 Temp = Temp + Scratch(1)           ' Word Format
 Temp1 = Temp                       ' Integer Format
 Print "Der Temperaturwert ist " ; Temp ; " Counts."
 Temp1 = Temp1 / 2
 Print "Die gemessene Temperatur ist " ; Temp1 ; " Grad Celsius"
 Stemp = Scratch(8) - Scratch(7)    ' Interpolation
 Stemp = Stemp / Scratch(8)
 Stemp = Stemp + Temp1
 Stemp = Stemp - 0.25
 Print "Die exakt gemessene Temperatur ist ";
 Print Fusing(stemp , "#.##");
 Print " Grad Celsius"
 Wait 2
Loop

Print "Kein Temperatursensor kontaktiert"

End
```

Listing 51   Periodische Temperaturmessung (DS1920.BAS)

Die erste neue Konstantendefinition ist der Schalter `Parasitpower`, der eine bedingte Compi-lation für die unterschiedlichen Versorgungsarten des angeschlossenen 1-Wire Devices be-rücksichtigt.

Da wir hier nur mit einem angeschlossenen iButton arbeiten, könnte mit dem Kommando `SkipROM` das ROM Handling übergangen werden und sofort anschließend ein sogenanntes Memory Command gesendet werden.

Wir wollen aber sicher gehen, dass auch ein Temperatursensor angeschlossen ist und lesen deshalb den ROM Inhalt aus, um den Family Code auszuwerten. Wird kein DS1920 (oder DS1820) gefunden, dann wird das Programm beendet.

Durch das Kommando ConverT wird nun die Temperaturmessung gestartet. Bei einem extern versorgten DS1820 kann anschließend eine Abfrage des Endes der Temperaturmessung erfolgen. Beim Betrieb im Parasite Power Mode ist diese Abfrage nicht möglich und er wird einfach die Messdauer abgewartet. Das Ergebnis der Temperaturmessung liegt dann im Scratchpad RAM und kann anschließend gelesen werden.

Gelesen werden alle neun Zellen des Scratchpad RAMs, wobei nicht alle Bytes hier von Interesse sind.

Um auch die volle Genauigkeit der Temperaturmessung ausnutzen zu können, wird der Temperaturwert nach der in Abschnitt 7.11.2.3 angegebenen Formel berechnet.

Die Abbildung 172 zeigt den gelesenen Temperaturcount mit einer Auflösung von 0,5 °C und den berechneten Temperaturwert für eine negative Temperatur, während Abbildung 173 die Ergebnisse für eine positive Temperatur ausweist.

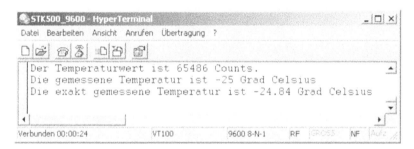

Abbildung 172   Ergebnis der Temperaturmessung (negative Temperatur)

Abbildung 173   Ergebnis der Temperaturmessung (positive Temperatur)

7.11.7 Externer Speicher mit DS1994

Die Organisation des Speicher war im Abschnitt 7.11.2.2 bereits erläutert worden. Das folgende Programmbeispiel zeigt, wie der Speicher über das Scratchpad beschrieben und gelesen wird.

Der Aufbau des Programms ist identisch zu den vorangegangenen Programmbeispielen. Listing 52 zeigt des Quelltext des Programms DS1994_MEM.BAS.

```
'----------------------------------------------------------------
' iButton DS1994 Speicheroperationen
'----------------------------------------------------------------

$regfile = "m8def.dat"                  ' ATmega8
$crystal = 3686400                      ' für STK500
$baud = 9600

Config 1wire = Portb.0                  ' PB0 ist 1-Wire Busleitung

Const Ctargetaddr = &H0177              ' Zieladresse

Const Skiprom = &HCC                    ' Überspringe ROM Kommandos
Const Writescratch = &H0F               ' Schreibe Scratchpad RAM
Const Readscratch = &HAA                ' Lese Scratchpad RAM
Const Copyscratch = &H55                ' Kopiere Scratchpad in NVRAM
Const Readmemory = &HF0                 ' Lese NVRAM

Dim Targetaddr As Word At &H60          ' Zieladresse
Dim Ta2 As Byte At &H61 Overlay
Dim Ta1 As Byte At &H60 Overlay
Dim Ea As Byte

Dim Temp(8) As Byte                     ' Temporärer Speicher

Dim I As Byte                           ' Index

Print
Print "DS1994 Speicheroperationen"
Print "Daten im Array: ";
For I = 1 To 8
   Temp(i) = I + &H30                    ' Initialisiere Array
   Print Hex(temp(i)) ; " ";
Next
Print
Targetaddr = Ctargetaddr
Print "TA:    " ; Hex(targetaddr)
Print

Print "Kopiere Array ins ScratchPad RAM..."
1wreset                                 ' Reset iButton
```

```
If Err = 1 Then Print "iButton ERROR"
1wwrite Skiprom
1wwrite Writescratch                    ' Schreibe ins Scratchpad RAM
1wwrite Ta1
1wwrite Ta2
For I = 1 To 8
   1wwrite Temp(i)
Next
Print


Print "Loesche Array..."
Print "Daten im Array: ";
For I = 1 To 8
   Temp(i) = &H96                       ' Lösche Array
   Print Hex(temp(i)) ; " ";
Next
Print
Print


Print "Lese ScratchPad RAM..."
1wreset                                 ' Reset iButton
If Err = 1 Then Print "iButton ERROR"
1wwrite Skiprom
1wwrite Readscratch                     ' Lese Scratchpad RAM
Ta1 = 1wread()
Ta2 = 1wread()
Ea = 1wread()
Print "Gelesene Daten: ";
For I = 1 To 8
   Temp(i) = 1wread()
   Print Hex(temp(i)) ; " ";            ' Lese Array
Next
Print
Print "TA:    " ; Hex(targetaddr)
Print "EA:    " ; Hex(ea)
Print


Print "Loesche Array..."
Print "Daten im Array: ";
For I = 1 To 8
   Temp(i) = &H96                       ' Lösche Array erneut
   Print Hex(temp(i)) ; " ";
Next
Print
Print


Print "Kopiere Scratchpad RAM ins NVRAM..."
1wreset                                 ' Reset iButton
If Err = 1 Then Print "iButton ERROR"
1wwrite Skiprom
```

```
1wwrite Copyscratch                    ' Kopiere ins NVRAM
1wwrite Ta1
1wwrite Ta2
1wwrite Ea
Print

Print "Lese NVRAM..."
1wreset                                ' Reset iButton
If Err = 1 Then Print "iButton ERROR"
1wwrite Skiprom
1wwrite Readmemory                     ' Lese NVRAM
1wwrite Ta1
1wwrite Ta2
Print "Gelesene Daten: ";
For I = 1 To 8
   Temp(i) = 1wread()
   Print Hex(temp(i)) ; " ";          ' Lese Array
Next
Print
Print "TA:    " ; Hex(targetaddr)

End
```

Listing 52   Beschreiben und Lesen des DS1994 Memories (DS1994_MEM.BAS)

Im Programm werden die folgenden Funktionen nacheinander abgearbeitet:

- Beschreiben eines 8-Byte Arrays mit den Zeichen „1" bis „8" und Anzeige
- Festlegen der Targetadresse im DS1994 Memory
- Schreiben des Arrays ins Scratchpad RAM
- Löschen des Arrays und Anzeige
- Lesen des Scratchpad RAMs zur Verifikation, Abspeichern im Array und Anzeige
- Löschen des Arrays und Anzeige
- Kopieren des Scratchpad RAMs ins Memory (NVRAM)
- Lesen des Memories, Abspeichern im Array und Anzeige

Zwei Hyperterminal-Mitschnitte sollen mögliche Probleme bei der Adressierung aufzeigen.

Abbildung 174 zeigt die zahlreichen Ausgaben des Programmbeispiels beim Abspeichern des Arrays beginnend an der Targetadresse &H0177.

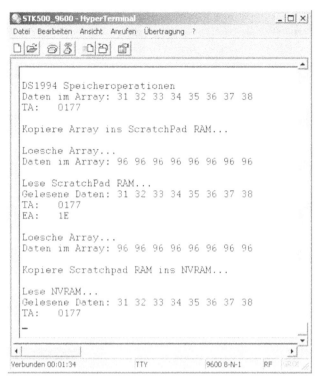

Abbildung 174   Targetadresse &H0177

Beim Zurücklesen der Daten aus dem Scratchpad RAM erhält man die Targetadresse und die Endingadresse. In der Endingadresse sind der sogenannte Endingoffset (E4:E0) sowie die drei Flags AA, OF und PF enthalten.

B7	B6	B5	B4	B3	B2	B1	B0
AA	OF	PF	E4	E3	E2	E1	E0

Der Endingoffset kennzeichnet die letzte beschriebene Speicherzelle, d.h. in einer 32 Byte umfassenden Page kann Endingoffset zwischen &H00 und &H1F liegen. Beim Überschreiten der Grenze der betreffenden Page werden das Overflow Flag (OF) gesetzt und die Daten ignoriert.

Abbildung 175 zeigt diese Situation. Die Targetadresse wurde auf &H0179 erhöht. Bis zum Ende der Page 3 (Targetadresse &H017F) stehen aber nur noch sieben Speicherzellen zur Verfügung.

248

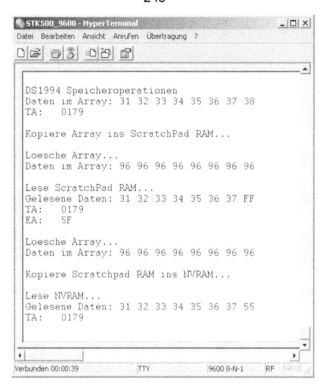

Abbildung 175 Targetadresse &H0179

Die beim Lesen des Scratchpad RAMs erhaltene Endingadresse hat hier den Wert &H5F. Das gesetzte Overflow Flag signalisiert, dass nicht alle Daten in der adressiert Page Platz gefunden haben.

Beim Zurücklesen der Daten erkennt man sofort, dass das letzte Byte fehlerhaft ist. Diese Situation ändert sich mit dem Kopieren des Scratchpad RAMs ins NVRAM natürlich nicht, so dass auch die von dort zurückgelesene Daten korrupt sein müssen.

7.11.8 Timer mit DS1994

Der DS1994 besitzt neben seinem NVRAM noch drei Timer. Im folgenden Programmbeispiel soll mit dem RTC und dem Intervalltimer experimentiert werden.

Die Timerregister befinden sich am Ende des NVRAMs, beginnend an der Targetadresse &H0200.

Status Register	&H0200
Control Register	&H0201
Real-Time Counter Registers	&H0202
Interval Time Counter Registers	&H0207
Cycle Counter Registers	&H020C
Real-Time Alarm Registers	&H0210
Interval Time Alarm Registers	&H0215
Cycle Alarm Registers	&H021A

Über das Controlregister wird die Betriebsart der Timer gesteuert. Abschnitt 7.11.2.2 hatte die Bedeutung der Bits erläutert.

In unserem einfachen Beispiel soll der Intervalltimer zu Beginn des Programms gestartet werden. Der RTC läuft ständig. Nach einer gewissen Zeit wird der Intervalltimer angehalten und der RTC wird weiterlaufen. Abbildung 176 zeigt die protokollierten Timeraktionen.

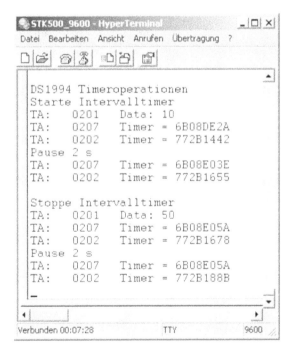

Abbildung 176   Steuern und Auslesen der DS1994 Timer

Durch das Schreiben des Bytes &H10 ins Controlregister wird der Intervalltimer gestartet. Folglich werden die zwei im Abstand von zwei Sekunden (Wait 2) vorgenommenen Leseoperationen inkrementierte Werte für RTC (&H0202) und Intervalltimer (&H0207) bringen. Der Intervalltimer zählt in dieser Zeit 532 Counts weiter, der RTC 531. Das heißt, dass die effektive Pause 531/256 = 2,07 s beträgt.

Es folgt nun durch Schreiben des Bytes &H50 ins Controlregister ein Stopp des Intervalltimers. Bei den beiden anschließenden Leseoperationen ist dann auch nur der Wert des RTC (&H0202) verändert, während der Intervalltimer (&H0207) „stehen geblieben" ist.

Listing 53 zeigt den Quelltext des Programms DS1994_TIMER.BAS. Der durch das Verstecken der 1-Wire Befehle in Subroutines recht lesbar geblieben ist. Der Vereinbarungsteil ist praktisch vergleichbar zu den bisherigen 1-Wire Programmbeispielen.

```
'-------------------------------------------------------------------
' iButton DS1994 Timeroperationen
'-------------------------------------------------------------------
$regfile = "m8def.dat"                  ' ATmega8
$crystal = 3686400                      ' für STK500
$baud = 9600

Config 1wire = Portb.0                  ' PB0 ist 1-Wire Busleitung
Const Ctargetaddr = &H0179              ' Zieladresse

Const Skiprom = &HCC                    ' Überspringe ROM Kommandos
Const Writescratch = &H0F               ' Schreibe Scratchpad RAM
Const Readscratch = &HAA                ' Lese Scratchpad RAM
Const Copyscratch = &H55                ' Kopiere Scratchpad in NVRAM
Const Readmemory = &HF0                 ' Lese NVRAM

Const Controlreg = &H0201               'Timer Control Register
Const Rtcreg = &H0202                   'RTC Register    $0202-$0206
Const Intervreg = &H0207                'IntervallTimer $0207-$020B

Const Starttimer = &B00010000           'Start IntervalTimer
Const Stoptimer = &B01010000            'Stopp IntervalTimer

Dim Targetaddr As Word At &H60          ' Zieladresse
Dim Ta2 As Byte At &H61 Overlay
Dim Ta1 As Byte At &H60 Overlay
Dim Ea As Byte
Dim Targetcont As Byte

Dim Temp(8) As Byte                     ' Temporärer Speicher
Dim I As Byte                           ' Index

Declare Sub  Writeds1994reg()
Declare Sub Readds1994timer()
Declare Sub Displaytimer()

Print
Print "DS1994 Timeroperationen"
Print "Starte Intervalltimer"
Targetaddr = Controlreg                 ' Start des IntervalTimers
Targetcont = Starttimer
Gosub Writeds1994reg
```

```
Print "TA:    " ; Hex(targetaddr) ; Spc(3);
Print "Data: " ; Hex(targetcont)

Targetaddr = Intervreg                   ' Lese IntervalTimer
Gosub Readds1994timer
Gosub Displaytimer

Targetaddr = Rtcreg                      ' Lese RTC
Gosub Readds1994timer
Gosub Displaytimer

Print "Pause 2 s" : Wait 2               ' Warte 2 s

Targetaddr = Intervreg                   ' Lese IntervalTimer
Gosub Readds1994timer
Gosub Displaytimer

Targetaddr = Rtcreg                      ' Lese RTC
Gosub Readds1994timer
Gosub Displaytimer

Print
Print "Stoppe Intervalltimer"
Targetaddr = Controlreg                  ' Stopp IntervalTimer
Targetcont = Stoptimer
Gosub Writeds1994reg

Print "TA:    " ; Hex(targetaddr); spc(3);
Print "Data: " ; Hex(targetcont)

Targetaddr = Intervreg                   ' Lese IntervalTimer
Gosub Readds1994timer
Gosub Displaytimer

Targetaddr = Rtcreg                      ' Lese RTC
Gosub Readds1994timer
Gosub Displaytimer

Print "Pause 2 s" : Wait 2               ' Warte 2 s

Targetaddr = Intervreg                   ' Lese IntervalTimer
Gosub Readds1994timer
Gosub Displaytimer

Targetaddr = Rtcreg                      ' Lese RTC
Gosub Readds1994timer
Gosub Displaytimer

End
```

```
Sub Writeds1994reg()
   1wreset                            ' Reset iButton
   If Err = 1 Then Print "iButton ERROR"
   1wwrite Skiprom
   1wwrite Writescratch               ' Schreibe ins Scratchpad RAM
   1wwrite Ta1
   1wwrite Ta2
   1wwrite Targetcont

   1wreset                            ' Reset iButton
   If Err = 1 Then Print "iButton ERROR"
   1wwrite Skiprom
   1wwrite Readscratch                ' Lese Scratchpad RAM
   Ta1 = 1wread()
   Ta2 = 1wread()
   Ea = 1wread()
   Targetcont = 1wread()

   1wreset                            ' Reset iButton
   If Err = 1 Then Print "iButton ERROR"
   1wwrite Skiprom
   1wwrite Copyscratch                ' Kopiere ins NVRAM
   1wwrite Ta1
   1wwrite Ta2
   1wwrite Ea
End Sub

Sub Readds1994timer()
   1wreset                            ' Reset iButton
   If Err = 1 Then Print "iButton ERROR"
   1wwrite Skiprom
   1wwrite Readmemory                 ' Lese NVRAM
   1wwrite Ta1
   1wwrite Ta2
   For I = 1 To 5
      Temp(i) = 1wread()
   Next
End Sub

Sub Displaytimer()
   Print "TA:   " ; Hex(targetaddr) ; Spc(3);
   Print "Timer = " ;
   For I = 4 To 1 Step -1
      Print Hex(temp(i));
   Next
   Print
End Sub
```

Listing 53   DS1994 Timerhandling (DS1994_TIMER.BSP)

7.11.9 Messung von Temperatur und Luftfeuchtigkeit

Bei der Sicherung von verschiedenen Prozessen kommt der Überwachung von Umweltdaten, wie Temperatur und relativer Luftfeuchtigkeit, eine hohe Bedeutung zu.

Für die Messung der Temperatur sind zahlreiche Verfahren und Bauelemente bekannt und es können bereits mit einfachen Mitteln recht präzise Ergebnisse erzielt werden. Die Messung der relativen Luftfeuchtigkeit hingegen ist eine messtechnisch schwierigere Aufgabe und Messergebnisse mit Messfehlern im Prozentbereich müssen meist akzeptiert werden.

7.11.9.1   Sensor zur Temperaturmessung DS2438

Der Baustein DS2438 ist ein so genannter *Smart Battery Monitor*, der die Messung von Temperatur, Spannung, Strom, und Zeit ermöglicht sowie 40 Bytes EEPROM und eine unikate Seriennummer zur Verfügung stellt.

Für die zu betrachtende Applikation wird die interne Temperaturmessung, die Spannungsmessung am Pin V_{AD} sowie die Abfrage der Seriennummer verwendet.

Das Blockschema des Bausteins DS2438 zeigt Abbildung 178.

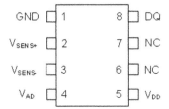

DS2438Z, DS2438AZ
8-Pin SOIC (150-mil)

Abbildung 177

Pinout DS2438

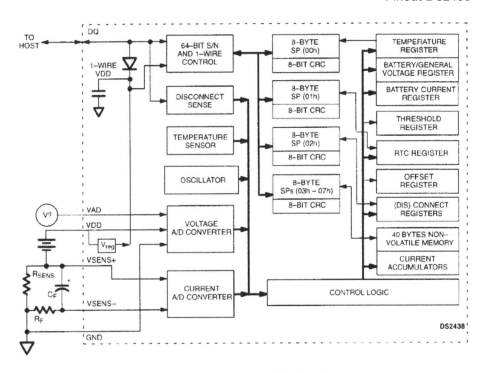

Abbildung 178   DS2438 Blockschema

Temperaturmessung

Die gemessene Temperatur wird intern mit 13 Bit als 2er-Komplement dargestellt. Die Auflösung beträgt 0.03125 °C, der Temperaturbereich -55 °C bis 125 °C.

Tabelle 18 zeigt den Zusammenhang zwischen gemessener Temperatur und dem Ausgabeformat des Messwerts. Das Ergebnis der Temperaturmessung steht in den Bytes 1 und 2 von Page 0 (Tabelle 20)

TEMPERATURE	DIGITAL OUTPUT (Binary)	DIGITAL OUTPUT (Hex)
+125°C	01111101 00000000	7D00h
+25.0625°C	00011001 00010000	1910h
+0.5°C	00000000 10000000	0080h
0°C	00000000 00000000	0000h
-0.5°C	11111111 10000000	FF80h
-25.0625°C	11100110 11110000	E6F0h
-55°C	11001001 00000000	C900h

Tabelle 18   Zusammenhang Temperatur - Ausgabeformat

Spannungsmessung

Der DS2438 kann so konfiguriert werden, dass die Spannung an Pin V_{AD} an den internen AD-Umsetzer geschaltet wird. Die Spannungsmessbereich liegt zwischen 1.5 V und 10 V DC bei einer Versorgungsspannung von 5 V.

Tabelle 19 zeigt den Zusammenhang zwischen gemessener Spannung und dem Ausgabeformat des Messwerts. Das Ergebnis der Spannungsmessung steht in den Bytes 3 und 4 von Page 0 (Tabelle 20)

BATTERY VOLTAGE	DIGITAL OUTPUT (Binary)	DIGITAL OUTPUT (Hex)
0.05V	0000 0000 0000 0101	0005h
2.7V	0000 0001 0000 1110	010Eh
3.6V	0000 0001 0110 1000	0168h
5V	0000 0001 1111 0100	01F4h
7.2V	0000 0010 1101 0000	02D0h
9.99V	0000 0011 1110 0111	03E7h
10V	0000 0011 1110 1000	03E8H

Tabelle 19   Zusammenhang Spannung – Ausgabeformat

Memory Map

Der Speicher des DS2438 besteht aus Scratchpad RAM sowie SRAM/EEPROM. Geschrieben wird zur Sicherung der Datenkonsistenz immer über das Scratchpad RAM (Schreiben ins Scratchpad RAM und anschließendes Kopieren des Scratchpad RAMs ins RAM/EEPROM).

Der Speicher ist in acht Pages zu acht Bytes organisiert. Jede Page hat ein eigenes Scratchpad RAM. Tabelle 20 zeigt einen Auszug aus dem Memory Map

PAGE	BYTE	CONTENTS	R/W	NV
	0	STATUS/ CONFIGURATION	R/W	YES
	1	TEMPERATURE LSB	R	NO
	2	TEMPERATURE MSB	R	NO
0	3	VOLTAGE LSB	R	NO
	4	VOLTAGE MSB	R	NO
	5	CURRENT LSB	R	NO
	6	CURRENT MSB	R	NO
	7	THRESHOLD	R/W	YES

Tabelle 20   Memory Map (Auszug)

Konfiguration

Der DS2438 wird über das Status/Configuration Byte konfiguriert (Abbildung 179).

D7	D6	D5	D4	D3	D2	D1	D0
X	ADB	NVB	TB	AD	EE	CA	IAD
X	BF	BF	BF	0	x	x	0

Abbildung 179   Status/Configuration Byte

In Abbildung 179 bedeuten:

ADB	A/D Converter Busy Flag	(BF=0 → Umsetzung abgeschl.)
NVB	Nonvolatile Memory Busy Flag	(BF=0 → Schreibvorgang abgeschl.)
TB	Temperature Busy Flag	(BF=0 → Messung abgeschlossen)
AD	Voltage A/D Input Select Bit	(0 = Pin V_{AD} selektiert)
EE	Current Accumulator Shadow Selector Bit	
CA	Current Accumulator Configuration	
IAD	Current A/D Control Bit	(0 = keine Strommessung)

Die für den betrachteten Einsatzfall relevante Initialisierung des Status/Configuration Byte ist in Abbildung 179 angegeben.

Seriennummer

Jeder DS2438 enthält eine unikate Seriennummer (ROM Code) von 64 Bit (Abbildung 180). Der Zugriff auf diese Daten erfolgt über die ROM Commands.

8-BIT CRC CODE	48-BIT SERIAL NUMBER	8-BIT FAMILY CODE (26h)
MSb LSb	MSb LSb	MSb LSb

Abbildung 180   ROM Code

Speicherzugriff

Die Zugriffe beim DS2438 erfolgen wieder nach dem folgenden Protokoll (Transaction Sequence):

- Initialization
- ROM Function Command
- Memory Function Command
- Transaction/Data

Speicherzugriffe (Scratchpad, Register) sind erst möglich, wenn eine der ROM Funktionen (Read ROM, Match ROM, Skip ROM, Search ROM) aufgerufen wurde.

Nach einer erfolgreichen ROM Funktion ist das betreffende 1Wire Device adressiert und die spezifischen Funktionen des DS2438 (Write Scratchpad, Read Scratchpad, Copy Scratchpad, Recall Memory, Convert T, Convert V).

Tabelle 21 zeigt beispielhaft eine Kommandosequenz für Temperatur- und Spannungsmessung und anschließendes Auslesen der Ergebnisdaten.

MASTER MODE	DATA (LSB FIRST)	COMMENTS
TX	Reset	Reset pulse
RX	Presence	Presence pulse
TX	CCh	Skip ROM
TX	44h	Issue Convert Temperature command, Read Slots
TX	Reset	Reset pulse
RX	Presence	Presence pulse
TX	CCh	Skip ROM
TX	B4h	Issue Convert Voltage command, Read Slots
TX	Reset	Reset pulse
RX	Presence	Presence pulse
TX	CCh	Skip ROM
TX	B8h00h	Issue Recall Memory page 00h command
TX	Reset	Reset pulse
RX	Presence	Presence pulse
TX	CCh	Skip ROM
TX	BEh00h	Issue Read SP 00h command
RX	<9 data bytes>	Read scratchpad data and CRC. This page contains temperature, voltage, and current measurements.
TX	Reset	Reset pulse
RX	Presence	Presence pulse, done

Tabelle 21   Kommandosequenz für Temperatur- und Spannungsmessung

7.11.9.2 Sensoren zur Messung der relativen Luftfeuchtigkeit

Begriffsbestimmung

Unter der relativen Luftfeuchtigkeit versteht man das Verhältnis der tatsächlich enthaltenen, zur maximal möglichen Masse des Wasserdampfes in der Luft. Die relative Feuchte wird üblicherweise in Prozent angegeben.

Mit steigender Temperatur nimmt die zur Sättigung benötigte Wasserdampfmenge zu. Das hat zur Folge, dass die relative Luftfeuchtigkeit eines gegebenen Luftvolumens bei Erwärmung abnimmt.

Unter *de.wikipedia.org/wiki/Luftfeuchtigkeit#Relative_Luftfeuchtigkeit* können weitere Details nachgelesen werden.

Die Luftfeuchtigkeit ist in einer Vielzahl von Anwendungen von Bedeutung, die unter *de.wikipedia.org/wiki/Luftfeuchtigkeit#Bedeutung_und_Anwendungsbereiche* zusammengestellt sind – hier aber aus Platzgründen nicht weiter betrachtet werden können.

Feuchtigkeitssensor HIH-3610

Der von Honeywell angebotene Feuchtigkeitssensor HIH-3610 ist ein speziell für OEM-Anwendungen im Bereich großer Stückzahlen entwickelter Baustein. Der Sensor liefert ein Ausgangssignal, das einen linearen Zusammenhang zwischen Ausgangsspannung und relativer Luftfeuchtigkeit repräsentiert.

Der Feuchtigkeitssensor HIH-3610 misst die relative Luftfeuchtigkeit in einer für die Instrumentierung hinreichenden Genauigkeit. Die Feuchtigkeit wird mit einem lasergetrimmten, thermisch stabilisierten Kapazitätssensor auf Polymerbasis gemessen. Eine On-Chip Signalanpassung sorgt für eine lineare Ausgangsspannung des Sensors.

Die relative Luftfeuchtigkeit berechnet sich gemäß den folgenden Beziehungen:

$$RH_{raw} = 161.29 \frac{V_{AD}}{V_{DD}} - 25.80$$

$$RH_{true} = RH_{raw} / (1.0546 - 0.00216 * T_c)$$

RH_{raw} bezeichnet den Wert der relativen Luftfeuchtigkeit ohne Korrektur der Temperaturabhängigkeit. RH_{true} ist der um die Temperaturabhängigkeit bereinigte Wert der relativen Luftfeuchtigkeit.

Abbildung 181 zeigt die Bauform des Feuchtigkeitssensors HIH-3610.

Die Pinbelegung des abgebildeten Sensors ist

links	GND	Masse
Mitte	V_{AD}	Ausgangsspannung
rechts	V_{DD}	Versorgungsspannung

Abbildung 181

HIH-3610

Die Produktspezifikationen des Feuchtigkeitssensors HIH-3610 sind in Tabelle 22 zusammen gestellt.

Produktspezifikationen	
RH Genauigkeit	± 2% RH, 0-100 % RH nicht kondensierend, 25 °C, 5 V DC
RH Austauschbarkeit	± 5% RH, 0-60% RH; ± 8% @ 90% RH typ.
RH Linearität	± 0.5% RH typ.
RH Hysterese	± 1.2% of RH Bereich
RH Wiederholbarkeit	± 0.5% RH
RH Antwortzeit, 1/e	15 s in leicht bewegter Luft @ 25 °C
RH Stabilität	± 1% RH typ. bei 50% RH in 5 Jahren
Versorgungsspannung	4.0 V DC bis 5.8 V DC
Stromaufnahme	200 µA typ.
Messbereich	0 bis 100% RH, nicht kondensierend
bei	-40 °C to 85 °C
Temperaturkompensation	$RH_{true} = RH_{raw}/(1.0546-0.00216T)$ T in °C
Bemerkung	Light sensitive, shield from bright light.

Tabelle 22   Produktspezifikationen HIH-3610

7.11.9.3   Gesamtschaltung

Die Bausteine DS2438 und HIH-3610 bieten die komplette Funktionalität für die Messung der Raumtemperatur und der relativen Luftfeuchte. Eine Vernetzung mehrerer Sensoren über den 1Wire-Bus ist möglich.

Wenn die Genauigkeit des internen Temperatursensors im DS2438 (+/- 2%) ausreicht, dann kann dieser Sensor allein die Funktionen

- Seriennummer
- Temperaturmessung
- Feuchtigkeitsmessung mit HIH-3610

abdecken.

Abbildung 182 zeigt das Schema der Komplettbaugruppe. Die Versorgungsspannung für die beiden Bausteine wird über die Signalleitung DATA gewonnen, so dass die Baugruppe über eine Zweidraht-Leitung vernetzt werden kann.

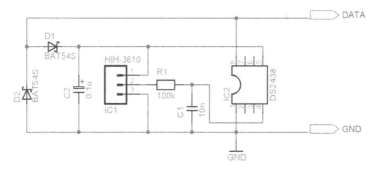

Abbildung 182   Sensorbaugruppe

Das folgende Programmbeispiel wurde für einen ATmega32 erstellt. Verwendet wurde das Mikrocontroller-Modul stAVeR-24-M32 auf einem stAVeR-24-M32 Activity Board.

Listing 54 zeigt den Quelltext des Programmbeispiels RH_TEMP_MEASURE.BAS, der strikt der durch den Baustein DS2438 vorgegebenen Zugriffshierarchie folgt.

```
'--------------------------------------------------------------------------------
' Measuring Temperature and Humidity by stAVeR24
'
' Sensor for Temperature DS2438 (MAXIM/Dallas)
' Sensor for Humidity HIH-3610 (Honeywell)
'
' 2005-12-12 Claus Kuhnel
'--------------------------------------------------------------------------------


$regfile = "M32DEF.DAT"                 ' stAVeR-24M32 has the ATMega32 on board
$crystal = 14745600                     ' 14.7456 MHz oscillator
$baud = 38400                           ' USART (RS232) Speed
'$sim                                   ' uncomment for simulation


Yellowled Alias Portc.3                 ' YELLOW LED

Config 1wire = Portd.4

Const Dbg = 0                           ' Switch Compiler Condition  (0 = no debug
info)

Const Ds2438 = &H26

Const Skip_rom = &HCC                   ' Skip ROM Commands
Const Read_rom = &H33                   ' Read ROM
Const Match_rom = &H55                  ' Match ROM
Const Search_rom = &HF0                 ' Search ROM

' this commands must follow a page byte [0...7]
Const Convertt = &H44                   ' Start Temperature Conversion
Const Convertv = &HB4                   ' Start Voltage Conversion
Const Read_scratch = &HBE               ' Read Scratchpad RAM
Const Write_scratch = &H4E              ' Write Scratchpad RAM
Const Copy_scratch = &H48               ' Copy Scratchpad RAM
Const Recall_memory = &HB8              ' Copy Memory to Scratchpad RAM

Const Measurevdd = &B00001000           ' Setup for Status Register
Const Measurevad = &B00000000

Dim Scratch(9) As Byte                  ' Scratchpad RAM Copy

Dim I As Byte , W As Word

Dim Done As Byte
```

```
Dim Itemp As Integer
Dim Temp As Single
Dim Vdd As Single
Dim Vad As Single
Dim Rh_raw As Single
Dim Rh_true As Single
Dim Count As Word

Declare Sub _convertt()
Declare Sub _convertv()
Declare Sub _recallmemory(byval Page As Byte)
Declare Sub _readscratch(byval Page As Byte)
Declare Sub _writescratch(byval Page As Byte)
Declare Sub _copyscratch(byval Page As Byte)
Declare Sub _clearscratch(byval Page As Byte)

Declare Function Initialize() As Byte
Declare Sub Measure()
Declare Sub Crc8_check()


Gosub Init_stAVeR24

Cls : Waitms 500
Reset Yellowled
Upperline
Lcd "DS2438 Test"
Set Yellowled

#if Dbg
   Print : Print "DS2438 Test"
#endif

Wait 1

Done = Initialize()
If Done <> 1 Then
   Cls
   Lcd "Program aborted"
   #if Dbg
   Select Case Done
      Case 0 : Print "No 1wire device found"
      Case Else : Print "Only one 1wire device supported by this program version"
   End Select
   #endif
   End
End If

Wait 3 : Cls
```

```
Do
   Reset Yellowled
   Waitms 50
   Measure
   Set Yellowled
   Wait 5
Loop

End

$include "init_stAVeR24.bas"


'-----------------------------------------------------------------------------
' Subroutines & Functions
'-----------------------------------------------------------------------------

Function Initialize() As Byte
   Count = 0
   1wreset                                    ' Reset 1Wire Device
   If Err = 1 Then Print "1Wire ERROR"

   1wwrite Read_rom                                ' Read ROM Command
   #if Dbg
      For I = 1 To 8
         Scratch(i) = 1wread()
         Print Hex(scratch(i));                    ' Output ROM Data
      Next
      Crc8_check                              ' Check CRC-8
      Print

      If Scratch(1) <> Ds2438 Then
         Print "No DS2438 connected"
      End If
   #endif
   W = 1wirecount()
   #if Dbg
      Print "Number of 1wire devices is " ; W
   #endif
   Initialize = W
End Function

Sub Measure()
   #if Dbg
      Print "Initialize Status Register"
   #endif
   _writescratch 0
   1wwrite Measurevdd
   #if Dbg
      Print "Read Scratch"
      _readscratch 0
```

```
  For I = 1 To 9
     Scratch(i) = 1wread()
     Print Hex(scratch(i)) ; Spc(1);
  Next
  Print

  Print "Copy Statusregister to Memory"
  _copyscratch 0

  _clearscratch 0

  Print "Read Scratch"
  _readscratch 0
  For I = 1 To 9
     Scratch(i) = 1wread()
     Print Hex(scratch(i)) ; Spc(1);
  Next
  Print

  Print "Recall Status Register"
  _recallmemory 0

  Print "Read Scratch"
  _readscratch 0
  For I = 1 To 9
     Scratch(i) = 1wread()
     Print Hex(scratch(i)) ; Spc(1);
  Next
  Print

  Print "Spannungsmessung VDD"
#endif
_writescratch 0
1wwrite Measurevdd
_copyscratch 0
_convertv
_recallmemory 0
_readscratch 0
For I = 1 To 9
   Scratch(i) = 1wread()
   #if Dbg
      Print Hex(scratch(i)) ; Spc(1);
   #endif
Next
Itemp = Scratch(5)
Shift Itemp , Left , 8
Itemp = Itemp + Scratch(4)
Vdd = Itemp * 0.01
#if Dbg
   Print : Print Vdd ; " V"
```

```
      Print "Spannungsmessung VAD"
#endif
_writescratch 0
1wwrite Measurevad
_copyscratch 0
_convertv
_recallmemory 0
_readscratch 0
For I = 1 To 9
   Scratch(i) = 1wread()
   #if Dbg
      Print Hex(scratch(i)) ; Spc(1);
   #endif
Next
Itemp = Scratch(5)
Shift Itemp , Left , 8
Itemp = Itemp + Scratch(4)
Vad = Itemp * 0.01
#if Dbg
   Print : Print Vad ; " V"
#endif
Rh_raw = Vad * 161.29
Rh_raw = Rh_raw / Vdd
Rh_raw = Rh_raw - 25.8
#if Dbg
   Print "Rel. Luftfeuchte (nicht korrigiert)"
   Print Fusing(rh_raw , "###.#") ; " %"

   Print "Temperaturmessung"
#endif
_convertt
_recallmemory 0
_readscratch 0
For I = 1 To 9
   Scratch(i) = 1wread()
   #if Dbg
      Print Hex(scratch(i)) ; Spc(1);
   #endif
Next
Itemp = Scratch(3)
Shift Itemp , Left , 8
Itemp = Itemp + Scratch(2)
Itemp = Itemp / 8
Temp = Itemp * 0.03125
#if Dbg
   Print : Print Fusing(temp , "###.#") ; " grd C"
#endif
Rh_true = Temp * 0.00216
Rh_true = 1.0546 - Rh_true
```

```
   Rh_true = Rh_raw / Rh_true                    ' RH_true = RH_raw/(1.0546-0.00216*T)
   #if Dbg
      Print "Rel. Luftfeuchte (korrigiert)"
      Print Fusing(rh_true , "###.#") ; " %"
   #else
      Print Count ; ",";
      Print Fusing(temp , "###.#") ; ",";
      Print Fusing(rh_true , "###.#")
   #endif
   Incr Count
   Upperline : Lcd Fusing(temp , "###.#") ; " grd C"
   Lowerline : Lcd Fusing(rh_true , "###.#") ; " %"
End Sub


Sub _convertt()
   1wreset                                       ' Reset 1Wire Device
   If Err = 1 Then Print "1Wire ERROR"
   1wwrite Skip_rom
   1wwrite Convertt

   Waitms 20
End Sub


Sub _convertv
   1wreset                                       ' Reset 1Wire Device
   If Err = 1 Then Print "1Wire ERROR"
   1wwrite Skip_rom
   1wwrite Convertv

   Waitms 20
End Sub

Sub _recallmemory(byval Page As Byte)
   1wreset                                       ' Reset 1Wire Device
   If Err = 1 Then Print "1Wire ERROR"
   1wwrite Skip_rom
   1wwrite Recall_memory                         ' Recall Page x
   1wwrite Page
End Sub

Sub _readscratch(byval Page As Byte)
   1wreset                                       ' Reset 1Wire Device
   If Err = 1 Then Print "1Wire ERROR"
   1wwrite Skip_rom
   1wwrite Read_scratch                          ' Read Scratchpad Page 0
   1wwrite Page
End Sub

Sub _writescratch(byval Page As Byte)
   1wreset                                       ' Reset 1Wire Device
```

```
     If Err = 1 Then Print "1Wire ERROR"
     1wwrite Skip_rom
     1wwrite Write_scratch
     1wwrite Page
End Sub


Sub _copyscratch(byval Page As Byte)
     1wreset                                          ' Reset 1Wire Device
     If Err = 1 Then Print "1Wire ERROR"
     1wwrite Skip_rom
     1wwrite Copy_scratch                             ' Copy Scratchpad Page x
     1wwrite Page
End Sub


Sub _clearscratch(byval Page As Byte)
     1wreset                                          ' Reset 1Wire Device
     If Err = 1 Then Print "1Wire ERROR"
     1wwrite Skip_rom
     1wwrite Write_scratch
     1wwrite Page

     1wwrite &H00
     1wwrite &H11
     1wwrite &H22
     1wwrite &H33
     1wwrite &H44
     1wwrite &H55
     1wwrite &H66
     1wwrite &H77
End Sub


Sub Crc8_check()
     $external _crc8
     Dim Result As Byte

     Loadadr Scratch(1) , Z
     ldi R24, 8
     !Call _crc8
     Loadadr Result , X
     st X, R16
     If Result = 0 Then
        Print " CRC-8 OK";
     Else
        Print " CRC-8 ERROR";
     End If
End Sub
```

Listing 54   Quelltext RN_TEMP_MEASURE.BAS

Die Datenleitung der Sensorbaugruppe ist hier mit der I/O-Leitung PD4 verbunden. Die Wahl der zu verwendenden I/O-Leitung muss unter Beachtung der vom Entwicklungsboard benutzten Ressourcen getroffen werden.

Die Konstante *Dbg* dient als Compilerschalter und sorgt für eine mehr oder weniger geschwätzige Ausgabe über die serielle Schnittstelle.

Eine Reihe von Konstanten definiert die DS2438-Kommandos, während die Zugriffsoperationen als Subroutines definiert sind. Um die Zugriffsoperationen auf die Sensorbaugruppe so einfach wie möglich zu halten, wird von nur einer angeschlossenen Sensorbaugruppe ausgegangen.

Bei der Initialisierung wird getestet, ob nur ein 1Wire-Baustein angeschlossen ist. Werden mehrere 1Wire-Bausteine oder keiner gefunden, dann erfolgt ein Abbruch des Programms.

Ist die Initialisierung ohne Beanstandungen erfolgt, tritt das Programm in eine Endlos-Schleife, die alle ca. fünf Sekunden die Sequenz `Measure` anstößt, die vom stAVeR-24 mit einer blinkenden, gelben LED signalisiert wird.

Für die erforderlichen Umrechnungen von Vorteil ist, dass BASCOM-AVR Gleitkomma-Arithmetik beherrscht. So ist es ohne große Umstände möglich, mit exakten Zahlenwerten zu arbeiten. Die Funktion `Fusing()` erlaubt zudem noch eine formatierte Ausgabe der berechneten Zahlenwerte über LCD und RS-232. Die Nachkommastellen wurden hier wegen der zu erwartenden Messfehler von kleiner 2% auf eine Stelle beschränkt.

Die einzelnen Schritte der eigentlichen Messsequenz können an Hand des Quelltextes und der in Abbildung 183 gezeigten Debug-Ausgaben nachvollzogen werden. Läuft das Programm fehlerfrei, dann sind an der RS-232-Schnittstelle nur noch die eigentlichen Messwerte von Interesse. Diese werden nach Änderung der Konstanten *Dbg* auf 0 sowie Compilation und Download dann in der in Abbildung 184 dargestellten Form ausgegeben. Schneidet man im Terminalprogramm diese Werte mit, dann erhält man eine CSV-Datei.

Eine CSV-Datei ist eine Textdatei zur Speicherung oder zum Austausch einfach strukturierter Daten. Das Kürzel CSV steht dabei für *Character Separated Values* oder *Comma Separated Values*, weil die einzelnen Werte durch ein spezielles Trennzeichen, beispielsweise das Komma, getrennt werden.

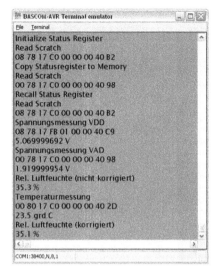

Abbildung 183 Debug-Ausgaben	**Abbildung 184** Ausgabe von Temperatur und Feuchtigkeit

Mit der vorgestellten Sensorbaugruppe wurde abschließend ein Tagesprofil von Temperatur und relativer Luftfeuchtigkeit aufgenommen. Hierzu wurde eine, wie eben beschrieben, erzeugte CSV-Datei in Microsoft Excel importiert und als grafische Darstellung aufbereitet.

Abbildung 185 zeigt das Resultat der vorgenommenen Messungen in einem Innenraum. Durch Nutzung einer Echtzeituhr könnte noch ein eindeutiger Zeitbezug hergestellt werden. Hier steht nur der Index, der alle ca. fünf Sekunden nach Auslösung der Messung erhöht wird, als Abszisse zur Verfügung.

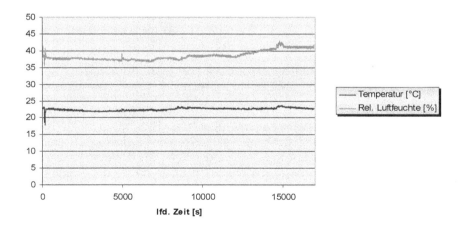

Abbildung 185 Tagesprofil von Temperatur und relativer Luftfeuchtigkeit

Abbildung 184 hatte die Ausgabe der Daten über die RS-232-Schnittstelle gezeigt. Am LCD des stAVeR-24 Entwicklungsboards zeigen sich die Messwerte in der in Abbildung 186 gezeigten Form.

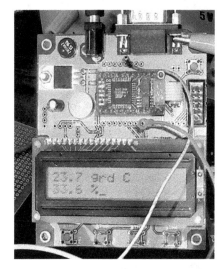

Abbildung 186   Anzeige von Temperatur und relativer Luftfeuchtigkeit

7.12   Synchrone serielle Kommunikation

7.12.1 SPI-Interface

Beim SPI-Interface sind drei Leitungen für den seriellen Datenaustausch zuständig.

Neben einem breiten Angebot an SPI-kompatiblen Speichern gibt es AD- und DA-Umsetzer, RTC-Bausteine u.a.m. von allen bekannten Halbleiterherstellern.

Wie Abbildung 187 zeigt, werden die seriellen Daten vom I/O-Pin MOSI (*Master Out Slave In*) zum Eingang SI des Peripheriebausteins gesendet. Dieser stellt seine Daten am Ausgang SO zur Übertragung an den I/O-Pin MISO (*Master In Slave Out*) bereit.

Die serielle Datenübertragung erfolgt synchron zum Takt SCK des Masters. Die Chip Select Signale SS0 bis SS3 aktivieren den jeweils anzusprechenden Peripheriebaustein der vier hier eingesetzten Bausteine.

Das Signalspiel bei einer Datenübertragung über das SPI-Interface zu einem EEPROM NM25C04 zeigt Abbildung 188. Bezüglich der Taktflanken des Signals SCK gibt es diverse Modifikationen, die bei Mikrocontrollern mit hardwareseitiger SPI-Unterstützung im allgemeinen konfigurierbar sind. Bei den anderen Mikrocontrollern muss das richtige Signalspiel durch die Programmierung sichergestellt sein.

In Abbildung 187 wurden EEPROMs vom Typ NM25C04 über das SPI-Interface angesprochen. Das SPI beschreibt aber nur den Datenaustausch auf Bitebene (wie in Abbildung 188 gezeigt). Die zu steuernden Peripheriefunktionen sind abhängig vom eingesetzten Peripheriebaustein.

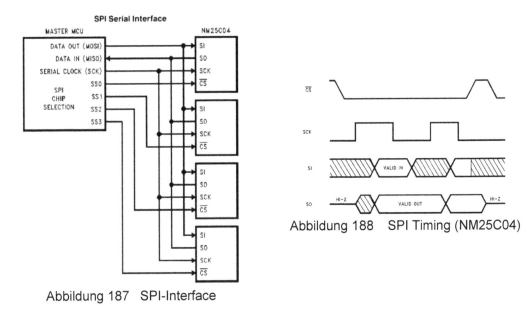

Abbildung 188   SPI Timing (NM25C04)

Abbildung 187   SPI-Interface

BASCOM-AVR unterscheidet bei der Konfiguration des SPI-Interfaces zwischen der Software-Implementierung und der Nutzung der On-Chip Peripherie. Nicht alle AVR-Mikrocontroller weisen ein Hardware-SPI On-Chip auf.

Bei der Verwendung der Hardware-SPI ist man auf die Pinbelegung des betreffenden Bausteins festgelegt. Bei der Software-Implementierung können die I/O-Pins frei zugeordnet werden.

In den folgenden Beispielen wird die Verwendung beider Arten des SPI verdeutlicht. Da das SPI ein bidirektionales Interface ist, wird hier die Funktion SPIMOVE() verwendet. Will man nur Daten senden bzw. empfangen, dann kann man auch SPIOUT bzw. SPIIN verwenden.

Listing 55 zeigt den Transfer eines Bytes über das SPI-Interface. Als SPI-Leitungen wurden die Anschlüsse von PortB deklariert, die bei Verwendung der On-Chip SPI vorgegeben wären.

Achtung: Die Instruktion Config Spi = ... muß auf eine Zeile geschrieben werden.

```
$regfile = "m8def.dat"              ' ATmega8
$crystal = 3686400                  ' für STK500

Config Spi = Soft , Din = Pinb.7 , Dout = Pinb.6 , Ss = None , Clock = Pinb.5

Dim X As Byte
Dim Y As Byte

X = &HAA

Spiinit
```

```
Y = Spimove(x)

nop

End

' ROMIMAGE     : C2 hex
```

Listing 55   Transfer eines Bytes über SPI (SPI.BAS)

Im Programm SPI.BAS wurden die Bytevariablen X und Y deklariert. X wird willkürlich mit dem Wert &HAA initialisiert.

Nach Konfiguration und Initialisierung des SPI-Interfaces wird das Datenbyte durch die Instruktion `Y = Spimove(x)` ausgegeben. Das folgende `nop` wurde nur eingefügt, um im Simulator mit Breakpoints arbeiten zu können.

SPI-Interfaces arbeiten wie ein 8-Bit-Schieberegister. Das zu sendende Byte wird in ein Register abgelegt und bitweise aus diesem Register über den Anschluss MOSI herausgeschoben. In die freiwerdenden Positionen werden, die vom Anschluss MISO gelesenen Bits eingeschoben. Nach acht Takten steht dann im betreffenden Register das empfangene Byte.

Nutzt man das On-Chip SPI, dann sind die Anschlüsse fest zugeordnet. Abbildung 189 zeigt die über das Menu **Options>Compiler>I2C, SPI, 1WIRE** vorzunehmenden Einstellungen. Für einen ATmega8 wären das die im Feld SPI eingetragenen I/O-Pins, die durch das Anklicken der Option **Use Hardware-SPI** festgelegt sind.. Auf die Zeile `Config Spi = ...` könnte dann im Quelltext verzichtet werden.

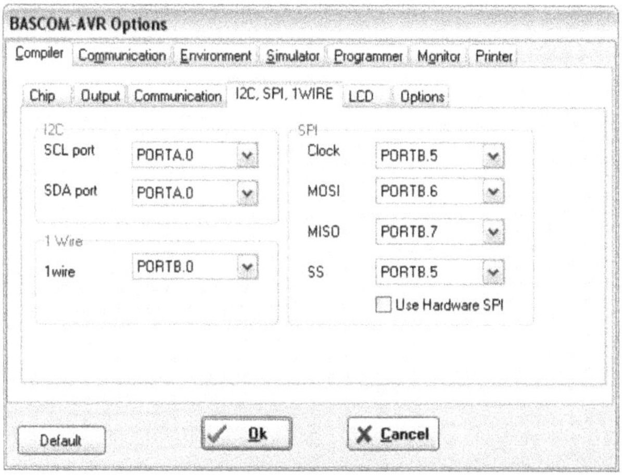

Abbildung 189   Konfiguration der Hardware-SPI

Listing 56 zeigt das auf die Verwendung der Hardware-SPI angepasste Programm SPI4.BAS. Der besseren Übersichtlichkeit halber wurde die Zeile `Config Spi = Hard...` im Quelltext angegeben. Das Programm wird besser lesbar und man behält alle Freiheitsgrade bei der Wahl der Parameter.

Angegeben sind hier allerdings die Parameter, die auch als Defaultwerte bei Verwendung der Konfiguration über das Menu **Options>Compiler>I2C, SPI, 1WIRE** eingesetzt würden.

Funktionell sind also beide Programmbeispiele identisch, nur dass das letztere aufgrund der Hardwareunterstützung um einiges kürzer ist. Die am Ende der Quelltexte eingefügte Kommentarzeile weist wieder die Programmlänge aus, die bei Nutzung der Hardware-SPI um 32 Byte kürzer ausfällt.

```
$regfile = "m8def.dat"              ' ATmega8
$crystal = 3686400                  ' für STK500

Config Spi = Hard , Data Order = Msb , Master = Yes , Polarity = High , Phase = 0 ,
Clockrate = 4 , Noss = 0

Dim X As Byte
Dim Y As Byte

X = &HAA

Spiinit

Y = Spimove(x)

nop

End

' ROMIMAGE      : A2 hex
```

Listing 56   Datenaustausch über On-Chip SPI (SPI4.BAS)

Das SPI Control Register organisiert den gesamten SPI-Datenaustausch. Welche Initialisierung durch die Instruktion Spiinit vorgenommen wird, kann im Simulator verifiziert werden. Abbildung 190 zeigt die Initialisierung des SPI Control Registers nach Abarbeitung der Instruktion Spiinit.

Die Simulation bleibt wegen des gesetzten Breakpoints bei der Instruktion Y = Spimove(x) stehen. Ist das das Ende des Datentransfers signalisierende Flag SPIF (SPSR = &H80), dann kann die Programmabarbeitung an dieser Stelle fortgesetzt werden.

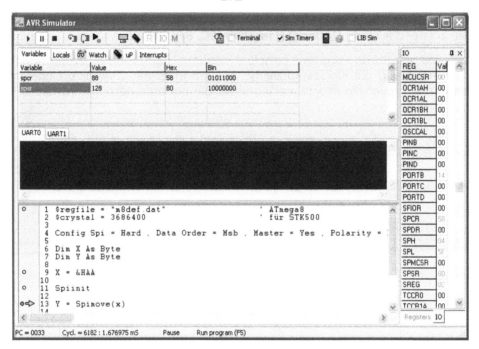

Abbildung 190   Initialisierung des SPI Control Registers

Die Bits im SPI Control Register sind wie folgt gesetzt:

SPIE	SPE	DORD	MSTR	CPOL	CPHA	SPR1	SPR0	
0	1	0	1	1	0	0	0	**SPCR**

Durch das gesetzte Bit SPE sind die SPI-Anschlüsse intern fest mit den vordefinierten Pins von PortB verbunden. Der AVR-Mikrocontroller arbeitet als Master (MSTR=1), solange nicht ein anderer Busteilnehmer ihn über die Leitung SS in den Slavezustand zwingt.

Polarität und Phasenlage des SPI Clocks wird mit den Bits CPOL und CPHA festgelegt. Abbildung 191 zeigt die Bedingungen gemäß Initialisierung.

Die SPI Clock Rate wird mit den Bits SPR1 und SPR0 festgelegt und hier auf CK/4 eingestellt. Mit der beim STK500 vorhandenen Taktfrequenz von 3,69 MHz liegt der SPI Clock dann bei etwas unter 1 MHz. Natürlich wird damit netto kein Datendurchsatz von ca. 1 Mbit/s erreicht.

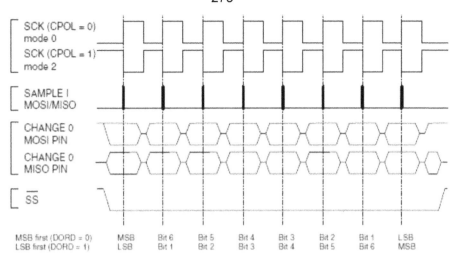

Abbildung 191   SPI Datenaustausch mit CPHA=0

Ist man mit den durch `Spiinit` vorgenommenen Initialisierungen nicht zufrieden, können die Einstellungen durch Manipulation des SPI Control Registers jederzeit an die Erfordernisse angepasst werden.

7.12.2 Schieberegister

Die SPI-Instruktionen arbeiten im Byteformat, d.h. der Datentransfer umfasst immer ein oder mehrere Bytes. Für einen Datentransfer zu einem DA-Umsetzer von beispielsweise 12 Bit kann man die SPI-Instruktionen in der Regel nicht verwenden.

Mit den Instruktionen `SHIFTIN` und `SHIFTOUT` sind Schieberegisteroperationen implementiert, die eine beliebige Anzahl von Bits seriell übertragen können. Die maximale Anzahl beträgt 255 Bits. Wie das folgende Programmbeispiel zeigen wird, ist die Vorgehensweise mit dem SPI vergleichbar.

Die Lage des Taktes und die Reihenfolge der zu transferierenden Bits wird durch den Parameter Option angegeben. Die Zahl der zu übertragenden Bits und eine Verzögerung, die durch Einfügen von `nop` die Länge des Taktsignals beeinflussen sind optional. Fehlt die Anzahl der Bits, dann bestimmt die Variable `var` die Anzahl der Bits automatisch.

```
SHIFTIN pin , pclock , var , option [, bits , delay ]
SHIFTOUT pin , pclock , var , option [, bits , delay ]
```

Wie die Wahl der Parameter die Signalverläufe bei `SHIFTOUT` und `SHIFTIN` bestimmten zeigen die beiden nächsten Abbildungen.

Abbildung 192 zeigt den Signalverlauf bei `SHIFTOUT` für zwei Bits. Das zu übertragende Bit steht am I/O-Pin bevor die steigende (Option 1 oder 3) bzw. fallende (Option 0 oder 2) Flanke des Taktsignals SCK ausgegeben wird. Mit Hilfe dieser Taktflanke kann das Datenbit dann in ein externes Flip-Flop oder Schieberegister übernommen werden.

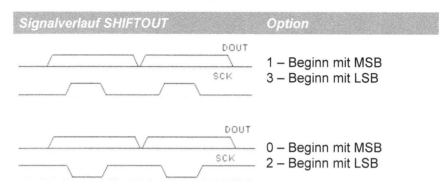

Signalverlauf SHIFTOUT	Option

1 – Beginn mit MSB
3 – Beginn mit LSB

0 – Beginn mit MSB
2 – Beginn mit LSB

Abbildung 192   Signalverlauf bei SHIFTOUT

Bei der seriellen Eingabe mit SHIFTIN sind die Verhältnisse sehr ähnlich. Abbildung 193 zeigt den Signalverlauf bei SHIFTIN für zwei Bits.

Das einzulesende Bit wird vom betreffenden I/O-Pin kurz nach der steigenden (Option 1 oder 3 bzw. 5 oder 7) bzw. fallende (Option 0 oder 2 bzw. 4 oder 6) Flanke des Taktsignals SCK abgetastet. Der Zeitpunkt ist im Signalverlauf DIN markiert.

Bei der Eingabe mit SHIFTIN kann auch mit einem externen Taktsignal gearbeitet werden. Bei Wahl einer der Optionen 4 bis 7 wird kein internes Taktsignal SCK erzeugt.

Signalverlauf SHIFTIN	Option

1 – Beginn mit MSB
3 – Beginn mit LSB
5 – Beginn mit MSB & ext. Takt
7 – Beginn mit LSB & ext. Takt

0 – Beginn mit MSB
2 – Beginn mit LSB
4 – Beginn mit MSB & ext. Takt
6 – Beginn mit LSB & ext. Takt

Abbildung 193   Signalverlauf bei SHIFTIN

Wie mit Hilfe von externen Schieberegistern die Möglichkeiten der digitalen Ein-/Ausgabe auch bei Mikrocontrollern mit wenigen Pins erweitert werden kann, ist in Abbildung 194 gezeigt. Das Schieberegister 74HC165 stellt acht digitale Eingänge und das Schieberegister 74HC595 acht digitale Ausgänge zur Verfügung.

Mit einem lo-aktiven Latchimpuls werden die Daten der acht Eingänge in das Schieberegister HC165 übernommen. Anschließend können die Daten seriell in den Mikrocontroller übernommen werden.

Zur Ausgabe werden die Daten vom Mikrocontroller seriell zum HC595 übertragen und am Ende mit einem hi-aktiven Latchimpuls in die Ausgangsstufen übernommen.

Durch den Latchmechanismus bleiben beim HC595 die Ausgänge auch während des Schiebe-
vorgangs unverändert und die Belegung der Eingänge des HC165 wird zum gleichen Zeitpunkt
erfasst.

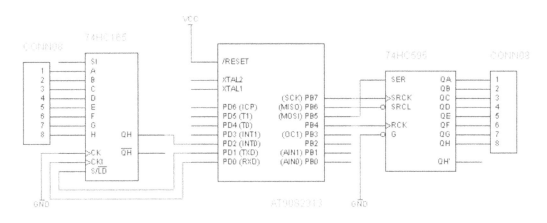

Abbildung 194   Serielle I/O Erweiterung

```
$regfile = "2313def.dat"          ' AT90S2313
$crystal = 3690000                ' für STK500

Iclk Alias Portd.0
Ilatch Alias Portd.1
Idata Alias Portd.2

Reset Iclk                        ' ICLK = Lo
Set Ilatch                        ' ILATCH = Hi
Set Idata                         ' PullUp aktiv

Config Pind.0 = Output            ' Takt für HC165
Config Pind.1 = Output            ' Latch für HC165
Config Pind.2 = Input             ' Daten vom HC165

Oclk Alias Portb.7                ' Takt für HC595
Oclr Alias Portb.6                ' hier nicht verwendet
Odata Alias Portb.5               ' Daten zum HC595
Olatch Alias Portb.4              ' Latch für HC595

Reset Oclk                        ' OCLK = Lo
Reset Olatch                      ' OLATCH = Lo
Reset Odata                       ' ODATA = Lo

Config Portb = Output

Dim X As Byte
Dim Y As Byte
```

```
Do
    Reset Ilatch                          ' Latch für HC165
    Set Ilatch
    Shiftin Pind.2 , Pind.0 , X , 1       ' Lesen HC165
    Y = Not X                             ' Bearbeitung
    Shiftout Pinb.5 , Pinb.7 , Y , 1      ' Schreiben HC595
    Set Olatch
    Reset Olatch                          ' Latch für HC595
    Waitms 10                             ' 10 ms warten
Loop

End
```

Listing 57   Erweiterung der digitalen I/O durch Schieberegister

7.13   I²C-Bus

Wegen der notwendigen Schreib- und Leseoperationen sind Speicherbausteine gut zur Erläuterung der I²C-Bus Operationen geeignet. Für uns Programmbeispiel verbinden wir deshalb ein I²C-Bus EEPROM mit zwei I/O-Pins des AVR-Mikrocontrollers.

Jeder I²C-Bus Baustein wird durch einen in der Slaveadresse enthaltenen Device Type Identifier eindeutig zugeordnet. Für den hier verwendeten EEPROM der NM24Cxx Familie ist die Slaveadresse folgendermaßen aufgebaut. Der Device Type Identifier ist hier &B1010.

1	0	1	0	A2	A1	A0	R//W

Ein weiterer Bestandteil der Slaveadresse ist die Bausteinadresse. Die Adresspins A2, A1 und A0 werden mit V_{cc} oder GND verbunden, um die Bausteinadresse des EEPROMs festzulegen. In der folgenden Tabelle sind die aktiven Adresspins der NM24Cxx Familie gelistet.

Baustein	A2	A1	A0	Speicherkapazität
NM24C02	addr	addr	addr	2 K
NM24C04	addr	addr	x	4 K
NM24C08	addr	x	x	8 K
NM24C16	x	x	x	16 K

Wie die Zusammenstellung zeigt, kann EEPROM mit maximal 16 KBit (16384 Bits) über den I²C-Bus adressiert werden. Dabei ist es gleichgültig, ob ein NM24C16 oder acht NM24C02 oder andere Zusammenstellungen zum Einsatz kommen.

Zur Adressierung der EEPROMs gibt es zwei unterschiedliche Adressierungsebenen:

1. Hardwarekonfiguration durch die Pins A2, A1 und A0 (Device Address Pins) mit PullUp- oder PullDown-Widerständen. Alle nicht benutzten Anschlüsse (in der Tabelle mit x markiert) müssen mit GND verbunden werden.

2. Softwareadressierung des benutzten Speichersegments (Page Block) innerhalb des Speicherbereichs des Bausteins.

Zur Adressierung eines Speicherplatzes im EEPROM muss das betreffende Kommando die folgenden Informationen aufweisen:

```
[DEVICE TYPE]
[DEVICE ADDRESS]
[PAGE BLOCK ADDRESS]
[BYTE ADDRESS]
```

In unserem Programmbeispiel setzen wir den EEPROM NM24C16 ein. Wegen seiner Speicherkapazität von 16 KBit ist keine Hardwarekonfiguration möglich. Die Pins A2, A1 und A0 werden mit GND verbunden.

Die in der Slaveadresse enthaltenen Bits A2, A1 und A0 zeigen auf ein internes Speichersegment (PAGE BLOCK). Das letzte Bit der Slaveadresse definiert, ob durch den Master eine Schreib- oder eine Leseoperation erfolgt. Ist das LSB Hi, dann wird eine Leseoperation ausgeführt, während ein auf Lo gesetztes LSB eine Schreiboperation ausweist.

Byte Write (Schreibe Byte in beliebige Zelle) und Random Read (Lese Byte aus beliebiger Zelle) sind zwei Grundfunktionen für den Datenaustausch über den I²C-Bus. Um den Zugriff auf den Speicherbereich des EEPROMs effektiver zu gestalten, gibt es weitere Zugriffsmöglichkeiten wie Page Write, Current Address Read und Sequential Read.

In unserem Programmbeispiel konzentrieren wir uns auf die Grundfunktionen. Mit dem resultierenden Wissen können die Zusatzfunktionen dann leicht ergänzt werden. Abbildung 195 zeigt die Bitfolgen für die Byte Write und Random Read Operation.

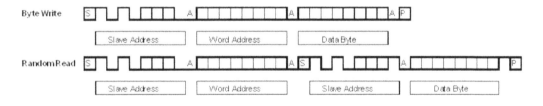

Abbildung 195   Byte Write und Random Read Operation

Allen Kommandos ist eine Startbedingung (S) vorangestellt. Eine Startbedingung ist durch einen Übergang von Hi nach Lo auf SDA bei SCL = Hi definiert. Jeder I²C-Bus Baustein verfolgt kontinuierlich die Pegel auf den Leitungen SDA und SCL, um eine gültige Startbedingung zu detektieren. Ist keine gültige Startbedingung erkannt worden, dann antwortet auch kein Baustein.

Das erste der Startbedingung folgende Byte ist die Slaveadresse, welche eine Schreiboperation auf das adressierte Speichersegment anzeigt. Der sendende Baustein gibt den Bus nach acht gesendeten Bits frei. Während des neunten Taktes zieht der Empfänger die Leitung SDA auf Lo, um den Empfang der acht gesendeten Bits durch ACKnowledge (A) zu bestätigen. Dieser Acknowledge Mechanismus ist eine Softwarevereinbarung, die die erfolgreiche Datenübertragung anzeigt.

Das zweite gesendete Byte adressiert den Speicherplatz im vorher adressierten Speichersegment für einen folgenden Schreib- oder Lesezugriff. Nach dem letzten gesendeten Bit erfolgt wieder der Test auf ACKnowledge.

In einer Byte Write Operation wird das zu speichernde Datenbyte als drittes Byte gesendet. Nach dem letzten gesendeten Bit erfolgt wieder der Test auf ACKnowledge.

In einer Random Read Operation ist nach dem Test auf ACKnowledge eine neue Startbedingung zu senden. Das erste Byte nach dieser erneuten Startbedingung ist eine Slaveadresse, die diesmal aber eine Leseoperation (auf den vorher adressierten Speicherplatz) anzeigt. Nach dem letzten gesendeten Bit erfolgt wieder der Test auf ACKnowledge, um anschließend den adressierten Speicherplatz im EEPROM zu lesen.

Beim Lesezugriff sendet der I²C-Bus Slave acht Datenbits und testet anschließend auf eine ACKnowledge vom Master. Wurde ein ACKnowledge erkannt und keine Stoppbedingung vom Master gesendet, dann sendet der Slave weitere Daten. Wurde kein ACKnowledge erkannt, dann sendet der Slave keine weiteren Daten und wartet auf die Stoppbedingung, um wieder in den Standby Mode zurückzukehren.

Jede Datenübertragung wird durch eine Stoppbedingung (P) beendet. Eine Stoppbedingung ist durch einen Übergang von Lo nach Hi auf SDA bei SCL = Hi definiert. Die Stoppbedingung schaltet zusätzlich die EEPROMs der NM24Cxx Familie in den stromsparenden Standby Mode.

7.13.1 I²C-Bus Datenaustausch über Software

BASCOM-AVR unterstützt den Datenaustausch über den I²C-Bus durch zugeschnittene Instruktionen. Zur Erläuterung soll das folgende Programmbeispiel (I2C1.BAS) die in Abbildung 195 dargestellten Sequenzen widerspiegeln. Die Subroutine I2c_wb() schreibt ein Byte, während mit der Funktion I2c_rb() ein Byte gelesen werden kann.

```
$regfile = "m8def.dat"                  ' ATmega8
$crystal = 3686400                      ' für STK500
$baud = 19200

' HW Stack 40; Soft Stack 20; Frame Size 40   nicht optimiert

Const Device_id = &HA                   ' Device ID für EEPROM NM24Cxx
Const Page_addr = 1                     ' verwendete Page
Const Word_addr = 5                     ' verwendete Speicherzelle
Const Esc = 27

Dim Slave_wa As Byte                    ' Slave Write Adresse
Dim Ee_data As Byte                     ' verwendetes Datenbyte
Dim Temp As Byte

Config Scl = Portb.0                    ' PB0 ist SCL
Config Sda = Portb.1                    ' PB1 ist SDA
'Config I2cdelay = 10                   ' SCL = 100 kHz

Declare Sub  I2c_wb(byval Swa As Byte , Byval Wa As Byte , Dta As Byte)
Declare Function I2c_rb(byval Swa As Byte , Byval Wa As Byte) As Byte
```

```
Slave_wa = Device_id                    ' Berechnung der Slaveadresse
Shift Slave_wa , Left , 4

Temp = Page_addr
Shift Temp , Left

Slave_wa = Slave_wa Or Temp             ' Berechnung Slave Write Adresse

Print "EEPROM Schreiben & Lesen - Abbruch mit ESC"
Ee_data = &HA5

Do
   Incr Ee_data                         ' Inkrementieren Datenbyte
   Print "Schreibe " ; Ee_data ; " nach Adresse " ; Word_addr
   I2c_wb Slave_wa , Word_addr , Ee_data ' Byte in EEPROM schreiben

   Temp = I2c_rb(slave_wa , Word_addr)  ' Byte aus EEPROM lesen
   ' Ausgabe des gelesenen Bytes
   Print "Lese " ; Temp ; " von Adresse " ; Word_addr
   Wait 1
   Temp = Inkey()
Loop Until Temp = Esc

Print "Ende."

End

Sub I2c_wb(byval Swa As Byte , Byval Wa As Byte , Dta As Byte)
   I2cstart                             ' I2C Write Sequence
   I2cwbyte Swa
   I2cwbyte Wa
   I2cwbyte Dta
   I2cstop
   Waitms 10                            ' Warten auf Ende des Schreibzyklus
End Sub

Function I2c_rb(byval Swa As Byte , Byval Wa As Byte) As Byte
   Local T As Byte
   Local Sra As Byte

   Sra = Swa Or 1

   I2cstart                             ' I2C Read Sequence
   I2cwbyte Swa
   I2cwbyte Wa
   I2cstart
   I2cwbyte Sra
   I2crbyte T , Nack
   I2cstop
```

```
   I2c_rb = T
End Function
```

Listing 58   Zugriff auf den I²C-EEPROM NM24C16 (I2C1.BAS)

Zur Vereinfachung wurden einige Parameter als Konstanten vereinbart:

- Device Identifier für alle NM24Cxx EEPROMs durch `device_id = &HA`
- Speicherzugriff auf Page 1 Adresse 5 durch `page_addr = 1` und `word_addr = 5` (will-kürlich)

Soll beispielsweise die Adresse verändert werden, dann sind nur die betreffenden Konstanten zu verändern. Die I/O-Pins PB0 und PB1 werden den Leitungen des I²C-Bus SCL und SDA zu-gewiesen.

Anschließend wird die Adresse `Slave_wa` (Slave Schreib-Adresse) berechnet. Dann folgen identisch zu Abbildung 195 in einer Schleife die Aufrufe der Subroutine `I2c_wb()` und der Funktion `I2c_rb()`, die die einzelnen I²C-Bus Instruktionen enthalten. Das Datenbyte wird bei jedem Schleifendurchlauf inkrementiert.

BASCOM-AVR versteckt die Implementierungsdetails vor dem Programmierer, so dass die Programmierung der erforderlichen Sequenzen sehr einfach wird.

Das vorgeschriebene I²C-Bus Timing wird durch BASCOM-AVR für jede mögliche Taktfre-quenz des AVR-Mikrocontrollers gesichert, kann aber auch individuell angepasst werden. Die Direktive `Config I2cdelay = 10` würde beispielsweise eine Taktfrequenz von 100 kHz für SCL einstellen. Default sind 200 kHz (`Config I2cdelay = 5`).

7.13.2 Hardwareunterstützter I²C-Bus Datenaustausch

Die Verwendung der TWI-Hardware der megaAVR soll wieder anhand des Zugriffs auf ein EE-PROM demonstriert werden.

Der Aufbau des Programmbeispiels TWI.BAS (Listing 59) ist zum vorangegangenen Beispiel identisch. Abweichend sind hier die Subroutine `I2c_wb()` und die Funktion `I2c_rb()`, die hier direkt die TWI-Hardware ansprechen. Die I²C-Bus Taktrate wird in der Subroutine `Twii-nit(10)` eingestellt.

```
$regfile = "m8def.dat"              ' ATmega8
$crystal = 3686400                  ' für STK500
$baud = 19200


' HW Stack 64; Soft Stack 32; Frame Size 64    nicht optimiert

Const Device_id = &HA               ' Device ID für EEPROM NM24Cxx
Const Page_addr = 1                 ' verwendete Page
Const Word_addr = 5                 ' verwendete Speicherzelle
Const Ee_timeout = 50000            ' TWI TimeOut
Const Esc = 27

Dim Slave_wa As Byte                ' Slave Write Adresse
Dim Ee_data As Byte                 ' verwendetes Datenbyte
```

```
Dim Temp As Byte

Declare Sub  Twiinit(byval Clockrate As Byte)
Declare Function Twi_cmd(byval Cmd As Byte) As Byte

Declare Sub I2c_wb(byval Swa As Byte , Byval Wa As Byte , Dta As Byte)
Declare Function I2c_rb(byval Swa As Byte , Byval Wa As Byte) As Byte

Slave_wa = Device_id                      ' Berechnung der Slaveadresse
Shift Slave_wa , Left , 4

Temp = Page_addr
Shift Temp , Left

Slave_wa = Slave_wa Or Temp               ' Berechnung Slave Write Adresse

Print "EEPROM Schreiben & Lesen - Abbruch mit ESC"
Ee_data = &HA5
Call Twiinit(10)                          ' Initialisiere TWI - SCL ca. 100 kHz

Do
   Incr Ee_data                           ' Inkrementiere Datenbyte
   Print "Schreibe " ; Ee_data ; " nach Adresse " ; Word_addr
   I2c_wb Slave_wa , Word_addr , Ee_data ' Byte in EEPROM schreiben
   If Err = 0 Then
      Print "No I2C Write Error"
   Else
      Print "I2C Write Error"
   End If

   Temp = I2c_rb(slave_wa , Word_addr)  ' Byte aus EEPROM lesen
   If Err = 0 Then
      Print "No I2C Read Error"
   Else
      Print "I2C Read Error"
   End If
   ' Ausgabe gelesenes Byte
   Print "Lese " ; Temp ; " von Adresse " ; Word_addr
   Wait 1
   Temp = Inkey()
Loop Until Temp = Esc

Print "Ende."

End

' Initialisierung TWI Hardware
Sub Twiinit(byval Clockrate As Byte)
   Twsr = Twsr And &HFC                   ' Prescaler = 1
   Twbr = Clockrate                       ' SCL Takt
```

```
End Sub


' Schreibt ein Kommando in Register TWCR
' und fragt Statusregister TWSR ab
Function Twi_cmd(byval Cmd As Byte) As Byte
   Local Time_out As Word , I As Byte

   Twcr = Cmd
   Time_out = 0
   Do
      Incr Time_out
   Loop Until Twcr.twint = 1 Or Time_out = Ee_timeout

   I = Twsr
   I = I And &HF8
   Twi_cmd = I
End Function


' Schreibe Datenbyte zum I2C-Bus Device
Sub I2c_wb(byval Swa As Byte , Byval Wa As Byte , Dta As Byte)
   Local Time_out As Word

   If Twi_cmd(&Ha4) = &H08 Then        ' Startbedingung
      Twdr = Swa                       ' Sende SLA+W
      If Twi_cmd(&H84) = &H18 Then
         Twdr = Wa                      ' Sende Wordadresse
         If Twi_cmd(&H84) = &H28 Then
            Twdr = Dta                  ' Send Datenbyte
            If Twi_cmd(&H84) = &H28 Then
               Twcr = &H94              ' Stoppbedingung
               Do                       ' warte auf Ende
                  Incr Time_out         ' oder TimeOut
               Loop Until Twcr.twsto = 0 Or Time_out = Ee_timeout
            Else
               Err = 1
            End If
         Else
            Err = 1
         End If
      Else
         Err = 1
      End If
   Else
      Err = 1
   End If
End Sub


' Lese Datenbyte vom I2C-Bus Device
Function I2c_rb(byval Swa As Byte , Byval Wa As Byte) As Byte
   Local T As Byte
```

```
Local Sra As Byte
Local Time_out As Word

Sra = Swa Or 1

If Twi_cmd(&Ha4) = &H08 Then              ' Startbedingung
   Twdr = Swa                              ' Sende SLA+W
   If Twi_cmd(&H84) = &H18 Then
      Twdr = Wa                            ' Sende Wordadresse
      If Twi_cmd(&H84) = &H28 Then
         If Twi_cmd(&Ha4) = &H10 Then      ' Startbedingung
            Twdr = Swa Or 1                ' Send SLA+R
            If Twi_cmd(&H84) = &H40 Then
               If Twi_cmd(&H84) = &H58 Then ' Lese Datenbyte
                  T = Twdr
                  Twcr = &H94              ' Stoppbedingung
                  Do                       ' Warte auf Ende
                     Incr Time_out         ' oder TimeOut
                  Loop Until Twcr.twsto = 0 Or Time_out = Ee_timeout
               Else
                  Err = 1
               End If
            Else
               Err = 1
            End If
         Else
            Err = 1
         End If
      Else
         Err = 1
      End If
   Else
      Err = 1
   End If
Else
   Err = 1
End If
I2c_rb = T
End Function
```

Listing 59 Hardwareunterstützter Zugriff auf EEPROM (TWI.BAS)

Der Datenaustausch mit dem TWI erfolgt in einer fest vorgeschriebenen Weise über die Funktion `Twi_cmd()`.

Das Argument der Funktion legt dabei fest, was ausgelöst werden soll. Der Rückgabewert der Funktion signalisiert Erfolg bzw. Fehler. So wurde beispielsweise eine Startbedingung dann erfolgreich abgesetzt, wenn die Funktion `Twi_cmd(&Ha4)` den Wert &H08 zurückgibt. Im Fehlerfall wird das Errorflag `Err` gesetzt und kann an einem geeigneten Ort im Programm abgefragt werden. Durch TimeOuts wird verhindert, dass die I/O-Operationen zum I²C-Bus "hängen bleiben".

Das Programmbeispiel TWI.BAS macht deutlich, dass der Aufwand zur Inbetriebnahme gegenüber der in Abschnitt 7.13.1 beschriebenen Softwarelösung nicht unerheblich ist. Vorteilhaft ist das TWI aber immer dann, wenn der zu programmierende AVR-Mikrocontroller nicht als alleiniger Master im System wirken soll.

7.14 Analoge Ein-/Ausgabe

Funktionsgruppen zur analogen Ein- oder Ausgabe stellen häufig die Schnittstellen zum zu steuernden Prozess dar. Die zu erfüllenden Anforderungen hängen bei analogen Interfaces in viel stärkerem Masse als bei digitalen von der betreffenden Anwendung ab.

In diesem Abschnitt werden wir sowohl On-Chip Peripherie als auch externe Baugruppen betrachten. Beide Varianten kommen in Abhängigkeit von der jeweiligen Aufgabenstellung zum Einsatz.

7.14.1 Analogkomparator

Der Analogkomparator kann zwei an den Eingängen AIN0 und AIN1 angelegt Spannungen vergleichen. Am Komparatorausgang steht das Vergleichsergebnis zur Verfügung.

Beschaltet man die beiden Eingängen AIN0 und AIN1 mit einem RC-Glied, dann kann ein einfacher externer Timer aufgebaut werden. Abbildung 196 zeigt die erforderlichen Komponenten.

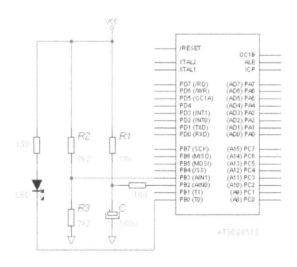

Abbildung 196   Externer RC-Timer

Das I/O-Pin PB2 hat eine Doppelfunktion. Während der Entladephase wird dieses I/O-Pin als digitaler Ausgang geschaltet und schließt die Kapazität C über 100 Ω kurz.

Während der Ladephase wirkt es als hochohmiger Analogeingang. Die Zeit der Ladephase t_L wird durch die LED angezeigt.

Nach der Beziehung

$$t_L = R_1 \cdot C \cdot \ln(\frac{R_2}{R_2 + R_3})$$

erhält man bei der Dimensionierung gemäß Abbildung 196 eine Ladezeit t_L von ca. 1,25 s. Die Zeitkonstante des Timers kann sowohl durch die Kombination R1 und C, als auch durch den Spannungsteiler R2/(R2+R3) beeinflusst werden. Listing 60 zeigt das zugehörige Programmbeispiel ACOMP.BAS.

```
$regfile = "8515def.dat"
$crystal = 3686400              ' Baudrate für STK500

Ddrb = &B00000011              ' Portb.0 und Portb.1 sind Ausgang
Portb = &B00000011             ' Eingänge sind hochohmig

Led0 Alias Portb.0

' Konfiguration Analog Komparator
Config Aci = On , Compare = Off , Trigger = Rising

Start Ac                        ' Enable Analog Comparator

Do
  Gosub Discharge               ' Entlade Kondensator
  Gosub Charge                  ' Lade Kondensator bis Komparatorschwelle
  Wait 2                        ' Warte 2 Sekunden
Loop

Stop Ac                         ' Disable Analog Comparator
End

Discharge:                      ' Entlade Kondensator
  Config Pinb.2 = Output
  Waitms 10      ' Entladezeit 10 ms
  Config Pinb.2 = Input
Return

Charge:                         ' Lade Kondensator
  Led0 = 0                      ' Schalte LED ein
  Do
  Loop Until Acsr.aco = 1       ' Warte bis Komparatorschwelle erreicht ist
  Led0 = 1                      ' Schalte LED aus
Return
```

Listing 60   Quelltext ACOMP.BAS

Bei der Verwendung von alternativen Funktionen von I/O-Pins ist immer die Pinbelegung des verwendeten Bausteins zu beachten. Die alternativen Funktionen sind nicht bei jedem Baustein identischen I/O-Pins zugeordnet. Beim Portieren von Programmen auf einen anderen AVR-Mikrocontroller ist das unbedingt zu beachten.

PortB ist hier direkt über das Data Direction Register *DDRB* konfiguriert worden. Die Eingänge des Komparators *AIN0* und *AIN1* sind beim AT90S8515 den Pins PB2 und PB3 zugeordnet. Pin PB0 wird zur Ansteuerung der LED verwendet.

Da die Einstellungen des Analogkomparators hier den Defaultwerten entsprechen, könnten die beiden Instruktionen CONFIG ACI... und START AC auch weggelassen werden.

Das Programm bewegt sich dann in einer Endlosschleife. Zu Beginn wird die Kapazität entladen, dann über den Widerstand R1 aufgeladen. Anschließend wird bis zum nächsten Entlade-/Ladevorgang zwei Sekunden gewartet.

Für die Zeitmessung des Ladevorgangs kann Timer1 verwendet werden. Dieser ist nur am Ende des Entladevorgangs zu starten und beim Erreichen der Komparatorschwelle anzuhalten. Listing 61 zeigt das Programmbeispiel ACOMP1.BAS, welches einen Interrupt des Analogkomparators zum Stoppen von Timer/Counter1 verwendet und bei Overflow von Timer/Counter1 diesen signalisiert.

Die Initialisierung der I/O-Pins ist identisch zum vorangegangenen Programmbeispiel. In die Interruptvektortabelle werden dann die Verweise zu den beiden ISR ACI_ISR und TIMER1_ISR eingetragen, bevor Analogkomparator und Timer/Counter1 konfiguriert werden.

Nach der Freigabe der beiden Interrupts sowie des globalen Interrupts kann durch Aufruf der Subroutine CHARGE der Ladevorgang durch Entladen des Kondensators und Freigabe der Ladung gestartet werden.

Das Programm geht dann in eine Endlosschleife, die im Takt von 100 ms einen laufenden Index sowie den Inhalt der Registers TCNT1 an der seriellen Schnittstelle ausgibt. Dieses Register wird mit dem durch 256 geteilten Systemtakt hochgezählt bis der Komparartorinterrupt Timer/Counter1 stoppt. In der Endlosschleife bleibt dann der Registerinhalt von TCNT1 konstant. Empfängt das Programm von der seriellen Schnittstelle das Zeichen ESC, dann wird der Vorgang wiederholt.

```
$regfile = "8515def.dat"
$crystal = 3686400              ' Baudrate für STK500
$baud = 9600


Const Esc = 27

Dim Count As Word
Dim I As Byte
Dim Key As Byte


Ddrb = &B00000011              ' Portb.0 und Portb.1 sind Ausgang
Portb = &B00000011             ' Eingänge sind hochohmig

Led0 Alias Portb.0

On Aci Aci_isr                 ' ACI Interrupt Vektor
On Ovf1 Timer1_isr             ' Timer1 OVF1 Interrupt Vektor

Config Aci = On                ' Konfiguration Analog Komparator
Config Timer1 = Timer , Prescale = 256   ' Konfiguratiuon Timer1
```

```
Start Ac                        ' Enable Analog Comparator

Enable Aci
Enable Timer1
Enable Interrupts

Gosub Charge                    ' Lade Kondensator bis Komparatorschwelle

Do
  Incr I          ' Inkrementiere Index
  Print "I: " ; I ; " Count: " ; Timer1 ' Drucke Index und Timer1
  Waitms 100     ' Warte 0.1 Sekunde
  Key = Inkey()
  If Key = Esc Then Gosub Charge         ' neuer Ladevorgang?
Loop

Stop Ac                         ' Disable Analog Comparator
End

Charge:                         ' Lade Kondensator
  I = 0 : Timer1 = 0            ' Index und Timer1 löschen
  Config Pinb.2 = Output
  Led0 = 0                 ' Schalte LED ein
  Waitms 100     ' Entladezeit 100 ms
  Led0 = 1       ' Schalte LED aus
  Config Pinb.2 = Input
  Start Timer1                  ' Timer1 starten
  Return

Aci_isr:                        ' Komparatorschwelle erreicht
  Stop Timer1
  Return

Timer1_isr:                     ' Timer1 Overflow
  Print "Timer1 Overflow"
  Stop Timer1
  Return
```

Listing 61 Quelltext ACOMP1.BAS

7.14.2 Analog-Digitalumsetzer

Zur AD-Umsetzung kann man verschiedene Wege gehen. Entweder man nutzt den AD-Umsetzer, den einige der AVR-Mikrocontroller bereits integriert aufweisen können, oder man beschaltet den Controller mit einem externen AD-Umsetzerbaustein.

Die folgenden Programmbeispiele sind für den ATmega32 vorbereitet, der in Abschnitt 5.8 bereits als Beispiel gedient hatte.

Als Hardwareplattform verwenden wir das in Abschnitt 3.6.3 vorgestellte stAVeR-24M32 Mikrocontrollermodul eingesetzt im stAVeR-24M32 Entwicklungsboard. Die Initialisierung des

ATmega32 für die dort vorhandene Peripherie erfolgt in einer separaten Initialisierungsdatei, die im nächsten Abschnitt beschrieben wird.

Arbeitet man in einer anderen Hardwareumgebung, dann ist die Initialisierung darauf abzustimmen.

7.14.3 Initialisierung für stAVeR-24M32 Entwicklungsboard

Auf dem stAVeR-24M32 Entwicklungsboard sind ein LCD mit zwei Zeilen zu je sechzehn Zeichen, vier Taster BTN1 bis BTN4 sowie ein Signalgeber (Buzzer) vorhanden. Auf dem stAVeR-24M32 Mikrocontrollermodul befinden sich zusätzlich noch drei LEDs. Diese Peripherie wird in der Datei INIT_stAVeR24.BAS initialisiert (Listing 62).

```
Init_stAVeR24:
   Config Lcdmode = Port                ' Setup the LCD correct
   Config Lcd = 16 * 2
   Config Lcdbus = 4
   Config Lcdpin = Pin , Db4 = Porta.4 , Db5 = Porta.5 , Db6 = Porta.6 , Db7 =
Porta.7 , E = Portd.6 , Rs = Portd.7

   Config Pina.0 = Input    ' Config these 4 I/O's as inputs (BTN1, BTN2, BTN3 & BTN 4)
   Config Pina.1 = Input
   Config Pina.2 = Input
   Config Pina.3 = Input

   Set Porta.0                          ' Turn on internal PullUp on these 4 pins
   Set Porta.1
   Set Porta.2
   Set Porta.3

   Config Pinb.1 = Output               ' LCD Backlight is connected on this I/O

   Config Pinc.2 = Output               ' GREEN LED
   Config Pinc.3 = Output               ' YELLOW LED
   Config Pinc.4 = Output               ' RED LED

   Config Pind.3 = Output               ' BUZZER

   Set Portd.3                          ' Turn Buzzer OFF
   Set Portb.1                          ' Turn Backlight ON
   Reset Portc.2                        ' Turn on GREEN LED
```

Listing 62   Initialisierung stAVeR-24M32 (INIT_stAVeR24.BAS)

Das LCD wird im 4-Bit Mode betrieben. Die Zuordnung der einzelnen Pins wird mit dem Statement `Config Lcdpin = ...` vorgenommen. Die lange Befehlszeile ist hier für den Druck umgebrochen, muss aber im Quelltext wieder in eine Zeile geschrieben werden!

Es folgt das Definieren der vier Tasteneingänge. Durch das Setzen der betreffenden Portleitungen werden die internen PullUp-Widerstände eingeschaltet.

Schließlich werden noch die Ausgänge definiert, die die LEDs und den Buzzer treiben. Mit einer leuchtenden, grünen LED auf dem stAVeR-24M32 Mikrocontrollermodul wird die Initialisierung verlassen.

Eine Initialisierung des Hardware-UART wird hier nicht vorgenommen.

7.14.4 Programmbeispiele zu AD-Umsetzung

Der AD-Umsetzer des ATmega32 lässt verschiedene Betriebsarten und unterschiedliche Referenzspannungen zu. Außerdem können durch den Analogmultiplexer die verschiedenen Eingangspins an den AD-Umsetzer geführt werden.

Für den Test der unterschiedlichen Betriebsarten in den folgenden Abschnitten habe ich als Eingangsspannung immer die interne Bandgap-Referenz verwendet. Auf diese Weise kennt man das zu erwartende Ergebnis und kann sich auf Konfiguration und Initialisierung konzentrieren.

7.14.4.1 Softwaregetriggerte AD-Umsetzung

BASCOM-AVR unterstützt die internen AD-Umsetzer einiger Bausteine durch eine sehr einfache Konfiguration mit Hilfe der Instruktion `Config Adc =...`. Der Prescaler für die AD-Umsetzung kann automatisch festgelegt werden. Nach dem Start der AD-Umsetzung erfolgt die Abfrage mit der Instruktion `getadc()`.

Die Instruktion `Config Adc = ...` ermöglicht die Auswahl der Betriebsart des AD-Umsetzers (Single Shot oder Free Running), des Prescalers sowie der Referenzspannung.

Bei der Festlegung der Referenzspannung werden alle angegebenen Möglichkeiten berücksichtigt (OFF, AVCC, INTERNAL). Beim stAVeR-24M42 muss jedoch entweder mit AVCC oder der internen Referenzspannung gearbeitet werden, da der Anschluss für eine externe Referenzspannung nicht herausgeführt ist.

Der Prescaler kann auf einen Wert voreingestellt werden. Wählt man hingegen den Parameter AUTO, dann sucht der Compiler einen geeigneten Wert aus. Wir werden das noch überprüfen.

Das in Listing 63 gezeigte Programmbeispiel ADC1S.BAS zeigt eine softwaregetriggerte AD-Umsetzung (SINGLE) bei automatischer Festlegung des Prescalers (AUTO) und Verwendung der analogen Betriebsspannung AVCC als Referenzspannung.

```
'-----------------------------------------------------------------------
'name                    : adc1s.bas
'programmed by           : Claus Kuhnel
'date                    : 2008-12-28
'purpose                 : Single-ended AD conversion using int. reference voltage
'micro                   : ATmega32
'tested with             : V.1.12.0.0 (2010-08-08)
'suited for demo         : yes
'commercial addon needed : no
'-----------------------------------------------------------------------
$regfile = "m32def.dat"
$crystal = 14745600
$baud = 19200
```

```
$include "init_stAVeR24.bas"

Const Bandgap = &B11110                    ' MUX address for bandgap

Dim Result As Word
Dim Voltage As Single
Dim Reference As Single
Dim S As String * 10

Config Adc = Single , Prescaler = Auto , Reference = Avcc

Reference = 5.0                            ' Reference voltage is AVCC

Start Adc

Do
  Result = Getadc(bandgap)
  Print "ADC  = " ; Hex(result) ; Spc(3);

  Voltage = Result * Reference
  Voltage = Voltage / 1024

  S = Fusing(voltage , " #.###")
  Print "Vref = " ; S ; " V"

  Waitms 500
Loop

End
```

Listing 63   AD-Umsetzung (ADC1S.BAS)

Um die Konfiguration auf Registerebene zu überprüfen bietet sich eine Simulation mit dem internen Simulator an. Im Single-Step können die Registerinhalte bei Abarbeitung der Instruktionen `Config Adc = ...` und `Start Adc` überprüft werden.

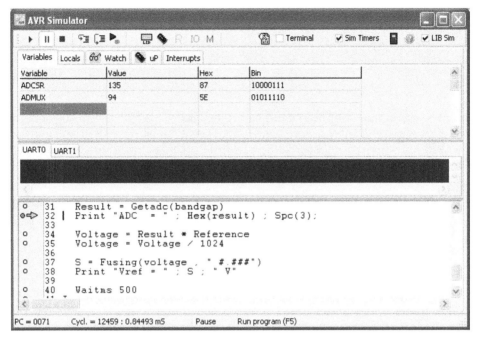

Abbildung 197   Simulation der AD-Umsetzung

Aus Abbildung 197 kann entnommen werden, dass ein Prescaler von 128 eingestellt wurde. Das bedeutet bei einer Oszillatorfrequenz von 14,7456 MHz eine Taktfrequenz der AD-Umsetzung von 115,2 kHz. Außerdem setzt die Instruktion `Start Adc` das Bit ADEN und schaltet somit den AD-Umsetzer ein.

Die Abfrage des AD-Umsetzers erfolgt mit der Funktion `Getadc(bandgap)`. Bandgap ist als Konstante definiert und steht für die MUX Adresse der Bandgap-Referenz.

Was der Funktionsaufruf im Einzelnen bewirkt, erkennt man am besten mit einem Disassembler. Aus dem Funktionsaufruf `result = Getadc(bandgap)` erzeugt der Compiler den folgenden Code:

```
' Result = Getadc(bandgap)
      ldi    r24, 0x5E        ; 004E E58E
      ori    r24, 0x40        ; 004F 6480
      out    $07, r24         ; 0050 B987
      call   sub005E          ; 004D 940E 005E
      ldi    XL, 0x60         ; 004F E6A0
      ldi    XH, 0x00         ; 0050 E0B0
      st X+, r24              ; 0051 938D
      st X, r25
      ...
sub005E: sbi   $06, 6         ; 005E 9A36
avr005F: sbic  $06, 6         ; 005F 9936
      rjmp   avr005F          ; 0060 CFFE
      sbi    $06, 6           ; 0061 9A36
```

```
avr0062:  sbic  $06, 6           ; 0062 9936
          rjmp  avr0062          ; 0063 CFFE
          in r24, $04            ; 0064 B184
          in r25, $05            ; 0065 B195
          ret                    ; 0066 9508
```

Aus dem Assemblerlisting kann man erkennen, dass vor der eigentlichen AD-Umsetzung der Wert &H5E in Register ADMUX geschrieben wird. Hierdurch wird der Eingangsmultiplexer für die Bandgap-Referenz (als zu messende Spannung) durchgeschaltet und AVCC als Referenzspannung ausgewählt. Der folgende Subroutinencall startet zwei AD-Umsetzungen nacheinander.

Eine AD-Umsetzung wird durch Setzen des Bits ADS (sbi $06, 6) gestartet. Am Ende der Umsetzung setzt die Hardware das Bit zurück. Das Programm wartet auf diesen Zustand in einer Schleife (sbic $06,6).

Am Ende der ersten AD-Umsetzung steht noch kein Resultat in den Registern ADCH und ADCL zur Verfügung. Erst bei der folgenden Umsetzung ist der Resultat verfügbar. Das ist der Grund für die zweite AD-Umsetzung, die dann das Resultat der ersten bereitstellt. Abbildung 198 zeigt das Timing der AD-Umsetzung.

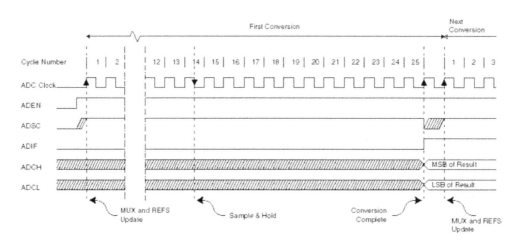

Abbildung 198   Timing bei der AD-Umsetzung (Single Shot)

Zum Schluss müssen noch die Register ADCH und ADCL gelesen und in der zugehörigen Variablen abgespeichert werden.

Die in der beschriebenen Weise ermittelten Werte der Bandgap-Referenz werden in einer Schleife des Programms ADC1S.BAS über die serielle Schnittstelle ausgegeben. Eine eingebaute Wartezeit von 500 ms sorgt dafür, dass ca. zwei Messwerte pro Sekunde erhoben werden.

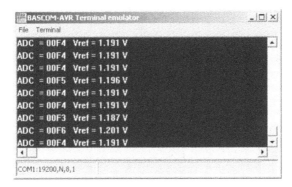

Abbildung 199   Darstellung der Resultate am Terminal (ADC1S.BAS)

7.14.4.2   Free-Running AD-Umsetzung

Beim Ausprobieren des Free-Running-Mode durch `Config Adc = FREE,...` war ich über das identische Assembler-File erst mal erstaunt.

Die Konfigurationsmöglichkeiten der internen Hardware der verschiedenen AVR Mikrocontroller sind aber sehr vielfältig und können nicht in jedem Fall durch die Instruktion `Config ...` abgedeckt werden.

Bringt also die betreffende Config-Direktive nicht das gewünschte Ergebnis, dann bleibt immer noch die Möglichkeit, die Register direkt zu initialisieren. Das Datenblatt muss man ohnehin vorher sehr sorgfältig studiert haben.

Um den AD-Umsetzer für die Messung der Bandgap-Referenz in den Free-Running-Mode zu versetzen, müssen die Register folgendermaßen initialisiert werden:

Register	B7	B6	B5	B4	B3	B2	B1	B0	
ADMUX	0	1	0	1	1	1	1	0	&H5E
ADCSRA	1	0	1	0	0	1	1	1	&HE7
SFIOR	0	0	0	0	0	0	0	0	&H00

Für das Register ADMUX ergibt sich nichts Neues. Beim Register ADCSRA wird nun das Bit ADATE gesetzt, was eine interruptgesteuerte Autotriggerfunktion festlegt. Mit den Bits ADTSx (SFIOR7:5) wird die gewünschte Interruptquelle ausgewählt. Für den Free-Running Mode gelten die Defaultwerte nach Reset (SFIOR7:5 = 000), weshalb man sich hierum eigentlich nicht mehr kümmern muss.

Für den Free-Running Mode ist die Interruptquelle der Interrupt „ADC Conversion Complete", der durch das Interruptflag ADIF signalisiert wird. Abbildung 200 zeigt das Timing in dieser Betriebsart.

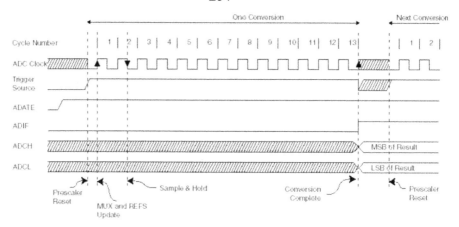

Abbildung 200   Timing bei der AD-Umsetzung (Free Running)

Ein erstes Ergebnis liegt wieder mit dem Start der zweiten AD-Umsetzung in den Registern ADCH und ADCL bereit. Die zweite und jede weitere AD-Umsetzung wird durch die Interrupt-anforderung (ADIF) am Ende der vorangegangenen AD-Umsetzung gestartet. Nur die erste AD-Umsetzung ist wie gehabt durch Setzen des Bits ADS zu starten. Für den Free-Running Mode ist es nicht erforderlich die betreffenden Interrupt Enable Bits zu setzen.

Listing 64 zeigt das entsprechend abgeänderte Programmbeispiel ADC2S.BAS.

```
'----------------------------------------------------------------------------
'name                   : adc2sS.bas
'programmed by          : Claus Kuhnel
'date                   : 2008-12-28
'purpose                : Single-ended  AD conversion using int. reference voltage
'                         Free Runnung Mode
'micro                  : ATmega32
'tested with            : V.1.12.0.0 (2010-08-08)
'suited for demo        : yes
'commercial addon needed : no
'----------------------------------------------------------------------------
$regfile = "m32def.dat"
$crystal = 14745600
$baud = 19200

$include "init_stAVeR24.bas"

Const Bandgap = &B11110                ' MUX address for bandgap reference

Dim Result As Word
Dim Temp As Word
Dim Voltage As Single
Dim Reference As Single
Dim S As String * 10

Declare Function Readadc() As Word     ' read ADC result from ADCH & ADCL
```

```
' Configuration of ADC for free running mode
Admux = &H5E                            ' AVCC is reference, bandgap is measured
Adcsra = &HA7                           ' prescaler 128, ADC enabled, auto trigger
'Sfior = 0                              ' free running mode (default after reset)


Adcsra = Adcsra Or &H40                 ' start first AD conversion


Reference = 5.0                         ' Reference voltage is AVCC

Do
  Result = Readadc()
  Print "ADC  = " ; Hex(result) ; Spc(3);

  Voltage = Result * Reference
  Voltage = Voltage / 1024

  S = Fusing(voltage , " #.###")
  Print "Vref = " ; S ; " V"

Loop

End

Function Readadc()                      ' read ADC result from ADCH & ADCL
  Local W1 As Word
  Local W2 As Word

  W1 = Adcl                             ' read Lo byte first
  W2 = Adch                             ' read Hi byte afterwards
  Shift W2 , Left , 8
  Readadc = W1 + W2
End Function
```

Listing 64   Free-Running AD-Umsetzung (ADC2S.BAS)

Da in dieser Betriebsart die AD-Umsetzung fortlaufend erfolgt, muss das Anwenderprogramm nur noch die Resultate der AD-Umsetzung aus den Ergebnisregistern lesen.

Hierzu kann nicht mehr die Funktion getadc() verwendet werden, da diese ja auch die AD-Umsetzung startet. Die Funktion readadc() liest nur die Register ADCH und ADCL und stellt das Resultat der AD-Umsetzung als 16-Bit Wert zur Verfügung.

Die Initialisierung des AD-Umsetzers erfolgt durch direktes Beschreiben der Register ADMUX und ADCSRA. Der Start der ersten AD-Umsetzung wird hier in einer separaten Anweisung vorgenommen (Adcsr = Adcsr Or &H40).

In einer Endlosschleife wird schließlich der AD-Umsetzer abgefragt. Bedingt durch die Formatierungs- und Ausgabeoperationen wird die Funktion readadc() ca. alle 10 ms aufgerufen.

7.14.4.3 Timmergetriggerte AD-Umsetzung

In vielen Anwendungen der Messwerterfassung ist eine zeitlich äquidistante Abtastung gefordert. Mit der Autotriggerfunktion des hier betrachteten AD-Umsetzers sind dafür alle Möglichkeiten gegeben.

Im folgenden Programmbeispiel soll der AD-Umsetzer Messwerte im Sekundentakt erfassen. Hierzu wird der AD-Umsetzer wiederum im Autotrigger-Mode betrieben. Durch entsprechende Konfiguration der Bits ADTS2:0 kann der Timer1 Overflow Interrupt als Triggerereignis dienen.

Um einen Sekundentakt zu erzeugen, muss der 16-Bit Timer1 eingesetzt werden. Der Zählbereich von Timer0 umfasst nur 8 Bit und ist damit nicht ausreichend.

Abbildung 201 zeigt die Berechnung des Reloadwertes, die sicher auch von Hand durchgeführt werden kann.

Das kleine Tool von Jack Tidwell führt aber schnell und komfortabel zum Ziel und kann als Freeware u.a. von www.ckuehnel.ch/Download/AvrCalc.zip heruntergeladen werden.

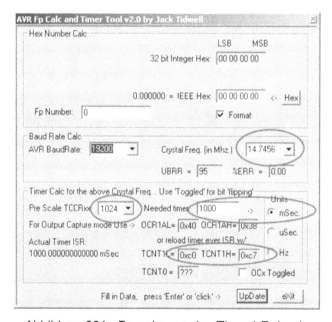

Abbildung 201 Berechnung des Timer1 Reloads

Der Sekundentakt soll also den AD-Umsetzer triggern. Das Auslesen der Resultate ist nach Ende der Umsetzung möglich. Hier wird der ADC Interrupt verwendet, um ein Flag zu setzen, welches in der Hauptschleife ausgewertet wird. Liegt ein neues Resultat einer AD-Umsetzung vor, dann wird es gelesen und über die serielle Schnittstelle auch ausgegeben. Anderenfalls werden im Takt vom 100 ms (`waitms 100`) Punkte ausgegeben, die die Aktivität zwischen den Umsetzungen kennzeichnen sollen.

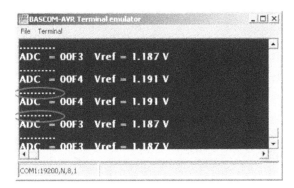

Abbildung 202   Darstellung der Resultate am Terminal (ADC3S.BAS)

Das Programm ADC3S.BAS (Listing 65) ist mit dem Programm ADC2S.BAS vergleichbar, nur dass hier mit zwei Interrupt gearbeitet wird.

```
'-----------------------------------------------------------------------------
'name                    : adc3sS.bas
'programmed by           : Claus Kuhnel
'date                    : 2008-12-28
'purpose                 : Single-ended  AD conversion using int. reference voltage
'                           Timer1 triggered
'micro                   : ATmega32
'tested with             : V.1.12.0.0 (2010-08-08)
'suited for demo         : yes
'commercial addon needed : no
'-----------------------------------------------------------------------------
$regfile = "m32def.dat"
$crystal = 14745600
$baud = 19200

$include "init_stAVeR24.bas"

Yellowled Alias Portc.3
Set Yellowled   ' switch yellow led off

Const Bandgap = &B11110                 ' MUX address for bandgap reference
Const 1_sec_reload = &HC7C0             ' Timer1 reload value

Dim Result As Word
Dim Temp As Word
Dim Voltage As Single
Dim Reference As Single
Dim S As String * 10
Dim Adc_ready As Bit

Declare Function Readadc() As Word      ' read ADC result from ADCH & ADCL

On Adcc Adcinterrupt                    ' interrupt vector for adc ready interrupt
```

```
On Ovf1 Timerinterrupt              ' interrupt vector for timer1 overflow interrupt

' Configuration of ADC for autotrigger by timer1 overflow
Admux = &H5E        ' AVCC is reference, bandgap is measured
Adcsr = &HA7        ' prescaler 128, ADC enabled, auto trigger
Sfior = &B11000000       ' select timer1 overflow as autotrigger

Reference = 5.0                         ' Reference voltage is AVCC

Config Timer1 = Timer , Prescale = 1024        ' Timer0 Configuration
Set Sfior.psr10                                ' reset prescaler
Timer1 = 1_sec_reload

Enable Ovf1                                    ' enable timer0 overflow interrupt
Set Adcsr.adie                                 ' enable adc interrupt
Enable Interrupts                              ' enable global interrupt

Adcsr = Adcsr Or &H40                          ' start first AD conversion

Do
  If Adc_ready = 1 Then                        ' is there a new adc result?
    Result = Readadc()
    Print
    Print "ADC  = " ; Hex(result) ; Spc(3);

    Voltage = Result * Reference
    Voltage = Voltage / 1024

    S = Fusing(voltage , " #.###")
    Print "Vref = " ; S ; " V"

    Adc_ready = 0
  Else
    Print ".";
    Waitms 100
  End If

Loop

End

Function Readadc()                             ' read ADC result from ADCH & ADCL
  Local W1 As Word
  Local W2 As Word

  W1 = Adcl                                    ' read Lo byte frist
  W2 = Adch                                    ' read Hi byte afterwards
  Shift W2 , Left , 8
  Readadc = W1 + W2
End Function
```

```
Timerinterrupt:
  Timer1 = 1_sec_reload
Return

Adcinterrupt:
  Adc_ready = 1                                ' set adc ready flag for main loop
  Reset Yellowled                              ' blink yellow led
  Waitms 10
  Set Yellowled
Return
```

Listing 65   Timergetriggerte AD-Umsetzung (ADC3S.BAS)

Die Instruktionen On Adcc Adcinterrupt und On Ovf1 Timerinterrupt tragen die Interrupt-Serviceroutinen (ISR) Adcinterrupt und Timerinterrupt in die Interruptvektortabelle ein. Am Ende des Listings sind beide ISR zu finden.

Die ISR Timerinterrupt lädt den ermittelten Reloadwert in Timer1, um den Sekundentakt zu sichern. Die ISR Adcinterrupt setzt nur das Flag Adc_ready und lässt für 10 ms die gelbe LED auf dem stAVeR-24M32 aufleuchten.

Die Initialisierung der Register des AD-Umsetzers unterscheidet sich nur bezüglich der ausgewählten Autotrigger-Interruptquelle. Hier wird der Timer1 Overflow verwendet, weshalb die Bits ADTS2:0 im Register SFIOR mit 110 zu laden sind (Sfior = &B11000000).

Die Konfiguration von Timer1 erfolgt ganz konventionell, nur dass die Register TCNT1H und TCNT1L mit dem Reloadwert vorgeladen werden.

Nach Freigabe der Interrupts kann die erste AD-Umsetzung gestartet werden und das Programm tritt in die Hauptschleife ein.

In dieser Hauptschleife wird das in der ISR Adcinterrupt gesetzte Flag Adc_ready abgefragt, um entweder eine neues Resultat einer AD-Umsetzung auszulesen, formatiert über die serielle Schnittstelle auszugeben und das Flag zurückzusetzen oder einen "." auszugeben und anschließend 10 ms zu warten. Wie schon Abbildung 202 gezeigt hat, werden in einigen Fällen zehn und in einigen Fällen neun Punkte ausgegeben.

Die Unterschiede haben einige Ursachen. Die Routine waitms ist nur annähernd genau und wird durch Interrupts unterbrochen. Außerdem hat die Hauptschleife eigene Laufzeiten und läuft völlig asynchron zu den Aktivitäten des AD-Umsetzers.

7.14.5 Digital-Analogumsetzer

Auch zur DA-Umsetzung kann man verschiedene Wege gehen. Keiner der heute verfügbaren AVR-Mikrocontroller weist einen integrierten DA-Umsetzer auf. Allerdings kann durch die Pulsweitenmodulation eine analoge Spannung erzeugt werden. Der Einsatz eines der zahlreichen und von verschiedenen Herstellern angebotenen externen DA-Umsetzers bleibt als weitere Variante.

7.14.5.1 Spannungsausgabe durch PWM

In Abschnitt 7.4.3 hatte ich die PWM mit Timer0 und Timer1 bereits beschrieben. Wir wollen an dieser Stelle das Programmbeispiel PWM1.BAS auf eine 8-Bit Datenausgabe zuschneiden. Listing 66 zeigt das Programmbeispiel DAU8_PWM.BAS.

```
$regfile = "m8def.dat"                    ' ATmega8
$crystal = 3686400                        ' für STK500
$baud = 19200

Dim Duty As Word

Config Pinb.1 = Output                    ' PB1 ist OC1A Ausgang

Config Timer1 = Pwm , Prescale = 8 , Pwm = 8 , Compare A Pwm = Clear Down

Do
    Input "Datenbyte [0-255]: " , Duty
    Print "Duty = " ; Duty
    Pwm1a = Duty                          ' Setzen der PWM Register
Loop

End
```

Listing 66   8-Bit DA-Umsetzer (DAU8_PWM.BAS)

Timer1 wird in der Betriebsart 8-Bit PWM betrieben. Die PWM liegt bei einem Prescaler von 8 bei ca. 900 Hz, kann aber durch einen Prescaler von 1 auf 7,24 kHz erhöht werden.

Dass selbst mit einem so einfachen Programm ein ordentlicher DA-Umsetzer erstellt werden kann, zeigt Abbildung 203 anhand des Ausgangsspannungsfehlers. Ein LSB liegt bei einer Betriebsspannung von 4,955 V gemessen bei 19 mV. Bei den vorgenommenen Messungen blieb der Ausgangsspannungsfehler immer unter 0,8 LSB.

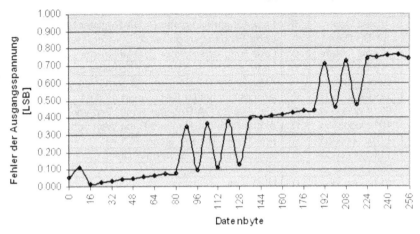

Abbildung 203   Ausgangsspannungsfehler bei der DA-Umsetzung mit 8-Bit PWM

7.14.5.2   Externer DA-Umsetzer MAX5154

Der MAX5154 ist ein zweikanaliger 12-Bit DA-Umsetzer mit seriellem Interface (SPI). Er wird mit einer Betriebsspannung von 5 V versorgt. Jeder interne DA-Umsetzer besitzt einen separaten Referenzspannungseingang REFA bzw. REFB. Abbildung 204 zeigt ein Blockschema des MAX5154.

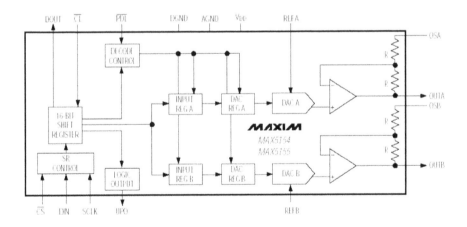

Abbildung 204   MAX5154 Blockschema

Außerdem ist jeder interne DA-Umsetzer doppelt gepuffert, d.h. dem Eingangsschieberegister folgt ein separates DA-Register. Auf diese Weise können beide interne DA-Umsetzer vollkommen unabhängig voneinander betrieben werden. Tabelle 23 zeigt die wichtigsten Kommandosequenzen zur Programmierung der MAX5154 DA-Umsetzer. Das zu sendende 16-Bit Datenwort wird durch die Bits A0, C1, C0, D11-D0 und S0 gebildet.

A0	C1	C0	D11-D0	S0	Funktion
0	0	1	12-Bit Daten	0	Lade Eingangsregister A, DA-Register bleiben unverändert
1	0	1	12-Bit Daten	0	Lade Eingangsregister B, DA-Register bleiben unverändert
0	**1**	**0**	**12-Bit Daten**	**0**	**Lade Eingangsregister A, DA-Register wird aktualisiert**
1	1	0	12-Bit Daten	0	Lade Eingangsregister B, DA-Register wird aktualisiert
0	1	1	12-Bit Daten	0	Lade alle DA-Register vom Schieberegister
1	0	0	xxxx xxxxxxxx	0	Aktualisiere DA-Register mit dem Wert der Eingangsregister
1	1	1	xxxx xxxxxxxx	0	Abschalten beider DAU, wenn /PDL=1
0	0	0	001x xxxxxxxx	0	Aktualisiere DA-Register A mit Wert von Eingangsregister A
0	0	0	101x xxxxxxxx	0	Aktualisiere DA-Register B mit Wert von Eingangsregister B
0	0	0	110x xxxxxxxx	0	Abschalten DAU A, wenn /PDL=1
0	0	0	111x xxxxxxxx	0	Abschalten DAU B, wenn /PDL=1
0	0	0	010x xxxxxxxx	0	UPO = Lo (default)
0	0	0	011x xxxxxxxx	0	UPO = Hi

Tabelle 23 MAX5154 Kommandosequenzen (Auszug)

Im Programmbeispiel MAX5154.BAS (Listing 67) wird ein über die serielle Schnittstelle einge-gebenes Datenwort an den MAX5154 gesendet.

```
$regfile = "m8def.dat"            ' ATmega8
$crystal = 3686400                ' für STK500
$baud = 19200

Const Control = &H4000            ' Lade Eingangsregister A, DA-Register wird
aktualisiert

Dim Da_data As Word At &H60
Dim B(2) As Byte At &H60 Overlay
Dim Vref As Single
Dim Voltage As Single

Config Spi = Hard , Data Order = Msb , Master = Yes , Polarity = Low , Phase = 0 ,
Clockrate = 4 , Noss = 1
Spiinit
' PB5 = SCK, PB3 = MOSI, PB2 = SS
Config Portb = Output
Ss Alias Portb.2
Ss = 1

Declare Sub  Set_dac(da As Word)

Do
   Input "VREF A [0-3.6 V]:" , Vref
Loop Until Vref > 0 And Vref < 3.6

Do
   Do
      Input "Datenwort [0-4095]: " , Da_data
   Loop Until Da_data >= 0 And Da_data < 4096
```

```
   Print "Datenwort = " ; Da_data
   Voltage = Vref * Da_data
   Voltage = Voltage / 4096
   Voltage = Voltage * 2
   Print "DAC Voltage = " ; Voltage ; " V"
   Call Set_dac(da_data)
Loop

End

Sub Set_dac(da As Word)
   Shift Da , Left , 1                    ' Platz für Bit S0 machen
   Da = Da Or Control                     ' Kommandobits überlagern
   Ss = 0
   Spiout B(2) , 1
   Spiout B(1) , 1
   Ss = 1
End Sub
```

Listing 67   Sende Daten an DA-Umsetzer MAX5154 (MAX5154.BAS)

Damit das Programm auch den zu erwartenden Ausgangsspannungswert berechnen und ausgeben kann, wird zuerst die gemessene Referenzspannung eingegeben. Bei einer Betriebsspannung von 5 V darf diese maximal 3,6 V betragen.

Die Subroutine Set_dac() beinhaltet die vor dem Versenden der Daten erforderlichen Vorbereitungen. Ein 12-Bit-Datenwort dient als Argument der Subroutine. Durch die Schiebeoperation wird Platz für das Bit S0 an der LSB-Position geschaffen. Dieses Bit ist immer Null und hat
keine Bedeutung. Die höherwertigen Bits A0, C1, C0 und mitunter auch D11 bis D9 bilden das
vom MAX5154 auszuführende Kommando. Der Einfachheit halber verwende ich das in Tabelle
23 fett markierte Kommando. Die Daten werden an den MAX5154 übertragen und sofort vom
DA-Umsetzer A umgesetzt. Am Ausgang OUTA kann die Ausgangsspannung gemessen werden. Das hier verwendete Kommando wurde als Konstante Control vereinbart und kann als
letzter Schritt dem Datenwort überlagert werden.

Gemäß der vorgenommenen Deklaration befindet sich das Hi-Byte der Wordvariablen
Da_data auf Speicherplatz &H61 und das Lo-Byte auf &H60. Damit die Bits in der richtigen
Reihenfolge zum MAX5154 gesendet werden, sendet die Instruktion Spiout zuerst das höher-
wertige Byte B(2) und anschließend das niederwertige Byte B(1). Durch das deklarierte Over-
lay wird dieser Zugriff recht einfach.

Der ChipSelect-Eingang des MAX5154 ist über die gesamte Übertragungszeit auf Lo zu ziehen, weshalb er hier separat gesteuert wird. Bei Verwendung des Ausgangs SlaveSelect SS,
würde das ChipSelect am MAX5154 nach der Übertragung eines Bytes kurz unterbrochen.

Abbildung 205 zeigt die Ansteuerung des MAX5154 durch einen ATmega8.

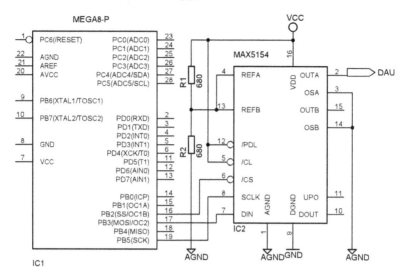

Abbildung 205   Ansteuerung MAX5154

Beim MAX5154 ist zu beachten, dass die Referenzspannung an den Anschlüssen REFA und REFB maximal einen Wert V_{DD} – 1,4 V erreichen darf. Da die interne Beschaltung des Ausgangsverstärkers einen Verstärkungsfaktor von Zwei erzeugt, erreicht man mit einer Referenzspannung von $V_{DD}/2$ eine Aussteuerung zwischen V_{DD} und GND (Rail-to-Rail).

Die Übertragungsfunktion des DA-Umsetzers MAX5154 lautet also

$$V_{OUTx} = V_{REFx} \cdot \frac{D}{4096} \cdot 2 \quad \text{für D = 0 ... 4095}$$

Abbildung 206 zeigt den am Versuchsaufbau gemessenen Fehler ΔU der erzeugten Ausgangsspannung V_{OUTA}.

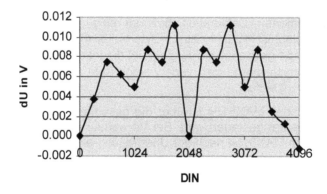

Abbildung 206   Ausgangspannungsfehler MAX5154

7.15 AVR Butterfly

AVR Butterfly bietet mit seiner installierten Peripherie bereits gute Voraussetzungen für die Programmierung kleiner Anwendungen.

Die folgenden Programmbeispiele zeigen für den AVR Butterfly spezifische Anwendungsmerkmale, die aber ohne weiteres auf andere AVR-Mikrocontroller übertragen werden können.

7.15.1 „Hello Butterfly"

Üblicherweise verwendet man die „Hello World"-Programme, um eine neue Entwicklungsumgebung einschließlich der Kommunikation mit dieser mit einem überschaubaren Programmbeispiel zu testen.

Hier wollen wir mit „Hello Butterfly" erst mal die Ausgabe über das LCD testen, bevor wir uns der Kommunikation widmen.

Auf dem AVR Butterfly wird ein LCD vom Typ H4042-DL der Fa. ACTE (Norwegen) eingesetzt. Dieses LCD weist sechs 14-Segment-Digits und einige zusätzliche Segmente auf. Das ergibt insgesamt 120 Segmente. Der ATmega169 kann mit seinen 64 Pins aber nur 100 Segmente ansteuern. Fünf der 30 Segment-Pins sind deshalb beim AVR Butterfly nicht angeschlossen. Abbildung 207 zeigt die ansteuerbaren Segmente beim AVR Butterfly. Damit sind sechs alphanumerische Zeichen mit diesem Display darstellbar. Die Anzeige des Buchstaben A zeigt Abbildung 208.

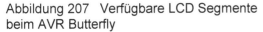

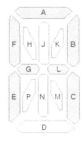

Abbildung 207 Verfügbare LCD Segmente beim AVR Butterfly

Abbildung 208 Anzeige Buchstabe A

BASCOM-AVR unterstützt die Ansteuerung des LCDs auf dem AVR Butterfly durch die Library *lcd_butterfly.lbx*. Das Programmbeispiel HelloButterfly.BAS (Listing 68) zeigt die erforderlichen Initialisierungsschritte bevor in einer Endlosschleife der Text „HELLO BUTTERFLY" über das LCD ausgegeben wird.

Im eingeschalteten Debug Mode wird der Text auch noch über die serielle Schnittstelle ausgegeben. Das funktioniert allerdings nur fehlerfrei, wenn der interne RC-Oszillator abgeglichen ist. In den folgenden Abschnitten werden wir das noch eingehend betrachten.

```
'-------------------------------------------------------------------
'name                    : HelloButterfly.bas
'programmed by           : Claus Kuhnel
'date                    : 2008-07-14
'purpose                 : Test LCD on AVR Butterfly
'micro                   : ATmega169
'tested with             : V.1.12.0.0 (2010-08-08)
'suited for demo         : yes
'commercial addon needed : no
'-------------------------------------------------------------------
$regfile = "m169def.dat"            ' specify the used micro
$crystal = 8000000                  ' used crystal frequency
$baud = 19200                       ' used baud rate

$hwstack = 32                       ' default use 32 for the hardware stack
$swstack = 10                       ' default use 10 for the SW stack
$framesize = 40                     ' default use 40 for the frame space

$lib "lcd_butterfly.lbx"

Debug Off                           ' set debug on for UART output

'Butterfly LCD Setup:
Dim _butterfly_digit As Byte

Dim S As String * 9
Dim Sd As String * 6
Dim I As Byte

'Butterfly LCD Test:
S = "BUTTERFLY"                     ' display string for LCD output

Do
   Cls
   Lcd "HELLO"
   Debug "HELLO"
   Waitms 500
   For I = 1 To 4
      Sd = Mid(s , I , 6)           ' cut six characters from display string
      Cls
      Lcd Sd
      Debug Sd
      Waitms 150
   Next
Loop

End
```

```
Lcd_butterfly_data:
Data 0%                                    ' space
Data 0%                                    ' !
Data 0%                                    ' "
Data 0%                                    ' #
Data 0%                                    ' $
Data 0%                                    ' %
Data 0%                                    ' &
Data 0%                                    ' '
Data 0%                                    ' (
Data 0%                                    ' )
Data &HEAA8%                               ' *
Data &H2A80%                               ' +
Data 0%                                    ' ,
Data &H0A00%                               ' -
Data &H8000%                               ' .
Data 0%                                    ' /
Data &H5559%                               ' 0
Data &H0118%                               ' 1
Data &H1E11%                               ' 2
Data &H1B11%                               ' 3
Data &H0B50%                               ' 4
Data &H1B41%                               ' 5
Data &H1F41%                               ' 6
Data &H0111%                               ' 7
Data &H1F51%                               ' 8
Data &H1B51%                               ' 9
Data 0%                                    ' :
Data 0%                                    ' ;
Data 0%                                    ' <
Data 0%                                    ' =
Data 0%                                    ' >
Data 0%                                    ' ?
Data 0%                                    ' @
Data &H0F51%                               ' A
Data &H3991% , &H1441% , &H3191% , &H1E41% , &H0E41% , &H1D41% , &H0F50% , &H2080% ,
&H1510% , &H8648% , &H1440% , &H0578%
Data &H8570% , &H1551% , &H0E51% , &H9551% , &H8E51% , &H9021% , &H2081% , &H1550% ,
&H4448% , &HC550% , &HC028% , &H2028% , &H5009%
```

Listing 68   Quelltext HelloButterfly.BAS

Wichtig für die LCD-Anzeige sind die am Ende des Programms aufgeführten Codierungen der anzuzeigenden Zeichen. Die mit dem Label `Lcd_butterfly_data` gekennzeichnete Tabelle wird in den folgenden Programmbeispielen ausgelagert und als über `$include „Butter-fly_lcd_data.bas"` eingefügt. Das verbessert die Lesbarkeit erheblich.

Viel interessanter dürfte aber sein, wie es zu diesen Codierungen kommt. In Abbildung 208 waren die zur Anzeige des Buchstaben A zu aktivierenden Segmente gezeigt. Jedes Zeichen setzt sich aus vier im Displaymemory abgelegten Nibbles zusammen. Tabelle 24 zeigt wieder die zur Darstellung des Buchstaben A zu aktivierenden Segmente und den daraus abzuleiten-den Zeichencode &H0F51. In Listing 68 ist dieser Teil (nachträglich) fett markiert.

A	Bit3	Bit2	Bit1	Bit0	Code
Nibble3	M	P	N	D	0
Nibble2	L	E	G	C	F
Nibble1	J	F	H	B	5
Nibble0	K	n.a.	n.a.	A	1

Tabelle 24   Codierung Buchstabe A

7.15.2 *Kalibrierung des internen RC-Oszillators*

Beim AVR Butterfly ist ein 32 kHz-Uhrenquarz bestückt. Der ATmega169 hat jedoch keine se-paraten Anschlüsse für den Uhrenquarz, so dass der interne RC-Oszillator für den CPU-Takt eingesetzt werden muss. Die Frequenz des internen RC-Oszllators ist aber abhängig von der Betriebsspannung und der Umgebungstemperatur. Der interne RC-Oszillator ist aber kalibrier-bar und kann dadurch so abgeglichen werden, dass die Taktfrequenz in einem Toleranzbe-reich zu liegen kommt, die keine Probleme hinsichtlich Baudrate und Speicherzugriff aufkom-men lässt. Weitere Details zum internen RC-Oszillator können in Abschnitt 4.9.2 nachgelesen werden.

Der an die Anschlüsse TOSC1 und TOSC2 angeschlossene Uhrenquarz hat eine hinreichende Genauigkeit, um als Normal für die Kalibrierung des internen RC-Oszillators zu dienen. Der Uh-renquarz bildet den Takt für den Timer/Counter2. Mit Hilfe eines in das Output Compare Regis-ter OCR2A geladenen Wertes wird eine Messzeit gebildet, in der die Perioden des internen Os-zillators gezählt werden.

Bildet man beispielsweise eine Messzeit auf der Basis von 200 Perioden der Frequenz des Uh-renquarzes, dann ergibt sich diese zu 6,1 ms. Bei einer Taktfrequenz des internen Oszillators von 1 MHz wird der als Counter betriebeneTimer1 dann einen Zählerstand von 6104 aufwei-sen.

32,768 kHz ->	200	0.00610352
1 MHz ->	6104	

Das in Listing 68 dargestellt Programmbeispiel CalibrateInternalRCOscillatorATmega169.BAS zeigt die Vorgehensweise bei der Kalibrierung.

```
'--------------------------------------------------------------------------------
'name               : CalibrateInternalRCOscillatorATmega169.bas
'programmed by      : Claus Kuhnel
'date               : 2008-07-14
'purpose            : Calibrate Internal RC Oscillator on AVR Butterfly
'micro              : ATmega169
'tested with        : V.1.12.0.0 (2010-01-20)
'suited for demo    : yes
'commercial addon needed : no
'--------------------------------------------------------------------------------
$regfile = "m169def.dat"              ' specify the used micro
$crystal = 8000000                    ' used crystal frequency
```

```
$baud = 19200                           ' used baud rate

$hwstack = 40                           ' default use 32 for the hardware stack
$swstack = 40                           ' default use 10 for the SW stack
$framesize = 40                         ' default use 40 for the frame space

$lib "lcd_butterfly.lbx"

'Butterfly LCD Setup:
Dim _butterfly_digit As Byte

Const I1 = &H40
Const I2 = &H70                         ' &H45 was read out value from AVRStudio
Const Count = 6103
Const Timer2counts = 200

Dim I As Byte
Dim Osccal_opt As Byte
Dim Tmp1 As Word
Dim Tmp2 As Integer
Dim Minimum As Integer : Minimum = 32767

Declare Sub Timerinit()                 ' initialize Timer1 & Timer2
Declare Function Calibrate(osccal_value As Byte) As Word

Main:
   Timerinit
   Cls : Lcd "CAL-RC"
   Print "Calibration of internal RC oscillator"
   Waitms 500
   For I = I1 To I2
      nop
      Tmp1 = Calibrate(i)
      Tmp2 = Tmp1 - Count
      Tmp2 = Abs(tmp2)
      If Tmp2 < Minimum Then
         Minimum = Tmp2
         Osccal_opt = I
      End If
      Print Hex(i) ; Spc(3) ; Tmp1 ; Spc(3) ; Tmp2 ; Spc(3) ; Minimum
   Next
   Osccal = Osccal_opt
   Waitms 100
   Print
   Print "Optimal OSCCAL = 0x" ; hex(Osccal_opt)
End

Sub Timerinit()
   Ocr2a = Timer2counts                 ' Count value for Timer2
   Set Assr.as2                         ' 32 kHz Clock for Timer2
```

```
    Set Tccr2a.wgm21                      ' Timer2 CTC Mode, OC2A disconnected.
    Set Tccr1b.wgm12
End Sub

Function Calibrate(osccal_value As Byte) As Word
    Osccal = Osccal_value                 ' set Oscillator Calibration Register
    Tcnt1 = 0 : Tcnt2 = 0
    Set Tccr2a.cs20                       ' Timer2 no Prescaler      -> Start
    Set Tccr1b.cs11                       ' Counter1 Prescaler = 8  -> Start
    Do
    Loop Until Tifr2.ocf2a = 1
    Calibrate = Tcnt1
    Reset Tccr2a.cs20                     ' Timer2                   -> Stop
    Reset Tccr1b.cs11                     ' Counter1                 -> Stop
    Set Tifr2.ocf2a
End Function

$include "Butterfly_lcd_data.bas"
```

Listing 69   Quelltext CalibrateInternalRCOscillatorATmega169.BAS

In der Subroutine `Timerinit()` wird der 8-Bit Timer2 initialisiert und der Uhrenquarz als Clock für diesen Timer selektiert. Die eigentliche Kalibrierung erfolgt in der Subroutine `Calibrate()`, der ein Wert für das Register OSCCAL übergeben wird, bevor Timer2 und Counter1 gestartet werden.

In einer Schleife wird nun das Bit OCF2A abgefragt, welches nach dem Erreichen der 200 Counts von Timer2 gesetzt wird. Der Zählerstand von Counter1 repräsentiert nun die Taktfrequenz. Gemäß der Angaben weiter oben würde die Funktion idealerweise den Wert 6104 zurückgeben. Die Abweichung ist ein Maß für die Genauigkeit der jeweils eingestellten Taktfrequenz des internen RC-Oszillators.

Der Quelltext gemäß Listing 69 weist einige Print-Anweisungen aus, die die einzelnen Iterationen zur Ermittlung des optimalen Wertes zur Kalibrierung des internen Quarzes dokumentieren.

Solange die Abweichungen der Oszillatorfrequenz vom Sollwert groß sind, wird auch die Baudrate einen nicht zu vernachlässigenden Fehler aufweisen und die Datenausgabe fehlerbehaftet sein. Erst, wenn sich die Oszillatorfrequenz dem Sollwert nähert, erfolgt eine fehlerfreie Datenausgabe. Abbildung 209 zeigt einen Mitschnitt der Terminalausgaben.

Nach Start des Programms mit einem Wert OSCCAL = &H40 erscheinen nur kryptische Zeichen am Terminal. Der über das AVRStudio und den angeschlossenen Programmer ausgelesene Wert lag beim hier verwendeten AVR Butterfly bei &H45. Bei Werten zwischen &H46 und &H4F für OSCCAL funktioniert die Kommunikation, während sie bei höheren Werten wieder versagt.

Die minimale Abweichung vom Sollwert der Oszillatorfrequenz liefert der Wert OSCCAL = &H49, der am Ende des Programms dann auch fest eingestellt wird.

Der Kern des Programmbeispiels CalibrateInternalRCOscillatorATmega169.BAS wird als Includefile CalibrateInternalRCOscillatorATmega169.INC ausgelagert und kann für weitere Programme, die den internen Oszillator eines AVR Mikrocontrollers nutzen, eingesetzt werden. Das folgende Programmbeispiel zur Temperaturmessung mit einem AVR Butterfly macht von dieser Methode Gebrauch.

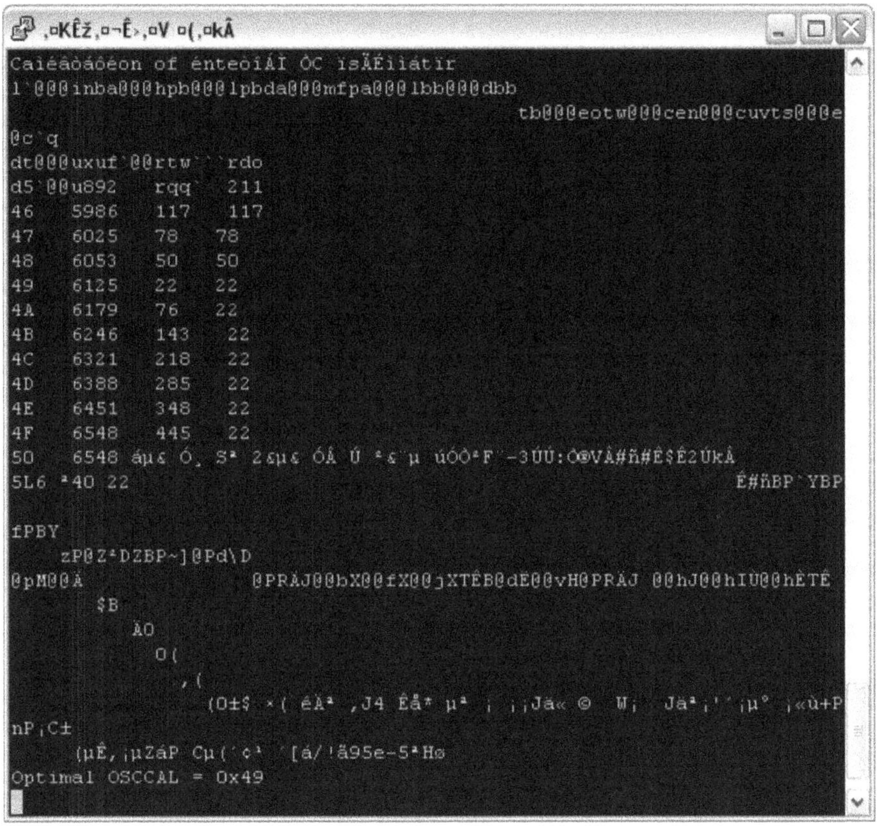

Abbildung 209   Mitschnitt der Terminalausgaben

7.15.3 Temperaturmessung

Der AVR Butterfly kann mit Hilfe eines Thermistors (NTC) die Umgebungstemperatur im Bereich von -10 °C bis +60 °C mit einer Abweichung von ± 1 grd messen.

Verwendet man einen Spannungsteiler gemäß Abbildung 210 und misst mit dem AD-Umsetzer den Spannungsabfall über dem NTC, dann kann die Temperatur nach der folgenden Beziehung errechnet werden:

$$T = \frac{\beta}{\ln(\frac{ADC}{1024 - ADC}) + \frac{\beta}{T_{amb}}} - T_{zero}$$

Es bedeuten:

$\beta = 4250$

ADC = Ergebnis der AD-Umsetzung (10 Bit)

T_{zero} = 273 K

T_{amb} = 298 K (273 + 25)

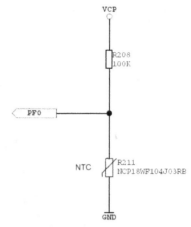

Abbildung 210   Temperatur-mes-
sung mit NTC

Das in Listing 70 gezeigte Programmbeispiel TempButterfly.BAS vereint nun LCD-Anzeige, automatische Kalibrierung des internen RC-Oszillators und Temperaturmessung mit Hilfe von
NTC und AD-Umsetzung.

Der eingefügte Quelltext CalibrateInternalRCOscillatorATmega169.inc unterscheidet sich vom
vorangegangenen Programmbeispiel dadurch, dass am Ende der Kalibrierung der optimale
Wert in das Register OSCCAL geschrieben wird.

Die Temperatur wird im Programmbeispiel TempButterfly.BAS nicht jedes Mal berechnet. Die
Stützstellen der Temperaturfunktion sind in zwei Tabellen (Temp_celcius_pos, Temp_cel-
cius_neg) abgelegt, die nur noch abgefragt werden müssen.

Die AD-Umsetzung erfolgt über Kanal 0, der hier als Konstante Temperature definiert ist. In
der Endlosschleife erfolgen die Abfrage des AD-Umsetzers, der Zugriff auf einer der beiden Tabellen mit den Temperaturwerten und die Anzeige vom Ergebnis der AD-Umsetzung sowie der
ermittelten Temperatur. Im Debug Mode werden diese Werte außerdem über RS-232 ausgegeben.

```
'--------------------------------------------------------------------
'name                     : TempButterfly.bas
'programmed by            : Claus Kuhnel
'date                     : 2009-01-22
'purpose                  : Test of Temperature Measurment on AVR Butterfly
'micro                    : ATmega169
'tested with              : V.1.12.0.0 (2010-10-20)
'suited for demo          : yes
'commercial addon needed  : no
'--------------------------------------------------------------------
$regfile = "m169def.dat"           ' specify the used micro
$crystal = 8000000                 ' used crystal frequency
$baud = 19200                      ' used baud rate

$hwstack = 40                      ' default use 32 for the hardware stack
```

```
$swstack = 20                          ' default use 10 for the SW stack
$framesize = 40                        ' default use 40 for the frame space

$lib "lcd_butterfly.lbx"

Debug On                               ' set debug on for UART output

Const Temperature = 0                  ' MUX address for temperatur sensor

'Butterfly LCD Setup:
Dim _butterfly_digit As Byte

Dim S As String * 12
Dim Result As Word
Dim Tabvalue As Word
Dim Temp As Byte
Dim I As Byte
Dim Wtemp As Word

$include "CalibrateInternalRCOscillatorATmega169.inc"
'Osccal = &H49                         ' for test purposes only

Cls : Lcd "TEMP"
Debug "" : Debug "Optimal OSCCAL = 0x" ;
Debug Hex(osccal_opt)
Debug "Measuring Temperature on AVR Butterfly..."

Config Adc = Single , Prescaler = Auto , Reference = Avcc
'Reference = 3.3                       ' Reference voltage is AVCC
Start Adc
Do
   Result = Getadc(temperature)
   Cls : Lcd Str(result)
   Debug "Temperature = " ; Result ; Spc(3);
   Waitms 500
   S = ""
   Select Case Result
      Case Is > 810 : Gosub Neg_temp
      Case Is < 800 : Gosub Pos_temp
      Case Else : Gosub Zero_temp
   End Select
   Debug Temp ; " °C"
   Waitms 500
Loop
End

Neg_temp:                              ' Temperature is negative
   Restore Temp_celcius_neg
   For I = 0 To 14
      Read Tabvalue
```

```
    If Result <= Tabvalue Then
          Temp = I : Exit For
    End If
  Next
  S = "-"
  S = S + Str(temp)
  S = S + "*C"
  Cls : Lcd S
Return

Pos_temp:                          ' Temperature is positive
  Restore Temp_celcius_pos
  For I = 0 To 60
    Read Tabvalue
    If Result >= Tabvalue Then
        Temp = I : Exit For
    End If
  Next
  S = "+"
  S = S + Str(temp)
  S = S + "*C"
  Cls : Lcd S
Return

Zero_temp:
  Temp = 0
  S = Str(temp)
  S = S + "*C"
  Cls : Lcd S
Return


$include "Butterfly_lcd_data.bas"

Temp_celcius_pos:    ' Positive Celcius temperatures (ADC-value) from 0 to 60 degrees
Data 806% , 796% , 786% , 775% , 765% , 754% , 743% , 732% , 720% , 709% , 697% , 685%
, 673% , 661% , 649%
Data 636% , 624% , 611% , 599% , 586% , 574% , 562% , 549% , 537% , 524% , 512% , 500%
, 488% , 476% , 464%
Data 452% , 440% , 429% , 418% , 406% , 396% , 385% , 374% , 364% , 354% , 344% , 334%
, 324% , 315% , 306%
Data 297% , 288% , 279% , 271% , 263% , 255% , 247% , 240% , 233% , 225% , 219% , 212%
, 205% , 199% , 193%
Data 187%

Temp_celcius_neg:  ' Negative Celcius temperatures (ADC-value) from -1 to -15 degrees
Data 815% , 825% , 834% , 843% , 851% , 860% , 868% , 876% , 883% , 891% , 898% , 904%
, 911% , 917% , 923%
```

Listing 70   Quelltext TempButterfly.BAS

Der darzustellende Zeichenvorrat ist auf die Zeichen gemäß Listing 68 beschränkt. Allerdings kann man auch ausgewählten Zeichen eine andere Bedeutung zukommen lassen.

Um beispielsweise die Temperatur in der üblichen Weise mit Maßeinheit °C anzuzeigen, kann man das Zeichen * durch den Code &H0A51 beschreiben.

```
Data &H0A51%                    ' *   &HEAA8 replaced
```

Die Ausgabe LCD "*C" wird dann °C auf dem Display erzeugen.

7.16 LilyPad Arduino

LilyPad Arduino wurde ein Abschnitt 3.6.6 als mögliches Starterkit vorgestellt. Entworfen für den Einsatz in bzw. Experimente mit sogenannten e-Textilien ergeben sich durchaus neue Aspekte für den Einsatz.

7.16.1 Umgebungslichtgesteuerte Blinkschaltung

Mit den in Abbildung 211 gezeigten LilyPad Komponenten wurde eine durch das Umgebungslicht gesteuerte Blinkschaltung aufgebaut, die angebracht an eine Kinderjacke im Dunkeln für mehr Aufmerksamkeit sorgen kann.

Die gezeigten Komponenten sind so ausgelegt, dass die Verbindung mit leitfähigem Garn erfolgen kann. Die angenähten Komponenten sind bei niedrigen Temperaturen waschbar.

Abbildung 211   LilyPad Komponenten

Die Schaltung für die umgebungslichtgesteuerte Blinkschaltung ist in Abbildung 212 gezeigt.

Als LilyPad Bright White LEDs sind APT3216QWF/D von Kingsbright mit einer typischen Lichtstärke von 250 mcd @ 20 mA eingesetzt.

Zur Lichtmessung dient der LilyPad Light Sensor mit einem Fototransistor TEMT6000, dessen spektrale Empfindlichkeit an die des menschlichen Auges angepasst ist. Dieser Sensor ist speziell zur Detektion von Umgebungslicht zur Steuerung der Hintergrundbeleuchtung von Displays in Mobiltelefonen, Notebooks, PDAs u.a.m. entwickelt worden.

Zur Spannungsversorgung wird ein LilyPad Power Supply verwendet. Eine AAA-Batterie wird zur Erzeugung der erforderlichen 5V DC benötigt. Die Spannungsquelle ist kurzschlusssicher und für Ströme bis zu 100 mA geeignet.

Die alternative Spannungsversorgung LilyPad LiPower auf der Basis wieder aufladbarer Polymer Lithium Ionen Batterien (1100 mAh) deckt Ströme bis 150 mA ab.

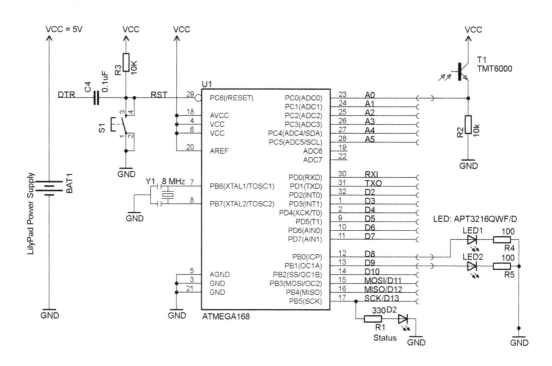

Abbildung 212   Umgebungslichtabhängige Blinkschaltung

Das Programm vergleicht den vom Lichtsensor ermittelten Helligkeitswert mit einem Schwellwert. Den Quelltext des Programms LightControlledBlinking.BAS zeigt Listing 71.

```
'-----------------------------------------------------------------
'name                      : LightControlledBlinking.bas
'programmed by             : Claus Kuhnel
'date                      : 2008-12-29
'purpose                   : Light Controlled Blinking
'micro                     : LilyPad Arduino - ATmega168
'tested with               : V.1.12.0.0 (2010-08-08)
'suited for demo           : yes
'commercial addon needed   : no
'-----------------------------------------------------------------
' Turns light emitting diodes (LED) on and off in blinking mode depending
' of the amount of ambient light.
' The switching point is defined by a constant as default and can be changed
' by serial input a valueue between 0 and 255.
'-----------------------------------------------------------------
$regfile = "m168def.dat"
$crystal = 8000000
$baud = 19200
```

```
$hwstack = 32                          ' default use 32 for the hardware stack
$swstack = 20                          ' default use 10 for the SW stack
$framesize = 40                        ' default use 40 for the frame space

Debug On                               ' for debug output on, otherwise off

Const Default_threshold = 120          ' threshold defines activation of blinking

Dim Threshold As Byte
Dim Value As Word : Value = 0      ' variable to store the valueue coming from sensor
Dim Cc As Byte                         ' variable to store serial input
Dim Channel As Byte : Channel = 0

Declare Sub Setup
Declare Sub Blinking

Setup

Do
   Cc = Ischarwaiting()                ' Check if data has been sent from host
   If Cc = 1 Then
      Threshold = Waitkey()  ' Read The Most Recent Byte(which Will Be From 0 To 255)
   End If
   Value = Getadc(channel)             ' Read the value from Light Sensor
   Shift Value , Right , 2

   Debug "Threshold = " ; Threshold ; Spc(3) ; "Light value = " ; Value;

   If Value < Threshold Then
      Blinking : Debug Spc(3) ; "*"    ' Blinking is marked with * in debug output
   Else
      Wait 1 : Debug ""
   End If
Loop

End

'-----------------------------------------------------------------------------------
Sub Setup
   Debug ""                            ' new line for output
   Debug "LilyPad Setup for Light Controlled Blinking..."
   Config Adc = Single , Prescaler = Auto , Reference = Avcc
   Value = Getadc(channel)             ' First dummy ADC
   Config Pinb.5 = Output              ' pin for internal LED
   Led Alias Portb.5
   Config Pinb.0 = Output              ' pin for LED1
   Led1 Alias Portb.0
   Config Pinb.1 = Output              ' pin for LED2
   Led2 Alias Portb.1
```

```
      Threshold = Default_threshold
      Debug "LilyPad is running..."
End Sub

Sub Blinking
      Led = 1                               ' LEDs ON
      Led1 = 1
      Led2 = 1
      Waitms 50                             ' waits a short moment
      Led = 0                               ' LEDs OFF
      Led1 = 0
      Led2 = 0
      Waitms 100                            ' waits a short moment
      Led = 1                               ' LEDs ON
      Led1 = 1
      Led2 = 1
      Waitms 50                             ' waits a short moment
      Led = 0                               ' LEDs OFF
      Led1 = 0
      Led2 = 0
      Wait 1                                ' waits for a second
End Sub
```

Listing 71   Quelltext LightControlledBlinking.BAS

Liegt der Messwert unter dem Schwellwert, dann werden die LEDs kurz eingeschaltet. In der Subroutine `Blinking` ist eine Sequenz von 50 ms EIN/100 ms AUS/50 ms EIN/1000ms AUS hinterlegt. Der Schwellwert selbst ist mit einem Defaultwert von 120 festgelegt und kann durch ein über die serielle Schnittstelle empfangenes Byte verändert werden. Abbildung 213 zeigt einen Terminalmitschnitt im Debugmode.

Nach dem Starten des Programms erfolgt einmalig das Setup und nach der Ausgabe „LilyPad is running…" befindet sich das Programm in der Endlosschleife.

Zu Beginn ist der Schwellwert auf den Defaultwert von 120 gesetzt und der Messwert für das Umgebungslicht liegt bei Werten zwischen 165 und 147. Die Blinkschaltung wird deshalb nicht aktiv.

Bei reduzierten Lichtwerten zwischen 52 und 108 ist der Schwellwert deutlich unterschritten und die Blinkschaltung wird aktiv. In der Debugausgabe ist das zusätzlich durch Ausgabe eines * gekennzeichnet. Übersteigt der Lichtwert wieder den Schwellwert, dann setzt das Blinken aus.

Im weiteren Verlauf empfängt unser LilyPad über die serielle Schnittstelle den Wert 100 (&H64) und setzt diesen als neuen Schwellwert, wodurch das Blinken erst bei niedrigeren Lichtwerten einsetzen wird.

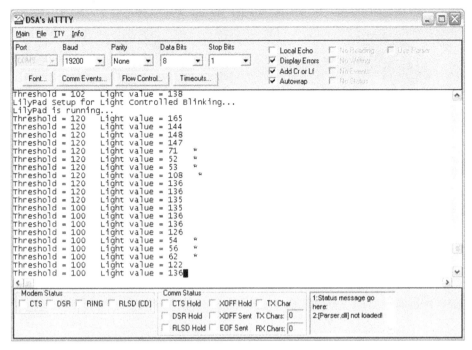

Abbildung 213   Terminalmitschnitt im Debugmode

7.16.2 Ansteuerung RGB-LED

LEDs leuchten nur in einem bestimmten, genau abgegrenzten Spektralbereich. Weißes Licht kann durch den Einsatz verschiedenfarbiger LEDs erzeugt werden. Die additive Farbmischung von Rot, Grün und Blau (RGB) oder auch z.B. nur von Blau und Gelb kann neben allen anderen Mischfarben auch weißes Licht erzeugen.

RGB-LED-Module (Kombination vieler LED) werden für Beleuchtungszwecke aufgrund der hohen Effizienz farbiger LED und der möglichen dynamischen Änderung der Lichtfarbe eingesetzt.

Bauformen, die aus je einem roten, grünen und blauen (RGB) LED-Chip in einem Gehäuse bestehen, werden z.B. für hochauflösende LED-Video-Displays, Displayhinterleuchtung, sowie farbige Effektbeleuchtung eingesetzt.

Mit der LilyPad TriColor LED (Abbildung 214) oder einem ähnlichen RGB-LED-Modul können erste Experimente gemacht werden, die zu anspruchsvolleren Projekten mit RGB-Light-Stripes (Abbildung 215) führen können. Das Grundprinzip ist dabei immer gleich. Die farbigen LEDs können ein- und ausgeschaltet oder in ihrer Helligkeit durch PWM-Signale gesteuert werden.

Abbildung 216 zeigt das Schaltbild zur Ansteuerung einer LilyPad TriColor LED.

Abbildung 214   LilyPad Tri-Color LED

Abbildung 215   RGB-LED-Stripe

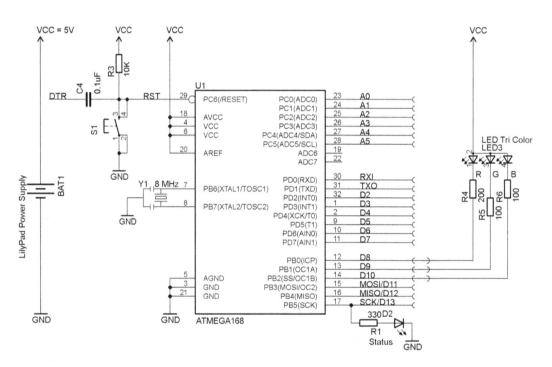

Abbildung 216   Ansteuerung einer RGB-LED

Die drei farbigen LEDs mit ihren unterschiedlichen Vorwiderständen werden durch die Pins D10-D8 (PB2-PB0) angesteuert. Mit Timer0 wird ein Taktgeber mit 32 μs Periodendauer für eine Software-PWM zur LED-Ansteuerung realisiert. Listing 72 zeigt den Quelltext des Programmbeispiels RGB_LED.BAS.

```
'--------------------------------------------------------------------------
'name             : RGB_LED.bas
'programmed by    : Claus Kuhnel
'date             : 2008-12-29
'purpose          : Controlling a RGB LED
'micro            : LilyPad Arduino - ATmega168
'tested with      : V.1.12.0.0 (2010-08-08)
```

```
'suited for demo          : yes
'commercial addon needed  : no
'----------------------------------------------------------------------
$regfile = "m168def.dat"
$crystal = 8000000
$baud = 19200

$hwstack = 32                          ' default use 32 for the hardware stack
$swstack = 20                          ' default use 10 for the SW stack
$framesize = 40                        ' default use 40 for the frame space

Debug On                               ' for debug output on, otherwise off

Config Portb = Output
Portb = 0

Rled Alias Portb.0
Gled Alias Portb.1
Bled Alias Portb.2

Dim Count As Byte
Dim Rvalue As Byte : Rvalue = 0
Dim Gvalue As Byte : Gvalue = 0
Dim Bvalue As Byte : Bvalue = 0
Dim Idx As Byte

Config Timer0 = Timer , Prescale = 1           ' 8 MHz Clock
Start Timer0
On Ovf0 Tick                                   ' Timer periode 256 / 8 MHz = 32 us
Enable Ovf0
Enable Interrupts

Do
   Idx = 0
   Do
      If Idx = 0 Then
         Restore Rgb
      End If
      Read Rvalue : Debug Rvalue
      Read Gvalue : Debug Gvalue
      Read Bvalue : Debug Bvalue
      Waitms 100
      Incr Idx
   Loop Until Idx >= 28
Loop
End

Tick:
   If Count >= Rvalue Then
      Set Rled
```

```
   Else
      Reset Rled
   End If
   If Count >= Gvalue Then
      Set Gled
   Else
      Reset Gled
   End If
   If Count >= Bvalue Then
      Set Bled
   Else
      Reset Bled
   End If
   Incr Count
Return

Rgb:
Data 0 , 0 , 0 , 64 , 0 , 0 , 128 , 0 , 0 , 192 , 0 , 0
Data 192 , 0 , 0 , 128 , 64 , 0 , 64 , 128 , 0 , 0 , 192 , 0
Data 0 , 192 , 0 , 0 , 128 , 64 , 0 , 64 , 128 , 0 , 0 , 192
Data 0 , 0 , 192 , 64 , 0 , 128 , 128 , 0 , 64 , 192 , 0 , 0
Data 192 , 0 , 0 , 128 , 64 , 0 , 64 , 128 , 0 , 0 , 192 , 0
Data 0 , 192 , 0 , 0 , 128 , 64 , 0 , 64 , 128 , 0 , 0 , 192
Data 0 , 0 , 192 , 0 , 0 , 128 , 0 , 0 , 64 , 0 , 0 , 0
```

Listing 72   Quelltext RGB_LED.BAS

Nach dem Konfigurationsteil und der Initialisierung der Variablen wird der Timer0 konfiguriert. Der Timer-Overflow wird alle 32 µs die ISR `Tick` aufrufen, in der die Variable `Count` mit vorgegebenen Werten für die drei LEDs verglichen wird. Ist der Wert von `Count` größer, dann wird die betreffende LED ausgeschaltet (`Set`) oder anderenfalls eingeschaltet (`Reset`).

In der Hauptschleife des Programmbeispiels werden die RGB-Daten aus der Tabelle `RGB` gelesen und für jeweils 100 ms unverändert gelassen. Nach diesen 100 ms wird der Index `Idx` erhöht und eine neues Werte-Tripel aus der Tabelle gelesen, wodurch sich die Farbmischung ändert. Die Daten in der Tabelle `RGB` bestimmen somit den durch die drei LEDs abgestrahlten Farbverlauf.

7.17   Temperaturmessung mit LM75 und myAVR

Mit den in Abschnitt 3.6.5 vorgestellten Komponenten kann sehr einfach eine Temperaturmessung durchgeführt werden. Verwendet werden hier *mySmartControl M168* (Abbildung 55) als Controller, *myAVR TWI Add-On Temperatursensor* (Abbildung 57) als Temperatursensor und *myAVR LCD Add-On* (Abbildung 58) zur Anzeige der gemessenen Umgebungstemperatur.

7.17.1 Temperatursensor LM75

LM75 von National Semiconductor ist eine Familie von Temperatursensoren/Temperaturwatchdogs auf Basis einer BandGap-Referenz, Sigma-Delta-ADC und I^2C-Interface.

Wir betrachten hier nur die Temperaturmessung. Weitere Details müssen im Datenblatt nachgeschlagen werden.

Der LM75 ermöglicht Temperaturmessungen mit einer Auflösung von 9 Bit und einer Genauigkeit von +/- 2 °C im Temperaturbereich von -25 °C bis 100 °C.

Durch die Verwendung des *myAVR TWI Add-On Temperatursensors* kann hier auf die Darstellung schaltungstechnischer Einzelheiten verzichtet werden. Für den Nachbau sind die Daten vom Hersteller offengelegt.

Von Interesse ist deshalb hier nur noch die interne Registerstruktur des LM75 und der für die Temperaturmessung erforderliche Registerzugriff.

Wie Abbildung 217 zeigt, besitzt der LM75 intern in vier Register, auf die über ein Pointer Register zugegriffen wird. Nach einem Reset ist automatische das Temperature Register adressiert. Die anderen Register benötigen wir an dieser Stelle nicht.

P7	P6	P5	P4	P3	P2	P1	P0
0	0	0	0	0	Register Select		

P2	P1	P0	Register
0	0	0	Temperature (Read only) (Power-up default)
0	0	1	Configuration (Read/Write)
0	1	0	T_{HYST} (Read/Write)
0	1	1	T_{OS} (Read/Write)
1	1	1	Product ID Register (LM75A Only)

Abbildung 217   LM75 Pointer Register

Für das Lesen von LM75 Registern gibt es nun zwei Möglichkeiten. Zeigt das Pointer Register bereits auf das auszulesende Register, dann ist der LM75 nur noch zu adressieren und das betreffende Register auszulesen. Im anderen Fall muss vorher durch eine Schreiboperation das Pointer Register gesetzt werden und der komplette Lesevorgang muss folgen.

Wie bereits erwähnt, zeigt nach einem Reset das Pointer Register bereits auf das von uns bevorzugte Temperature Register und es sind nur noch die zwei Byte Ergbebnis der Temperarturmessung abzuholen. Das Format des Temparature Registers zeigt Abbildung 218. Die Repräsentation der Daten zeigt Tabelle 25

D15	D14	D13	D12	D11	D10	D9	D8	D7	D6	D5	D4	D3	D2	D1	D0
MSB	Bit 7	Bit 6	Bit 5	Bit 4	Bit 3	Bit 2	Bit 1	LSB	X	X	X	X	X	X	X

Abbildung 218   LM75 Temperature Register

Temperatur	Resultat
125 °C	0FA$_H$
25 °C	032$_H$
0.5 °C	001$_H$
0 °C	000$_H$
-0.5 °C	1FF$_H$
-25 °C	1CE$_H$
-55 °C	192$_H$

Tabelle 25   Datenformat Temperatur

7.17.2 Temperaturanzeige

Nun ist es an der Zeit den eingesetzten ATmega168 das Auslesen des LM75 beizubringen und das Resultat der Temperaturmessung auf dem vorgesehenen LCD anzuzeigen. Listing 73 zeigt den Quelltext für das Programmbeispiel myTWI_Temperatursensor_Test.BAS.

```
'-----------------------------------------------------------------------------
'name                   : myTWI_Temperatursensor_Test.bas
'programmed by          : Claus Kuhnel
'date                   : 2009-02-07
'purpose                : Test for myTWI Temperatursensor & mySmartControl M168
'micro                  : ATmega168
'tested with            : V.1.12.0.0 (2010-08-08)
'suited for demo        : yes
'commercial addon needed : no
'-----------------------------------------------------------------------------
$regfile = "m168def.dat"
$crystal = 20000000                ' used crystal frequency
$baud = 9600                       ' used baud rate

$hwstack = 32                      ' default use 32 for the hardware stack
$swstack = 10                      ' default use 10 for the SW stack
$framesize = 40                    ' default use 40 for the frame space

Debug On                           ' On

Config Scl = Portc.5               ' PC5 is SCL on myTWI Temperatursensor
Config Sda = Portc.4               ' PC4 is SDA on myTWI Temperatursensor
Config I2cdelay = 10               ' SCL = 100 kHz

' myAVR LCD Configuration
Config Lcdpin = Pin , Db4 = Portd.4 , Db5 = Portd.5 , Db6 = Portd.6 , Db7 = Portd.7 ,
E = Portd.3 , Rs = Portd.2
Config Lcd = 16 * 2
Cursor Off

Const Device_id = &H9              ' Device ID for LM75
Const Esc = 27
```

```
Dim Slave_wa As Byte                    ' Slave Write Adresse
Dim Temp As Byte
Dim Temperature As Word
Dim Ti As Integer
Dim Ts As Single

Declare Function I2c_read_temperature(byval Swa As Byte) As Word

Slave_wa = Device_id                    ' Berechnung der Slaveadresse
Shift Slave_wa , Left , 4

Debug "Read Temperature from myTWI Temperature Sensor - Quit by ESC"
Debug "Slave Write Address is 0x" ; Hex(slave_wa)

Cls
Lcd "Temperature is"
Do
   Temperature = I2c_read_temperature(slave_wa)    ' Read temperature from LM75
   Debug "Temperature Value is 0x" ; Hex(temperature)
   Shift Temperature , Right , 7

   Debug "Temperature in 0.5 grd steps is 0x" ; Hex(temperature)
   Ti = Temperature
   If Ti > &HFF Then
      Ti = Ti Or $ff00
   End If
   Ts = Ti / 2.
   Debug "Temperature is " ; Ts ; " grd C"
   Lowerline : Lcd "               "
   Lowerline : Lcd Ts ; " grd C"
   Wait 1
   Temp = Inkey()
Loop Until Temp = Esc

Print "End"
End

Function I2c_read_temperature(byval Swa As Byte) As Word
   Local Sra As Byte
   Local Thi As Byte , Tlo As Byte
   Local T As Word

   Sra = Swa Or 1

   I2cstart
   I2cwbyte Sra
   I2crbyte Thi , Ack
   I2crbyte Tlo , Nack
   I2cstop
```

```
   T = Thi
   Shift T , Left , 8
   T = T + Tlo
   I2c_read_temperature = T
End Function
```

Listing 73   Quelltext myTWI_Temperatursensor_Test.BAS

Für die Inbetriebnahme ist wieder der Debug Mode eingeschaltet. Durch späteres Ausschalten können da ein paar Byte Code gespart werden.

Die Konfiguration der I²C-Leitungen SCL und SDA sowie der LCD-Anschlüsse ist durch den myAVR Standard festgelegt.

Bei den Konstanten ist auch die Device ID definiert, die für den LM75 mit Neun festgelegt ist.

Die Funktion `I2c_read_temperature()` setzt den im vorangegangenen Abschnitt beschriebenen Lesezugriff auf den LM75 um. Nach dem Adressieren des LM75 (Schreiben der Slave Read Address &H91) erfolgen zwei Byte Read Zugriff auf das Temperature Register. Im Ergebnis dieses Funktionsaufrufs enthält die Wordvariable `Temperature` das Resultat der Temperaturmessung gemäß Abbildung 218.

In den folgenden Programmschritten wird das Zahlenformat rechtsbündig (Rechtsschieben um sieben Positionen) eingestellt und repräsentiert damit bereits den Wert in 0.5 °C Schrittweite. Mit einer einfachen Division durch 2. (Gleitkommazahl) steht der Temperaturmesswert in °C fest.

Dieser Zyklus wiederholt sind nach einer Wartezeit von einer Sekunde bis durch Senden eines ESC über die serielle Schnittstelle das Programm beendet wird.

Abbildung 219 zeigt die Debug-Ausgaben des Programms, die die Berechnung des Temperaturmesswertes nachvollziehen lassen und Abbildung 220 zeigt schließlich die Anzeige im LCD. Diese Anzeige ist unabhängig davon, ob der Debug Mode eingeschaltet ist oder nicht.

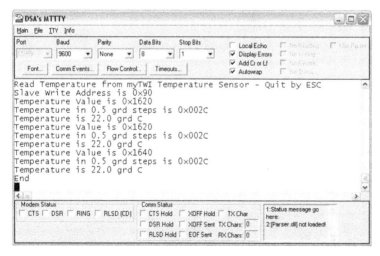

Abbildung 219   Debug-Ausgaben   Abbildung 220   LCD-Anzeige

7.18 AVR-Mikrocontroller im Netz

TCP/IP ist der Standard für den plattformunabhängigen Datenaustausch unterschiedlichster Komponenten über das Internet. Ein über TCP/IP mit dem Internet verbundenes Gerät kann von jedem beliebigen Punkt im Internet erreicht werden. Die zur Vernetzung erforderliche Infrastruktur, wie Ethernet-Netzwerke, Telefonleitungen u.a.m., sind an den meisten Orten verfügbar. Das zu vernetzende Gerät benötigt also "nur noch" einen TCP/IP-Stack.

In Abhängigkeit von der zu vernetzenden Anwendung gibt es sehr unterschiedliche Lösungsansätze.

Die für eine TCP/IP-Stack Implementierung erforderlichen Ressourcen stehen nicht bei allen Mikrocontrollern zur Verfügung. Ein Ausweg besteht in der Nutzung eines PCs als Gateway oder eines TCP/IP-Stack in Form eines Hardwaremoduls.

7.18.1 MicroWebServ(er)

MicroWebServ von CSMicro Systems ist ein solches auf einem PC installiertes Gateway und verbindet jeden Mikrocontroller mit dem Internet (Abbildung 221)

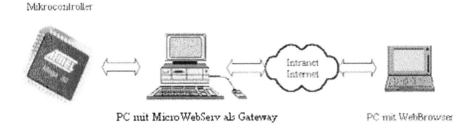

Abbildung 221   CSMicro Systems MicroWebServ als Gateway

Der WebServer "MicroWebServ" ist vom Hersteller CS MicroSystems seit 27. Mai 2008 auf "end of life" gesetzt und wird nicht mehr unterstützt. Ein neues Produkt ist momentan nicht verfügbar. Dennoch kann es von der Website des Herstellers heruntergeladen werden (csmicrosystems.com/downloads/MicroWebServ/microwebserv018.exe).

CS MicroSystems stellt für die Leser dieses Buches den Registrierungsschlüssel

    MicroWebServ BSE Reg Key 1 of 1
    Serial Number: KÜHNEL24372V0S1000
    Reg Code: 1299914098

gratis zur Verfügung, weshalb dieses Kapitel auch erhalten bleibt.

Nach Download und Start des MicroWebserv erscheint das Programmicon in der Taskleiste. Durch ein Klick mit der rechten Maustaste und Auswahl des Eintrags Registration Code öffnet sich das in Abbildung 222 gezeigte Fenster und die Registrierung kann mit den zur Verfügung gestellten Angaben erfolgen.

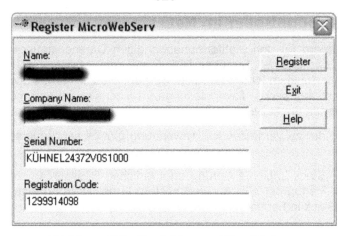

Abbildung 222   Registrierung MicroWebserv

Folgende Merkmale beschreiben die Funktionalität des MicroWebServ von CSMicro Systems:

- Windows 98/NT/2000

- Verwendung des PCs zur Anzeige von Webseiten, die durch den Mikrocontroller aktualisiert werden

- Update von Webseiten mit FTP

- Senden von Steuerdaten an den Mikrocontroller

- Anzeige von Mitteilungen des Mikrocontrollers in einer Webseite

- Senden von eMail getriggert durch Ereignisse in der Mikrocontrolleranwendung

MicroWebServ läuft auf jedem PC unter Windows 98/NT/2000/XP. Die Kommunikation zwischen Mikrocontroller und MicroWebServ erfolgt mit einfachen Kommandos über die serielle Schnittstelle. Der MicroWebServ verankert die Daten in HTML Seiten, auf die mit einem Webbrowser zugegriffen werden kann.

In den folgenden Programmbeispielen kommt eine beliebiger AVR-Mikrocontroller in Verbindung mit MicroWebServ zum Einsatz. Die Kommunikation mit MicroWebServ erfolgt über die serielle Schnittstelle.

Ausgangspunkt für die vorzustellenden Programmbeispiele ist das in Abbildung 223 gezeigt Schaltbild mit einem AT90S2313.

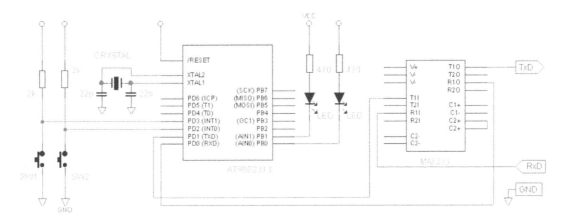

Abbildung 223   AT90S2313 als MicroWebServ Frontend

Bei der Abarbeitung der Programmbeispiele sind eine serielle Verbindung des AVR-Mikrocontrollers gemäß Abbildung 223 und ein gestarteter MicroWebServ auf dem Host-PC Voraussetzung.

7.18.1.1   Versenden von eMail

Das Versenden einer eMail kann im Gegensatz zu einer Anfrage eines Webbrowsers zu einem ausgewählten Zeitpunkt stattfinden.

In unserem ersten Beispiel soll der Mikrocontroller immer dann eine eMail versenden, wenn eine an I/O-Pin PD3 angeschlossene Taste betätigt wurde. Wurde die an PD2 angeschlossene Taste betätigt, dann beendet der Mikrocontroller seine Arbeit und meldet sich ebenfalls mit einer eMail ab. Listing 74 zeigt das Programmbeispiel EMAIL.BAS zum Versenden von eMail.

```
$regfile = "2313def.dat"
$crystal = 3686400                      ' für STK500
$baud = 9600                            ' für MicroWebserver

Dim Status As Word

Const Mailserver = "EO=smtp.spectraweb.ch"        ' Ihre Mailserversadresse
Const Mailto = "info@ckuehnel.ch"       ' Empfängeradresse
Const Mailfrom = "avr@ckuehnel.ch"      ' Senderadresse

Status = &H1234                         ' willkürliche Vorgabe

Config Pind.3 = Input
Config Pind.2 = Input
Config Pinb.0 = Output

Led Alias Portb.0
Set Led                                 ' LED ausschalten
```

```
Do
  Debounce Pind.3 , 0 , Alert , Sub      ' Abfrage PD3
  Debounce Pind.2 , 0 , Eos              ' Abfrage PD2
Loop

Alert:
  Reset Led
  Print Mailserver;
  Print "&E1=" ; : Print Mailto;
  Print "&E2=" ; : Print Mailfrom;
  Print "&E3=AT90S2313 Mitteilung";
  Print "&E5=Das ist ein Mitteilung von einem AT90S2313." ;
  Print "&&SW3 (PD3) am STK500 Board wurde betätigt." ;
  Print "&Status ist " ; Status ; "."
  Set Led
  Return

Eos:
  Status = &HFFFF
  Reset Led
  Print Mailserver;
  Print "&E1=" ; : Print Mailto;
  Print "&E2=avr@ckuehnel.ch";
  Print "&E3=AT90S2313 Mitteilung";
  Print "&E5=Das ist ein Mitteilung von einem AT90S2313." ;
  Print "&&Das Programm ist beendet." ;
  Print "&Status ist " ; Status ; "."
  Set Led
  End
```

Listing 74   Versenden von eMail (EMAIL.BAS)

Der Aufbau der zu versendenden eMail ist denkbar einfach. Die folgenden Tags beschreiben die Bestandteile einer eMail beim MicroWebServ:

E0= Mail Server Adresse

E1= Empfängeradresse (Mail To)

E1Cc = CC Empfängeradresse (Carbon Copy To)

E1BCc = BCC Empfängeradresse (Blind Carbon Copy To)

E2= Senderadresse (Mail From)

E3= Betreff (Mail Subject)

E4= Anhang (File Attachment)

E5= Mitteilung (Message Text)

Klickt man nun beim MicroWebServ das Register Access Log an, dann können alle Aktivitäten des MicroWebServ verfolgt werden. Abbildung 224 zeigt ein solches MicroWebServ Protokoll.

Zum Zeitpunkt 12:42:20 wurde eine eMail verschickt, die durch Drücken der Taste SW1 aktiviert wurde. Ein Vergleich von Protokollinhalt und Listing 74 zeigt die Zusammenhänge.

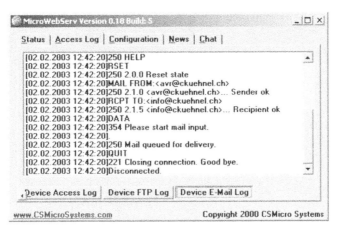

Abbildung 224   MicroWebServ eMail Log

Der eMail Versand kann in einem Statusfenster beobachtet werden. Abbildung 225 zeigt das Statusfenstern bei dem durch Drücken von SW1 hervorgerufenen eMail-Versand.

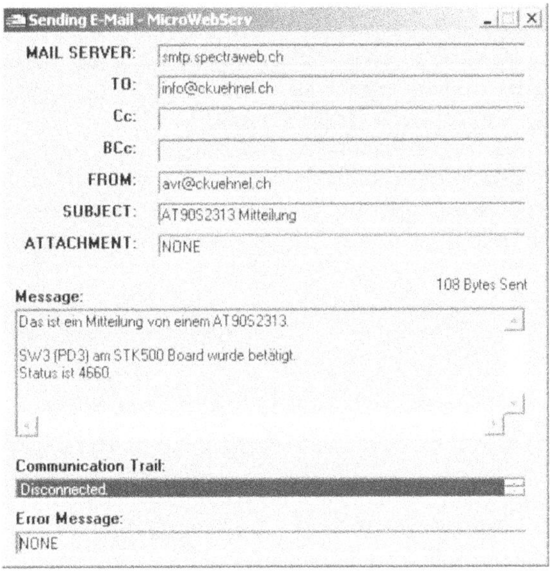

Abbildung 225   eMail Status Window

Beim eMail Empfänger präsentiert sich die eben abgeschickte eMail dann in der folgenden Weise. Abbildung 226 zeigt die empfangene eMail in Microsoft Outlook. Das Aussehen der eMail ist abhängig vom verwendeten eMail Client. Der Inhalt bleibt natürlich unverändert.

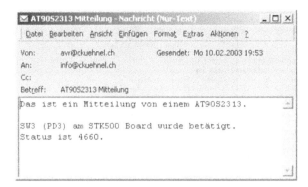

Abbildung 226   Empfangene eMail

7.18.1.2   *Abfrage und Verändern von Variablen*

Das Abfragen und Verändern von Variablen im Mikrocontroller-Anwendungsprogramms ist eine weitere Option, wenn Mikrocontroller netzwerktauglich gemacht worden sind.

Von einem Webbrowser (Client) wird eine Anfrage an einen Webserver gesendet, der diese an den Mikrocontroller weiterleitet. Der Mikrocontroller bearbeitet die Anfrage und sendet das Ergebnis an den Webserver, der die Antwort für den Webbrowser aufbaut und versendet.

MicroWebServ formatiert die Daten so, dass ein angeschlossener Mikrocontroller diese Daten auf einfache Weise empfangen und interpretieren kann. MicroWebServ konvertiert die Daten in Strings bevor diese an den Mikrocontroller gesendet werden.

Im aufrufenden HTML-Programm ist die GET-Methode zu verwenden, denn nur diese wird vom MicroWebServ unterstützt. Im Action-Feld ist die Datei anzugeben, die nach dem Aufruf zur Anzeige gebracht werden soll. Der Dateinamen sind folgendermassen zu bilden: `mws_[Filename][FileID#].html`.

Im folgenden Programmbeispiel sollen zwei Pins von PortD abgefragt und der ermittelte Status an PortB ausgegeben werden. Außerdem soll die Anzahl der Webserveranfragen protokolliert werden.

Bevor wir uns mit dem Programm für den Mikrocontroller befassen, werfen wir einen Blick auf die aufrufenden HTML-Programme. Abbildung 227 zeigt die Statusabfrage im Internet Explorer. Der durch die Belegung von zwei I/O-Pins des Mikrocontrollers vorgegebene Status wird zur Anzeige gebracht. Wiederholtes Anklicken des Reload-Feldes inkrementiert den Anfragenzähler.

Abbildung 227   Statusabfrage (MWS_QUERY1.HTML)

Durch Anklicken des Links "löschen" kann der Anfragezähler zurückgesetzt werden. Abbildung 228 zeigt die Antwort nach dem Löschen des Anfragezählers.

Abbildung 228   Anfragen gelöscht (MWS_RESET2.HTML)

Der Status wird zum einen durch die Belegung der I/O-Pins vorgegeben, kann aber auch direkt gesetzt werden. Hierzu ist der gewünschte Wert ins Textfeld einzugeben und durch Anklicken der Taste "Absenden" zum Mikrocontroller zu senden. Abbildung 229 zeigt die Antwort nach dem Setzen des Statuswertes.

Abbildung 229   Status gesetzt (MWS_SET3.HTML)

Auf die HTML-Quelltexte soll hier nicht vertieft eingegangen werden. Wichtig zu wissen ist es, wie die Anfragen an den Webserver formuliert werden müssen. Diese Anfragen wurden dem Quelltext MWS_QUERY1.HTML entnommen und sind hier separat dargestellt.

```
<p>Der angeschlossene AT90S2313 wurde mws_hit mal angefragt.</p>
<p><Anfragez&auml;hler
<a href="/mws_reset2.html?mws_format=opt_reset&opt_reset=0">
l&ouml;schen</a></p>
<p>Der aktuelle Status ist mws_status.</p>
<form name="form1" method="get" action="/mws_set3.html">
 <input type=hidden name="mws_format" value="opt_countset">
 <p>Status setzen (0-3):
 <input type="text" name="opt_countset" value="0" maxlength="1" size="1">
 <br>
 <input type="submit" name="Submit" value="Absenden"></p>
</form>
```

Die zwei benutzten Variablen `mws_hit` und `mws_status` sind im HTML-Quelltext fett hervorgehoben. Durch den Vorsatz `mws_` erkennt MicroWebServ diese Einträge als Variablen und ersetzt sie mit den vom Mikrocontroller gesendeten Inhalten.

Die zu sendenden Daten müssen bezüglich Format und Reihenfolge spezifiziert werden. Hierzu verwendet MicroWebServ das Feld `mws_format` mit folgender Syntax `input type=hidden name="mws_format" value="txt_field1,opt_field2,..."`. Die durch Komma getrennten Feldnamen bezeichnen die Variablen, die vom MicroWebServ zum Mikrocontroller gesendet werden.

Unterstützt werden nur zwei Datentypen:

• Text Data Type: Jedes Objekt mit dem Vorsatz `txt_` wird durch MicroWebServ als Text behandelt. Das Ende des Strings wird durch "!" markiert.

- Option Data Type: Jedes Objekt mit dem Vorsatz `opt_` wird durch MicroWebServ als Option Data Type behandelt, d.h. dass Text im Value Feld als 1 und ein leeres Value Feld als 0 gesendet werden. Numerische Daten werden als Ziffernstring gesendet.

Wichtig für die im Mikrocontroller auszulösende Funktion ist neben den Variablen noch der sogenannte Fileidentifier (FileID) die neben dem Zugriffsidentifier (RequestID) bei jeder Anfrage an den Mikrocontroller gesendet werden. Der FileID ist die letzte Ziffer im Dateinamen der betreffenden HTML-Datei.

Für unseren oben angegebenen HTML Quelltext bedeutet das

- bei Aufruf von MWS_QUERY1.HTML einen FileID von 1

- beim Löschen des Anfragenzählers MWS_RESET2.HTML einen FileID von 2 und

- beim Setzen des Statuswertes MWS_SET3.HTML einen FileID von 3.

Das Senden von RequestID und FileID kann mit dem Access Log des MicroWebServ verfolgt werden. Abbildung 230 zeigt die Protokollierung. So weist beispielsweise die oberste Anfrage für RequestID und FileID den Wert Eins auf. Der RequestID dient nur der Zuordnung von Anfrage und Antwort, während ein FileID von Eins auf eine einfache Abfrage hinweist.

Der Mikrocontroller spiegelt in seiner Antwort RequestID und FileID und hängt die Variablen `mws_hit` und `mws_status` an.

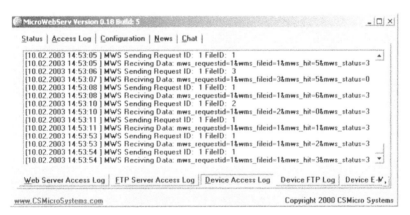

Abbildung 230   Datenaustausch zwischen MicroWebServ und Mikrocontroller

Obwohl aus dem Protokoll heraus alles recht plausibel aussieht, hat es bei der Inbetriebnahme doch einige Schwierigkeiten gegeben. Beim Start des MicroWebServ werden einige Zeichen gesendet, die die Empfangsseite doch etwas durcheinander bringen können und so in der Dokumentation nicht beschrieben waren.

Mit Hilfe des Programms COM-Port Spy wurde der Datenaustausch zwischen MicroWebServ und Mikrocontroller mitgeschnitten. Abbildung 231 zeigt den Datenverkehr im ASCII Format, Abbildung 232 eine hexadezimale Darstellung.

Abbildung 231 wiederspiegelt die bereits im Access Log des MicroWebServ mitgeschnittenen Daten. Abbildung 232 zeigt einige nicht erwartete Daten beim Starten des MicroWebServ.

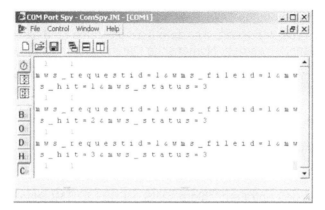

Abbildung 231   Datenaustausch ASCII Format

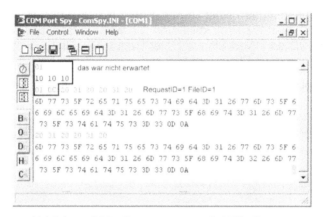

Abbildung 232   Datenaustausch HEX Format

zeigt nun, wie der Mikrocontroller in einer Endlosschleife auf eine Anfrage vom MicroWebServ wartet, anschließend die angefragte Aktion abarbeitet und die Ergebnisse an den Micro-WebServ zurücksendet.

Anhand der übermittelten FileID verzweigt das Programm in eins der drei Unterprogramme, um entweder den Hitcounter zu inkrementieren (Read_status) oder zu löschen (Reset_hit-counter) bzw. den Statuswert (Set_status) zu verändern.

Im Unterprogramm Read_status erfolgt in jedem Fall eine Abfrage der beiden Eingänge PD3 und PD2 und Statusanzeige über die LEDs. Die Unterprogramme Read_status und Set_status manipulieren "nur" die betreffenden Variablen.

Die vom MicroWebServ gesendeten Ziffernstrings können führende Leerzeichen aufweisen - werden aber immer mit einem Leerzeichen beendet. Die Funktion Getstring() liest die so formatierten (und die beim Start des MicroWebServ gesendeten) Daten von der seriellen Schnittstelle, die hier gepuffert im Interrupt betrieben wird. Auf diese Weise würden auch bei längeren Reaktionszeiten des angeschlossenen Mikrocontrollers keine neu gesendeten Daten verloren gehen.

```
$regfile = "2313def.dat"
$crystal = 3686400              ' für STK500
$baud = 9600                    ' für MicroWebServ

Dim Requestid As Word
Dim Fileid As Word
Dim Hits As Word
Dim Status As Word

Config Portb = Output           ' PortB ist Ausgang
Config Pind.2 = Input           ' PD2 ist Statuseingang
Config Pind.3 = Input           ' PD3 ist Statuseingang
Config Serialin = Buffered , Size = 20

Declare Function Getstring() As Word

Leds Alias Portb

Hits = 0                        ' Anfragenzähler
Status = 0                      ' willkürliche Vorgabe

Leds = Not Status

Requestid = 0
Fileid = 0

Enable Interrupts               ' SerialIn arbeitet mit Interrupt

Do
  Requestid = Getstring()       ' Warten auf Webserveranfrage
  Fileid = Getstring()
  If Fileid = 1 Then Gosub Read_status   ' Verzweigung gemäss FileID
  If Fileid = 2 Then Gosub Reset_hitcounter
  If Fileid = 3 Then Gosub Set_status
  Print "mws_requestid=" ; Requestid ; "&wms_fileid=" ; Fileid ;
  Print "&mws_hit=" ; Hits ; "&mws_status=" ; Status
Loop

End

Read_status:
  Status = Pind And &B00001100  ' Abfrage der Eingänge PD3 und PD2
  Shift Status , Right , 2
  Leds = Not Status             ' Statusausgabe an PortB
  Incr Hits                     ' Anfragenzähler inkrementieren
  Return

Reset_hitcounter:               ' Anfragenzähler setzen
  Hits = Getstring()
  Return
```

```
Set_status:                          ' Status setzen
  Status = Getstring()
  Leds = Not Status
  Return


Function Getstring() As Word         ' String vom Webserver lesen
  Local Mayexit As Byte
  Local Received As String * 1
  Local Sinput As String * 10

  Mayexit = 0
  Sinput = ""
  Do
    Received = Waitkey()
    If Received > " " Then
      Mayexit = 1
      Sinput = Sinput + Received
    Elseif Mayexit = 1 Then
      Exit Do
    End If
  Loop
  Getstring = Val(sinput)
  Sinput = ""
End Function
```

Listing 75   Manipulation von Variablen (QUERY.BAS)

7.18.2 Gobetwino

Gobetwino ist ebenfalls ein Programm, welches einen Mikrocontroller mit einem Windows-PC verbindet. Von der Gobetwino Homepage [www.mikmo.dk/gobetwino.html] kann das Programm gratis heruntergeladen werden.

Mit Hilfe von Gobetwino kann der Mikrocontroller eine Reihe von Funktionen auf dem PC steuern. Die Verbindung von Mikrocontroller und PC erfolgt über ein serielles Interface (RS-232, USB). Gobetwino und der Mikrocontroller verständigen sich über eine Reihe konfigurierbarer Kommandos.

Auf der Basis der verfügbaren Kommandos kann Gobetwino folgende Funktionen ausführen:

- Start eines Programms auf dem PC
- Start eines Programms auf dem PC und Rückmeldung bei Programmende
- Senden von Daten an ein Windowsprogramm
- Senden von eMail, optional mit Anhang
- Download eines Files aus dem Internet
- Lesen eines Files und Übergabe von Daten an den Mikrocontroller
- Schreiben von Daten in ein File (Logging), optional mit Timestamp (Zeitstempel)

- Periodischer Check einer POP3-Mailbox nach eingehenden eMails und Benachrichtigung des Mikrocontrollers

- Übernahme von Datum & Zeit vom PC.

- Ping einer Host- oder IP-Adresse

- Kopieren eines Files zum PC

Durch die Kombination von Kommandos lassen sich komplexe Aufgaben lösen.

Das hier dargestellte Programmbeispiel myTWI_Temperatursensor_Mail.BAS baut auf der in Abschnitt 7.17 beschriebenen Temperaturüberwachung auf.

Auf der Seite von Gobetwino sind die hier verwendeten Kommandos LGFIL gemäß Abbildung 233 und SMAIL gemäß Abbildung 234 zu konfigurieren.

Abbildung 233   Konfiguration Kommando LGFIL

Die Konfiguration des Kommandos LGFIL verlangt die Angabe eines Filenamens und des betreffenden Pfades, wo das Logfile auf der Festplatte des angeschlossenen PCs gespeichert wird. Durch Setzen des Hakens „Time stamp" versehen wir jeden Eintrag ins Logfile mit einem Zeitstempel.

Abbildung 234   Konfiguration Kommando SMAIL

Die Konfiguration des Kommandos SMAIL verlangt die Angabe einer eMail-Adresse, an die eine eMail mit den vordefinierten Inhalten für Subject und Body sowie das erstellte Logfile als Anhang gesendet wird. Geschwärzt ist hier die Angabe der eMail-Adresse, die in der üblichen Form eingetragen wird.

Startet man Gobetwino auf dem PC, dann wartet das Programm auf die Kommandos des Mikrocontrollers. In Abbildung 235 sind die Statusmitteilungen nachvollziehbar. Der Command Output zeigt die Rückgabewerte an den Mikrocontroller an, die zur Fehlerbehandlung herangezogen werden können.

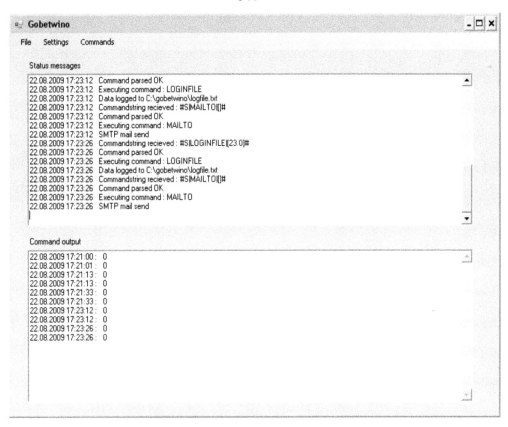

Abbildung 235   Gobetwino Statusfenster

Listing 76 zeigt den Quelltext des Programms myTWI_Temperatursensor_Mail.BAS, der u.a. den Aufbau der beiden verwendeten Kommandos und die Handhabung der Returnwerte zeigt.

```
'---------------------------------------------------------------------------
'name               : myTWI_Temperatursensor_Mail.bas
'programmed by      : Claus Kuhnel
'date               : 2009-08-22
'purpose            : myTWI Temperatursensor & mySmartControl M168
'                     write in logfile and send messages when
'                     temperature crosses an alert set point
'micro              : ATmega168
'tested with        : V.1.12.0.0 (2010-08-08)
'suited for demo    : yes
'commercial addon needed  : no
'---------------------------------------------------------------------------

$regfile = "m168def.dat"
$crystal = 20000000                    ' used crystal frequency
$baud = 9600                           ' used baud rate
```

```
$hwstack = 40                          ' default use 32 for the hardware stack
$swstack = 40                          ' default use 10 for the SW stack
$framesize = 60                        ' default use 40 for the frame space

Debug Off                              ' Off when connected to Gobetwino

Config Scl = Portc.5                   ' PC5 is SCL on myTWI Temperatursensor
Config Sda = Portc.4                   ' PC4 is SDA on myTWI Temperatursensor
Config I2cdelay = 10                   ' SCL = 100 kHz

' myAVR LCD Configuration
Config Lcdpin = Pin , Db4 = Portd.4 , Db5 = Portd.5 , Db6 = Portd.6 , Db7 = Portd.7 ,
E = Portd.3 , Rs = Portd.2
Config Lcd = 16 * 2
Cursor Off

Const Device_id = &H9                  ' Device ID for LM75

Dim Slave_wa As Byte                   ' Slave Write Adresse
Dim Temp As Byte
Dim Temperature As Word
Dim Ti As Integer
Dim Ts As Single
Dim Ta As Single
Dim Overtemp As Bit                    ' Overtemperature flag

Ta = 23.0                              ' Temperature Alert Set Point

Declare Function I2c_read_temperature(byval Swa As Byte) As Word
Declare Sub Sendmail()
Declare Function Read_return() As Integer

Slave_wa = Device_id                   ' Calculation of Slave address
Shift Slave_wa , Left , 4

Debug "Read Temperature from myTWI Temperature Sensor - Quit by ESC"
Debug "Slave Write Address is 0x" ; Hex(slave_wa)

Cls
Do
   Temperature = I2c_read_temperature(slave_wa) ' Read temperature from LM75
   Debug "Temperature Value is 0x" ; Hex(temperature)
   Shift Temperature , Right , 7

   Debug "Temperature in 0.5 grd steps is 0x" ; Hex(temperature)
   Ti = Temperature
   If Ti > &HFF Then
      Ti = Ti Or $ff00
   End If
   Ts = Ti / 2.
```

```
    Debug "Temperature is " ; Ts ; " grd C"

    Upperline : Lcd "Temperature is  "
    Lowerline : Lcd "                "
    Lowerline : Lcd Ts ; " grd C"

    If Ts >= Ta Then
        If Overtemp = 0 Then
            Overtemp = 1
            Debug "Overtemperature"
            Sendmail
        End If
    Else
        If Overtemp = 1 Then
            Overtemp = 0
            Debug "No Overtemperature"
            Sendmail
        End If
    End If

    Wait 1
Loop

Print

End

Function I2c_read_temperature(byval Swa As Byte) As Word
    Local Sra As Byte
    Local Thi As Byte , Tlo As Byte
    Local T As Word

    Sra = Swa Or 1

    I2cstart
    I2cwbyte Sra
    I2crbyte Thi , Ack
    I2crbyte Tlo , Nack
    I2cstop

    T = Thi
    Shift T , Left , 8
    T = T + Tlo
    I2c_read_temperature = T
End Function

Sub Sendmail()
    Local Num As Integer

    Cls : Lcd "Log Temperature"
```

```
    Lowerline : Lcd "Send Message..."
    Print "#S|LOGINFILE|[";
    Print Str(ts);
    Print "]#"
    Num = Read_return()
    If Num <> 0 Then
       Debug "Write Error"
       Cls : Lcd "Write Error"
    End If
    Print "#S|MAILTO"    ' send mail to connected PC
    Num = Read_return()
    If Num <> 0 Then
       Debug "Send Mail Error"
       Cls : Lcd "Send Mail Error"
    End If
End Sub

Function Read_return() As Integer
Local Cc As Byte
Local Ss As String * 5

Ss = ""
Cc = Waitkey()
Ss = Ss + Chr(cc)
If Ss = "-" Then
   Cc = Waitkey()
   Ss = Ss + Chr(cc)
End If
Read_return = Val(ss)
End Function
```

Listing 76   Quelltext myTWI_Temperatursensor_Mail.BAS

7.18.3 WebCat & WebTiger

Die beiden vorgestellten Möglichkeiten benötigten jeweils einen PC, der die Netzanbindung übernehmen muss.

Mit WebCat (Abbildung 236) und WebTiger (Abbildung 237) bietet Achatz Electronics aus den Niederlanden [www.achatz.nl] Ethernet Entwicklungssysteme auf der Basis eines ATmega128 zusammen mit einem integrierten Ethernetcontroller RTL8019AS an. Für Standalone-Anwendungen kann WebCat eingesetzt werden, während der WebTiger als Aufsteckmodul für das STK500 konzipiert ist.

Abbildung 236 WebCat

Abbildung 237 WebTiger

Die Software zu den möglichen Web-Applikationen nimmt einen beträchtlichen Umfang ein und würde den Rahmen dieses Buches sprengen.

Hier soll deshalb auf die sehr gut dokumentierten Programme von Ben Zijlstra verwiesen werden. Seine Website members.home.nl/bzijlstra ist eine Fundgrube für Anwendungen aus der Welt der Mikrcontroller.

7.18.4 Ethernet-Modul WIZ810MJ

Von der koreanischen Firma WIZnet Technology wird u.a. das auf dem Baustein W5100 (WIZnet Hardwired TCP/IP Embedded Ethernet Controller) aufbauende Ethernet-Modul WIZ810MJ angeboten, welches einen TCP/IP-Stack ohne Betriebssystem zur Verfügung stellt. MAC und PHY sind auf dem Modul eingebettet. Vom steuernden Mikrocontroller ist „nur" eine SPI-Schnittstelle zu bedienen. Abbildung 238 zeigt den Aufbau des WIZ810 Ethernet Controllers.

Abbildung 238   WIZ810MJ

Ethernet Controller

Ben Zijlstra hat auf seiner Website members.home.nl/bzijlstra/software/examples/wiz810mj.htm eine sehr ausführliche Anleitung zur Ansteuerung dieses Ethernet-Moduls mit Hilfe von BASCOM-AVR einschließlich des erforderlichen Quelltextes.

7.19   Kommunikation über Modems

Die aus den Worten"MOdulate" und "DEModulate" gebildete Bezeichnung Modem bezeichnet ein Gerät, welches ein digitales Signal so moduliert, dass es als Tonsignal über eine Telefonleitung übertragen werden kann, und demoduliert das empfangene Analogsignal wieder, damit es digital weiterverarbeitet werden kann.

Mit modernen Übertragungsverfahren, wie ISDN, xDSL und GSM, hat sich das „Modem" verändert. Geblieben ist die Schnittstelle zum PC bzw. Mikrocontroller mit weitgehend standardisiertem Zugriff.

7.19.1 Grundlagen zu Modems

Wenn wir im Zusammenhang mit Mikrocontrollern von (Festnetz-) Modems sprechen, dann werden wir im Allgemeinen sogenannte externe Modems oder gar Industrie-Modems in Betracht ziehen.

Externe Modems liegen in vielen Schränken parat, weil sie durch andere Geräte ersetzt wurden oder der neue PC bereits ein internes Modem mitbekommen hat. Für unsere Zwecke reicht also im Allgemeinen ein beliebiges Modem. Die Übertragungsrate ist für unsere Zwecke weniger interessant.

Abbildung 239 zeigt Front- und Rückseite eines bereits etwas betagten Festnetz-Modems, was wir für die folgenden Test verwenden werden.

Abbildung 239   Festnetz-Modem (Front- und Rückseite)

Die Frontseite bietet neben einem Ein-/Ausschalter eine Reihe von LEDs, die den momentanen Zustand des Modems charakterisieren.

Die Rückseite des Festnetz-Modems bietet von links nach rechts die folgenden Anschlüsse:

- Spannungsversorgung durch Steckernetzteil
- DSUB-9-Anschluss für RS-232-Verbindung zum steuernden Rechner
- RJ-45-Anschluss für die Telefonleitung

Nur die RS-232-Verbindung zum steuernden Rechner ist für unsere Belange hier interessant, da die beiden restlichen Anschlüsse durch das normale Zubehör des Modems abgedeckt sind.

Mit Hilfe eines RS-232-Standardkabels wird das Modem mit einem seriellen Port des steuernden Mikrocontrollers oder eines PCs verbunden.

Beim GSM-Modem ist das grundsätzlich gleich. Hier kann man sich außerdem mit einem Handy mit internem GSM-Modem behelfen, welches eine entsprechende Schnittstelle nach außen zur Verfügung stellt.

Die Programmierung beider Modemarten erfolgt mit Hilfe des sogenannten AT-Befehlssatzes, den die Fa. Hayes ursprünglich als Standard für Festnetz-Modems durchsetzen konnte.

Für die GSM-Modems ist dieser Befehlssatz gemäß den Standards GSM 07.07 und GSM 07.05 erweitert worden. Im Anhang ist eine Liste der wichtigsten AT-Befehle für Festnetz- und GSM-Modems zu finden.

Zur Überprüfung der Kommunikation zwischen Controller und Modem, ist vom Controller nur die Zeichenfolge „AT" gefolgt von CR (Carriage Return) zu senden, was dann vom Modem mit „OK" beantwortet werden sollte.

Um einen Eindruck von den zahlreichen Parametern zu vermitteln, mit denen die Arbeitsweise eines Modems gesteuert werden kann, ist in Abbildung 240 die Antwort auf das Kommando AT&V zur Abfrage der aktuellen Konfiguration, der gespeicherten Profiles und Telefonnummern gezeigt.

Auf die Details der zahlreichen Parameter kann an dieser Stelle nicht eingegangen werden. Die Dokumentation zum betreffenden Modem gibt hierzu Auskunft. Die im Anhang angegebenen Links helfen ebenfalls weiter.

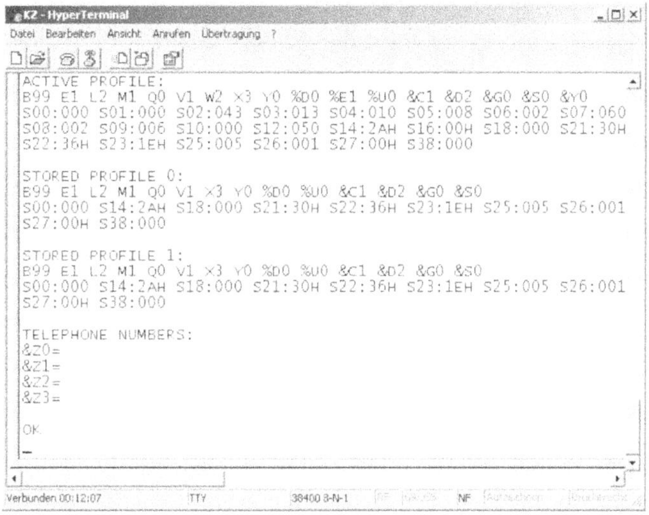

Abbildung 240   Antwort des Modems auf das Kommando AT&V

7.19.2 Festnetz-Modem

Wir wollen das Festnetz-Modem zur Verbindungsaufnahme mit einem über das Festnetz erreichbaren PC verwenden. Unser AVR-Mikrocontroller soll diesen entfernten PC anwählen und diesem eine Statusmeldung mitteilen.

Da wir uns hier in erster Linie auf die Mikrocontroller-Anwendungen konzentrieren, soll auf dem abgesetzten PC das empfangende Modem von einem Terminalprogramm aus betrieben werden. Bei Anruf durch den Mikrocontroller wird die gesendete Mitteilung im Terminalfenster sichtbar sein.

Diese Vorgehensweise wird man in einer realen Anwendung sicher kaum antreffen. Es ist allerdings nicht allzu schwierig die empfangene Mitteilung von der RS-232-Schnittstelle des Modems in ein Anwendungsprogramm zu übernehmen. Dabei ist es ohne Belang, ob es sich bei der betreffenden Anwendung um ein PC- oder Mikrocontrollerprogramm handelt.

Bevor wir uns mit einem Programmbeispiel befassen, soll das Vorgehen vom Terminalprogramm aus untersucht werden.

7.19.2.1   Terminal am Modem

Das Festnetz-Modem ist an einen freien COM-Port des Entwicklungs-PCs anzuschliessen und ein passender Modemtreiber muss installiert sein.

Das Terminalprogramm ist auf die Parameter des Modems (vor allem die Baudrate) einzustellen. Das Senden der Zeichenfolge „AT" gefolgt von CR sollte nun vom Modem mit OK beantwortet werden.

Abbildung 241 zeigt nun das anhand eines Hyperterminal-Mitschnitts aufgezeichnete Sende-protokoll.

Damit sind die versendeten Daten durch das Modemecho nach dem Eintippen sichtbar. Sollten alle eingegebenen Kommandos doppelt angezeigt werden (aus AT wird dann AATT u.s.w.), dann muss das lokale Echo des Terminalprogramms ausgeschaltet werden.

Abbildung 241   Sendeprotokoll

Der erste Wählvorgang war erfolgreich, und nach Erhalt der Mitteilung CONNECT ist der Text „>>>>> Status OK." abgesetzt worden. Die Telefonnummern sind nachträglich geschwärzt wor-den. Das Kommando +++ schaltet in den Kommandomode zurück und ATH beendet die Ver-bindung zum abgesetzten Modem.

Hinter der zweiten gewählten Telefonnummer verbarg sich kein Modem und die Verbindung wurde nach einer bestimmten Zeit abgebrochen. Die Meldung NO CARRIER deutet auf die ab-gebrochene Verbindung und den nicht zustande gekommenen Datenaustausch hin.

Am Spiel der Signal-LEDs an der Frontseite des Modems können die einzelnen Schritte sehr gut verfolgt werden.

Abbildung 242 zeigt noch wie sich die eben gesendete Mitteilung im Terminalfenster der Emp-fangsstation darstellt.

Abbildung 242   Empfangsprotokoll

7.19.2.2   AVR-Mikrocontroller am Modem

In einem ersten Beispiel soll ein ATmega8 nun in vergleichbarer Weise das abgesetzte Modem anwählen und nach Erhalt der CONNECT-Meldung einen Textstring absenden. Im Fehlerfall wiederholt das Programm die Verbindungsaufnahme zum Modem bis zu fünf mal. Telefonnummer und zu übermittelnder Text sind im Programmbeispiel SENDTO.BAS fest vereinbart.

Spezielle Eigenschaften des ATmega8 werden nicht genutzt, so dass grundsätzlich jeder Mikrocontroller verwendet werden kann, der eine serielle Schnittstelle zur Kommunikation mit dem Modem aufweist. Ein Software-UART gibt über PinB.0 Statusmeldungen aus, die beispielsweise mit einem seriellen LCD zur Anzeige gebracht werden können. Listing 77 zeigt den Quelltext des Programmbeispiels.

```
$regfile = "m8def.dat"                   ' ATmega8
$crystal = 3686400                       ' für STK500
$baud = 19200

Const Phone = "+49351xxxxxx8"            ' zu wählende Telefonnummer
Const Message = "Notstopp"               ' zu versendende Mitteilung

Const Instruct = 254
Const Setcursor = 71                     ' [x] [y]
Const Cursorhome = 72
Const Cleardisplay = 88

Dim Rc_string As String * 20
Dim Status As Byte
Dim Error As Byte

' PB0 ist serieller Ausgang
Open "Comb.0:19200,8,N,1,inverted" For Output As #1
Wait 1
Print #1 , Chr(instruct) ; Chr(cleardisplay);
Print #1 , "Initialisierung"

Config Pind.2 = Input
Config Serialin = Buffered , Size = 40  ' Konfig. der ser. Eingabe
Enable Interrupts

Do
   Bitwait Pind.2 , Reset                ' Warte bis PD2 Lo ist
   Bitwait Pind.2 , Set                  ' Warte bis PD2 wieder Hi ist

M1:
   Print "ATZ"              ' Initialisiere Modem mit Werkseinstellung
   Input Rc_string                       ' Warte auf Antwort vom Modem
   Status = Instr(rc_string , "OK")  ' hat Modem mit OK geantwortet?
   If Status = 0 Then
      Print #1 , "Connection failed."
      Goto Repeat
   End If
```

```
Print "ATE"                          ' Echo ausschalten
Input Rc_string                      ' Warte auf Antwort vom Modem
Status = Instr(rc_string , "OK")     ' hat Modem mit OK geantwortet?
If Status = 0 Then
   Print #1 , "Connection failed."
   Goto Repeat
End If

Wait 2

Print "ATDT";
Print Phone                          ' Wähle Telefonnummer
Input Rc_string
Status = Instr(rc_string , "CONNECT")' hat Modem mit CONNECT geantwortet?
If Status = 0 Then
   Print #1 , "Connection failed."
   Goto Repeat
End If

Wait 2

Print Message                        ' Sende Mitteilung

Wait 3                               ' wird für +++ Kommando benötigt
Print "+++"                          ' Umschalten in Kommandomode
Wait 2                               ' wird für +++ Kommando benötigt

Print "ATH"                          ' Unterbrechen der Verbindung
Input Rc_string                      ' Warte auf Antwort vom Modem
Status = Instr(rc_string , "OK")     ' hat Modem mit OK geantwortet?
If Status = 0 Then
   Print #1 , "Connection failed."
   Goto Repeat
End If
Loop

Repeat:                             ' neuer Versuch
   Incr Error
   If Error < 5 Then                ' bei 5 Fehlversuchen wird abgebrochen
      Goto M1
   Else
      Print #1 , "No connection possible."
      Goto Eop
   End If
Eop:                                ' Programmende
   Close #1
   End
```

Listing 77   Quelltext SENDTO.BAS

Zu Beginn des Programms wird das Modem durch das Kommando ATZ auf das Profile 0 (Factory Settings) eingestellt und ist damit bereits initialisiert. Das Modem antwortet je nach Ausgang der Initialisierung mit OK oder ERROR.

Die Antwort des Modems erfolgt stets in der Form Echo, CR, LF, Antwortstring, CR, LF. Die Antwort des Modems wird durch die Instruktion `Input Rc_string` eingelesen und durch die Instruktion `Status = Instr(rc_string , "OK")` auf die gewünschte Antwort hin untersucht. Enthält die Antwort des Modems den gewünschten String (hier "OK"), dann hat das Modem das Kommando verstanden.

Im Programmbeispiel wird immer von einer Antwort des Modems ausgegangen. Ist keine Modem angeschlossen, dann bleibt das Programm bei der ersten Anweisung `Input Rc_string` stehen und wartet auf mindestens ein CR/LF. Durch Einbau eines Timeouts könnte dieser Fall bearbeitet werden.

Das Kommando ATDT<Telefonnummer> wählt die betreffende Telefonnummer an. Nimmt das Modem auf der Gegenseite ab, dann antwortet unser Modem mit CONNECT. Ist die Leitung besetzt, dann erhalten wir BUSY oder gar NO CARRIER, wenn kein Wählton zu hören ist.

War die Verbindungsaufnahme mit der Gegenstelle erfolgreich, dann wird die in der Stringkonstanten `Message` verpackte Mitteilung zum Modem geschickt. Das Modem befindet sich nach der Verbindungsaufnahme im Transparentmodus und sendet den Text über die Telefonleitung zum angewählten Modem. Der Transparentmodus wird durch die Sequenz +++ beendet und das Modem kehrt in den Kommandomode zurück.

Nach erfolgter Übertragung der Mitteilung kann die Verbindung durch das Kommando ATH abgebrochen werden. Wird auch dieses Kommando vom Modem mit OK bestätigt, dann war der gesamte Vorgang erfolgreich.

Beim Debugging auf der Zeichenebene kommt man mit einem Terminalprogramm stellenweise nicht weiter, weil die nichtdruckbaren Zeichen nicht dargestellt werden. Mitunter ist es aber wichtig zu wissen, wie die Meldungen abgeschlossen werden.

Von mir wird in diesen Fällen ein einfaches noch aus DOS-Zeiten stammendes Monitorprogramm RS232MON verwendet. Sicher wird man heute komfortablere Tools finden, wenn man im Web sucht. Das Programm RS232MON kann von der Website des Autors heruntergeladen werden.

Das Programmbeispiel SENDTO.BAS diente eigentlich nur dem Test der Modemkommunikation, da in der Praxis die zu sendende Mitteilung doch eher von bestimmten Ereignissen ausgelöst wird. Ein sehr einfacher Alarmgeber soll als weiteres Beispiel herangezogen werden. Abbildung 243 zeigt einen ATmega8 mit insgesamt drei Schaltern. Die Schalter S1 und S2 sind Ruhekontakte, die mit der Betriebsspannung VCC verbunden sind und als Alarmkontakte dienen können. Schalter S3 ist ein Arbeitskontakt und kann beispielsweise eine Rückstellfunktion übernehmen.

352

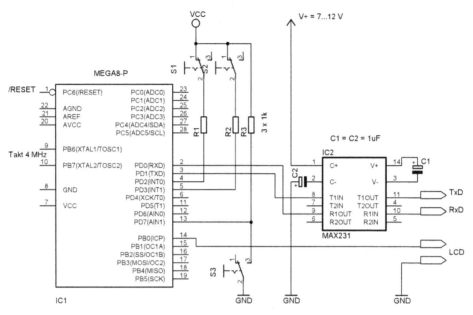

Abbildung 243 Alarmgeber

Die Schalter S1 und S2 haben eher symbolischen Charakter. Hinter jedem Schalter kann sich auch eine Reihenschaltung von Ruhekontakten verbergen, so dass die Unterbrechung des Signalpfades dann das Ereignis "S1 offen" bzw. "S2 offen" auslöst.

Das Programmbeispiel ALARM.BAS (Listing 78) fragt in einer Schleife die Schalter S1 und S2 ab. Bei Unterbrechung eines der beiden Schalter wird eine zugeordnete Mitteilung ausgesendet. Die Telefonnummer ist im Programmbeispiel fest vorgegeben und für das hier dargestellte Listing wieder unkenntlich gemacht.

```
$regfile = "m8def.dat"            ' ATmega8
$crystal = 3686400                ' für STK500
$baud = 19200

Const Phone1 = "+49351xxxxxxx8"   ' zu wählende Telefonnummern
Const Phone2 = "+49351xxxxxxx9"
Const Message1 = "S1 offen"       ' zu versendende Mitteilungen
Const Message2 = "S2 offen"

Const True = 1
Const False = 0

Const Instruct = 254
Const Setcursor = 71              ' [x] [y]
Const Cursorhome = 72
Const Cleardisplay = 88

Dim Phone As String * 15
```

```
Dim Message As String * 10
Dim Rc_string As String * 20
Dim Status As Byte
Dim Error As Byte
Dim M1_sent As Bit
Dim M2_sent As Bit

Open "Comb.0:19200,8,N,1,inverted" For Output As #1  ' PB0 ist ser. Ausgang
Wait 1
Print #1 , Chr(instruct) ; Chr(cleardisplay);
Print #1 , "Initialisierung"

Config Pind.2 = Input                   ' S1
Config Pind.3 = Input                   ' S2
Config Pind.7 = Input                   ' S3
Portd = 255                             ' PullUp aktiv

Config Serialin = Buffered , Size = 40 ' Konfig. der ser. Eingabe
Enable Interrupts

Print #1 , Chr(instruct) ; Chr(cleardisplay);
Print #1 , "Anlage scharf..."
M1_sent = False
M2_sent = False


Do
   If Pind.2 = 0 Then
      If M1_sent <> True Then
         Print #1 , Chr(instruct) ; Chr(setcursor) ; Chr(1) ; Chr(3);
         Print #1 , "S1 offen        ";
         Phone = Phone1
         Message = Message1
         Gosub Send_message
      End If
   Else
      M1_sent = False
      Print #1 , Chr(instruct) ; Chr(setcursor) ; Chr(1) ; Chr(3);
      Print #1 , "S1 geschlossen";
   End If
   If Pind.3 = 0 Then
      If M2_sent <> True Then
         Print #1 , Chr(instruct) ; Chr(setcursor) ; Chr(1) ; Chr(4);
         Print #1 , "S2 offen        ";
         Phone = Phone2
         Message = Message2
         Gosub Send_message
      End If
   Else
      M2_sent = False
      Print #1 , Chr(instruct) ; Chr(setcursor) ; Chr(1) ; Chr(4);
```

```
      Print #1 , "S2 geschlossen";
   End If
   If Pind.7 = 0 Then Exit Do
   Waitms 500
Loop

Print #1 , Chr(instruct) ; Chr(cleardisplay);
Print #1 , "Anlage"
Print #1 , "ausser Betrieb.";
Goto Eop

Send_message:
   Print "ATZ"                        ' Initialisiere Modem mit Werkseinstellung
   Input Rc_string                    ' Warte auf Antwort vom Modem
   Status = Instr(rc_string , "OK")   ' hat Modem mit OK geantwortet?
   If Status = 0 Then
      Print #1 , "Connection failed."
      Goto Repeat
   End If

   Print "ATE"                        ' Echo ausschalten
   Input Rc_string                    ' Warte auf Antwort vom Modem
   Status = Instr(rc_string , "OK")   ' hat Modem mit OK geantwortet?
   If Status = 0 Then
      Print #1 , "Connection failed."
      Goto Repeat
   End If

   Wait 2

   Print "ATDT";
   Print Phone                        ' Wähle Telefonnummer
   Input Rc_string
   Status = Instr(rc_string , "CONNECT")' hat Modem mit CONNECT geantwortet?
   If Status = 0 Then
      Print #1 , "Connection failed."
      Goto Repeat
   End If

   Wait 2

   Print Message                      ' Sende Mitteilung

   Wait 3                             ' wird für +++ Kommando benötigt
   Print "+++"                        ' Umschalten in Kommandomode
   Wait 2                             ' wird für +++ Kommando benötigt

   Print "ATH"                        ' Unterbrechen der Verbindung
   Input Rc_string                    ' Warte auf Antwort vom Modem
   Status = Instr(rc_string , "OK")   ' hat Modem mit OK geantwortet?
```

```
   If Status = 0 Then
      Print #1 , "Connection failed."
      Goto Repeat
   End If
   If Message = Message1 Then
      M1_sent = True
   Else
      M2_sent = True
   End If
Return

Repeat:                                  ' neuer Versuch
   Incr Error
   If Error < 5 Then                     ' bei 5 Fehlversuchen wird abgebrochen
      Goto Send_message
   Else
      Print #1 , "No connection possible."
      Goto Eop
   End If
Eop:                                     ' Programmende
   Close #1
   End
```

Listing 78   Quelltext ALARM.BAS

In einer Schleife werden die drei beschalteten Eingänge abgefragt. Ein geöffneter Schalter S1 bzw. S2 bewirkt den Aufruf der Subroutine Send_message. Der Versand der Alarmmeldung erfolgt identisch zum vorangegangenen Programmbeispiel SENDTO.BAS.

In einer Schleife werden die drei beschalteten Eingänge abgefragt. Ein geöffneter Schalter S1 bzw. S2 bewirkt den Aufruf der Subroutine Send_message. Der Versand der Alarmmeldung erfolgt identisch zum vorangegangenen Programmbeispiel SENDTO.BAS.

Die Bitvariablen M1_sent bzw. M2_sent werden benutzt, um ein erneutes Wählen des Modems zu unterbinden. Die Eingänge werden weiter abgefragt, bis dass durch das Betätigen des Schalters S3 das Programm beendet wird.

Das Programmbeispiel ALARM.BAS soll hier nur das grundsätzliche Vorgehen demonstrieren. Um eine sicherheitsrelevante Anwendung aufzubauen, sind mögliche Fehler aufzufangen und Alternativen zu berücksichtigen. Solche applikationsspezifischen Gesichtspunkte sollen an dieser Stelle aber nicht dargestellt werden.

7.19.3 GSM-Modem

Beim GSM-Modem bietet sich zur Mitteilung von Statusmeldungen oder Alarmierungen der SMS-Service (Short Message Service) an.

7.19.3.1   SMS-Service

Der Short Message Service gestattet, kurze Mitteilungen zu senden und zu empfangen. Für die Übertragung von SMS wird ein verbindungsloses, paketvermitteltes Protokoll verwendet. Verbindungslos bedeutet, dass zwischen SMS-Absender und SMS-Empfänger keine direkte Verbindung aufgebaut werden muss.

Der hier interessierende SMS/PP-Dienst (Short Message Service/Point-to-Point) ermöglicht den Datenaustausch zwischen zwei Endgeräten (Short Message Entity) über eine Zwischenspeicherung in einer Kurzmitteilungszentrale SMS-SC. Derzeit können SMS-Nachrichten maximal 160 Zeichen lang sein. Bei 7 Bit pro Zeichen sind das 140 Byte maximal. Neben Textnachrichten, die im 7-Bit-Format übertragen werden, können auch Binärdaten im 8-Bit-Format übertragen werden.

Eine ausführliche Darstellung der Grundlagen zu GSM und SMS ist in [6] zu finden.

Wir werden die Kommunikation mit einem GSM-Modem wieder zuerst mit Hilfe eines Terminalprogramms untersuchen und den SMS-Versand „von Hand" testen, bevor ein AVR-Mikrocontroller mit dem GSM-Modem kommunizieren wird.

7.19.3.2   Terminal am GSM-Modem

Wie schon beim Festnetz-Modem verbinden wir unser GSM-Modem mit einem freien COM-Port des Entwicklungs-PCs. Verwendet wurde für die folgenden Tests ein S45-Handy von Siemens.

Leider verhalten sich die Geräte unterschiedlicher Hersteller nicht in jedem Fall identisch, so dass ein Nachschlagen in der Herstellerdokumentation in jedem Fall hilfreich ist. Im Anhang ist ein Link zu einer Vergleichstabelle für AT+C-Kommandos verschiedener GSM-Geräte zu finden. Dort kann man auch nachsehen, ob das zur Verfügung stehende Gerät bestimmte Kommandos unterstützt oder nicht.

Das Terminalprogramm ist auf die Parameter des GSM-Modems (vor allem die Baudrate) einzustellen. Das Senden der Zeichenfolge „AT" gefolgt von CR sollte nun vom GSM-Modem mit OK beantwortet werden. Abbildung 244 zeigt anhand eines Hyperterminal-Mitschnitts die Antworten des GSM-Modems auf verschiedene AT+C-Kommandos zur Parameterabfrage.

Abbildung 244   Abfrage verschiedener Parameter

In Tabelle 26 sind diese Abfragen mit ihrer Bedeutung gelistet.

Befehl	Bedeutung	Antwort
AT+CGMI	Abfrage des Herstellers	SIEMENS
AT+CGMM	Abfrage des Modells	S45
AT+CGMR	Abfrage der Softwareversion	21
AT+CGSN	Abfrage der IMEI	350170514496253
AT+CBC	Abfrage des Batteriezustands	0,80

Tabelle 26   Abfrage verschiedener Parameter

Bevor wir unser GSM-Modem weiteren AT+C-Befehlen aussetzen, wollen wir uns erinnern, dass das Ziel unserer Bemühungen das Versenden einer SMS ist.

Der ETSI-Standard GSM 07.05 definiert drei verschiedene Interfaceprotokolle. Von Interesse sind eigentlich nur der so genannte Textmodus und der PDU-Modus. PDU steht für Protocol Data Unit.

Im Textmodus kann eine SMS nach vorangegangener Initialisierung sehr einfach durch den folgenden Befehl direkt verschickt werden:

```
AT+CMGS= "+49xxxx",145<CR>Mitteilungstext<^Z>
```

Das GSM-Modem antwortet mit der vergebenen Kurznachrichtennummer:

```
+CMGS: 37
OK
```

Beim PDU-Modus sieht ein solcher Direktversand aber wesentlich kryptischer aus:

```
AT+CMGS=28
> 07919471227230332500 0C919471123254760000 08D4F29C4E2FE3E9
```

Das GSM-Modem antwortet auch hier wieder mit einer vergebenen Kurznachrichtennummer:

```
+CMGS: 39
OK
```

Wir wollen hier nicht auf die Details zur Bildung der Transfer-PDU eingehen. Diese sind in zahlreichen über das Internet zugänglichen Quellen ausführlich beschrieben. Von der Website www.nobbi.com kann das Programm PDUSpy [www.nobbi.com/download/pduspy.zip] heruntergeladen werden. PDUSpy bringt Transparenz in den PDU-Modus. Nach einigen weiteren Abfragen des GSM-Modems kommen wir zum Thema noch mal zurück.

Für den Datenaustausch mit dem GSM-Modem gibt es drei verschiedene Befehlsformen, die am Beispiel der Pinnummer erläutert werden:

1.   Parametereingabe   AT+CPIN="1234"

2.   Abfrage der Einstellung   AT+CPIN? mit Antwort +CPIN: READY

3.   Abfrage möglicher Einstellungen   AT+CPIN=? mit der Antwort +CPIN: OK

Die in Abbildung 245 dargestellten AT+C-Befehle verwenden diese drei Befehlsformen. Tabelle 27 erläutert wieder, was geschehen ist.

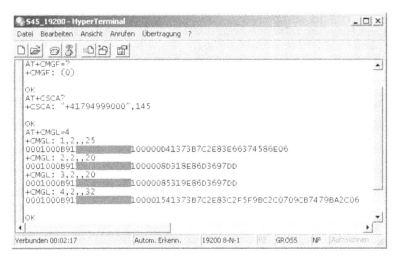

Abbildung 245   Abfrage weiterer Parameter

Befehl	Bedeutung	Antwort
AT+CMGF=?	Abfrage der möglichen SMS-Formate	+CMGF: (0)
AT+CSCA?	Abfrage der Telefonnummer des SMS- Servicecenters	+CSCA: „+41794999000",145
AT+CMGL=4	Ausgabe aller SMS	+CMGL: 1,2,,22....

Tabelle 27   Abfrage weiterer Parameter

Der Befehl AT+CMGF=? ermittelt die beim S45 möglichen SMS-Formate. Die Antwort war ernüchternd, denn dieses zumindest zum Zeitpunkt der Markteinführung doch recht komfortable Handy nötigt seinem Besitzer den PDU-Modus ab. Den einfachen Textmodus versteht es nicht.

Der Befehl AT+CSCA? fragt nach der Telefonnummer des SMS Servicecenters. Gelistet wurde hier die Nummer des Swisscom-Servicecenters im internationalen Format (ausgewiesen durch den Parameter 145). Beim Betrieb eines Handys sollte man ohnehin vom internationalen Format der Telefonnummern Gebrauch machen, also stellt das keine Besonderheit dar.

Mit dem Befehl AT+CMGL=4 rufen wir nun alle abgespeicherten SMS vom GSM-Modem ab. Im GSM-Modem sind vier SMS gespeichert worden. Um diese SMS nun lesen zu können, soll das Programm PDUSpy Unterstützung bieten. Abbildung 246 zeigt die eben abgefragten Mitteilungen. Für die selektierte Mitteilung „Anlage ausser Betrieb" ist die TPDU im oberen Textfeld abzulesen. Die Bereiche der Telefonnummer wurden nachträglich unkenntlich gemacht.

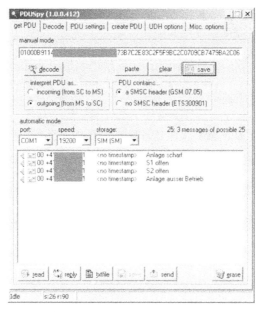

Abbildung 246   Auslesen von SMS

Was sich im Einzelnen hinter der PDU verbirgt, bringt PDUSpy mit der Funktion Decode zu Tage. Abbildung 247 zeigt die decodierten Bestandteile der Mitteilung „Anlage ausser Betrieb".

Abbildung 247   Decodierte SMS

Wenn das hier eingesetzte Handy S45 nur im umständlichen PDU-Modus arbeitet, dann gibt es zumindest bei Festtexten zwei einfache Möglichkeiten, das Codieren der PDU in einem Anwendungsprogramm zu vermeiden.

1. Erzeugen der Mitteilungen mit Hilfe des Programms PDUSpy und Speichern dieser Mitteilungen im GSM-Modem

2. direktes Eintippen der Mitteilung (nur bei Einsatz eines Handys möglich)

Vom Ergebnis her sind beide Varianten gleichwertig, allerdings hat man bei der ersten Variante volle Kontrolle über das Resultat.

Abbildung 248 zeigt, wie die Mitteilung „S2 offen" eingegeben wurde. Die so erzeugte SMS kann nun direkt versendet oder im GSM-Modem abgespeichert werden. Die Telefonnummer wurde wieder nachträglich unkenntlich gemacht.

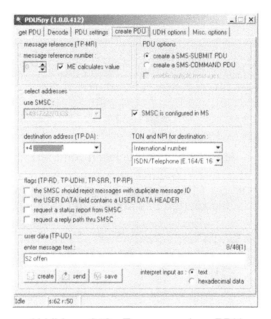

Abbildung 248   Erzeugen einer PDU

Das Versenden der im GSM-Modem abgelegten Mitteilungen kann mit dem Befehl AT+CMSS=... erfolgen. Abbildung 249 zeigt das Versenden der Mitteilungen 1, 3 und 4. Das GSM-Modem antwortet immer mit der vom SMS-Servicecenter vergebenen Mitteilungsnummer. Bei einem Tippfehler reagiert das GSM-Modem mit ERROR.

Abbildung 249   Versenden von SMS

Die SMS erreicht schließlich auch den gewünschten Empfänger und wird am Display sichtbar gemacht.

Nach dem mit Hilfe eines Terminalprogramms alle Schritte beispielhaft vollzogen sind kann ein AVR-Mikrocontroller die Stelle des Terminalprogramms übernehmen und das GSM-Modem mit einer Anwendung verbinden.

7.19.3.3   ATmega8 am GSM-Modem

Wir wollen wieder die in Abbildung 243 gezeigte Überwachungsschaltung einsetzen und in bestimmten Fällen eine SMS versenden.

Die Überwachung der Schalter S1 und S2 soll in der Weise erfolgen, dass beim Öffnen eines der Schalter eine SMS verschickt wird. Die Überwachung wird mit dem Programmstart begonnen und per SMS signalisiert und durch Betätigung des Schalters S3 beendet und wiederum per SMS signalisiert.

Listing 79 zeigt den Quelltext des Programmbeispiels GSM.BAS. Die Besonderheiten gegenüber dem Programmbeispiel ALARM.BAS sind folgende:

- Baudrate 19200 bps zum S45

- Mitteilung und zu wählende Telefonnummer sind im GSM-Modem abgespeichert und werden vom Programm nur selektiert

- Die zu sendenden Mitteilungen und deren Reihenfolge sind als Kommentare im Quelltext aufgeführt

```
$regfile = "m8def.dat"              ' ATmega8
$crystal = 3686400                  ' für STK500
$baud = 19200

' Folgende SMS sind im Handy abzulegen
' SMS #1: Anlage scharf
' SMS #2: S1 offen
' SMS #3: S2 offen
```

```
' SMS #4: Anlage ausser Betrieb

Const True = 1
Const False = 0

Const Instruct = 254
Const Setcursor = 71                          ' [x] [y]
Const Cursorhome = 72
Const Cleardisplay = 88

Declare Function Read_gsm(byval Mask As String) As Byte

Dim Status As Byte
Dim M1_sent As Bit
Dim M2_sent As Bit

Open "Comb.0:19200,8,N,1,inverted" For Output As #1    ' PB0 ist ser. Ausgang
Wait 1
Print #1 , Chr(instruct) ; Chr(cleardisplay);
Print #1 , "Initialisierung"

Config Pind.2 = Input                         ' S1
Config Pind.3 = Input                         ' S2
Config Pind.7 = Input                         ' S3
Portd = 255                                   ' PullUp aktiv

Config Serialin = Buffered , Size = 40        ' Konfig. der ser. Eingabe
Enable Interrupts

Print #1 , Chr(instruct) ; Chr(setcursor) ; Chr(1) ; Chr(2);
Print #1 , "GSM ";
Print "AT"
Status = Read_gsm( "OK")
If Status <> 0 Then
   Print #1 , "aktiv" ;
   Wait 1
Else
   Print #1 , "nicht aktiv" ;
   Wait 1
   Goto Eop1
End If

Print #1 , Chr(instruct) ; Chr(cleardisplay);
Print #1 , "Anlage scharf..."
Print "AT+CMSS=1"                             ' Sende SMS #1
M1_sent = False
M2_sent = False

Do
   If Pind.2 = 0 Then
```

```
      If M1_sent <> True Then
         Gosub Send_message2
      End If
   Else
      M1_sent = False
      Print #1 , Chr(instruct) ; Chr(setcursor) ; Chr(1) ; Chr(3);
      Print #1 , "S1 geschlossen";
   End If
   If Pind.3 = 0 Then
      If M2_sent <> True Then
         Gosub Send_message3
      End If
   Else
      M2_sent = False
      Print #1 , Chr(instruct) ; Chr(setcursor) ; Chr(1) ; Chr(4);
      Print #1 , "S2 geschlossen";
   End If
   If Pind.7 = 0 Then Exit Do
   Waitms 500
Loop


Eop1:
Print #1 , Chr(instruct) ; Chr(cleardisplay);
Print #1 , "Anlage"
Print #1 , "ausser Betrieb.";
Print "AT+CMSS=4"                          ' Sende SMS #4
Goto Eop                                    ' Programmende

Send_message2:
   Print #1 , Chr(instruct) ; Chr(setcursor) ; Chr(1) ; Chr(3);
   Print #1 , "S1 offen       " ;
   Print "AT+CMSS=2"                        ' Sende SMS #2
   M1_sent = True
Return

Send_message3:
   Print #1 , Chr(instruct) ; Chr(setcursor) ; Chr(1) ; Chr(4);
   Print #1 , "S2 offen       ";
   Print "AT+CMSS=3"                        ' Sende SMS #3
   M2_sent = True
Return

Eop:
Close #1                          ' Close #1 muss nach letztem Print #1 stehen!
End

Function Read_gsm(byval Mask As String) As Byte
   Local In$ As String * 20
   Local C As Byte
```

```
    In$ = ""
    Wait 1
    While Ischarwaiting() <> 0
        C= inkey()
        In$ = In$ + Chr(c)
    Wend
    Read_gsm = Instr(in$ , Mask)
End Function
```

Listing 79   Quelltext GSM.BAS

Nach dem Programmstart erfolgen als erstes die Deklaration einiger Konstanten und Variablen sowie die Initialisierungen der seriellen Schnittstellen zu LCD und GSM-Modem sowie die Konfiguration der Eingänge.

Durch Senden des Kommandos AT zum GSM-Modem wird getestet, ob das GSM-Modem auch aktiv ist.

Die Antworten des GSM-Modems werden durch die Funktion Read_gsm() ausgewertet. Die erwartete Zeichenfolge wird der Funktion übergeben und ein Rückgabewert von ungleich Null zeigt an, ob die Zeichenfolge auch empfangen wurde.

Wird in der Antwort des GSM-Modems die Zeichenfolge "OK" nicht gefunden oder hat das GSM-Modem keine Antwort gegeben, dann ist das GSM-Modem nicht aktiv und das Programm muss beendet werden. Ist im Antwortstring des GSM-Modems die Zeichenfolge "OK" enthalten, dann ist das GSM-Modem aktiv und die Abarbeitung des Programms kann fortgesetzt werden.

Nachdem das "Scharfschalten" der Anlage signalisiert ist, fragt das Programm in einer Schleife die beschalteten Eingänge ab. Die Zykluszeit ist durch ein waitms 500 auf eine halbe Sekunde festgelegt.

Das Öffnen einer der Schalter S1 bzw. S2 wird durch Versenden einer zugeordneten SMS signalisiert. Ebenso erfolgt das Versenden einer SMS beim Aktivieren und Beenden der Überwachung.

Auch beim Programm GSM.BAS konnte nur das grundsätzliche Vorgehen demonstriert werden. Um sicherheitsrelevante Anwendungen aufzubauen, sind mögliche Fehler aufzufangen und Alternativen zu berücksichtigen.

7.20   Auswertung von GPS-Informationen

Das GPS-System (Global Positioning System) ist ein vom amerikanischen Verteidigungsministerium entwickeltes System, das aus 24, die Erde umkreisenden Satelliten besteht. Jeder GPS-Satellit sendet Signale aus, die eine genaue Ortsbestimmung eines GPS-Empfängers ermöglichen. Das GPS-Signal wird kostenlos zur Verfügung gestellt. Für den Empfang ist ein GPS-Empfänger erforderlich, der uneingeschränkte "Sicht" auf mehrere Satelliten hat.

GPS-Empfänger stellen zahlreiche Informationen zur Verfügung. Ein sehr einfacher, dennoch leistungsfähiger GPS-Empfänger ist die sogenannte GPS-Maus. Die GPS-Maus ist ein 12-Kanal Empfänger mit integrierter Antenne und somit ein idealer Empfänger für PC-basierte Navigation oder als Sensor für nachgeschaltete Mikrocontrolleranwendungen.

Das Gehäuse ist vollkommen versiegelt, bei einigen Typen auch wasserdicht und für rauen Betrieb sowie für einen weiten Temperaturbereich ausgelegt. Die Kommunikation erfolgt über RS-232. Verschiedenen Ausführungen (Land, See, etc.) bieten entsprechende Flexibilität für vielfältige Anwendungsbereiche. Abbildung 250 zeigt das Bild einer GPS-Maus.

Eine GPS-Maus stellt ihre Daten gemäß dem NMEA-Protokoll zur Verfügung. NMEA ist das Standard-Protokoll, welches GPS-Empfänger für den Datenaustausch verwenden. Die NMEA-Schnittstelle kann direkt mit einem COM-Port eines PCs oder eines Mikrocontrollers verbunden werden. Die NMEA-Schnittstelle arbeitet standardmäßig mit 4800 Baud, acht Datenbits, einem Stoppbit und ohne Parität (4800-8N1). Das NMEA-Protokoll selbst besteht aus einzelnen ASCII-Mitteilungen (Sentences).

Abbildung 250   GPS-Maus

Der Aufbau einer solchen ASCII-Mitteilung erfolgt einheitlich beginnend mit dem Zeichen $, gefolgt vom Adressfeld (Sender, Sentencename) und den durch Kommas getrennten Parametern. Abgeschlossen wird der NMEA-Sentence durch CR/LF. Die Checksumme am Ende des NMEA-Sentence (vor CR/LF) ist optional. Nicht alle GPS-Empfänger senden alle Parameter!

Zwei wichtige NMEA-Mitteilungen, RMC und VTG, sind im folgenden gezeigt:

RMC = Recommended Minimum Specific GPS/TRANSIT Data

VTG = Actual track made good and speed over ground

Beide NMEA-Mitteilungen sind in der allgemeinen Form und als Beispiel angegeben. Weitere Informationen zum NMEA-Protokoll sind z.B. unter www.kh-gps.de/nmea-faq.htm zu finden.

Im RMC-Sentence werden Datum und Uhrzeit (fett markiert) übermittelt, während im VTG-Sentence u.a. die Geschwindigkeit über dem Boden in km/h (ebenfalls fett markiert) übermittelt wird.

```
$GPRMC,hhmmss.ss,A,llll.ll,a,yyyyy.yy,a,x.x,x.x,ddmmyy,x.x,a*hh
$GPRMC,145146.000,V,2451.6753,N,12100.5214,E,,,140304,,*10
$GPVTG,t,T,,,s.ss,N,s.ss,K*hh
$GPVTG,315.0,T,315.0,M,031.0,N,057.4,K*4A
```

Das folgende Programmbeispiel (Listing 80) wertet Datum und Uhrzeit in der RMC-Mitteilung aus.

```
$regfile = "m8def.dat"        ' ATmega8
$crystal = 3686400            ' für STK500
$baud = 4800                  ' NMEA Schnittstelle

Const Instruct = 254
Const Setcursor = 71          ' [x] [y]
Const Cleardisplay = 88
```

```
Dim C As Byte
Dim I As Byte
Dim Stime As String * 9
Dim Sdate As String * 6
Dim Soutput As String * 11

Declare Sub  Wait_for_char(byval C As String)
Declare Sub Wait_for_string(byval S As String)
Declare Function Read_string() As String

Open "Comb.0:19200,8,N,1,inverted" For Output As #1  ' PB0 ist ser. Ausgang
Wait 1
Print #1 , Chr(instruct) ; Chr(cleardisplay);
Print #1 , "Lese $GPRMC..."
Waitms 100

Config Serialin = Buffered , Size = 100 ' Konfig. der ser. Eingabe
Enable Interrupts

' $GPRMC,hhmmss.ss,A,llll.ll,a,yyyyy.yy,a,x.x,x.x,ddmmyy,x.x,a*hh
Do
   Call Wait_for_string( "$GPRMC,")      ' Warte auf $GPRMC
   Stime = Read_string()                 ' Lese UTC Zeitangabe
   For I = 1 To 7                        ' Lese 7 Kommata
     Call Wait_for_char( ",")
   Next
   Sdate = Read_string()                 ' Lese Datum

   Soutput = Left(stime , 2) + ":" + Mid(stime , 3 , 2) + ":" + Right(stime , 2)
   Print #1 , Chr(instruct) ; Chr(setcursor) ; Chr(1) ; Chr(3);
   Waitms 100
   Print #1 , Soutput;
   Soutput = Left(sdate , 2) + "." + Mid(sdate , 3 , 2) + "." + Right(sdate , 2)
   Print #1 , Chr(instruct) ; Chr(setcursor) ; Chr(1) ; Chr(4);
   Waitms 100
   Print #1 , Soutput;
Loop

Close #1
End

Sub Wait_for_char(byval C As String)
Local Cc As Byte
Do
   Cc = Waitkey()
Loop Until Cc = Chr(c)
End Sub

Sub Wait_for_string(byval S As String) As String
Local Ii As Byte
```

```
Local Cc As Byte

Ii = 1
M1:
   Cc = Waitkey()
   If Cc <> Mid(s , Ii , 1) Then
      Goto M1
   Else
      Incr Ii
      If Ii > Len(s) Then Goto M2
      Goto M1
   End If
M2:
End Sub

Function Read_string() As String
Local Cc As Byte
Local Ss As String * 10
Ss = ""
Do
   Cc = Waitkey()
   Ss = Ss + Chr(cc)
Loop Until Cc = ","
Read_string = Left(ss , 6)
End Function
```

Listing 80   Quelltext GPS_TIME&DATE.BAS

In einer Endlosschleife wird zuerst auf den Beginn RMC-Mitteilung, d.h. auf die Zeichenfolge "$GPRMC," gewartet. Daran schließt sich die Zeitangabe an, die mit Hilfe der Funktion Read_string() gelesen wird. Die nächsten Parameter in der Mitteilung sind nicht von Interesse. Deshalb wird mit Hilfe der Subroutine Wait_for_char(",") der Eingangsbuffer anhand der Zahl der zu überspringenden Kommas ausgelesen, um schließlich noch die Datumsangabe lesen zu können. Bevor die gelesenen Daten über das serielle LCD zur Anzeige gebracht werden, erfolgen noch einige Formatierungen. Abbildung 251 zeigt die Ausgabe am LCD.

Abbildung 251   Anzeige von GPS-Zeit und -Datum

Das nächste Programmbeispiel GPS_SPEED.BAS (Listing 81) wertet die Geschwindigkeitsangaben in der VTG-Mitteilung aus. Der Aufbau des Programms ist identisch zum Programmbeispiel in Listing 80.

```
$regfile = "m8def.dat"                    ' ATmega8
$crystal = 3686400                        ' für STK500
$baud = 4800                              ' NMEA Schnittstelle


Const Instruct = 254
Const Setcursor = 71                      ' [x] [y]
Const Cleardisplay = 88


Dim C As Byte
Dim I As Byte
Dim Sspeed As String * 9
Dim Soutput As String * 11


Declare Sub  Wait_for_char(byval C As String)
Declare Sub Wait_for_string(byval S As String)
Declare Function Read_string() As String


Open "Comb.0:19200,8,N,1,inverted" For Output As #1      ' PB0 ist ser. Ausgang
Wait 1
Print #1 , Chr(instruct) ; Chr(cleardisplay);
Print #1 , "Lese $GPVTG..."
Waitms 100


Config Serialin = Buffered , Size = 100 ' Konfig. der ser. Eingabe
Enable Interrupts
' $GPVTG,t,T,,,s.ss,N,s.ss,K*hh
Do
   Call Wait_for_string( "$GPVTG,")       ' Warte auf $GPRMC
   Sspeed = Read_string()                 ' Lese UTC Zeitangabe
   For I = 1 To 5                         ' Lese 6 Kommas
     Call Wait_for_char( ",")
   Next
   Sspeed = Read_string()                 ' Lese Datum
   Soutput = Sspeed + " km/h"
   Print #1 , Chr(instruct) ; Chr(setcursor) ; Chr(1) ; Chr(3);
   Waitms 100
   Print #1 , Soutput;
Loop


Close #1
End


Sub Wait_for_char(byval C As String)
Local Cc As Byte
Do
   Cc = Waitkey()
Loop Until Cc = Chr(c)
End Sub


Sub Wait_for_string(byval S As String) As String
```

```
Local Ii As Byte
Local Cc As Byte

Ii = 1
M1:
   Cc = Waitkey()
   If Cc <> Mid(s , Ii , 1) Then
      Goto M1
   Else
      Incr Ii
      If Ii > Len(s) Then Goto M2
      Goto M1
   End If
M2:
End Sub

Function Read_string() As String
Local Cc As Byte
Local Ss As String * 10
Ss = ""
Do
   Cc = Waitkey()
   Ss = Ss + Chr(cc)
Loop Until Cc = ","
Read_string = Left(ss , 5)
End Function
```

Listing 81   Quelltext GPS_SPEED.BAS

Abbildung 252 zeigt die Ausgabe am LCD. Die führenden Nullen im Ergebnis wurden der Einfachheit halber nicht beseitigt.

Abbildung 252   Anzeige der GPS-Geschwindigkeit

Zum Test eines GPS-Programms wird man nicht immer durch die Landschaft ziehen wollen. Hier kann ein GPS-Simulator gute Dienste leisten.

Unter www.sailsoft.nl/gpssimul.htm findet man einen für diese Zwecke sehr gut geeigneten GPS-Simulator als Shareware. Abbildung 253 zeigt die betreffenden Angaben und die erzeugten NMEA-Sentences im Tracefenster.

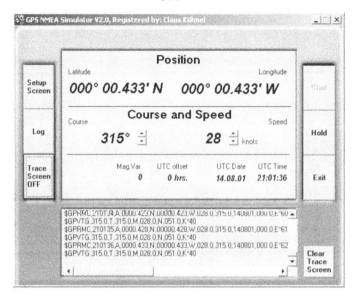

Abbildung 253 GPS-Simulator

Diese so erzeugten NMEA-Sentences können über eine serielle Schnittstelle des PCs zum AVR-Mikrocontroller gesendet oder in einem Logfile aufgezeichnet werden.

Das Logfile kann dann zu einem späteren Zeitpunkt mit einem Terminalprogramm zum AVR-Mikrocontroller geschickt werden. Gerade durch die letzte Methode kann ein Test reproduzierbar wiederholt werden.

7.21 CANDIP - Interface zum CAN-Bus

Zur Vernetzung von Systemkomponenten im Automobil wurde von Bosch das "Controller Area Network" (CAN) entwickelt. Inzwischen ist CAN gemäß ISO 11898 international standardisiert und es werden von mehreren Halbleiterherstellern CAN-Controller und CAN-Bustreiber angeboten.

Bei CAN werden gleichberechtigte Stationen (Steuergeräte, Sensoren und Aktoren) über einen seriellen Bus miteinander verbunden. Im einfachsten Fall besteht die Busleitung aus einer verdrillten Zwei-Draht-Leitung.

Bei der CAN-Datenübertragung werden keine Stationen adressiert, sondern der Inhalt einer Nachricht (z.B. Drehzahl oder Motortemperatur) wird durch einen für das betreffende Netzwerk eindeutigen Identifier gekennzeichnet. Neben der Inhaltskennzeichnung legt der Identifier auch die Priorität der Nachricht fest. Dies ist für die Buszuteilung entscheidend, wenn mehrere Stationen um das Buszugriffsrecht konkurrieren.

Möchte die CPU einer beliebigen Station eine Nachricht einer oder mehreren Stationen senden, so übergibt sie die zu übertragenden Daten und deren Identifier mit der Übertragungsaufforderung an den zugeordneten CAN-Controller ("Bereitstellen"). Damit ist die Aufgabe der CPU zur Initiierung des Datenaustauschs abgeschlossen.

Die Bildung und Übertragung der Nachricht übernimmt der CAN-Controller. Sobald der CAN-Controller die Buszuteilung bekommt ("Botschaft senden"), werden alle anderen Stationen des

CAN-Netzes zu Empfängern dieser Nachricht ("Botschaft empfangen"). Mit der dann folgenden Akzeptanzprüfung stellen alle Stationen nach korrektem Empfang der Nachricht anhand des Identifiers fest, ob die empfangenen Daten für sie relevant sind oder nicht ("Selektieren"). Sind die Daten für die Station von Bedeutung, so werden sie verarbeitet ("Übernahme"), ansonsten ignoriert.

Durch die inhaltsbezogene Adressierung wird eine hohe System- und Konfigurationsflexibilität erreicht. Es lassen sich sehr einfache Stationen zu einem bestehenden CAN-Netzwerk hinzufügen.

Das CAN-Protokoll unterstützt zwei Formate von Message Frames, die sich im wesentlichen nur in der Länge der Identifier (ID) unterschieden. Die Länge des Identifiers beträgt im Standardformat 11 Bits und im Erweiterten Format 29 Bits. Der Message Frame zur Übertragung von Nachrichten auf dem Bus besteht aus sieben Feldern (Abbildung 254).

Abbildung 254   CAN Standard Frame

Eine Botschaft im Standardformat beginnt mit dem Startbit "Start of Frame", dem sich das "Arbitration Field" anschließt; dieses Feld enthält den Identifier und das "RTR"-Bit (Remote Transmission Request), das kennzeichnet, ob es sich um einen Datenrahmen (Data Frame) oder einen Anforderungsrahmen ohne Datenbytes (Remote Frame) handelt.

Das "Control Field" enthält zur Unterscheidung von Standard und Erweitertem Format das IDE-Bit (Identifier Extension Bit), ein reserviertes Bit für zukünftige Erweiterungen und in den letzten 4 Bits die Anzahl der im Datenfeld enthaltenen Datenbytes. Dem "Data Field", das eine Länge von 0 bis 8 Byte aufweisen kann, folgt das "CRC Field" zur Erkennung von Bitfehlern dient. Das "ACK Field" umfasst den ACK-Slot (1 rezessives Bit). Das Bit im ACK-Slot wird rezessiv gesendet und von denjenigen Empfängern dominant überschrieben, die die Daten bis zu diesem Zeitpunkt korrekt empfangen haben (positives Acknowledgement). Dabei wird die Bestätigung korrekter Botschaften unabhängig von dem Ergebnis der Akzeptanzprüfung in den Empfängern wahrgenommen. Mit dem "End of Frame" wird das Ende der Botschaft gekennzeichnet. "Intermission" ist die minimale Anzahl von Bitzeiten, die aufeinanderfolgende Botschaften trennen. Erfolgt danach kein weiterer Buszugriff durch eine beliebige Station, so bleibt der Bus in Ruhe ("Bus Idle").

Diese Grundlagen sollen hier nur den Gesamtzusammenhang verdeutlichen und können in der einschlägigen CAN-Literatur [4][5] vertieft werden.

Von der Fa. LAWICEL wurde auf der Basis des AT90S8515 das Mikrocontrollermodul CAN-DIP/AVR1 entwickelt, welches mittlerweile durch das leistungsfähigere Modul CANDIP/M162 abgelöst wurde. Beide Module enthalten alle für ein Interface zum CAN-Bus benötigten Komponenten [www.candip.com/candip-m162.htm]. Abbildung 255 zeigt das Modul CANDIP/AVR1, welches baugleich zum CANDIP/M162 ist. Abbildung 256 zeigt ein Blockschaltbild des CAN-DIP-Moduls mit externen Komponenten.

Abbildung 255   Mikrocontrollermodul CANDIP/AVR1

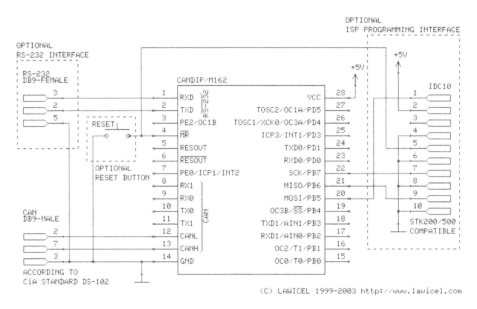

Abbildung 256   CANDIP/M162 mit optionalen Interfaces

Die optionalen Interfaces und die zur Verfügung stehenden I/O-Pins können abhängig von der jeweiligen Applikation eingesetzt werden.

CANDIP/M162 unterstützt wie seine Vorgänger In-System-Programming (ISP) über das SPI Port. Mit Hilfe eines Bootloaders wird aber auch die serielle Programmierung über RS-232 oder CAN unterstützt.

Abbildung 257 zeigt das Blockschema des CANDIP/M162.

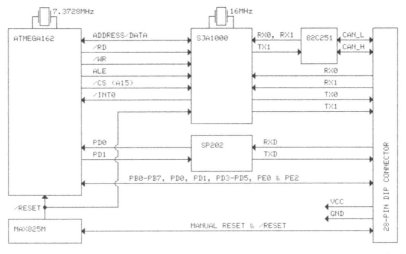

Abbildung 257   CANDIP/M162 Blockschema

Schnelle Inbetriebnahme und Test einer CAN-Applikation wird durch das ebenfalls von LAWICEL angebotene CANDIP Activity Board (ACB1) ermöglicht. Abbildung 258 zeigt das CANDIP Activity Board von Lawicel.

Abbildung 258   CANDIP Activity Board ACB1

Auf der Grundlage der vorgestellten Hardware kann die erste CAN Applikation entwickelt werden. Mit Hilfe von (mindestens) zwei CANDIP Activity Boards wird ein CANDIP Netzwerk aufgebaut. Hierzu sind einfach die beiden CAN-Busleitungen CAN_Hi und CAN_Lo miteinander zu verbinden.

Abbildung 259 zeigt ein Schema des hier betrachteten CANDIP Netzwerks mit externer Beschaltung der beiden CANDIP Knoten.

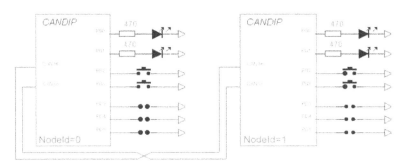

Abbildung 259   CANDIP Netzwerk

Die Knotenidentifikation (NodeId) wird durch Jumper an I/O-Pins PD3 bis PD5 festgelegt und beim Programmstart abgefragt.

PortB dient der Ein-/Ausgabe. An PB2 und PB3 sind zwei Taster angeschlossen. Ändert sich durch Tastenbetätigung die Belegung dieser beiden I/O-Pins, dann wird eine CAN Message erzeugt, die dem Netzwerk die Belegung der Taster mitteilt.

Der andere Netzwerkknoten empfängt diese CAN-Message und zeigt mit den an PB0 und PB1 angeschlossenen LEDs diese Belegung der Taster des sendenden Knotens an.

Listing 82 zeigt das betreffende Programmbeispiel. Drei Abschnitte des Programms, gekennzeichnet durch die Subroutines `Initsja`, `Transmitcanio` und `Checkcan` sind für das CAN-Bus-Management wichtig.

```
' Purpose: General Test routines
' for SJA1000 on the CANDIP in BasicCAN mode
'
' Chip: AT90S8515 running at 3.6864MHz
'
' Version: 1.0.0, 25:th of February 2000
'
' Author: Lars Wictorsson
'         LAWICEL / SWEDEN
'         http://www.lawicel.com   lars@lawicel.com
'
' Remarks:
' This code sample is provided as is and  demonstrates
' simple distributed I/O by CAN.
' The CANDIP is reading two push buttons and sends their
' current status as CAN frames when they are changed.
' The NodeId used is read from the CANDIP Activity board
' jumpers (PD3-PD5) when started.
' When button PB2 and/or PB3 is pushed/released their
' status is sent on the CANbus based on the NodeId read
' from startup.
' The other node is "listening" for this ID and will
' display the status on the LED's PB0 and PB1 and vice
' versa.
```

```
' This demonstrates the Multi Master functionality of CAN.
' This program is tested with BASCOM-AVR version 1.0.0.8.
'
' Test Setup:
' Use 2 CANDIP's and 2 Activity boards.
' On one Activity board, set PD3-PD5 open (NodeID=0).
' On the other, set PD3 closed, PD4-PD5 open (NodeID=1).
' Set PB0-PB1 as output and PB2-PB3 as input.
'
' Important:
' The MakeInt function in BASCOM is wrong in version
' 1.0.0.8 and will be fixed later, this means you need to
' swap the msb and lsb (the help file in BASCOM shows it
' correct but compiler is wrong, this is a known bug of
' BASCOM).
' MSB & LSB swapped for V.1.11.7.4 CK
'
' History: 2000-02-25  1.0.0   Created
'
' CANDIP:  See CANDIP at http://www.lawicel.com/candip/
'
$regfile = "8515def.dat"              ' AT90S8515
$crystal = 3686400
$baud = 57600


' SJA1000 CAN contoller is located at &H4000
Const Can_base = &H4000

' Some SJA1000 registers in BasicCAN mode
Const Can_ctrl = &H4000
Const Can_cmd = &H4001
Const Can_status = &H4002
Const Can_int = &H4003
Const Can_ac = &H4004
Const Can_am = &H4005
Const Can_tmg_0 = &H4006
Const Can_tmg_1 = &H4007
Const Can_ocr = &H4008
Const Can_test = &H4009
Const Can_tx_id = &H400A
Const Can_tx_len = &H400B
Const Can_tx_buf0 = &H400C
Const Can_tx_buf1 = &H400D
Const Can_tx_buf2 = &H400E
Const Can_tx_buf3 = &H400F
Const Can_tx_buf4 = &H4010
Const Can_tx_buf5 = &H4011
Const Can_tx_buf6 = &H4012
Const Can_tx_buf7 = &H4013
Const Can_rx_id = &H4014
```

```
Const Can_rx_len = &H4015
Const Can_rx_buf0 = &H4016
Const Can_rx_buf1 = &H4017
Const Can_rx_buf2 = &H4018
Const Can_rx_buf3 = &H4019
Const Can_rx_buf4 = &H401A
Const Can_rx_buf5 = &H401B
Const Can_rx_buf6 = &H401C
Const Can_rx_buf7 = &H401D
Const Can_clkdiv = &H401F


' Some key values

Const Own_id = 0
' Our CAN-ID
Const Acceptmask = &HFF
' Our accept mask


' Some useful bitmasks

Const Resreq = 1
' Reset Request
Const Rbs = 1
' Receive Buffer Status
Const Rrb = 4
' Release Receive Buffer
Const Txreq = 1
' Transmit Request
Const Tba = 4
' Transmit Buffer Access

Declare Sub  Initsja
Declare Sub Transmitcanio( b as byte)
Declare Sub Checkcan

Dim Always As Byte
Dim Nodeid As Byte
Dim Inpb As Byte
Dim Inpbold As Byte

Always = 1
Inpb = &H0C
' Default button status
Inpbold = &H0C

Mcucr = &HC0
' Enable External Memory Access With Wait - state

Ddrb = &H03
' Set PB0+PB1 as output and PB2+PB3 as input with pullup
```

```
Portb = &H0F
' and turn off LED's

Ddrd = &H00
' Set PD3+PD4+PD5 as inputs with pullup
Portd = &H38

Nodeid = Pind
' Read Jumper inputs on Port D and save as Node ID.
Rotate Nodeid , Right , 3
Nodeid = Nodeid And &H07
Nodeid = 7 - Nodeid
' Invert, how to make it better in BASCOM?

Initsja

While Always = 1
  Inpb = Pinb And &H0C
' Read inputs PB2 & PB3

  If Inpb <> Inpbold Then
' Are they different from last check?
    Transmitcanio Inpb
' If so, send new state of buttons
    Inpbold = Inpb
' and save this state
  End If
  Checkcan
Wend
End

Sub Initsja
' Initiate CAN controller 125kbit
  Local B As Byte
  B = Inp(can_ctrl)
  B = B And Resreq
  While B = 0
    out can_ctrl,resreq
    B = Inp(can_ctrl)
    B = B And Resreq
  Wend
  out Can_ac, Own_id
  out Can_am, Acceptmask
  out Can_tmg_0,3
  out Can_tmg_1,&H1C
  out Can_ocr,&HDE
  out Can_clkdiv,7
  out Can_ctrl,&H5E
  out Can_cmd,&H0C
End Sub
```

```
Sub Transmitcanio( b as byte)
   Local Id As Word
   Local Tmp1 As Word
   Local Ln As Byte
   Local Tmp2 As Byte

   Do
' Loop until transmit buffer is empty
      Tmp1 = Inp(can_status)
      Tmp1 = Tmp1 And Tba
   Loop Until Tmp1 = Tba

   Id = &H500 + Nodeid
' Create ID based on NodeId
   Ln = 1
   Tmp1 = Id
   Rotate Tmp1 , Right , 3
   Tmp2 = Low(tmp1)
   out Can_tx_id, Tmp2
   Tmp1 = Id And &H07
   Rotate Tmp1 , Left , 5
   Tmp1 = Tmp1 + Ln
   Tmp2 = Low(tmp1)
   out Can_tx_len, Tmp2
   out Can_tx_buf0, b
   out Can_cmd, Txreq
End Sub



Sub Checkcan
   Local Id As Word
   Local Tmp1 As Word
   Local Ln As Byte
   Local Tmp2 As Byte

   Tmp2 = Inp(can_status)
   Tmp2 = Tmp2 And Rbs

   If Tmp2 = Rbs Then
      Tmp2 = Inp(can_rx_id)
      Id = Makeint(Tmp2,0)  ' Makeint(LSB, MSB)
      Rotate Id , Left , 3
      Tmp1 = Inp(can_rx_len)
      Rotate Tmp1 , Right , 5
      Tmp1 = Tmp1 And &H07
      Id = Id + Tmp1
      Tmp2 = Inp(can_rx_len)
      Ln = Tmp2 And &H0F
      Tmp2 = Inp(can_rx_buf0)
```

```
    Rotate Tmp2 , Right , 2
    If Nodeid = 0 Then
      If Id = &H501 Then
        Portb = &H0C + Tmp2
      End If
    Elseif Nodeid = 1 Then
      If Id = &H500 Then
        Portb = &H0C + Tmp2
      End If
    End If
    out can_cmd, rrb
' Release receive buffer
  End If
End Sub
```

Listing 82   Quelltext CANDIPIO.BAS

Bei der Initialisierung des CAN-Controllers SJA1000 von Philips ist dieser zuerst in den Reset Mode zu versetzen, bevor die Initialwerte in das Control Segment geschrieben werden können. Die Übertragungsrate wird hier auf 125 kBit/sec festgelegt.

Das Acceptance Filter entscheidet anhand der empfangenen Identifier, welche der CAN-Messages in den Empfangsbuffer (RXFIFO) geschrieben werden. Bei der vorliegenden Initialisierung ist das Acceptance Filter transparent, d.h. alle empfangenen CAN-Messages werden auch in das RXFIFO aufgenommen. Für eine abweichende Initialisierung muss unbedingt das Datenblatt "SJA1000 Stand-alone CAN Controller" herangezogen werden [www.semiconductors.philips.com].

Das Versenden einer CAN-Message erfolgt über die Subroutine `Transmitcanio`. Nach Eintritt in die Subroutine wird zuerst der Transmit Buffer Status abgefragt und solange gewartet, bis dieser signalisiert, dass die CPU eine Message in den Buffer schreiben darf.

Hieran anschließend wird der Identifier und die Datenlänge festgelegt. Die Identifier sind zu &H500 bzw. &H501 festgelegt und die Datenlänge wird für die Übertragung eines Bytes auf 1 gesetzt.

Dann folgende die Ausgabe von Identifier, Datenlänge und Datenbyte gefolgt von einem Transmission Request, d.h. einer Aufforderung zur Übertragung der zusammengestellten CAN-Message.

Alle empfangenen CAN-Messages, die das Acceptance Filter passiert haben, sind im Receive Buffer abgelegt. Die Subroutine `Checkcan` überprüft den Receive Buffer auf das Vorhandensein von zwischengespeicherten CAN-Messages und interpretiert diese auch gegebenenfalls. Im hier vorliegenden Fall werden wieder Identifier, Datenlänge und Datenbyte aus dem Receive Buffer gelesen. Wenn es sich um eine CAN-Messages des jeweils anderen Knoten gehandelt hat, dann wird die von diesem Knoten übermittelte Belegung der Tasten über die LEDs zur Anzeige gebracht. Im Anschluss an Auslesen und Interpretation der zwischengespeicherten CAN-Message wird der Receive Buffer wieder freigegeben.

Auf der Basis des hier vorgestellten Programmbeispiels CANDIPIO.BAS können weitere CAN-Anwendungen unter BASCOM-AVR programmiert werden.

7.22 Berechnung von Checksummen

Zur Prüfung der Unversehrtheit von Daten werden häufig Checksummen herangezogen. An einigen Stellen dieses Buchs tauchten Checksummen bereits auf. So war beim 1-Wire Protokoll der Dateninhalt mit einem CRC-8 abgesichert. Bei anderen seriellen Protokollen findet man häufig CRC-16.

Das folgende Programmbeispiel zeigt die Berechnung einer sehr einfachen Modulo-256 Checksumme, sowie der bereits erwähnten CRC-8 und CRC-16.

Bei der Modulo-256 Checksumme werden einfach die in die Berechnung einbezogenen Bytes aufaddiert, wobei der Übertrag verloren geht (Modulo-256). Hinter den CRC-8 und CRC-16 stehen standardisierte mathematische Verfahren, die uns hier aber nicht beunruhigen sollen. Es gilt einfach, dass die Restfehlerwahrscheinlichkeit mit zunehmender Länge des CRC abnimmt, allerdings dauert auch die Berechnung entsprechend länger.

Ein CRC-16 ist zur Sicherung der hier verwendeten Speicherbereiche und/oder seriellen Datenübertragungen ein im allgemeinen vollkommen ausreichender Ansatz.

Das Programmbeispiel CHECKSUM.BAS (Listing 83) ermittelt die drei genannten Checksummen aus einem Datensatz von 10 Bytes. Im Programmbeispiel werden diese Daten mit einigem Dialog über die serielle Schnittstelle eingegeben. So kann das Programm auch leicht im Simulator ausgetestet werden.

Nach Eingabe dieser 10 Bytes werden die betreffenden Checksummen berechnet und die Ergebnisse formatiert ausgegeben. Abbildung 260 zeigt die Eingabe der Daten und die Ausgabe der berechneten Checksummen in einem Hyperterminal Screenshot.

```
'-------------------------------------------------------------------
'name              : checksum.bas
'programmed by     : Claus Kuhnel
'date              : 2008-12-28
'purpose           : Calculation of checksums
'micro             : ATmega8
'tested with       : V.1.12.0.0 (2010-08-08)
'suited for demo   : yes
'commercial addon needed : no
'-------------------------------------------------------------------
$regfile = "m8def.dat"          ' ATmega8
$crystal = 3686400              ' für STK500
$baud = 9600                    ' zur Simulation

' Elemente zur Berechnung der Checksummen
Dim X(10) As Byte               ' CRC-8 und CRC-16 benötigen Array
Dim S As String * 10            ' Checksumme benötigt String

Dim Bcs As Byte                 ' Checksumme
Dim Bcrc8 As Byte               ' CRC-8
Dim Wcrc16 As Word              ' CRC-16

Dim I As Byte                   ' Index
```

```
Wait 1

Print "Werte [0...255] eingeben - Abschluss mit Enter"
For I = 1 To 10
    Print "X(" ; I ; ")= ";
    Input X(i)
Next
Print
Print "Eingegebene Werte:";        ' Ausgabe der eingegebenen Werte
For I = 1 To 10
    Print " " ; X(i);
Next
Print
Print
S = ""
For I = 1 To 10                    ' Array in String konvertieren
    S = S + Chr(x(i))
Next
Bcs = Checksum(s)                  ' Berechnung der Checksumme
S = Str(bcs)                       ' formatierte Ausgabe
S = Format(s , "      ")
Print "Checksumme Mod256 = " ; S ; " dez  = " ;
S = Hex(bcs)
S = Format(s , "     ")
Print S ; " hex"


Bcrc8 = Crc8(x(1) , 10)            ' Berechnung CRC-8
S = Str(bcrc8)                     ' formatierte Ausgabe
S = Format(s , "      ")
Print "Ergebnis CRC-8   = " ; S ; " dez  = " ;
S = Hex(bcrc8)
S = Format(s , "     ")
Print S ; " hex"


Wcrc16 = Crc16(x(1) , 10)          ' Berechnung CRC-16
S = Str(wcrc16)                    ' formatierte Ausgabe
S = Format(s , "      ")
Print "Ergebnis CRC-16  = " ; Wcrc16 ; " dez  = " ;
S = Hex(wcrc16)
S = Format(s , "     ")
Print S ; " hex"

End
```

Listing 83   Berechnung von Checksummen (CHECKSUM.BAS)

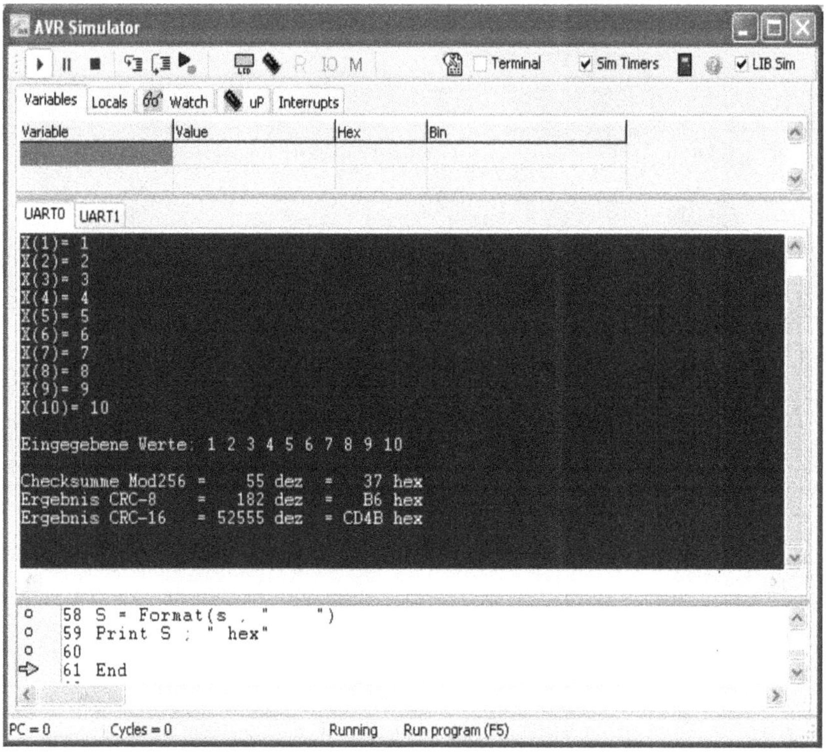

Abbildung 260   Berechnung von Checksummen im Simulator

7.23   Zufallszahlen

Als Zufallszahlen werden Zahlen bezeichnet, die nicht als Ergebnis eines festgelegten Zusammenhangs (z.B. einer Funktion) heraus, sondern nach zufälligen Gesichtspunkten gebildet wurden.

Physikalisch gesehen erzeugen beispielsweise Rauschquellen ein mehr oder minder zufälliges Signal, welches nach einer AD-Umsetzung dann als Zufallszahl dienen könnte.

Im allgemeinen geht man aber einen anderen Weg. Man benutzt sogenannte Pseudo-Zufallsgeneratoren, die zwar nach einer festgelegten Vorschrift aber dennoch scheinbar zufällig ihre Ergebnisse generieren.

Im folgenden soll mit dem Programm RANDOM.BAS ein sehr einfacher Pseudo-Zufallszahlengenerator vorgestellt werden, der später zu Testzwecken eingesetzt werden wird. Listing 84 zeigt den Quelltext des Programmbeispiels RANDOM.BAS.

```
'----------------------------------------------------------------------
' Berechnung von Pseudo-Zufallszahlen
'----------------------------------------------------------------------

$regfile = "m8def.dat"          ' ATmega8
$crystal = 3686400        ' für STK500
$baud = 9600
```

```
Dim Value As Integer
Dim Seed As Integer

Declare Function Random(byval Z As Integer) As Integer

Seed = 1234            ' beliebige Initialisierung

Value = Random(1000) ' berechne Pseudozufallszahl 0 <= value <= 1000

End


Function Random(byval Z As Integer) As Integer
  Local X As Integer
  Local Y As Long

  X = Seed * 259
  X = X + 3
  Seed = X And &H7FFF
  Y = Seed * Z
  Y = Y / &H7FFF
  Y = Y + 1
  Random = Y
End Function
```

Listing 84   Erzeugung von Zufallszahlen (RANDOM.BAS)

Kern des Programmbeispiels RANDOM.BAS ist die Funktion `random()`. Der zu übergebende Parameter bestimmt den Wertebereich der Zufallszahl, d.h. das mit dem Aufruf `Value = Random(1000)` "zufällig" eine Zahl im Bereich zwischen 0 und 1000 erzeugt wird.

Startet man das Programm neu, dann wird immer die gleich Folge von Zufallszahlen erzeugt. Diese Reproduzierbarkeit ist für Tests sehr erwünscht, für die Anwendung aber weniger. Beim Würfeln wäre es beispielsweise nicht sehr spannend, wenn man die Zahlenfolge voraussagen könnte.

Die Variable `Seed`, die vor dem ersten Aufruf der Funktion `random()` initialisiert werden muss, bestimmt die Folge der Zufallszahlen. Da `Seed` beim Start des Programms hier immer gleich initialisiert wird, wird auch immer die gleiche Folge von Zufallszahlen ausgegeben.

Initialisiert man `Seed` mit einem wiederum zufälligen Wert, dann kann bei nahezu jedem Programmstart mit einer anderen Folge von Zufallszahlen gerechnet werden. Eine Möglichkeit der Initialisierung ist z.B. die Verwendung der Zeit eines angeschlossenen RTC-Bausteins.

Zu Testzwecken können Zufallszahlen auch über die serielle Schnittstelle an den AVR-Mikrocontroller gesendet werden. Ein Datenfile mit Zufallszahlen lässt sich über ein Terminalprogramm an den Mikrocontroller senden, der diese Zufallszahlen dann als Messwert behandelt.

Eine Quelle für Zufallszahlen kann unter www.random.org/nform.html im Internet gefunden werden. Über ein Eingabeformular teilt man dem Generator die Anzahl der zu erzeugenden

Zufallszahlen, sowie Kleinst- und Größtwert mit und kann die Zahl der auszugebenden Spalten bestimmen. Abbildung 261 zeigt eine ausgefüllte Eingabemaske.

Im Advanced Mode hat man weitere Eingabemöglichkeiten, von denen hier jedoch kein Gebrauch gemacht werden soll.

Abbildung 261   Eingabeformular für Zufallszahlengenerator

In unserem Beispiel sollen 100 Zufallszahlen zwischen 0 und 255 ausgegeben in einem Feld von 10 x 10 Elementen erzeugt werden. Das Ergebnis dieser Abfrage ist in Abbildung 262 zu sehen.

Abbildung 262   Gemäß Eingabeformular generierte Zufallszahlen

Um die generierten Zufallszahlen nun auch wirklich verfügbar zu haben, speichert man den Inhalt des Fensters als Textfile ab. Aus dem abgespeicherten Textfile sind noch einige Zusatzinformationen zu entfernen, dann stehen die numerischen Daten für weitere Experimente zur Verfügung.

Mit einem Terminalprogramm kann dieses Textfile nun an den AVR-Mikrocontroller gesendet werden, der dann diese Zufallszahlen verarbeitet. Zum Test wurde ein sehr einfaches Programm auf dem AVR-Mikrocontroller installiert (Listing 85).

```
$regfile = "m8def.dat"        ' ATmega8
$crystal = 3686400            ' für STK500
$baud = 9600

Dim Value As Byte
Dim Str_input As String * 4

Config Portb = Output
Portb = &HFF
```

```
Do
   Input Str_input Noecho
   Value = Val(str_input)
   Portb = Not Value
Loop

End
```

Listing 85   Testprogramm GETRANDOM.BAS

In einer Endlosschleife wird der Eingabestring `Str_input` von der seriellen Schnittstelle gelesen, in einen numerischen Wert gewandelt und mit Hilfe der an PortB angeschlossenen LEDs zur Anzeige gebracht. Jede Zufallszahl im Textfile RANDNUM.TXT hat maximal drei Stellen und wird durch CR (&H0D) abgeschlossen.

Um nun beispielsweise mit Hyperterminal das die Zufallszahlen enthaltene Textfile RANDNUM.TXT zu versenden, wurden die in Abbildung 263 gezeigten Vorkehrungen getroffen.

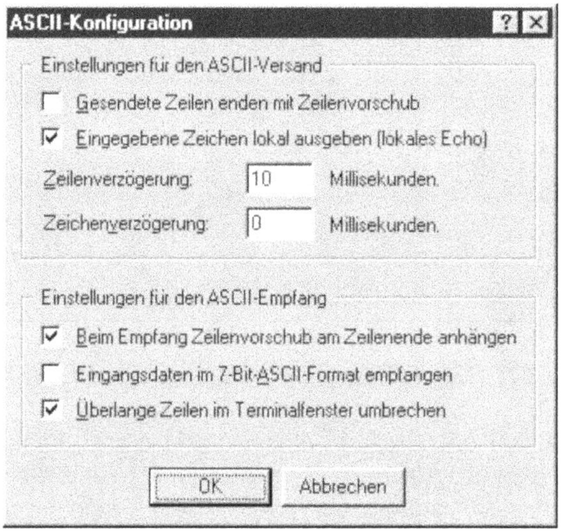

Abbildung 263   Hyperterminal ASCII-Konfiguration

Die zu sendenden Zeichen sind im Textfile bereits mit einem Zeilenvorschub versehen, weshalb darauf beim ASCII-Versand verzichtet wird. Zur Kontrolle werden die gesendeten oder die über die Tastatur interaktiv eingegebenen Zeichen mit einem lokalen Echo versehen.

Damit man vom Blinken der LEDs an PortB nicht überfordert wird, ist eine Zeilenverzögerung von 10 ms eingegeben worden.

Die Einstellungen für den ASCII-Empfang sind unwichtig, da im Programm GETRANDOM.BAS die Instruktion `Input Str_input Noecho` mit dem Parameter `Noecho` versehen war und deshalb keine Zeichen zurückgeschickt werden.

Im Normalfall wird man sicher etwas anderes mit den Zufallszahlen anstellen wollen. Wichtig für dieses Beispiel war aber das Erzeugen und Bereitstellen der Zufallszahlen. Wie Zufallszahlen zum Test eines Algorithmus oder eine Prozedur Verwendung finden können, zeigt der folgende Abschnitt.

7.24 Gleitender Mittelwert

Die Berechnung des gleitenden Mittelwertes ist eine Grundfunktion bei der Messwerterfassung. Jeder Messwert weist eine mehr oder weniger große Streuung auf, die bei Signalen im Audiobereich als Rauschen hörbar ist.

Gleitende Mittelwerte verringern die in einer Datenreihe vorhandene Variation. Daher werden sie oft verwendet, um Zeitreihen zu glätten. In der Signalverarbeitung sind gleitende Durchschnitte Tiefpassfilter, sie dämpfen vor allem hohe Frequenzen (de.wikipedia.org/wiki/Gleitender_Mittelwert).

Das der Bildung des gleitenden Mittelwertes zugrunde liegende Prinzip verdeutlicht Abbildung 264.

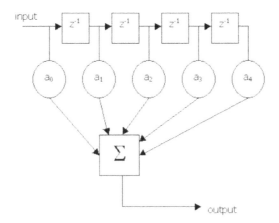

Abbildung 264   Berechnung des gleitenden Mittelwertes

Der gleitende Mittelwert wird mit Hilfe eines Schieberegisters gebildet, durch das ein einmal erfasster Messwert hindurchgeschoben wird. In Abbildung 264 wird der aktuelle Messwert in die Zelle ganz links abgelegt, nachdem die Inhalte aller Zellen des Schieberegisters eine Position nach rechts verschoben wurden. Der Inhalt der Zelle rechts, die immer den ältesten Messwert beinhaltet, wird dabei überschrieben.

In einem Schieberegister der Länge n sind demzufolge die n letzten Messwerte abgespeichert. Über die abgespeicherte Anzahl von Messwerte kann nun eine Mittelwert gebildet werden, d.h. die Inhalte aller Zellen des Schieberegisters sind zu addieren und anschließend durch die Zahl der Zellen (= Länge des Schieberegisters) zu dividieren. Diese Prozedur wiederholt sich mit jedem neuen Messwert.

Die Verknüpfung mehrerer zeitlich aufeinanderfolgender Messwerte mit Berechnung des gleitenden Mittelwertes entspricht einer Tiefpassfilterung .

Im Programmbeispiel MEAN.BAS wurde der Messwert durch eine Zufallszahl ersetzt, so dass das Verfahren auch einfach im Simulator getestet werden konnte. Listing 86 zeigt den Quelltext des Programmbeispiels MEAN.BAS.

```
$regfile = "m8def.dat"          ' ATmega8
$crystal = 3686400              ' für STK500
$baud = 9600

Dim Mean As Byte
Dim Mean_temp As Integer
Dim Lenght As Word
Dim Index As Byte
Dim Temp As Byte
Dim Value As Integer
Dim Seed As Integer

Declare Function Random(byval Z As Integer) As Integer

Const Bl = 5
Dim Buffer(bl) As Byte

Config Portb = Output
Portb = &HFF

Seed = 1234                     ' beliebige Initialisierung

For Index = 1 To Bl             ' Löschen des Buffers
  Buffer(index) = 0
Next

Do
  Index = Bl - 1
  Do                            ' Verschieben des Bufferinhalts
    Temp = Buffer(index)            ' nach höheres Adressen
    Incr Index
    Buffer(index) = Temp
    Decr Index
    Decr Index
  Loop Until Index = 0

  Value = Random(&H0f) ' berechne Pseudozufallszahl 0 <= value <= 15
  Buffer(1) = Low(value)    ' und speichere diese in den Bufferanfang

  Mean_temp = 0                 ' Mittelwertberechnung
  For Index = 1 To Bl
    Mean_temp = Mean_temp + Buffer(index)
  Next
  Mean_temp = Mean_temp \ Bl
  Mean = Low(mean_temp)
```

```
   Portb = Not Mean                ' Anzeige des Mittelwertes
   Print Value ; " " ; Mean        ' Ausgabe aktueller Zufallswert und Mittelwert
Loop

End

Function Random(byval Z As Integer) As Integer
   Local X As Integer
   Local Y As Long

   X = Seed * 259
   X = X + 3
   Seed = X And &H7FFF
   Y = Seed * Z
   Y = Y / &H7FFF
   Y = Y + 1
   Random = Y
End Function
```

Listing 86   Gleitender Mittelwert (MEAN.BAS)

Als Zufallszahlengenerator wurde der im Programmbeispiel RANDOM.BAS vorgestellte eingesetzt. In Abbildung 265 sind die Zufallszahlenfolge und der gleitende Mittelwert über fünf Stützstellen dargestellt.

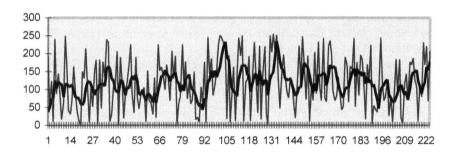

Abbildung 265   Gleitender Mittelwert über fünf Stützstellen

Eine bessere Glättung einer verrauschten Folge von Messwerten kann mit einer größeren Anzahl von Stützstellen erreicht werden. In Abbildung 266 sind die gleiche Zufallszahlenfolge und
der gleitende Mittelwert über 16 Stützstellen dargestellt.

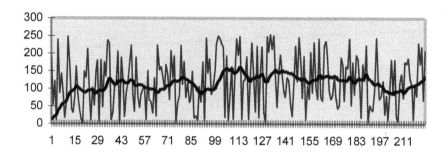

Abbildung 266   Gleitender Mittelwert über 16 Stützstellen

Die verbesserte Glättung kann deutlich abgelesen werden, allerdings auch der verlängerte Einschwingvorgang.

Wählt man die Zahl der Stützstellen als Potenz von Zwei (2, 4, 8 usw.), dann kann die umständliche Division durch eine Schiebeoperation ersetzte werden.

In unserem Fall ist die Länge des Buffers 16 und die Division durch 16 wäre durch eine Shift Instruktion ersetzbar:

```
'Mean_temp = Mean_temp \ Lenght
Shift Mean_temp , Right  ,  4
```

In der Laufzeit des Programms macht sich eine solche Anpassung deutlich bemerkbar. Benötigt die im oben angegebenen Beispiel auskommentierte Division immerhin 72,25 μs, kommt die Schiebeoperation mit nur 19,75 μs aus.

7.25   Motorsteuerung

Motoren sind in Maschinensteuerungen und der Robotik sehr verbreitete Aktoren. In diesem Abschnitt werden wir die Ansteuerung von Servos, DC- und Schrittmotoren betrachten.

7.25.1 Ansteuerung von Servos

Ein Servoantrieb besteht aus einem Motor, einem auf der Achse angebrachten Positions- oder Winkelsensor und einer Regelelektronik mit Sollwert-Eingang. Abbildung 267 zeigt einen Servo, wie er u.a. im Modellbau zum Einsatz kommt.

Bei den im Modellbau eingesetzten Servos besteht der Positionssensor meist aus einem Potentiometer. Der Regler vergleicht den eingegebenen Sollwert mit dem Istwert des Sensors und bewegt den Rotor bis die Abweichung Null ist.

In der Regel können Servos direkt mit 5 V betrieben werden. Die Stellkraft eines preiswerten Standard-Servos (z.B. Standard Servo RS 2 JR von Conrad) von 32 Ncm ist beachtlich. Allerdings besteht das Getriebe aus Plastikzahnrädern, die einer großen Belastung auf Dauer nur bedingt standhalten.

Abbildung 267   Servo

Die Ansteuerung erfolgt mit einem PWM-Signal mit einer Periodendauer von 20 ms. Bei einer Pulsbreite von 1,5 ms bleibt der Servo in seiner Ruheposition. Bei einem Wert kleiner 1,5 ms dreht der Servo nach links und bei einem Wert größer 1,5 ms nach rechts (Abbildung 268).

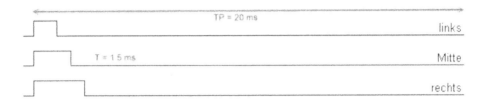

Abbildung 268   Servo-Steuerung

Zur Ansteuerung des Servos soll ein Orangutan verwendet werden. Abbildung 269 zeigt den betreffenden Ausschnitt aus dem Schaltbild des Orangutan-Moduls. Der Servo wird von einer separaten Spannungsquelle mit 5 V DC versorgt und die Steuerleitung mit dem Anschluss PD0 verbunden.

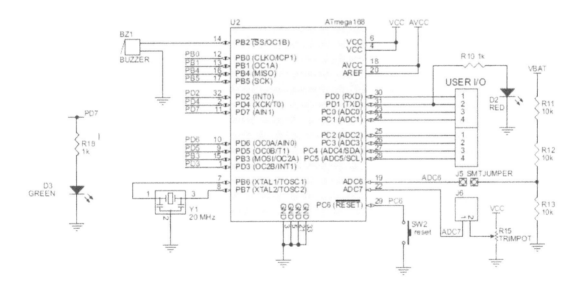

Abbildung 269   Servo am Orangutan (PD0)

BASCOM-AVR stellt eine einfach zu nutzende Möglichkeit zur Ansteuerung von Servos zur Verfügung. Mit der Anweisung `Config servos = ...` können maximal 14 Servos entsprechenden Ausgängen des eingesetzten Mikrocontrollers zugeordnet werden. Diese sind separat als Ausgang zu konfigurieren. Listing 87 zeigt den Quelltext des Programmbeispiels SERVO1.BAS.

Zu Beginn des Programms fällt möglicherweise die Direktive `$include "orangutan.def"` auf. In die Datei orangutan.def (Listing 88) wurden alle für das Orangutan-Modul spezifischen Definitionen und Deklarationen ausgelagert.

Die Implementierung der einzelnen Funktionen wurde in der Datei ORANGUTAN.BAS vorgenommen, die am Ende des Programms eingefügt wird. Von der Website des Autors [www.ckuehnel.ch/avr.htm] kann das Orangutan-Template incl. Testprogramm herunter geladen werden.

```
'-------------------------------------------------------------------------
'name                     : servo1.bas
'programmed by            : Claus Kuhnel
'date                     : 2009-02-25
'purpose                  : Servo Control by Orangutan SV-168
'micro                    : ATmega168
'tested with              : V.1.11.9.3
'suited for demo          : yes
'commercial addon needed  : no
'-------------------------------------------------------------------------
$regfile = "m168def.dat"                  ' Set the chip as a Mega 168
$crystal = 20000000                       ' Clock speed 20 MHZ

$include "orangutan.def"   ' include definitions and declarations for Orangutan-SV168

$hwstack = 32                             ' default use 32 for the hardware
stack
$swstack = 10                             ' default use 10 for the SW stack
$framesize = 40                           ' default use 40 for the frame space

Dim Pulse As Byte

Config Servos = 1 , Servo1 = Portd.0 , Reload = 10
Enable Interrupts

Cls : Lcd "Servo"

Do
   Call Beep(100) : Pulse = 50
   Locate 2 , 1 : Lcd "        "
   Locate 2 , 1 : Lcd Pulse
   Servo(1) = Pulse
   Wait 2

   Pulse = 0
   Locate 2 , 1 : Lcd "        "
   Locate 2 , 1 : Lcd Pulse
   Servo(1) = Pulse
   Wait 2

   Pulse = 100
   Locate 2 , 1 : Lcd "        "
   Locate 2 , 1 : Lcd Pulse
   Servo(1) = Pulse
   Wait 2
```

```
Loop

End

$include "orangutan.bas"        ' include subroutines and functions for Orangutan-SV168
```

Listing 87   Quelltext SERVO1.BAS

In der Datei orangutan.def werden PortB, PortC und PortD als Ausgang konfiguriert. Die Ausgänge der LEDs und des Buzzers bekommen besser lesbare Bezeichnungen. Außerdem wird das auf dem Orangutan befindliche LCD konfiguriert. BASCOM-AVR kennt kein 8 x 2- LCD, weshalb hier 16 x 2 eingegeben werden muss. Der R//W-Ausgang wird statisch auf GND gelegt, da das LCD nur beschrieben wird. Für die Ansteuerung von DC-Motoren werden die Timer0 und Timer2 zur PWM-Erzeugung verwendet. Die Timer werden ebenfalls konfiguriert. Ausserdem werden Subroutines zur Ansteuerung der zwei möglichen DC-Motoren deklariert. Die Ansteuerung der DC-Motoren wollen wir hier ausser Acht lassen. In Abschnitt 7.25.2 komme ich darauf zurück.

Mit diesen Vorgaben kann nun die Servoansteuerung in Listing 87 betrachtet werden. Mit der Anweisung `Config Servos = 1, Servo1 = Portd.0, Reload = 10` wird hier ein Servo dem I/O Pin PD0 zugeordnet. In der Datei orangutan.def war bereits der Anschluss als Ausgang konfiguriert. Für die Pulsgenerierung wird Timer0 verwendet. Deshalb müssen auch die Interrupts noch freigegeben werden (`Enable Interrupts`) bevor der Servo durch Angabe einer Pulsbreite gesteuert werden kann. Mit den hier angegebenen Pulsbreiten bewegt sich der Servo aus einer Mittelposition an den rechten Anschlag, von da an den linken und dann zurück in die Mittelposition.

Wer sich noch für die genaue Umsetzung mittels Timer0 interessiert, kann die Implementierungsdetails unter www.roboternetz.de/wissen/index.php/Bascom_Inside-Code#SERVO nachlesen.

```
' --- orangutan.def ----------------------------------------

'=== Generic Port Setup ===
Config Portb = Output
Config Portc = Output
Config Portd = Output
Grn_led Alias Portd.7                                    ' Green User LED
Red_led Alias Portd.1                                    ' Red User LED
Buzzer Alias Portb.2                                     ' Buzzer


'=== LCD SETUP ===
Config Lcdpin = Pin , Db4 = Portb.1 , Db5 = Portb.4 , Db6 = Portb.5 , Db7 = Portd.7 ,
E = Portd.4 , Rs = Portd.2
Config Lcd = 16 * 2                                      ' Actually 8x2 but that is
not recognized by BASCOM-AVR
Rw Alias Portb.0 : Rw = 0                                ' Set to Zero to write to
the LCD
Cursor = Off

'=== PWM SETUP ===
```

```
Config Timer0 = Pwm , Prescale = 1 , Compare A Pwm = Clear Down , Compare B Pwm =
Clear Down
Config Timer2 = Pwm , Prescale = 1 , Compare A Pwm = Clear Down , Compare B Pwm =
Clear Down

' --- Declaration of Subroutines
Declare Sub M1_forward(byval X As Byte)
Declare Sub M1_reverse(byval X As Byte)
Declare Sub M1_stop()
Declare Sub M2_forward(byval X As Byte)
Declare Sub M2_reverse(byval X As Byte)
Declare Sub M2_stop()

Declare Sub Robot_forward(byval X As Byte)      ' M1 + M2 forward
Declare Sub Robot_reverse(byval X As Byte)      ' M1 + M2 reverse
Declare Sub Robot_right(byval X As Byte)        ' M1 reverse, M2 forward
Declare Sub Robot_left(byval X As Byte)         ' M1 forward, M2 reverse
Declare Sub Robot_stop()                        ' M1 + M2 stop

Declare Sub Beep(byval Ti As Word)
```

Listing 88   Quelltext ORANGUTAN.DEF

Eine weitere Möglichkeit zur Ansteuerung von Servos besteht in der Verwendung des 16-Bit Ti-mers Timer1. Timer1 wird im FastPWM-Mode betrieben und ist deshalb durch direkten Regis-terzugriff auf Register TCCR1A und TCCR1B zu initialisieren. Die Periodendauer wird durch Register ICR festgelegt, während die Pulsdauer durch die beiden Register OCR1A und OCR1B festgelegt wird.

Bei einer Taktfrequenz von 20 MHz und einem Vorteiler von 8 wird bei einem Top-Wert von 50000 des Timers eine Periode von 20 ms erreicht (T = 50000 * 8/ 20 MHz). Listing 89 zeigt den Quelltext des Programms SERVO2.BAS. Mit den erforderlichen Registerzugriffen und In-terrupt-Serviceroutinen. In der Endlosschleife wird das gleiche Bewegungsmuster wie im Pro-gramm SERVO1.BAS abgebildet. Die Konstante direct entscheidet, ob die Servoposition in Werten des 16-Bit Timers oder identisch zur Anweisung servo() in Programm SERVO1.BAS angegeben werden soll. Sicher ist das Geschmackssache, für welche Variante man sich letzt-lich entscheidet. Die Umrechnung erfolgt in der Subroutine setservo().

```
'---------------------------------------------------------------------------------------
'name                 : servo2.bas
'programmed by        : Claus Kuhnel
'date                 : 2009-03-09
'purpose              : setservo Control by Orangutan SV-168
'micro                : ATmega168
'tested with          : V.1.11.9.3
'suited for demo      : yes
'commercial addon needed : no
'---------------------------------------------------------------------------------------
$regfile = "m168def.dat"
$crystal = 20000000                        ' used crystal frequency
```

```
$hwstack = 32                                  ' default use 32 for the hardware
stack
$swstack = 10                                  ' default use 10 for the SW stack
$framesize = 40                                ' default use 40 for the frame space

Declare Sub Setservo(byval X As Byte)

Const Direct = 0

Dim Reload As Word : Reload = 50000            ' Periode = 20 ms
Dim Pulse As Word : Pulse = 3100              ' middle position = 1.5 ms

Config Portd = Output
Grn_led Alias Portd.7                          ' Green User LED
Red_led Alias Portd.1                          ' Red User LED
Servo_ Alias Portd.0                           ' connect servo to PD0

Red_led = 0
Grn_led = 0

Icr1h = High(reload)
Icr1l = Low(reload)                            ' Reload Timer1 for a Period of 20 ms
Ocr1ah = High(pulse)
Ocr1al = Low(pulse)
Tccr1a = &B00000010
Tccr1b = &B00011010

On Ovf1 Ovf1_isr                               ' Sprung zur Timer1_ISR
On Oc1a Oc1a_isr

Enable Ovf1                                    ' Enable Timer1 Overflow Interrupt
Enable Oc1a
Enable Interrupts                                  ' Enable Global Interrupt

Do
#if Direct
   Toggle Red_led
   Pulse = 3100                                ' middle position
   Wait 2

   Toggle Red_led
   Pulse = 500                                 ' left position
   Wait 2

   Toggle Red_led
   Pulse = 5600                                ' right position
   Wait 2
#else
   Toggle Red_led
```

```
    Setservo 50
    Wait 2

    Toggle Red_led
    Setservo 0
    Wait 2

    Toggle Red_led
    Setservo 100
    Wait 2
#endif
Loop

End


Ovf1_isr:
    Toggle Grn_led
    Servo_ = 1
    Ocr1ah = High(pulse)
    Ocr1al = Low(pulse)
Return


Oc1a_isr:
    Servo_ = 0
Return


Sub Setservo(byval X As Byte)
    Local Y As Byte

    If X > 100 Then
        Y = 100
    Else
        Y = X
    End If
    Pulse = 51 * Y
    Pulse = Pulse + 500
End Sub
```

Listing 89   Quelltext SERVO2.BAS

Beide Methoden zur Ansteuerung von Servos sind gleichwertig. Letztere ist natürlich auf zwei Servos beschränkt.

7.25.2 Ansteuerung von DC-Motoren

Für die Ansteuerung von DC-Motoren wird wegen der einfachen Drehrichtungsumschaltung in den meisten Fällen eine sogenannte H-Brücke aus Bipolar- oder Feldeffekttransistoren einge-setzt. Abbildung 270 zeigt eine H-Brücke mit FET.

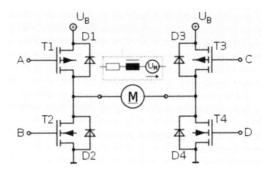

Abbildung 270   Ansteuerung eines DC-Motors über eine H-Brücke

Werden in der H-Brücke nach Abbildung 270 die FETs T1 und T4 durchgeschaltet, dann liegt am Motor die Spannung U_B an, die Induktivität magnetisiert sich auf, ein Strom fließt und der Motor erzeugt ein beschleunigendes Drehmoment.

Wird der FET T1 abgeschaltet, induziert die Motorwicklung Spannung und der Strom fließt über D2 weiter, wobei die Magnetisierung des Motors wieder leicht abnimmt.

Je länger die Leitphase im Verhältnis zur Sperrphase dauert, desto mehr Strom fließt und umso stärker ist die Beschleunigung. Verwendet man für die Spannung U_B eine pulsbreiten-modulierte Spannung, dann können über deren Tastverhältnis Beschleunigung und Geschwindigkeit des Motors gesteuert werden.

Für entgegengesetzte Polarität wird T2 durchgeschaltet und T3 mit einem PWM-Signal versorgt.

Ein Bremsvorgang kann durch Anlegen einer PWM an T2 bei durchgesteuertem T4 bzw. durch Anlegen einer PWM an T4 bei durchgeschaltetem T2 eingeleitet werden. Wieder bestimmt das Tastverhältnis das Bremsmoment.

Eine Art Notbremsung erreicht man, wenn sowohl T2 als auch T4 durchgesteuert werden. In diesem Fall wird allerdings der Stromfluss nur noch durch die ohmschen Anteile im Leitungspfad begrenzt.

Zumindest bei Motoren kleinerer Leistung wird man in der Regel solche H-Brücken kaum diskret aufbauen, sondern intergrierten Schaltungslösungen den Vorzug geben.

Für die hier vorzustellende Ansteuerung eines DC-Motors verwenden wir den Treiberschaltkreis TB6612FNG von Toshiba, der Bestandteil des Mikrocontrollermoduls Orangutan SV-168 ist (siehe Abschnitt 3.6.7). Tabelle 28 zeigt die Wahrheitstabelle zur Ansteuerung des Motortreibers TB6612FNG, während Abbildung 271 den Schaltungsteil der Motorsteuerung des Moduls Orangutan SV-168 zeigt.

Die Ausgänge des ATmega168 stellen dem Motortreiber TB6612FNG PWM-Signale zur Verfügung, wodurch die Drehzahl des angeschlossenen Motors gesteuert werden kann.

ATmega168 I/O		TB6612FNG		
PD5, PD3	PD6, PB3	M1A, M2A	M1B, M2B	Motor
H	H	L	L	Bremsen
L	H	L	H	Vorwärts *)
H	L	H	L	Rückwärts *)
L	L	OFF (high-impedance)		Auslaufen

*) Die Drehrichtung kann durch Umpolen der Anschlüsse am Motor verändert werden.

Tabelle 28   Wahrheitstabelle zur Ansteuerung TB6612FNG

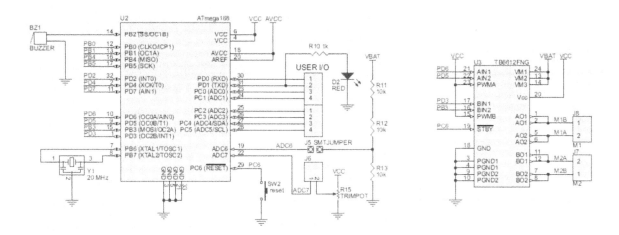

Abbildung 271   Motorsteuerung Orangutan SV-168

Die Programmbeispiele MOTOR1.BAS und MOTOR2.BAS verdeutlichen die Ansteuerung eines DC-Motors. Die Programmbeispiele gehen auf einen Vorschlag von J. Rutherford (forum.-pololu.com/viewtopic.php?f=29&t=1134) zurück. Für die Tests wurde ein Plastik-Getriebmotor [www.pololu.com/catalog/product/1120] von Pololu eingesetzt (Abbildung 272).

Die PWM-Signale werden durch die beiden 8-Bit Timer Timer0 und Timer2 gebildet, die in der Datei orangutan.def (Listing 88) konfiguriert wurden.

Die Ansteuerung der beiden Motoren wird durch Subroutines definiert, die in ORANGUTAN.DEF bzw. ORANGUTAN.BAS definiert sind. Eine Bewegung von Motor M1 wird durch den Aufruf M1_forward pwm bzw. M1_reverse pwm gestartet. Die Drehbewegung wird dann durch M1_stop angehalten. Alternativ kann der Aufruf auch durch Call M1_forward(pwm) erfolgen.

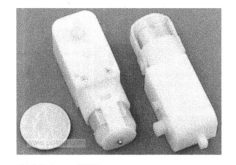

Abbildung 272

200:1 Plastik-Getriebemotor

Programmbeispiel MOTOR1.BAS (Listing 90) dreht Motor M1 für zwei Sekunden mit hoher Geschwindigkeit nach rechts (vorwärts) und anschließend ebenfalls für zwei Sekunden mit niedrigerer Geschwindigkeit nach links (rückwärts). Im LCD wird die betreffende Phase des Programmbeispiels kommentiert.

```
'--------------------------------------------------------------------------
'name                  : motor1.bas
'programmed by         : Claus Kuhnel (based on a proposal of J. Rutherford)
'date                  : 2009-03-14
'purpose               : Servo Control by Orangutan SV-168
'micro                 : ATmega168
'tested with           : V.1.12.0.0 (2010-09-04)
'suited for demo       : yes
'commercial addon needed : no
'--------------------------------------------------------------------------
$regfile = "m168def.dat"              ' Set the chip as a Mega 168
$crystal = 20000000                   ' Clock speed 20 MHZ

$include "orangutan.def"    ' include definitions and declarations for Orangutan-SV168

Red_led = 0                           ' Red LED off

Do
   Red_led = 1
   Cls
   Lcd "Forward"
   Locate 2 , 1
   Lcd "Hi Speed"
   M1_forward 180
   Wait 2
   Red_led = 0

   Cls
   Lcd "Stopp"
   Call M1_stop()
   Waitms 200
   Cls : Locate 2 , 1
   Lcd "Stopped"
   Wait 1

   Red_led = 1
   Cls
   Lcd "Reverse"
   Locate 2 , 1
   Lcd "Lo Speed"
   Call M1_reverse(140)
   Wait 2
   Red_led = 0

   Cls
   Lcd "Stopp"
   Call M1_stop()
```

```
     Waitms 200
     Cls : Locate 2 , 1
     Lcd "Stopped"
     Wait 1
Loop

End

$include "orangutan.bas"        ' include subroutines and functions for Orangutan-SV168
```

Listing 90   Quelltext MOTOR1.BAS

Programmbeispiel MOTOR2.BAS (Listing 91) beschleunigt Motor M1 bis zur maximalen Geschwindigkeit und hält dann den Motor für zwei Sekunden an. Im LCD wird wieder die betreffende Phase des Programmbeispiels kommentiert.

```
'-------------------------------------------------------------------------------
'name                    : motor2.bas
'programmed by           : Claus Kuhnel (based on a proposal of J. Rutherford)
'date                    : 2009-03-14
'purpose                 : Servo Control by Orangutan SV-168
'micro                   : ATmega168
'tested with             : V.1.12.0.0 (2010-09-04)
'suited for demo         : yes
'commercial addon needed : no
'-------------------------------------------------------------------------------
$regfile = "m168def.dat"        ' Set the chip as a Mega 168
$crystal = 20000000             ' Clock speed 20 MHZ

$include "orangutan.def"    ' include definitions and declarations for Orangutan-SV168

Dim X As Byte                   ' Set up a simple variable

Red_led = 0                     ' Red LED off

Do
   Red_led = 1
   Cls
   Lcd "Forward"
   Locate 2 , 1
   Lcd "Speed Up"
   For X = 1 To 254
      M1_forward X
      Waitms 20
   Next
   Red_led = 0

   Cls
   Lcd "Stopp"
   Call M1_stop()
```

```
    Waitms 200
    Cls : Locate 2 , 1
    Lcd "Stopped"
    Wait 1
Loop

End

$include "orangutan.bas"       ' include subroutines and functions for Orangutan-SV168
```

Listing 91   Quelltext MOTOR2.BAS

7.25.3 Ansteuerung von Schrittmotoren

Bei einem Schrittmotor wird der Rotor durch ein gesteuertes schrittweise rotierendes elektromagnetisches Feld der Statorspulen um einen minimalen Winkel (Schritt) oder sein Vielfaches gedreht.

Schrittmotoren folgen im Prinzip exakt dem außen angelegten Feld und können so ohne Sensoren zur Positionsrückmeldung (Encoder, Drehgeber o. ä.) betrieben werden. Für einen besonders homogenen Verlauf werden Schrittmotoren mit einem gleichförmigen Drehfeld angesteuert.

Wird ein Schrittmotor jedoch durch ein externes Lastmoment oder durch die anzutreibende Masse überlastet, dann kann der Rotor dem Drehfeld nicht mehr exakt folgen. Es werden Schritte übersprungen und die Information über die aktuelle Position des Rotors geht verloren.

Bei einem solchen Schrittverlust springt der Motor in die vorherige oder nächste Position. Durch die Trägheit kommt es bei rasch bewegten Magnetfeldern meist zu einer Serie von verlorenen Schritten. Während längeren Betriebs können sich diese Schrittverluste dann aufsummieren und eine ungenaue Positionierung bewirken. Dies kann bei zyklischen Bewegungen oder Rotationsbewegungen dadurch behoben werden, dass die Position des Motors bei jeder Umdrehung oder Zyklus mit einem externen Positionsimpuls eines Sensors in der Grundstellung abgeglichen wird (de.wikipedia.org/wiki/Schrittmotor).

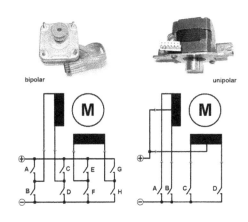

Abbildung 273

Schrittmotor-Schaltungsvarianten

Abbildung 273 zeigt die Schrittmotor-Schaltungsvarianten. Es werden bipolare und unipolare Betriebsarten unterschieden. Beim Unipolarbetrieb wird der Strom durch die Spulen nur ein- bzw. ausgeschaltet. Beim Bipolarbetrieb wird der Strom in den Spulen umgepolt, was eine Brückenschaltung zur Ansteuerung erfordert.

Aufgrund des Schaltbetriebes sind aber die Verlustleistungen in der Elektronik derart gering, dass alle Funktionen einschließlich der Transistorschalter bis zu Leistungen von etwa 30 Watt in einem einzigen SMD-Schaltkreis ohne Kühlkörper untergebracht werden können. Beispielhaft genannt seien die Bausteine L298P, L6219DS und UC3717AQ als Treiberstufen oder der hier eingesetzte Step-Direction-Controller A3967SLB.

Der A3967SLB ist ein für Micro-Stepping ausgelegter Motortreiber. Das Micro-Stepping soll hier nur als eine durch elektronische Maßnahmen verfeinerte Schrittfolge verstanden werden. In einigen Tutorials wird das sehr gut beschrieben [www.stepperworld.com/Tutorials/pgMicrostepping.htm].

Der A3967SLB ist für die Ansteuerung von bipolaren Schrittmotoren ausgelegt und kann diese im Vollschritt-, Halbschritt-, Viertelschritt und Achtelschrittmode ansteuern. Die Ausgangsstufen können mit bis zu 30 V und +/- 750 mA betrieben werden.

Die Fa. Sparkfun bietet mit dem EasyDriver V4.2 einen einfach zu handhabenden Schrittmotortreiber auf der Basis des A3967SLB an, der zur Versorgung nur eine Gleichspannung von 7-30 V benötigt. Auf dem Board befindet sich ein 5V Spannungsregler für den digitalen Schaltungsteil des Controllers.

Abbildung 274   EasyDriver

Der EasyDriver wird über vier Leitungen vom angeschlossenen Mikrocontroller gesteuert. Das komplette Schaltbild ist unter www.sparkfun.com/datasheets/Robotics/EasyDriver_v43.pdf zu finden. Hier soll zur Verdeutlichung das in Abbildung 275 Blockschema dienen. Tabelle 29 zeigt die Konfigurationsmöglichkeiten über die Anschlüsse M1 und M2.

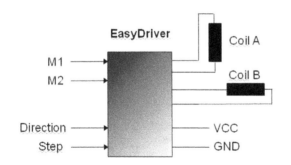

Abbildung 275   Beschaltung EasyDriver

MS1	MS2	Auflösung
L	L	Vollschritt
H	L	Halbschritt
L	H	Viertelschritt
H	H	Achtelschritt

Tabelle 29   EasyDriver Modi

Der Easy Driver weist ein Potentiometer auf, mit welchem der Stromfluss durch die Spulen des Motors eingestellt werden kann. Am Testpunkt TP1 kann kann die Referenzspannung abgegriffen werden. Bei einer Spannung von 5V wird der Spulenstrom max. 833 mA betragen. Bei 3.3 V liegt der Strom bei 550 mA, während er bei einer Spannung von 1 V auf 166 mA begrenzt wird. Ein hoher Spulenstrom erzeugt ein hohes Drehmoment, während ein geringer Spulenstrom ein „sanftes" Micro-Stepping ermöglicht.

Der über die Referenzspannung eingestellt Strom fließt immer durch die Spulen des Motors, auch wenn sich dieser nicht bewegt. Der Treiberschaltkreis, aber auch der Spannungsregler, werden recht heiß. Da der Treiberschaltkreis eine thermische Begrenzung bei 165°C hat, muss man sich über die Erwärmung keine Gedanken machen.

Listing 92 zeigt den Quelltext des Programmbeispiels STEPPER.BAS zur Ansteuerung des Easy Drivers V 4.2.

```
'-------------------------------------------------------------------------
'name                   : Stepper.bas
'programmed by          : Claus Kuhnel
'date                   : 2010-10-29
'purpose                : Stepper Motor Control w/ EasyDriver 4.2
'micro                  : ATmega168
'tested with            : V.1.12.0.0
'suited for demo        : yes
'commercial addon needed : no
'-------------------------------------------------------------------------
$regfile = "m168def.dat"
$crystal = 20000000             ' used crystal frequency
$baud = 9600                    ' used baud rate

$hwstack = 40                   ' default use 32 for the hardware stack
$swstack = 40                   ' default use 10 for the SW stack
$framesize = 60                 ' default use 40 for the frame space

' myAVR LCD Configuration
Config Lcdpin = Pin , Db4 = Portd.4 , Db5 = Portd.5 , Db6 = Portd.6 , Db7 = Portd.7 ,
E = Portd.3 , Rs = Portd.2
Config Lcd = 16 * 2
Cursor Off

Config Portb = Output

Const Fullstep = 0
Const Halfstep = 1
Const Quarterstep = 2
Const Eightstep = 3

Const Forward = 0
Const Backward = 1

Const Fast = 0
Const Slow = 1

P_step Alias Portb.3 : Reset P_step
P_direction Alias Portb.2
P_m2 Alias Portb.1
P_m1 Alias Portb.0

Declare Sub Stepper1(byval Steps As Word , Byval Stepdelay As Byte , Byval Direction
As Byte , Byval Mde As Byte)
Declare Sub Stepper2(byval Steps As Word , Byval Speed As Byte , Byval Direction As
Byte, Byval Mde As Byte)
```

```
Cls
Lcd "Stepper Control"
Do
   Lowerline
   Lcd "800 1/2 forward."
   Call Stepper1(800 , 2 , Forward , Halfstep)
   Wait 1
   Lowerline
   Lcd "3200 1/8 backw. "
   Stepper1 3200 , 0 , Backward , Eightstep
   Wait 1
   Lowerline
   Lcd "400 1/1 fastfwd."
   Call Stepper2(400 , Fast , Forward , Fullstep)
   Wait 1
   Lowerline
   Lcd "800 1/2 slowback"
   Stepper2 800 , Slow , Backward , Halfstep
   Wait 1
Loop

End

Sub Stepper1(byval Steps As Word , Byval Stepdelay As Byte , Byval Direction As Byte ,
Byval Mde As Byte)
   P_m2 = Mde.1
   P_m1 = Mde.0
   P_direction = Direction

   Local I As Word
   Shift Stepdelay , Right , 1
   If Stepdelay = 0 Then Stepdelay = 1

   For I = 0 To Steps
      Set P_step
      Waitus 1 : Waitms Stepdelay
      Reset P_step
      Waitus 1 : Waitms Stepdelay
   Next
End Sub

Sub Stepper2(byval Steps As Word , Byval Speed As Byte , Byval Direction As Byte ,
Byval Mde As Byte)
   P_m2 = Mde.1
   P_m1 = Mde.0
   P_direction = Direction

   Local I As Word

   For I = 0 To Steps
```

```
      Set P_step
      Waitms 1
      If Speed <> 0 Then Waitms 2
      Reset P_step
      Waitms 1
      If Speed <> 0 Then Waitms 2
   Next
End Sub
```

Listing 92   Quelltext STEPPER.BAS

Das Programmbeispiel wurde für einen mySmartControl auf Basis eines ATmega168 geschrieben. Die LCD-Konfiguration bezieht sich auf dieses Board.

Die verschiedenen Betriebsarten sind als Konstanten vereinbart, so dass der Quelltext gut lesbar sein sollte.

Die Ansteuerung des Schrittmotors kann durch eine der beiden Subroutines `Stepper1()` bzw. `Stepper2()` erfolgen. Beide Subroutines unterscheiden sich nur geringfügig.

```
      Stepper1(Steps, Stepdelay, Direction, Mde)
      Stepper2(Steps, Speed, Direction, Mde)
```

Beide Routinen verlangen die Übergabe der Schrittanzahl `Steps` und der Drehrichtung `Direction` des Rotors, sowie des Betriebsmodes `Mde` (Fullstep etc.). Die Geschwindigkeit wird bei `Stepper1()` über den Parameter `Stepdelay` vorgegeben. Stepdelay bezeichnet die Zeit in ms von Schritt zu Schritt. Bei `Stepper2()` kann man über den Parameter `Speed` nur zwischen langsam und schnell wählen. Bei der langsamen Geschwindigkeit liegt dann Stepdelay bei 4 ms, bei der schnellen bei 2 ms.

Bei meinen Test habe ich einen Schrittmotor mit 1.8° Schrittwinkel verwendet. Für eine Umdrehung sind in diesem Fall 200 Schritte im Vollschritt erforderlich. Bei der schnellen Geschwindigkeitseinstellung dauert eine Umdrehung 400 ms, was einer Geschwindigkeit von 150 Umdrehungen/min (rpm) entspricht.

Im Programmbeispiel STEPPER.BAS wird der Easy Driver mit unterschiedliche Parameterkombinationen beaufschlagt, welche Kombination gerade aktiv ist zeigt das LCD an.

8   Anhang

8.1   AVR-Mikrocontroller für den Einsatz mit BASCOM-AVR

Nicht jeder der aktuell angebotenen AVR-Mikrocontroller ist für den Einsatz mit BASCOM-AVR geeignet. Einige AVR-Mikrocontroller besitzen kein SRAM. BASCOM-AVR benötigt aber SRAM für die Stacks. In der folgenden Tabelle wurde deshalb AVR-Mikrocontroller ohne SRAM nicht berücksichtigt.

Definitionfile	AVR Mikrocontroller	Ersetzt durch
1200def.dat	AT90S1200	ATtiny2313
2313def.dat	AT90S2313	ATtiny2313
2323def.dat	AT90S2323	ATtiny25
2333def.dat	AT90S2333	
2343def.dat	AT90S2343	ATtiny25
4414def.dat	AT90S4414	
4433def.dat	AT90S4433	ATmega8A
4434def.dat	AT90S4434	
8515def.dat	AT90S8515	ATmega8515
8535def.dat	AT90S8535	ATmega8535
86RF401.dat	n/a	
ATtiny12.DAT	ATtiny12	ATtiny13A
ATtiny13.DAT	ATtiny13	ATtiny13A
ATtiny15.DAT	ATtiny15L	ATtiny25
ATtiny22.DAT	n/a	
ATtiny2313.DAT	ATtiny2313	ATtiny2313A
ATtiny24.DAT	ATtiny24	ATtiny24A
ATtiny25.DAT	ATtiny25	
Attiny26.dat	ATtiny26	ATtiny261A
ATtiny261.dat		ATtiny261A
ATtiny44.DAT	ATtiny44	ATtiny44A
ATtiny45.DAT	ATtiny45	
ATtiny461.DAT	ATtiny461	ATtiny461A
ATtiny48.dat		
ATtiny84.DAT	ATtiny84	
ATtiny85.DAT	ATtiny85	
ATtiny861.DAT	ATtiny861	ATtiny861A
Attiny88.dat		
M103def.dat	ATmega103	ATmega128A
m1280def.dat	ATmega1280	
M128103.dat	ATmega103	ATmega128
m1281def.dat	ATmega1281	

Definitionfile	AVR Mikrocontroller	Ersetzt durch
m1281def.dat		
m1284pdef.dat		
m128can.dat	AT90CAN128	
m128def.dat	ATmega128	
m161def.dat	ATmega161	ATmega162
m162def.dat	ATmega162	
m163def.dat	ATmega163	ATmega162A
m164Pdef.dat	ATmega164P	ATmega164PA
m165def.dat	ATmega165	Atmega165PA
m168def.dat	ATmega168	ATmega168PA
m168Pdef.dat		ATmega168PA
m169def.dat	ATmega169	ATmega169P
m16def.dat	ATmega16	ATmega16A
m2560def.dat	ATmega2560	
m2561def.dat	ATmega2561	
m323def.dat	ATmega323	ATmega32A
m324Pdef.dat	ATmega324P	ATmega324PA
m325def.dat	ATmega325	
m328pdef.dat	ATmega328P	
m329def.dat	ATmega329	
m32def.dat	ATmega32	ATmega32A
m32U4def.dat	ATmega406	
m406def.dat		
m48def.dat	ATmega48	ATmega48PA
M603def.dat	ATmega640	
m640def.dat	ATmega644	
m644def.dat	ATmega645	ATmega644PA
m644Pdef.dat		ATmega644PA
m645def.dat	ATmega649	
m649def.dat	ATmega64	
m64def.dat	ATmega8515	ATmega64A
m8515.dat	ATmega8535	
m8535.dat	ATmega88	
m88def.dat	ATmega88	ATmega88PA
m88Pdef.dat	ATmega88	ATmega88PA
m8def.dat	AT90USB1287	
usb1287.dat	AT90USB162	
usb162.dat		
usb646.dat		
xm128A1def.dat	ATxmega128	

8.2 MCS Electronics Application Notes

Auf der Website des Entwicklers von BASCOM-AVR [www.mcselec.com] sind zahlreiche Application Notes zu finden. Die Spalte Hits zeigt die Zahl der Zugriffe mit Stand 9.08.2010.

MCS Electronics Application Note	Hits
AN #204 - GIF Animation to Hex Code for LED Sign Board	968
AN #178 - Software implementation of USB in AVR	6839
AN #177 - Kixrazor – Bascomer's Electronic Flight Information System for Sparkfun's 9DOF Razor	3165
AN #176 - Mini Matrix Algebra	3323
AN #175 - Thermometer – Scrolling Text in Fan Wheel	5030
AN #174 - Kixlines - Tetrasexagesimal number compression to speed up serial communication	2651
AN #173 - Tricopter	6045
AN #172 - Inductance Meter	5624
AN #171 - Programmable 12channel receiver for SpektrumDX7 radios	5101
AN #169 - Snowflake 2	5132
AN #168 - Dallas DS2450 emulation with Tiny AVR	6076
AN #167 - Animal Tracker	5543
AN #166 - Dimmer	18542
AN #165 - EEprom programmer (Part 2)	21610
AN #165 - RC2 sound / Voice playback (Part 1)	22762
AN #164 - Radio Range Detector	22762
AN #162 - The Graphic logotype on text LCD	14177
AN #161 - Snowflake	16154
AN #160 - Camera project with M162	11911
AN #159 - Rheobas four-channel	24714
AN #158 - LED Runstring	15908
AN #157 - Implementation of IR NEC protocol	14139
AN #156 - VGA AVR - BASCOM Video controller	22762
AN #155 - Digital Melody Player	14177
AN #154 - Useful modding - spectrum's analyzer + watch	16154
AN #153 - MP3 Player	11911
AN #152 - Led 3D-ball matrix	24714
AN #151 - Nordic nRF24L01 with BASCOM-AVR	10977
AN #150 - PID motor controller	15908

MCS Electronics Application Note	Hits
AN #149 - Sony Remote Control Decoding with BASCOM AVR	14139
AN #148 - LCD display with touchscreen and AVR	27266
AN #147 - Car Windscreen Wiper Control with ATtiny13	19765
AN #146 - Loopback test	19448
AN #145 - Transfer data between MS Excel & MCU	33967
AN #144 - CodeLock AVR	16330
AN #143 - MCS Bootloader	21891
AN #142 - Using MAX1668 with BASCOM-AVR	32691
AN #141 - M8 Bootloader	20098
AN #140 - IR touch panel	78098
AN #139 - Using MCP23016	24961
AN #138 - RPM meter and rotational speed sensor KMI15/1 with AT90S2313	24245
AN #137 - Valentine Heart	30085
AN #136 - SmartCard4 Electronic Lock	24830
AN #135 - FlowMeter for ULM	33093
AN #134 - FAT32 WAVE Player	14469
AN #133 - 90S2313 Alarm Clock	14746
AN #132 - Interfacing an external I2C EEPROM for the T6963C Graphical Display	25279
AN #131 - Pseudo Multitasking in Real Time	10201
AN #130 - Using the AD7895-10 Bipolar AD converter	55060
AN #129 - Graphical Clock	9120
AN #128 - Moving LED messaging Waver with BI-colour LEDS	29658
An #127 - FAT16 File System Driver for CompactFlash	42627
AN #126 - Network programming with the NE2000	12943
AN #125 - How to set up zero crossing software to trigger a Triac	18085
AN #124 - SMS on Nokia 5110/6110 via microcontroller	31961
An #123 - Accessing a Compact Flash Card from BASCOM	21917
AN #121 - Showing custom fonts on the T6963C	12008
AN #120 - Sony IR receiver using the SIRCS protocol	12810
AN #119 - RC LapTimer	10300
AN #118 - I2C LCD and Keboard library	25538
AN #117 - Sending an SMS with the Siemens GSM M1 module	15642
AN #116 - Reading the SHT11 Humidity sensor	21487

MCS Electronics Application Note	Hits
AN #115 - Quadrature Decoder/Counter and Display	24152
AN #114 - Getting started in Data Transmission and Error detection with Correction	8437
AN #113 - Green House controller	15546
AN #112 - Speed controller for model boats	22928
AN #111 - Dual Thermometer with the DS18b20	31464
AN #110 - Dutch BASCOM-AVR course, AT90S2313 PDF in Dutch	10001
AN #109 - PID Controller	22688
AN #108 - BASCOM-AVR Hotchip cable	10622
AN #107 - Logarithmic bar graph (LED and LCD)	16221
AN #106 - A RealTime RTOS	12569
AN #105 - Sending RC5 and SONY IR codes	18058
AN #104 - Measuring temperature with 90S2313 and BASCOM-AVR	18009
AN #103 - Serial to GPIB converter	12013
AN #102 - Bit twiddle outputs on 74HC595 daisy chained shift registers to control relays	11162
AN #101 - BASCOM-AVR example that demonstrates SNAP protocol	12053

8.3 Decimal-Hex-ASCII Converter

Die folgende Decimal-Hex-ASCII-Tabelle soll Unterstützung bei der Umrechnung unterschiedlicher Darstellungen von ASCII-Daten geben.

Die zur Eingabe von Steuerzeichen (Wert < &H20) notwendigen Tastenbetätigungen sind ebenfalls angegeben. Alle anderen Zeichen können mittels Tastenbetätigungen eingegeben werden. Groß- und Kleinschreibung wird nur durch die Shift- bzw. die Umschalttaste unterschieden.

DEC	HEX	ASCII	Key	DEC	HEX	ASCII	Key
0	0x00	NUL	Ctrl @	64	0x40	@	
1	0x01	SOH	Ctrl A	65	0x41	A	
2	0x02	STX	Ctrl B	66	0x42	B	
3	0x03	ETX	Ctrl C	67	0x43	C	
4	0x04	EOT	Ctrl D	68	0x44	D	
5	0x05	ENQ	Ctrl E	69	0x45	E	
6	0x06	ACK	Ctrl F	70	0x46	F	
7	0x07	BEL	Ctrl G	71	0x47	G	
8	0x08	BS	Ctrl H	72	0x48	H	
9	0x09	HT	Ctrl I	73	0x49	I	
10	0x0A	LF	Ctrl J	74	0x4A	J	
11	0x0B	VT	Ctrl K	75	0x4B	K	
12	0x0C	FF	Ctrl L	76	0x4C	L	
13	0x0D	CR	Ctrl M	77	0x4D	M	
14	0x0E	SO	Ctrl N	78	0x4E	N	
15	0x0F	SI	Ctrl O	79	0x4F	O	

DEC	HEX	ASCII	Key	DEC	HEX	ASCII	Key
16	0x10	DLE	Ctrl P	80	0x50	P	
17	0x11	DC1	Ctrl Q	81	0x51	Q	
18	0x12	DC2	Ctrl R	82	0x52	R	
19	0x13	DC3	Ctrl S	83	0x53	S	
20	0x14	DC4	Ctrl T	84	0x54	T	
21	0x15	NAK	Ctrl U	85	0x55	U	
22	0x16	SYN	Ctrl V	86	0x56	V	
23	0x17	ETB	Ctrl W	87	0x57	W	
24	0x18	CAN	Ctrl X	88	0x58	X	
25	0x19	EM	Ctrl Y	89	0x59	Y	
26	0x1A	SUB	Ctrl Z	90	0x5A	Z	
27	0x1B	ESC	Ctrl [	91	0x5B	[	
28	0x1C	FS	Ctrl \	92	0x5C	\	
29	0x1D	GS	Ctrl]	93	0x5D	]	
30	0x1E	RS	Ctrl ^	94	0x5E	^	
31	0x1F	US	Ctrl _	95	0x5F	_	
32	0x20	SP		96	0x60	'	
33	0x21	!		97	0x61	a	
34	0x22	"		98	0x62	b	
35	0x23	#		99	0x63	c	
36	0x24	$		100	0x64	d	
37	0x25	%		101	0x65	e	
38	0x26	&		102	0x66	f	
39	0x27	'		103	0x67	g	
40	0x28	(		104	0x68	h	
41	0x29	)		105	0x69	i	
42	0x2A	*		106	0x6A	j	
43	0x2B	+		107	0x6B	k	
44	0x2C	,		108	0x6C	l	
45	0x2D	-		109	0x6D	m	
46	0x2E	.		110	0x6E	n	
47	0x2F	/		111	0x6F	o	
48	0x30	0		112	0x70	p	

DEC	HEX	ASCII	Key	DEC	HEX	ASCII	Key
49	0x31	1		113	0x71	q	
50	0x32	2		114	0x72	r	
51	0x33	3		115	0x73	s	
52	0x34	4		116	0x74	t	
53	0x35	5		117	0x75	u	
54	0x36	6		118	0x76	v	
55	0x37	7		119	0x77	w	
56	0x38	8		120	0x78	x	
57	0x39	9		121	0x79	y	
58	0x3A	:		122	0x7A	z	
59	0x3B	;		123	0x7B	{	
60	0x3C	<		124	0x7C			
61	0x3D	=		125	0x7D	}	
62	0x3E	>		126	0x7E	~	
63	0x3F	?		127	0x7F	DEL	DEL

8.4 Zeichenvorrat Sieben-Segment-Anzeige

032	048	064	080	096	112
033	049	065	081	097	113
034	050	066	082	098	114
035	051	067	083	099	115
036	052	068	084	100	116
037	053	069	085	101	117
038	054	070	086	102	118
039	055	071	087	103	119
040	056	072	088	104	120
041	057	073	089	105	121
042	058	074	090	106	122
043	059	075	091	107	123
044	060	076	092	108	124
045	061	077	093	109	125
046	062	078	094	110	126
047	063	079	095	111	127

8.5 Übersicht AT-Befehle

Die folgenden AT-Befehle sollten von allen Hayes-kompatiblen Modems interpretiert werden können:

Befehl	Funktion
AT	Kommandobeginn, Modem antwortet mit OK (attention)
AT A	Modem hebt ab, wenn das Telefon läutet (answer-mode)
AT D	Wählkommando
AT DP	Wählkommando für Impulswahl (dial pulse)
AT DT	Wählkommando für Tonwahl (dial tone)
AT DW	„abheben" und auf Wählton warten (dial and wait)
AT E0	Bildschirmecho ausschalten, identisch mit ATE
AT E1	Bildschirmecho einschalten
AT H0	auflegen, Modem geht on-hook, identisch mit AT H
AT H1	abheben, Modem geht off-hook
AT I0	Ausgabe des Produktcodes, identisch mit AT I
AT I1	Ausgabe der ROM-Prüfsumme
AT I2	Prüfsumme berechnen und Vergleich mit ROM-Prüfsumme
AT I3	Ausgabe der Firmware-Version
AT I4	Ausgabe des Produktnamens
AT L0	Lautsprecher, niedrige Lautstärke, identisch mit AT L
AT L1	Lautsprecher, niedrige Lautstärke, identisch mit AT L
AT L2	Lautsprecher, mittlere Lautstärke
AT L3	Lautsprecher, hohe Lautstärke
AT M0	Lautsprecher immer aus, identisch mit AT M
AT M1	Lautsprecher ein bis Verbindung steht (sinnvoll)
AT M2	Lautsprecher immer an
AT M3	Lautsprecher beim Wählen und ab CONNECT aus
AT O	Umschalten in Übertragungsmodus (online state)
AT P	Pulswahl als Standardwählverfahren festlegen (pulse-dial)
AT Q	Modemmeldungen ein/aus
AT Q0	Modemmeldungen werden ausgegeben
AT Q1	Modemmeldungen werden nicht ausgegeben
AT S	Inhalt der S-Register anzeigen lassen oder ändern
AT Sn?	zeigt den Inhalt des Registers n an
AT Sn=?	zeigt den Inhalt des Registers n an
AT Sn=x	setzt den Inhalt des Registers n auf den dezimalen Wert x
AT V	Verbale oder numerische Modemmeldung (verbose)
AT V0	Modemmeldungen werden numerisch ausgegeben
AT V1	Modemmeldungen werden verbal ausgegeben (sinnvoll)
AT W	Format der CONNECT-Meldung nach dem Verbindungsaubau

Befehl	Funktion
AT W0	Ausgabe der Schnittstellengeschwindigkeit (Baudrate)
AT W1	Baudrate und Übertragungeschwindigkeit auf der Telefonletung
AT W2	nur Übertragungsgeschwindigkeit auf der Telefonleitung
AT X	Prüfung von Leitungszuständen beim Wählen
AT X0	Wählton zum Wählen ignorieren, Besetztzeichen ignorieren
AT X1	Wählton zum Wählen ignorieren, Besetztzeichen ignorieren
AT X2	Wählton zum Wählen abwarten, Besetztzeichen ignorieren
AT X3	Wählton zum Wählen ignorieren, Besetztzeichen anzeigen
AT X4	Wählton zum Wählen abwarten, Besetztzeichen anzeigen
AT Z	Reset und Laden eines gespeicherten Profiles
AT Z0	Laden des Profiles 0, identisch mit AT Z
AT Z1	Laden des Profiles 1
AT &F	Laden der Werkseinstellung (factory)
AT &F0	bei manchen Modems Werkseinstellung für Datenbetrieb
AT &F1	bei manchen Modems Werkseinstellung für früheren BTX-Betrieb
AT &K	Flusskontrolle (Handshake) Rechner-Modem
AT &K0	keine Flusskontrolle zugelassen
AT &K3	Flusskontrolle über RTS/CTS-Leitungen zugelassen
AT &K4	Flusskontrolle mit XON/XOFF zugelassen
AT &K5	transparente XON/XOFF-Flusskontrolle
AT &K6	Flusskontrolle RTS/CTS und mit XON/XOFF zugelassen
AT &V	aktuelle Konfiguration, Profiles und gespeicherte Telefonnummern anzeigen (view)
AT &W	Abspeichern eines Profiles (write)
AT &W0	Speichern der aktuellen Konfiguration als Profile 0
AT &W1	Speichern der aktuellen Konfiguration als Profile 1
AT &Y	Auswählen einer Startkonfiguration
AT &Y0	Profile 0 wird nach dem Einschalten des Modems geladen
AT &Y1	Profile 1 wird nach dem Einschalten des Modems geladen
AT &Z	Telefonnummernspeicher
AT &Z1=4711	speichert 4711 im Speicher 1 ab
AT &Z3=P4711	speichert 4711 als Pulswahl im Speicher 3 ab
AT \N	Datenkomprimierung
AT \N0	Normalverbindung ohne Datenkomprimierung
AT \N1	Direktverbindung ohne MNP-Fehlerkorrektur
AT \N2	Modem versucht zuerst V.42bis-, dann MNP5-Verbindung
AT %C	Datenkomprimierung zulassen (compression)
AT %C0	Komprimierung nicht zugelassen
AT %C1	MNP5-Komprimierung zugelassen
AT %C2	V.42bis -Komprimierung zugelassen
AT %C3	MNP5- und V.42bis-Komprimierung zugelassen

Befehl	Funktion
AT %E	Auto-Retrain-Funktion ein- oder ausschalten
AT %E0	Auto-Retrain aus, Modem legt bei schlechter Verbindung auf
AT %E1	Auto-Retrain ein, Fallback bei schlechter Verbindung
AT %E2	Fallback und Fall forward zulassen (nicht bei allen Modems)

Tabelle 30   Wichtige AT-Befehle

8.6   GSM-Erweiterungen

Befehl	Funktion
AT+CPIN	Eingabe der Pinnummer
AT+COPS	Netzbetreiber auswählen; AT+COPS=0 wählt das Heimnetz
AT+CREG	Registrierungszustand anzeigen
AT+CSQ	Signalqualität ausgeben
AT+IPR	Fixieren der Baudrate der seriellen Schnitttstelle; AT+IPR=0 bedeutet Autobauding
AT+CGMI	Herstellerdaten abfragen
AT+CGMM	Modellkenndaten abfragen
AT+CGMR	Softwareversion abfragen
AT+CGSN	Abfrage der IMEI (International Mobile Equipment Identity)
AT+CBC	Batterieladung abfragen
AT+CPBS	Telefonbuchspeicher auswählen und verändern
AT+CPBW	Telefonbucheinträge schreiben und löschen
AT+CPBR	Aktuelle Telefonbucheinträge lesen
AT+CPMS	SMS-Speicher auswählen
AT+CSMS	Short message Service auswählen
AT+CMGF	SMS-Format auswählen
AT+CSCA	Adresse des SMS Service Center eingeben
AT+CMGL	SMS aus ausgewähltem Speicher auflisten
AT+CMGR	Einzelne SMS lesen
AT+CMGW	SMS in SMS-Speicher schreiben
AT+CMGD	SMS löschen
AT+CMGS	SMS direkt senden
AT+CMSS	SMS aus dem SMS-Speicher senden
AT+CNMI	Anzeige neu eingegangener SMS

Tabelle 31   Wichtige AT+C-Befehle

8.7 Literatur

[1]   Turley, J.:
        Atmel AVR brings RISC to 8-Bit World.
        Microprocessor Report, Vol. 11, H. 9, Sunnyvale/CA 1997.

[2]   Kühnel, C.:
        AVR Microcontroller Handbook.
        Newnes: Boston, Oxford, Johannesburg, Melbourne, New Delhi, Singapore, 1998
        ISBN 978-0-7506-9963-1

[3]   Trampert, W.:
        AVR-RISC Mikrocontroller.
        2. Auflage
        Franzis Verlag: Poing, 2003
        ISBN 978-3-7723-5476-2

[4]   Etschberger, K.:
        Controller Area Network.
        Grundlagen, Protokolle, Bausteine, Anwendungen.
        2. Auflage
        Carl Hanser: München 2001
        ISBN 978-3-4461-9431-1

[5]   Lawrenz, W.:
        CAN: Controller Area Network.
        Grundlagen und Praxis.
        5. Auflage
        Hüthig: Heidelberg 2007
        ISBN 978-3-7785-2906-5

[6]   Zogg, J.-M.:
        Telemetrie mit GSM/SMS und GPS-Einführung.
        Franzis: Poing 2002
        ISBN 978-3-7723-5776-3

8.8   Links

8.8.1   Informationen zu Atmel's AVR Mikrocontrollern

AVR 8-Bit RISC-Devices

www.atmel.com/dyn/products/devices.asp?family_id=607

8.8.2   Informationen zu BASCOM-AVR

Website des Autors - Vertrieb BASCOM in D, CH und A

www.ckuehnel.ch

Website von MCS Electronics - Entwickler von BASCOM

www.mcselec.com

Bascom Maillist Archives

www.grote.net/bascom/index.html

BASCOM-AVR-Microcontroller-Forum

bascom-forum.de

Empfehlungen für BASCOM-AVR-Entwickler

www.bascom-avr.de

myAVR – Mikrocontrollerlösungen für Ausbildung und Selbststudium

www.myavr.de

8.8.3   Informationen zu eingesetzten Bausteinen

DS1820 1–Wire™ Digital Thermometer

DS1820 Datenblatt

pdfserv.maxim-ic.com/en/ds/DS1820-DS1820S.pdf

MicroLAN Design Guide

Beschreibung des 1-Wire Netzwerks der Fa. Dallas Semiconductors

pdfserv.maxim-ic.com/en/an/tb1.pdf

Understanding and Using Cyclic Redundancy Checks with Dallas Semiconductor iButton™ Products

Beschreibung des CRC Checks für 1-Wire Komponenten

pdfserv.maxim-ic.com/en/an/app27.pdf

DECODING IR REMOTE CONTROLS

Decodierung der RC5 Kommandos mit Beispielprogramm für 8052 in Assembler.
www.ee.washington.edu/eeca/text/ir_decode.txt

The RC5 Code, Philips

Beschreibung der RC5 Kommandos
kwik.ele.tue.nl/pvdb/rc/philips.html

CANDIP/M162 - ATMega162 mit CAN Controller SJA1000

Produktspezifikation
www.candip.com/pdf/candip-leaflet-m162.pdf

SJA1000 Stand-alone CAN Controller

Produktspezifikation
www.semiconductors.philips.com/acrobat/datasheets/SJA1000_3.pdf

8.8.4 AVR Evaluationboards

Evaluationboard	Website
stAVeR Microcontroller Module	www.lawicel.com/stAVeR
AVR Butterfly und Carrier Board	elmicro.com/de/atavrbfly.html
mySmartControl & myAVR	www.myavr.de
OLIMEX Development Boards and Tools	www.olimex.com/dev/index.html
Übersicht zu internationalen Angeboten	www.avrfreaks.net/index.php?module=Freaks%20Tools&func=viewTools

8.8.5 Roboterbausätze

Mit den Roboterbausätzen hat man ohne Umwege einen Mikrocontroller mit zahlreichen Sensoren und Aktoren, die frei zu programmieren sind.

Bausatz	Website
qfix robot kits	www.qfix-robotics.de
ARX-03 ASURO	www.arexx.com/arexx.php?cmd=goto&cparam=p_asuro www.reichelt.de/?ARTICLE=67337
NIBObee	www.nicai-systems.de/nibobee.html www.reichelt.de/? ACTION=3;ARTICLE=91023;GROUPID=3644;PROVID=4
Nibo2	www.nicai-systems.de/nibo2.html www.reichelt.de/? ACTION=3;GROUP=X4;GROUPID=3644;ARTICLE=87461;SID=15FRx-WaawQAQ8AAHmpUg0dcafcc897e3107272b33b8e4d20457c9

8.9 Infomationen über Suchmaschinen

Aktuelle Informationen kann man sich leicht über eine der zahlreichen Suchmaschinen aus dem Internet beschaffen.

Im folgenden sind Ergebnisse einer Suche mit Google [www.google.de] nach den Begriffen „Atmel" und „AVR" (+Atmel +AVR) bzw. „BASCOM-AVR" gelistet:

+Atmel +AVR	Seiten auf Deutsch:	Ungefähr 203.000 Ergebnisse (0,07 Sekunden)
	Internationale Seiten:	Ungefähr 1.500.000 Ergebnisse (0,20 Sekunden)
BASCOM-AVR	Seiten auf Deutsch:	Ungefähr 77.600 Ergebnisse (0,19 Sekunden)
	Internationale Seiten:	Ungefähr 228.000 Ergebnisse (0,29 Sekunden)

9 Index

422

433

442

Raum für Notizen: